ATUL GAWANDE

Die Schere im Bauch

Lieben Herrn Riecke) vielen Dank für die vielen guten Ratschläge und Anregungen. Hier etwas für die wirklich verdienten zukünftigen [illegible]. In Dankbarkeit [illegible]

D1924248

Buch

Ärzte sind weder allwissend, noch sind sie perfekt. Dennoch legen wir unser Leben vertrauensvoll in ihre Hände. Das mag angesichts der dramatischen Geschichten aus dem Klinikalltag leichtsinnig erscheinen. In einem fesselnden Insiderbericht veranschaulicht Gawande – ein leidenschaftlicher Vertreter seiner Zunft – Möglichkeiten und Grenzen der modernen Medizin. Vom Umgang mit neuesten Erkenntnissen der medizinischen Forschung und Anwendung jüngst entwickelter Techniken und Therapieformen bis hin zu Medizinerkongressen und deren Bedeutung. Für jeden Mediziner ein Muss, für den Laien so erstaunlich wie kurzweilig.

Autor

Atul Gawande ist Facharzt für Chirurgie an einer Klinik in Boston. Als Wissenschaftsredakteur veröffentlicht er regelmäßig Beiträge in »The New Yorker«. Vor seiner medizischen Ausbildung an der Harvard Medical School studierte Atul Gawande Philosophie und Ethik. Er lebt mit seiner Frau und drei Kindern in Newton, Massachusetts.

Atul Gawande

Die Schere im Bauch

Aufzeichnungen eines Chirurgen

Aus dem Amerikanischen
von Susanne Kuhlmann-Krieg

GOLDMANN

Die Originalausgabe
erschien unter dem Titel »Complications«
bei Metropolitan Books, einem Unternehmen
von Henry Holt and Company, New York.

Deutsche Erstveröffentlichung

Umwelthinweis:
Alle bedruckten Materialien dieses Taschenbuches
sind chlorfrei und umweltschonend.

Der Goldmann Verlag ist ein Unternehmen
der Verlagsgruppe Random House GmbH.

Deutsche Erstausgabe April 2003
Copyright © der deutschsprachigen Ausgabe
by Wilhelm Goldmann Verlag, München,
in der Verlagsgruppe Random House GmbH
© 2002 der Originalausgabe by Atul Gawande
Umschlaggestaltung: Design Team München
unter Verwendung des Originalmotivs
Satz: IBV Satz- und Datentechnik GmbH, Berlin
Druck: Elsnerdruck, Berlin
Verlagsnummer: 15214
KF · Herstellung: Sebastian Strohmaier
Made in Germany
ISBN 3-442-15214-3
www.goldmann-verlag.de

1 3 5 7 9 10 8 6 4 2

Für Kathleen

Vorbemerkung

Die hier berichteten Krankengeschichten sind wahr. Damit ich sie erzählen konnte, habe ich, um die Persönlichkeitsrechte der Betroffenen zu wahren, die Namen mancher Patienten, ihrer Familien und einiger meiner Kollegen ändern müssen. In manchen Fällen habe ich zudem einige in Bezug auf die betreffenden Personen verräterische Details geändert. Wo dies geschehen ist, habe ich es jeweils im Text vermerkt.

Einleitung

Ich hatte Dienst in der Notaufnahme, als uns ein junger Mann von etwa zwanzig Jahren mit einer Schusswunde im Gesäß eingeliefert wurde. Puls, Blutdruck und Atmung waren normal. Ein Assistent schnitt ihm mit einer großen Schere die Kleider vom Leib, und ich begann, ihn von Kopf bis Fuß zu untersuchen, wobei ich versuchte, so rasch und gründlich wie möglich vorzugehen. Ich fand das Einschussloch in der rechten Gesäßhälfte – ein sauberes Loch von anderthalb Zentimetern Durchmesser. Eine Austrittsöffnung konnte ich nicht ausmachen. Andere Verletzungen waren nicht festzustellen.

Er blickte aufgeregt und verängstigt – mehr unseretwegen denn wegen des Geschosses. »Mir geht es gut«, erklärte er beschwörend. »Mir geht's *gut.*« Bei der Rektaluntersuchung aber fand ich meinen Finger voller Blut, und als ich ihm einen Harnleiterkatheter legte, entströmte diesem hellrote Flüssigkeit.

Die Schlussfolgerung lag auf der Hand. Das Blut bedeute, dass die Kugel tief eingedrungen sei und Enddarm und Blase verletzt hätte, setzte ich ihm auseinander. Möglicherweise seien größere Blutgefäße, die Nieren oder andere Darmabschnitte ebenfalls betroffen. Wir müssten ihn operieren, erklärte ich kategorisch, und zwar sofort. Er sah meinen entschlossenen Augenausdruck, die Schwestern machten ihn bereits zum Transport fertig, und so nickte er mehr oder weniger automatisch und überließ sich ergeben unseren Händen. Die Räder der Krankenbahre quietschten, als wir ihn durch die Flure rollten, Infusionsbeutel schwangen an ihren Haltern, Leute hielten uns die Türen auf, damit wir ungehindert passieren konnten. Der Anästhesist im Operationssaal versetzte ihn in Narkose, und wir durchtrennten mit einem raschen tiefen Schnitt vom Rippenansatz bis hinunter zum Schambein die Bauchdecke, griffen nach Wundhaken, klappten das Bauchfell weit auseinander und fanden – nichts.

Kein Blut. Kein Loch in der Harnblase. Kein Loch im Rektum. Keine Kugel. Wir schielten unter den Tüchern nach der Farbe des Urins. Er war klar, ganz normal gelblich gefärbt. Nicht einmal Spuren von Blut waren mehr zu sehen. Wir ließen eine fahrbare Röntgeneinheit kommen und machten Aufnahmen von Becken, Bauch und Brustkorb. Weit und breit keine Kugel. Das alles war, gelinde ausgedrückt, äußerst merkwürdig. Nach etwa einer Stunde ergebnisloser Suche aber schien uns nichts anderes übrig zu bleiben, als ihn wieder zuzunähen. Ein paar Tage später ließen wir ihn erneut röntgen. Dieses Mal war ein Geschoss zu sehen, und zwar im oberen rechten Bauchquadranten. Für nichts von alledem vermochten wir mit einer vernünftigen Erklärung aufzuwarten – weder dafür, dass ein anderthalb Zentimeter langes Bleigeschoss vom Gesäß bis in den Oberbauch hatte vordringen können, ohne irgendetwas zu verletzen, noch dafür, dass es auf den vorhergehenden Röntgenbildern nicht zu sehen gewesen war, auch nicht dafür, woher das Blut hätte stammen sollen, das wir gefunden hatten. Da wir jedoch bereits weit mehr Schaden angerichtet hatten als die Kugel, ließen wir diese und den jungen Mann in Ruhe. Wir behielten ihn eine Woche im Krankenhaus. Abgesehen von unserem Riesenschnitt ging es ihm prima.

Die Medizin ist ein seltsames und in vielen Fällen höchst verwirrendes Unternehmen, habe ich festgestellt. Es steht eine Menge auf dem Spiel, und wir nehmen uns Ungeheures heraus. Wir setzen Menschen unter Drogen, stechen mit Nadeln in sie, führen Schläuche in sie ein, greifen ein in Chemie, Biologie und Physik ihres Körpers, machen sie bewusstlos und legen ihr Inneres vor aller Augen offen. Wir tun das aus einem ungetrübten Vertrauen in das Know-how unseres Berufes heraus. Wenn Sie jedoch näher herantreten, nahe genug, um gerunzelte Augenbrauen, Zweifel und Fehlgriffe, das Versagen neben den Erfolgen ausmachen zu können, dann sehen Sie, wie chaotisch, unsicher und auch überraschend die Medizin sein kann.

Was mich daran noch immer fasziniert, ist, wie zutiefst menschlich sie doch letzten Endes ist. Wenn wir an die Medizin und ihre bemerkenswerten Leistungen denken, kommt uns in der Regel zunächst die Wissenschaft in den Sinn und mit ihr all das, was sie uns gebracht hat, um Krankheit und Leiden aus der Welt zu schaffen: die Untersuchungen, die Apparate, die Medikamente, die Methoden. Und fraglos steht dies im Mittelpunkt nahezu all dessen, was die Medizin leistet. Doch nur selten sehen wir, wie das alles wirklich abläuft. Sie haben einen Husten, der nicht abklingen will – und dann? Nicht die Wissenschaft fragen Sie um Rat, sondern Ihren Arzt. Einen Arzt mit guten und schlechten Tagen. Einen Arzt mit irrem Lachen und einem schlechten Haarschnitt. Einen Arzt, auf den noch drei andere Patienten warten und in dessen Wissen und Fertigkeiten unweigerlich Lücken klaffen.

Vor kurzem wurde in eines der Krankenhäuser, in denen ich als Assistent arbeite, ein Junge per Hubschrauber eingeliefert. Lee Tran, wie ich ihn nennen will, war ein kleiner Knabe mit stachelig frisierten Haaren, der kaum die Grundschule beendet haben konnte. Er war immer ein gesundes Kind gewesen. In der vergangenen Woche aber war seiner Mutter ein trockener, anhaltender Husten an ihm aufgefallen, außerdem schien er weniger lebhaft als sonst. In den letzten paar Tagen hatte er so gut wie nichts gegessen. Sie hatte es zunächst für eine Grippe gehalten. An jenem Abend aber hatte er blass, zitternd und keuchend vor ihr gestanden und plötzlich keine Luft mehr bekommen. In der Ambulanz des örtlichen Krankenhauses hatten die Ärzte ihn Medikamente in Aerosolform inhalieren lassen, weil sie seinen Zustand zunächst für einen Asthmaanfall hielten. Eine Röntgenaufnahme aber zeigte mitten in seinem Brustkorb eine riesige Gewebemasse. Sie ließen ein Computertomogramm anfertigen, um sich ein detailliertes Bild machen zu können. In schnödem Schwarzweiß erwies sich die Masse als dichter Tumor von nahezu Fußballgröße, der die Gefäße umwucherte, die zum Herzen führten, das Herz selbst auf die Seite gedrängt hatte und den Luftweg zu beiden Lungen hin abschnürte. Die Zuführung zur rechten Lunge hatte er bereits ganz abgeklemmt, so dass diese in Ermangelung des Lufteinstroms kollabiert und auf der Aufnahme nur noch als graues Häuflein zu erkennen war. Ein Meer von Tumorflüssigkeit füllte statt ihrer den rechten Teil des Brustkorbs aus. Lee wurde einzig von seiner linken Lunge am Leben gehalten, und der Tumor begann auch hier, die Luftzufuhr einzuengen. Das Krankenhaus, das ihn aufgenommen hatte, verfügte nicht über die Mittel, ihn zu behandeln, und so hatten die Ärzte ihn zu uns geschickt. Bei uns gab es Spezialisten und eine hochmoderne Ausrüstung. Das hieß aber nicht, dass wir wussten, was zu tun war.

Als Lee auf unsere Intensivstation gebracht wurde, ging sein Atem laut röchelnd und schwer. Man hörte ihn drei Betten weiter. Die wissenschaftliche Literatur zu dieser Situation ist eindeutig: Der Junge schwebte in Lebensgefahr.[1] Allein wenn man ihn flach auf den Rücken legte, würde man Gefahr laufen, dass der Tumor die Luftzufuhr ganz abschneidet. Dasselbe konnte bei der Verabreichung von Beruhigungs- oder Betäubungsmitteln geschehen. Eine Operation zur Entfernung des Tumors ist unmöglich. Von der einen oder anderen Chemotherapie wusste man jedoch, dass sie manche dieser Tumore binnen weniger Tage zum Schrumpfen bringen kann. Die Frage war, wie man dem Kind genügend Zeit verschaffen konnte, um die richtige herauszufinden. Es war nicht sicher, dass er die Nacht überleben würde.

Zwei Krankenschwestern, eine Anästhesistin, ein angehender Kinderchirurg und drei Assistenten, darunter ich selbst, waren um sein Bett versammelt, der Chef der Kinderchirurgie war auf dem Weg in die Klinik und stand per Handy mit uns in Verbindung, ein Onkologe wurde soeben herbeigerufen. Eine der Schwestern stopfte Lee Kissen in den Rücken, damit er so aufrecht wie möglich saß. Die andere setzte ihm eine Sauerstoffmaske auf und schloss ihn an Apparate an, die seine Lebensfunktionen überwachten. Der Junge hatte die Augen angstvoll aufgerissen, sein Atem ging viel zu schnell. Seine Familie, die sich mit dem Auto auf den Weg gemacht hatte, war noch lange nicht zu erwarten. Aber Lee war lieb und tapfer, was Kinder übrigens häufiger sind, als man denken sollte.

Mein erster Gedanke war, dass die Anästhesistin ihm einen starren Beatmungsschlauch in die Luftröhre einführen sollte, um den Atemweg offen zu halten, bevor der Tumor ihn abschnüren konnte. Sie aber hielt das für Unsinn. Sie würde den Tubus ohne ausreichende Betäubung einführen müssen, und obendrein saß der Junge aufrecht. Zudem erstreckte sich der Tumor über einen weiten Teil des Luftwegs. Sie war nicht sicher, dass sie ohne weiteres mit einem Tubus daran vorbeikäme.

Einer der Chirurgen hatte einen anderen Vorschlag: Wenn wir einen Katheter in die rechte Brustkorbhälfte legten und die Flüssigkeit daraus absaugen könnten, würde der Tumor die linke Lunge womöglich freigeben. Der Chefchirurg am Telefon aber hatte Sorge, dass dies die Sache auch verschlimmern könnte. Wenn Sie einen Findling in Bewegung setzen, können Sie dann wirklich sagen, in welche Richtung er rollen wird? Niemand hatte jedoch eine bessere Idee, also ließ er uns schließlich gewähren.

Ich erklärte Lee mit so einfachen Worten wie möglich, was wir tun würden. Ich bezweifle, dass er mich verstand. Aber vielleicht war das gut so. Als wir alle Instrumente beisammen hatten, hielten zwei von uns Lee fest, ein anderer injizierte ihm ein Lokalanästhetikum zwischen die Rippen, platzierte mit dem Skalpell den Einschnitt und führte einen fast fünfzig Zentimeter langen Gummikatheter ein. Ströme von Körperflüssigkeit kamen aus dem Schlauch geflossen, und einen Augenblick lang fürchtete ich, dass wir ihm etwas Schreckliches zugefügt hatten. Aber es sollte sich herausstellen, dass wir ihm mehr Gutes getan hatten, als wir je zu hoffen gewagt hätten. Der Tumor verlagerte sich nach rechts, und auf wundersame Weise öffneten sich die Wege zu *beiden* Lungen. Augenblicklich ging Lees Atem leichter und ruhiger. Und nachdem wir ihn ein paar Minuten beobachtet hatten, unserer auch.

Erst viel später dachte ich darüber nach, welche anderen Möglichkeiten wir gehabt hätten. Es war kaum mehr als eine vage Mutmaßung gewesen, was zu tun sein könnte – wir hatten buchstäblich im Trüben gefischt. Einen Alternativplan für den Fall einer möglichen Katastrophe hatten wir nicht gehabt. Und als ich später in der Bibliothek Berichte über ähnliche Fälle durchsah, erfuhr ich, dass es in der Tat Alternativen gegeben hätte. Das Sicherste wäre es wohl gewesen, ihn an eine Herz-Lungen-Maschine anzuschließen, wie man sie bei offenen Herzoperationen benutzt, oder zumindest eine griffbereit zu haben.[2] Als ich jedoch mit den anderen darüber sprach, stellte ich fest, dass keiner unser Vorgehen bereute. Lee hatte überlebt. Nur das zählte. Und seine Chemotherapie nahm ihren Lauf. Eine Untersuchung der Flüssigkeit ergab, dass es sich bei dem Tumor um ein Lymphom handelte. Der Onkologe erklärte mir, dass die Chance für eine vollständige Heilung des Jungen somit mehr als siebzig Prozent betrage.

Das sind die Augenblicke, in denen Medizin wirklich stattfindet. Und mit diesen Augenblicken befasst sich dieses Buch – mit jenen Momenten, in denen wir klar sehen und anfangen können darüber nachzudenken, wie die Dinge zusammenwirken. Wir trachten nach einer Medizin, die ein geordnetes Feld des Wissens und der Methodik bietet. Aber sie ist alles andere als das. Sie ist eine unvollkommene Wissenschaft, ein Unterfangen von sich permanent änderndem Wissen, unsicheren Informationen, fehlbaren Menschen, bei der gleichzeitig Leben auf dem Spiel steht. Sicher, es steckt viel Wissenschaft in dem, was wir tun, aber auch Gewohnheit, Intuition und manchmal gar schlichtes Raten.

Die Kluft zwischen dem, was wir wissen, und dem, was wir erstreben, wird immer bestehen. Und diese Kluft kompliziert jeden unserer Schritte.

Ich bin Assistenzarzt in der Chirurgie und befinde mich nunmehr ziemlich am Ende meiner achtjährigen Ausbildungszeit in der Allgemeinchirurgie. Dieses Buch verdankt sich der Intensität meiner Erfahrungen dort. Zu Zeiten war ich Laborwissenschaftler, Wissenschaftler im öffentlichen Gesundheitswesen, Student der Ethik und Philosophie und gesundheitspolitischer Berater der Regierung. Außerdem bin ich Sohn zweier Ärzte, Ehemann und Vater. In dem hier Geschriebenen habe ich versucht, all diese unterschiedlichen Perspektiven unterzubringen. Doch mehr als alles andere entspringt dieses Buch dem, was ich in meinem täglichen Umgang mit kranken Menschen erlebt habe. Ein Assistenzarzt blickt aus einem besonderen Winkel auf die Medizin. Er ist Insider, sieht alles und ist Teil davon, aber er sieht die Dinge neu.

In mancher Hinsicht mag es in der Natur der Chirurgie liegen, den Unsicherheiten und Mängeln der praktischen Medizin beikommen zu wollen. Die Chirurgie ist so hoch technisiert, wie die Medizin nur sein kann, aber den besten Chirurgen bleibt ein tiefes Bewusstsein für die Grenzen sowohl der Wissenschaft als auch der menschlichen Fertigkeiten. Trotzdem müssen sie entschieden handeln.

Der englische Titel dieses Buches, *Complications,* bezieht sich nicht nur auf die unerwarteten Wendungen, zu denen es in der Medizin kommen kann, sondern vor allem auch auf meine Überlegungen zu den großen Unwägbarkeiten unseres Tuns und den Zwickmühlen, in die wir dabei geraten können. Ich beschreibe hier eine Medizin, wie sie in keinem Lehrbuch erklärt wird, und die mich dennoch auf meinem Weg die berufliche Leiter hinauf stets fasziniert, mir manchmal schlaflose Nächte bereitet und mich oft einfach ins Staunen versetzt hat. Ich habe das Buch in drei Teile unterteilt. Der erste befasst sich mit der Fehlbarkeit von

Ärzten und fragt unter anderem danach, wie es zu Fehlern kommt, wie ein Neuling lernt, das Skalpell zu schwingen, was ein guter Arzt ist und wie es geschehen kann, dass ein guter Arzt nachlässt. Im Mittelpunkt des zweiten Teils stehen die Mysterien und Rätsel der Medizin und die Anstrengungen, diesen beizukommen. Hier finden sich die Geschichte eines Architekten mit unerträglichen Rückenschmerzen, für die sich keine physische Erklärung finden lässt, ein Bericht über eine junge Frau, die unter einer furchtbaren, durch nichts zu behebenden Übelkeit litt, und einer über eine Nachrichtenmoderatorin, deren Erröten so unaussprechlich wurde, dass sie ihre Arbeit nicht mehr verrichten konnte. Der dritte und letzte Teil schließlich befasst sich mit der Unsicherheit selbst. Denn das Entscheidende und Interessanteste in der Medizin ist nicht die Frage, wie viel wir wissen, sondern wie viel wir nicht wissen – und wie wir mit unserem Unwissen weise umgehen lernen können.

Das ganze Buch hindurch habe ich versucht, nicht nur meine Überlegungen deutlich zu machen, sondern die Menschen im Mittelpunkt all dessen zu zeigen – Ärzte ebenso wie Patienten. Letzten Endes ist es die praktische Alltagsmedizin, die mich am meisten interessiert; das, was geschieht, wenn die Geradlinigkeit von Wissenschaft und Lehre auf die Komplexität einzelner Leben trifft. So beherrschend die Medizin im modernen Leben auch geworden ist, sie bleibt dennoch zumeist verborgen und wird häufig missverstanden. Wir halten sie in der Regel für vollkommener, als sie ist, und trauen ihr doch im gleichen Atemzug weniger Außergewöhnliches zu, als sie gelegentlich zu leisten imstande ist.

TEIL I

Fehlbarkeit

I

Ein Messer lernt schneiden

Dem Patienten war ein zentraler Venenkatheter zu legen. »Das ist *die* Gelegenheit für Sie«, erklärte Oberärztin S. Ich hatte so etwas noch nie gemacht. »Suchen Sie Ihre Sachen zusammen und rufen Sie mich, wenn Sie so weit sind.«

Es war meine vierte Woche in der Chirurgie. Die Taschen meines kurzen weißen Kittels waren voll gestopft mit Krankenblättern, kunststoffbeschichteten Anleitungskarten für die Durchführung von Herzmassage und Beatmung sowie zur Bedienung des Diktiergeräts, zwei chirurgischen Praxisfibeln, Stethoskop, Untersuchungsleuchte, Schere, Verbandsmaterial, Essensmarken und ungefähr einem Dollar Kleingeld. Bei jedem Schritt klirrte es leise, als ich die Stufen zum Stockwerk des Patienten hinaufstieg.

Das ist sehr gut, versuchte ich mir einzureden: mein erster richtiger Eingriff. Mein Patient – um die Fünfzig, untersetzt, schweigsam – erholte sich soeben von einer Bauchoperation, die jetzt eine Woche zurücklag. Seine Darmmotorik hatte sich noch nicht wieder normalisiert, so dass er noch nichts essen durfte. Ich erklärte ihm, dass er intravenös ernährt werden müsse und es dazu eines »besonderen Katheters« bedürfe, der in seinen Brustraum eingeführt wird. Dann kündigte ich ihm an, dass ich ihm den Katheter an Ort und Stelle in seinem Bett legen werde und er sich dazu flach auf den Rücken legen müsse, so dass ich eine Stelle seines Brustkorbs mit einem Lokalanästhetikum betäuben und den Katheter einfädeln könne. Ich sagte ihm nicht, dass der Katheter gut zwanzig Zentimeter lang ist und direkt in die Vena cava eingeführt wird, die Hohlvene, die die Hauptblutzufuhr zum Herzen leistet. Auch erzählte ich ihm nicht, wie diffizil die Prozedur sein würde. Es bestehe »ein geringfügiges Risiko« für eine innere Blutung beispielsweise, oder einen Lungenkollaps, erklärte ich ihm, in erfahrenen Händen aber käme es in weniger als einem von hundert Fällen zu solcherlei Problemen.

Nun gehörten meine Hände nicht zu den erfahrenen. Und die Katastrophen, von denen ich gehört hatte, beklemmten mich nicht wenig: die Frau, die verblutet war, als ein Assistenzarzt bei ihr die Vena cava durchbohrt hatte; der Mann, dem man den Brustkorb hatte öffnen müssen, weil ein Assistenzarzt den Führungsdraht für den Katheter losgelassen hatte und dieser ins Herz des Patienten vorgedrungen war; der Mann, der einen Herzstillstand erlitten hatte, weil es bei ihm im Laufe der Prozedur zu Kammerflimmern gekommen war. Von alledem sagte ich nichts, als ich meinen Patienten um seine Einwilligung bat, den Katheter legen zu dürfen. Er sagte: »In Ordnung«, und ich solle loslegen.

Ich hatte S. zweimal einen zentralen Venenkatheter legen sehen, das eine Mal am Tag zuvor, und dabei auf jeden Schritt sorgsam Acht gegeben. Ich hatte zugeschaut, wie sie die Instrumente auslegte, ihren Patienten auf den Rücken drehte und ihm ein zusammengerolltes Handtuch unter Nacken und Schulterblätter schob, damit sein Brustkorb sich nach oben wölbte. Ich hatte gesehen, wie sie seine Brust weitflächig mit einer Desinfektionslösung eingerieben, ihm das Lokalanästhetikum Lidocain injiziert und dann – in steriler Operationskleidung – den Brustkorb direkt unterhalb des Schlüsselbeins mit einer dicken, fast acht Zentimeter langen Nadel punktiert hatte. Der Patient war nicht einmal zusammengezuckt. S. hatte mir erklärt, wie ich es vermeiden konnte, mit der Nadel die Lunge zu treffen (»Führen Sie sie in einem ganz steilen Winkel ein, bleiben Sie genau unter dem Schlüsselbein«), und wie ich die Vena subclavia fand, einen Ast der Vena cava, der direkt oberhalb des Lungenflügels verläuft (»Führen Sie sie in einem ganz steilen Winkel ein, bleiben Sie genau unter dem

Schlüsselbein«). Sie hatte die Punktionsnadel beinahe ganz hineingeschoben. Dann hatte sie leicht am Spritzenkolben gezogen – tatsächlich, sie hatte die Vene getroffen. Man erkennt dies daran, dass sich die Spritze mit kastanienbraunem Blut zu füllen beginnt. (»Wenn das Blut hellrot ist, haben Sie eine Arterie getroffen«, erklärte sie. »Das ist nicht gut.«)

Steckt die Kanüle einmal in der Vene, muss man das Loch in der Venenwand ein wenig erweitern und den Katheter in die richtige Richtung hineinschieben – zum Herzen hin, nicht etwa zum Gehirn. All das ohne ein Gefäß, die Lunge oder sonst irgendetwas zu verletzen. Um das zu tun, so hatte S. erklärt, bringt man zunächst einen Führungsdraht ein. Sie entfernte die Spritze, ohne die Nadel zu bewegen. Blut trat aus. Dann griff sie zu einem sechzig Zentimeter langen Spiraldraht, der aussieht wie die stählerne D-Seite einer elektrischen Gitarre, und schob ihn fast in ganzer Länge durch die Nadel in die Vene in Richtung Vena cava. »Niemals mit Gewalt«, warnte sie. »Und nie und nimmer loslassen.« Der Herzmonitor zeigte eine Reihe rascher heftiger Herzschläge, und sie zog den Draht zwei Zentimeter zurück. Er war bis zum Herzvorhof vorgedrungen und hatte ein kurzes Flattern ausgelöst. »Sieht so aus, als wären wir richtig«, sagte sie leise zu mir. Dann zum Patienten: »Sie machen das großartig. Jetzt dauert's nur noch ein paar Minuten.« Sie zog die Nadel über den Draht heraus und ersetzte sie durch einen Dilatator, eine Dehnsonde aus dickem, steifem Plastik, mit der sie die Venenöffnung erweiterte. Anschließend entfernte sie den Dilatator und schob den Venenkatheter – ein gelbes biegsames Plastikröhrchen mit dem Durchmesser eines Spaghetti – über den Draht in die Vene ein. Jetzt konnte sie den Draht herausziehen. Sie spülte den Katheter mit einer Heparin-Lösung und nähte ihn am Brustkorb fest. Das war's.

Ich hatte gesehen, wie die Prozedur ablief. Nun war ich dran, es zu versuchen. Ich fing an, das Zubehör zusammenzusuchen – Katheter, Führungsdraht, Handschuhe, Kittel, Haube, Mundschutz, Lidocain – das allein brauchte ewig. Als ich mein Zeug endlich beisammen hatte, begab ich mich zum Zimmer meines Patienten. Vor seiner Tür blieb ich stehen, starrte reglos vor mich hin und ging im Geiste noch einmal sämtliche Schritte durch. Sie blieben frustrierend verschwommen. Aber ich konnte nicht länger warten. Ich hatte noch eine ellenlange Liste von anderen Dingen zu erledigen: Mrs. A. war zu entlassen, für Mr. B. musste ein Termin für eine Ultraschalluntersuchung ausgemacht werden, bei Mrs. C. waren die Klammern zu entfernen … Und alle zehn Minuten bekam ich weitere Aufgaben aufgeladen – Herrn X. war übel, man musste nach ihm sehen; die Familie von Miss Y war da und wollte mit »jemandem« sprechen; Mr. Z. musste ein Abführmittel haben. Ich atmete tief ein, setzte meinen überzeugendsten »Nur-keine-Sorge-Ich-weiß-was-ich-tue«-Blick auf und betrat das Zimmer, um den Katheter zu legen.

Ich breitete die Instrumente auf dem Nachtschrank aus, löste das Nachthemd des Patienten im Nacken und legte ihn mit entblößter Brust flach auf den Rücken. Ich schaltete die Deckenleuchte ein, brachte das Bett auf die richtige Arbeitshöhe für mich und piepste S. an. Dann zog ich mir Kittel und Handschuhe über und legte auf einem sterilen Tablett Venenkatheter, Führungsdraht und das andere Zubehör zurecht, wie ich es von S. in Erinnerung hatte. Ich zog eine Spritze mit fünf Kubikzentimetern Lidocain auf, tauchte zwei Stieltupfer in die antiseptische Jodtinktur und öffnete das Päckchen mit dem Nahtmaterial. Ich war bereit anzufangen.

S. kam herein: »Wie steht's mit den Thrombozyten?«

Ich spürte einen Kloß im Magen. Danach hatte ich nicht geschaut, was nicht so gut war: Lag die Zahl unterhalb der Norm und war damit die Blutgerinnung nicht optimal, konnte es durch den Eingriff zu einer riskanten inneren Blutung kommen. Sie holte den Laborzettel. Die Zahl war annehmbar.

Ernüchtert rieb ich ihm die Brust mit den Wattetupfern ab. »Haben Sie an die Schulterrolle gedacht?«, fragte sie. Nein. Auch das hatte ich vergessen. Der Patient schaute mich an, S. sagte nichts, holte ein Handtuch, rollte es auf und schob es ihm unter den Nacken. Ich verteilte das restliche Desinfektionsmittel und deckte ihn dann mit Tüchern ab, so dass nur noch seine obere rechte Brustseite frei blieb. Er wand sich ein bisschen unter den Tüchern. S. inspizierte nun mein Tablett. Ich machte mich auf das Schlimmste gefasst.

»Wo ist die Extraspritze zum Spülen des Katheters, wenn er sitzt?« Verflixt. Sie ging hinaus und holte eine.

Ich tastete die Brust des Patienten nach dem richtigen Ansatzpunkt ab und blickte kurz hoch. *Hier?*, fragten meine Augen, schließlich wollte ich das Vertrauen meines Patienten nicht noch weiter untergraben. Sie nickte. Ich betäubte die Stelle mit Lidocain (»Sie werden jetzt einen Einstich und ein leichtes Brennen spüren, Mister.«). Dann nahm ich die acht Zentimeter lange Punktionsnadel zur Hand und durchstach die Haut. Aus lauter Angst, sie in irgendetwas Falsches zu stechen, führte ich sie langsam und unsicher ein, immer nur ein paar Millimeter zur Zeit. Das ist eine verflixt lange Nadel, dachte ich unentwegt. Ich konnte nicht glauben, dass ich damit jemandem im Brustkorb herumstocherte. Ich konzentrierte mich darauf, einen steilen Einstichwinkel beizubehalten, bohrte dabei aber am Schlüsselbein herum, anstatt darunter zu gelangen.

»Autsch!«, rief er.

»Entschuldigung«, antwortete ich. S. signalisierte mit einer Handbewegung, dass ich unter das Schlüsselbein gelangen müsste. Dieses Mal klappte es. Ich zog den Kolben an der Spritze auf. Nichts. Sie bedeutete mir, ich solle tiefer gehen. Ich schob die Nadel weiter. Nichts. Ich zog die Nadel wieder heraus und spülte sie, um ein paar Gewebestückchen zu entfernen, die sie verstopft hatten.

»Aua!«

Wieder zu flach. Ich fand ein zweites Mal den Weg unter das Schlüsselbein und zog an der Spritze. Immer noch nichts. Er ist zu übergewichtig, dachte ich bei mir. S. streifte Handschuhe und Kittel über. »Wie wär's, wenn ich mal nachsehe«, sagte sie. Ich überließ ihr die Nadel und trat zur Seite. Sie schob die Nadel hinein, zog an der Spritze und hatte die Vene getroffen, als sei es das Einfachste von der Welt. »Wir sind gleich fertig«, sagte sie zu dem Patienten. Ich fühlte mich entsetzlich unfähig.

Sie ließ mich bei den nächsten Schritten gewähren, und ich wurstelte mich durch. Mir war nicht klar gewesen, wie lang und biegsam der Führungsdraht war, bis ich ihn aus der Plastikhülle genommen hatte, und während ich das eine Ende in den Patienten schob, hätte ich das andere um ein Haar auf das unsterile Bettzeug baumeln lassen. Ich vergaß den Schritt mit der Erweiterung, und sie musste mich daran erinnern. Als ich den Dilatator schließlich ansetzte, schob ich nicht kräftig genug. S. musste ihn am Ende selbst einführen. Endlich hatten wir den Katheter installiert, gespült und an seinem Platz vernäht.

Draußen vor der Tür meinte S., beim nächsten Mal könne ich ruhig weniger zögerlich vorgehen, ich solle mir aber keinesfalls zu sehr den Kopf darüber zerbrechen, wie es gelaufen war. »Sie lernen das schon«, meinte sie. »Es braucht einfach nur Übung.« Ich war da nicht so sicher. Mir kam die ganze Prozedur durch und durch geheimnisvoll vor. Und ich konnte mich nicht mit dem Gedanken anfreunden, dass ich blind einem anderen Menschen derart tief eine Nadel in den Brustkorb hatte rammen können. Voller Unruhe erwartete ich den Röntgenbefund. Aber er kam ohne Beanstandung: Ich hatte die Lunge nicht verletzt, und der Katheter saß, wo er hingehörte.

Nicht jedem eröffnet sich das Faszinierende an der Chirurgie. Wenn Sie als junger Medizinstudent zum ersten Mal im Operationssaal stehen und zuschauen, wie der Chirurg sein Skalpell in den Körper eines Menschen senkt, um diesen wie ein Stück Obst anzuschneiden, dann gibt es zwei Möglichkeiten: Entweder es schaudert Sie vor Horror oder Sie erstarren mit offenem Mund in

Ehrfurcht. Ich erstarrte. Es waren nicht allein Blut und Eingeweide, was mich so faszinierte, sondern zunächst einmal die Erkenntnis, dass ein Mensch als irdisches Wesen das Selbstvertrauen besitzen konnte, überhaupt ein Skalpell zu schwingen.

Über die Chirurgen kursiert übrigens der nicht sehr schmeichelhaft gemeinte Spruch: »Irrtümer ja, Zweifel nie«. Genau darin aber schien mir ihre Stärke zu liegen. Chirurgen müssen sich tagtäglich mit Unvorhergesehenem auseinandersetzen. Das Wissen ist häufig unzulänglich, die Forschung widerspricht sich, der eigene Sachverstand, die eigenen Fähigkeiten sind nie perfekt. Bereits beim einfachsten Eingriff gibt es keine Garantie dafür, dass der Patient hinterher besser dran ist als vorher – oder dass er ihn auch nur überlebt. Als ich das erste Mal am Tisch stand, fragte ich mich, woher um alles in der Welt der Chirurg wissen wollte, dass das, was er tat, dem Patienten zum Wohle gereichen würde, dass alle Schritte wie geplant ablaufen, alle Blutungen unter Kontrolle gehalten, keine Infektionen um sich greifen und keine Organe verletzt würden. Natürlich wusste er das nicht. Aber er schnitt trotzdem.

Später in meiner Studienzeit durfte ich selbst den ersten Schnitt tun. Der Chirurg zeichnete eine fünfzehn Zentimeter lange gestrichelte Linie auf den Bauch des in Narkose versetzten Patienten und befahl zu meiner Überraschung der Operationsschwester, mir das Messer zu reichen. Ich erinnere mich daran, dass es noch warm vom Sterilisieren war. Der Chirurg hieß mich die Haut mit Daumen und Zeigefinger der freien Hand straff spannen. Dann befahl er mir, einen glatten Schnitt bis hinunter zum Fett zu tun. Ich drehte das Skalpell mit der Wölbung zur Haut und setzte es an. Das Gefühl war seltsam aufregend, die Erregung ob der kalkulierten Gewaltsamkeit des Vorgehens mischte sich mit der Furcht, etwas falsch zu machen, und der selbstgerechten Überzeugung, dass all das irgendwie gut für den Patienten sei. Auch war da das leicht abstoßende Gefühl bei der Einsicht, dass zum Schneiden mehr Kraft nötig sei als erwartet. (Haut ist dick und elastisch, und bei meinem ersten Versuch schnitt ich bei weitem nicht tief genug; ich musste ein zweites Mal ansetzen, um sie schließlich zu durchtrennen.) In diesem Augenblick packte mich der Wunsch, Chirurg zu werden – kein Amateur, dem man das Messer für einen Augenblick überlässt, sondern jemand, der genug Selbstvertrauen besitzt, dies als alltägliche Routine zu begreifen.

Ein Assistenzarzt allerdings ist zu Anfang alles andere als von diesem Nimbus der Meisterschaft umweht – ihn beherrscht lediglich ein übermächtiger Instinkt, der sich vehement wehrt gegen solche Unterfangen wie jemandem eine Nadel in die Brust zu rammen oder mit einem Messer ins Fleisch zu schneiden. An meinem ersten Tag als Assistenzarzt in der Chirurgie wurde ich der Ambulanz zugeteilt. Zu meinen ersten Patienten gehörte eine hagere dunkelhaarige Frau Ende zwanzig, die mit zusammengebissenen Zähnen hereinhumpelte und an deren Fußsohle auf wundersame Weise ein fast siebzig Zentimeter langes hölzernes Stuhlbein festgenagelt war. Sie erklärte, dass der Stuhl zusammengebrochen sei, als sie versucht habe, sich darauf zu setzen. Als sie, um nicht zu Boden zu fallen, aufsprang, sei sie aus Versehen mit dem bloßen Fuß in die acht Zentimeter lange Schraube getreten, die aus dem Stuhlbein ragte. Ich versuchte alles, um nicht auszusehen wie jemand, der sein Staatsexamen erst eine Woche zuvor erhalten hatte. Vielmehr war ich wild entschlossen, nonchalant und weltgewandt zu wirken – eben wie jemand, der so etwas schon hundertmal gesehen hatte. Ich untersuchte ihren Fuß und stellte fest, dass die Schraube den Knochen am Ansatz des großen Zehs durchbohrt hatte. Die Wunde blutete nicht und es war wohl auch nichts gebrochen.

»Junge, das muss wehtun«, platzte es dämlich aus mir heraus.

Es lag auf der Hand, dass ich ihr eine Tetanusspritze geben und dann versuchen musste, die Schraube herauszuziehen. Ich ordnete die Spritze an, aber dann befielen mich erste Zweifel, ob es klug sei, die Schraube einfach herauszuziehen. Angenommen, die Stelle fing an zu bluten? Oder angenommen, ich verursachte einen Knochenbruch? Oder Schlimmeres? Ich entschuldigte mich und machte mich auf die Suche nach Dr. W., dem Dienst habenden chirurgischen Oberarzt. Ich fand ihn mit einem Unfallopfer beschäftigt. Der Patient sah schlimm aus. Das Team arbeitete fieberhaft, Kommandos flogen hin und her, der ganze Fußboden war voller Blut. Es war kein guter Zeitpunkt für Fragen.

Ich ordnete eine Röntgenaufnahme an. Damit würde ich Zeit gewinnen und könnte mein amateurhaftes Urteil überprüfen, dass wirklich nichts gebrochen sei. Natürlich dauerte es eine Stunde, bis die Aufnahme fertig war, und es war wirklich nichts gebrochen – man sah nur eine ganz gewöhnliche Schraube, »tief eingedrungen in den Kopf des ersten Mittelfußknochens«, so der Radiologe. Ich zeigte der Patientin die Aufnahme. »Sehen Sie, die Schraube ist in den Kopf des ersten Mittelfußknochens eingedrungen«, erklärte ich. Was ich tun werde, wollte sie wissen. Ah so ja, die Behandlung.

Ich ging wieder Dr. W. suchen. Er hatte noch immer mit dem Unfallopfer zu tun, aber ich konnte ihn unterbrechen, um ihm die Röntgenaufnahme zu zeigen. Er kicherte bei ihrem Anblick und fragte mich, was ich zu tun gedenke. »Die Schraube rausziehen?«, schlug ich vorsichtig vor. »Ja«, sagte er. Im Klartext hieß dies: Hau ab. Er versicherte sich, dass ich der Patientin eine Tetanusspritze gegeben hatte, und scheuchte mich davon.

Zurück bei der Patientin, erklärte ich ihr, ich hätte vor, die Schraube zu entfernen, und war darauf gefasst, dass sie irgendetwas entgegnen würde wie: »Sie??« Stattdessen sagte sie: »In Ordnung, Herr Doktor«, und ich musste wohl oder übel etwas unternehmen. Zuerst ließ ich sie auf dem OP-Tisch Platz nehmen und das Bein auf einer Seite herunterhängen. Aber das sah nicht sehr vielversprechend aus. Ich bat sie also, sich hinzulegen und den Fuß am Ende überstehen zu lassen. Das Stuhlbein ragte nun in die Luft. Mit jeder Bewegung nahmen die Schmerzen zu. Ich spritzte ihr ein Lokalanästhetikum an die Stelle, an der die

Schraube eingedrungen war, und das half ein bisschen. Nun packte ich mit einer Hand den Fuß, das Stuhlbein mit der anderen und erstarrte eine Sekunde lang zur Salzsäule: Konnte ich das wirklich tun? Sollte ich es wirklich tun? Wer war ich, dass ich mir solches anmaßte?

Schließlich zwang ich mich dazu. Ich zählte bis drei und zog – zunächst zu zaghaft, dann, unter großer Überwindung, heftiger. Sie stöhnte. Die Schraube rührte sich nicht. Ich drehte das Brett ein wenig, und mit einem Ruck kam es frei. Sie blutete nicht. Ich wusch die Wunde aus, wie mein Lehrbuch es bei Stichwunden beschrieb. Sie stellte fest, dass sie gehen konnte, auch wenn ihr Fuß noch wehtat. Ich warnte sie vor den Risiken einer möglichen Infektion und beschrieb ihr, auf welche Anzeichen sie achten solle. Ihre Dankbarkeit war immens und schmeichelte mir wie einer Maus der Dank des Löwen – an diesem Abend ging ich beflügelt nach Hause.

Wie überall sonst erwirbt man auch in der Chirurgie Geschick und Selbstvertrauen einzig durch Erfahrung – ein zögerlicher und erniedrigender Prozess. Genau wie Tennisspieler, Oboisten und Klempner müssen auch wir üben, um das, was wir tun, gut machen zu können. Im Falle der Medizin gibt es allerdings einen feinen Unterschied: Es sind Menschen, an denen wir üben.

Mein zweiter Versuch, einen zentralen Venenkatheter zu legen, verlief nicht besser als der erste. Die Patientin befand sich auf der Intensivstation, war sterbenskrank und wurde künstlich beatmet. Mit Hilfe des Katheters sollten die hochwirksamen Herzmedikamente direkt zum Herzen transportiert werden. Außerdem hatte sie starke Beruhigungsmittel bekommen, und dafür war ich zutiefst dankbar. Sie würde mein linkisches Gefummel nicht mitbekommen.

Dieses Mal war ich besser vorbereitet. Ich hatte an das zusammengerollte Handtuch gedacht und die Heparinspritzen auf dem Tablett ausgelegt. Ich überprüfte ihre Laborwerte, sie waren in

Ordnung. Auch achtete ich darauf, sie großzügiger abzudecken, um sicherzugehen, falls ich aus Versehen wieder mit dem Spiraldraht herumfuchtelte, dass er mit nichts Unsterilem in Berührung kam.

Trotz alledem war der Eingriff ein Flop. Zuerst führte ich die Nadel zu flach ein, danach zu tief. Meine Vorsicht geriet mehr und mehr zu Frustration, und ich probierte Winkel um Winkel. Nichts half. Dann, einen winzigen Augenblick lang, sprudelte ein bisschen Blut in die Spritze, das Zeichen, dass ich die Vene getroffen hatte. Ich hielt die Nadel fest in einer Hand und versuchte mit der anderen, die Spritze abzuziehen. Aber sie saß zu fest. Als ich sie endlich frei hatte, war auch die Nadel wieder aus der Vene gerutscht. Blut trat aus und füllte die Brustwand. Ich versuchte gute fünf Minuten lang, die Blutung durch Druck zu stoppen, aber ihr Brustkorb färbte sich rund um den Einstich dennoch blau und schwarz. Das Hämatom machte es unmöglich, an dieser Stelle einen weiteren Versuch zum Legen des Katheters zu unternehmen. Ich wollte aufgeben, aber die Frau brauchte den Katheter, und der Assistenzarzt, der mich beaufsichtigte – diesmal einer im zweiten Jahr –, hatte sich darauf versteift, das ich es hinkriegen würde. Die Röntgenaufnahmen zeigten, dass ich die Lunge nicht verletzt hatte, und so ließ er mich auf der anderen Seite mit einem neuen Katheterset noch einmal von vorne anfangen. Wieder traf ich daneben, und bevor ich die Patientin in ein Nadelkissen verwandeln konnte, übernahm er. Auch er brauchte ein paar Minuten und zwei oder drei Einstiche, um die Vene zu finden, und das gab mir ein etwas besseres Gefühl. Vielleicht war sie ein ungewöhnlich harter Fall.

Als ich ein paar Tage später bei meinem dritten Patienten wieder kein Glück hatte, begann ich ernsthaft an mir zu zweifeln. Wieder ein Stich um den anderen und nichts. Ich trat zur Seite, der Oberarzt traf beim ersten Versuch.

Chirurgen frönen einer seltsamen Form des Egalitarismus. Sie glauben an Übung, nicht an Talent. Die Leute denken oft, man müsse fantastische Hände haben, um Chirurg zu werden, aber das stimmt nicht. Als ich mich für die chirurgische Ausbildung bewarb, ließ mich niemand eine Naht nähen oder einen Geschicklichkeitstest machen, keiner schaute darauf, ob ich eine ruhige Hand hatte. Man braucht noch nicht einmal alle zehn Finger, um angenommen zu werden. Keine Frage, Talent hilft. Die Professoren behaupten, sie hätte alle zwei oder drei Jahre jemand wirklich Begabten in der Ausbildung – jemanden, der komplizierte manuelle Fertigkeiten extrem rasch erlernt, das Operationsgebiet als Ganzes überblickt, Probleme erkennt, bevor sie auftreten. Dennoch sagen die ausbildenden Chirurgen, dass es ihnen in allererster Linie darauf ankäme, Leute zu finden, die gewissenhaft, fleißig und dickschädelig genug sind, um dranzubleiben und jahrein, jahraus ein und dieselbe diffizile Sache zu üben. Ein Chirurgieprofessor hat einmal zu mir gesagt: Vor die Wahl gestellt zwischen einem Mediziner, der in mühevoller Kleinarbeit ein Gen geklont hat, und einem hoch begabten Bildhauer, würde er sich immer und jederzeit für den Mediziner entscheiden. Klar ginge er jede Wette ein, dass der Bildhauer über das größere handwerkliche Talent verfüge, aber er würde auch darauf setzen, dass der Mediziner weniger »sprunghaft« sei. Und darauf komme es am Ende an. Handwerkliches Geschick lässt sich lehren, glauben die Chirurgen, Beharrlichkeit nicht. Es mag ein seltsames Auswahlkriterium sein, aber es gilt die gesamte Hierarchie hinauf, sogar in chirurgischen Spitzenabteilungen. Sie erziehen sich Lieblingsschüler ohne jede chirurgische Erfahrung, investieren Jahre in deren Ausbildung und besetzen dann ihre Fakultäten zum größten Teil mit diesen selbst gezogenen Pflänzchen.

Und es funktioniert. Es gibt inzwischen viele Untersuchungen über die Leistungen von Spitzenkönnern – international renommierten Geigern, Schachgroßmeistern, professionellen Eiskunstläufern, Mathematikern und so weiter –, und der größte Unterschied, den Forscher zwischen diesen und ihren weniger leistungsstarken Konkurrenten haben feststellen können, besteht in der Intensität des freiwilligen Trainings, das sie absolviert haben. Vielleicht ist das wichtigste Talent ja das Talent zum Üben selbst. K. Anders Ericsson, Kognitionswissenschaftler und Experte für Fragen des Leistungsvermögens, stellt fest, dass der wichtigste Aspekt in Bezug auf die Rolle angeborener Faktoren bei Höchstleistungen in der *Bereitschaft* zu ausdauerndem Training besteht.[1] Er hat beispielsweise festgestellt, dass Spitzenathleten und -musiker genauso ungern üben wie alle anderen. (Das ist zum Beispiel der Grund dafür, dass Sportler und Musiker in der Regel mit ihrer Pensionierung das Üben aufgeben.) Dass sie aber mehr als alle anderen über den Willen verfügen, trotzdem dabeizubleiben.

Ich war mir nicht so sicher, dass das auf mich auch zutraf. Wozu sollte es gut sein, fragte ich mich, mein Glück immer wieder mit Venenkathetern zu versuchen, wenn ich sie doch nie richtig hinbrachte? Wenn ich nur eine genaue Vorstellung von dem gehabt hätte, was ich dabei falsch machte, wäre da vielleicht etwas gewesen, worauf ich mich hätte konzentrieren können. Aber die hatte ich nicht. Natürlich konnte jedermann mit guten Vorschlägen aufwarten: Stich mit dem Schliff nach oben ein! Nein, stich mit dem Schliff nach unten ein! Mach in die Mitte der Nadel einen leichten Knick. Nein, krümm die ganze Nadel! ... Eine Zeit lang versuchte ich, weiteren Kathetern aus dem Weg zu gehen. Doch schon bald sah ich mich erneut damit konfrontiert.

Dieses Mal waren die Umstände wirklich widrig. Es war spät abends, und ich hatte die ganze Nacht davor Dienst gehabt. Der Patient war entsetzlich fettleibig und wog über anderthalb Zentner. Er konnte nicht auf dem Rücken liegen, weil das Gewicht von Bauch und Brustkorb ihm das Atmen erschwerten. Trotzdem musste man ihm unbedingt einen Katheter legen. Er hatte eine stark infizierte Wunde und benötigte dringend intravenöse Antibiotikagaben, aber niemand konnte in seinen Armen Venen ertasten, so dass man eine Infusion hätte geben können. Ich hatte wenig Hoffnung, dass es mir gelingen würde. Aber ein Assistenzarzt tut, was ihm gesagt wird, und mir war befohlen worden, den Katheter zu legen.

Ich ging in sein Zimmer. Er schaute mich ängstlich an und sagte, er fürchte, nicht länger als eine Minute auf dem Rücken liegen zu können. Aber er sehe das Problem, meinte er, und sei willens, sich die größtmögliche Mühe zu geben. Er und ich beschlossen, dass er bis zum allerletzten Augenblick aufrecht im Bett sitzen bleiben solle. Wir wollten sehen, wie weit wir damit kämen.

Ich traf meine Vorbereitungen: prüfte die Laborwerte, legte das Instrumentarium aus, packte die Handtuchrolle an ihren Platz und so weiter. Ich desinfizierte seinen Brustkorb im Sitzen, deckte ihn mit Tüchern ab und gab ihm eine Sauerstoffmaske. Dieses Mal sah mir wieder S., die Oberärztin, zu, und als ich alles fertig hatte, bat ich sie, ihn flach auf dem Rücken zum Liegen zu bringen. Seine Körperfülle schwappte wie eine Welle die Brust hinauf. Meine Fingerspitzen vermochten sein Schlüsselbein nicht zu ertasten, von dem aus ich den richtigen Ansatzpunkt hätte finden sollen. Er begann bereits kurzatmig zu werden, sein Kopf war hochrot. Ich bedachte S. mit einem »Wollen Sie nicht lieber?«-Blick. Los, weiter!, signalisierte sie. Ich schätzte grob ab, wo die richtige Stelle sein könnte, betäubte sie mit Lidocain und schob dann die große Nadel hinein. Eine Sekunde lang dachte ich, sie sei womöglich nicht lang genug, um ihr Ziel zu erreichen, dann spürte ich, wie die Spitze unter das Schlüsselbein glitt. Ich schob noch ein Stück weiter und zog dann an der Spitze. Es war kaum zu glauben, sie füllte sich mit Blut. *Ich war drin.* Ich konzentrierte mich darauf, die Nadel gut zu verankern, damit sie sich keinen Millimeter verschob, während ich die Spritze entfernte und den Führungsdraht einführte. Er ließ sich wie nichts hineinschieben. Inzwischen rang der Patient ernsthaft nach Luft. Wir setzten ihn auf und ließen ihn zu Atem kommen. Er musste sich noch einmal kurz hinlegen, ich dehnte das Punktionsloch und schob den Venenkatheter hinein. »Gut gemacht«, war alles, was S. sagte, als sie ging.

Ich habe noch immer keine Ahnung, was ich an jenem Tag anders gemacht habe. Aber von nun an gingen meine Katheter dahin, wo ich sie haben wollte. Übung ist etwas Seltsames. Tag um Tag realisieren Sie nur Bruchteile dessen, was Sie zu tun haben. Und dann, eines Tages, haben Sie das Ganze zusammen. Bewusstes Lernen mündet in unbewusstes Handeln, und Sie können nicht einmal genau sagen, wie das zugegangen ist.

Inzwischen habe ich über hundert zentrale Venenkatheter gelegt. Ich bin alles andere als unfehlbar. Sicher habe ich meinen gerechten Anteil an dem gehabt, was wir als »unliebsame Ereignisse« zu bezeichnen pflegen. Ich habe beispielsweise bei einem Patienten die Lunge getroffen – die rechte Lunge bei einem Chirurgen aus einem anderen Krankenhaus, ausgerechnet – und in Anbetracht der Dinge bin ich ganz sicher, dass so etwas wieder vorkommen wird. Noch immer habe ich gelegentlich einen Fall, der völlig problemlos sein sollte, es aber, was auch immer ich anstelle, nicht ist. (Wir haben unsere eigene Sprache dafür. Ein Kollege fragt: »Wie war's?« Meine Antwort: »Totales Gemetzel.« Mehr muss ich nicht sagen.)

Aber dann gibt es auch die anderen Fälle, in denen alles perfekt läuft. Sie müssen nicht denken und sich nicht konzentrieren. Alles geht Ihnen mühelos von der Hand. Sie nehmen die Nadel, Sie führen sie ein und spüren ihren Weg – leicht gleitet sie durch das Fettgewebe, das festere Muskelgewebe leistet ein bisschen mehr Widerstand, dann der leichte Ruck, wenn Sie die Venenwand durchdringen – schon sind Sie drin. In solchen Augenblicken ist es mehr als einfach, es ist schön.

Die chirurgische Ausbildung besteht in der unermüdlichen Wiederholung des immer gleichen Vorgangs: hilfloses Probieren, gefolgt von gelegentlichem Durchblick, dieser wiederum gefolgt von Wissen und mitunter Momenten der Eleganz – wieder und wieder, an immer größeren Herausforderungen mit immer größeren Risiken. Zu Anfang arbeiten Sie an den Grundkenntnissen: Wie Sie Kittel und Handschuhe anzuziehen, wie Sie Patienten abzudecken und wie Sie ein Skalpell zu halten haben, wie Sie einen so genannten Weiberknoten in ein Stück Nahtmaterial machen (gar nicht zu reden davon, wie Sie diktieren, den Computer bedienen und Medikamente bestellen). Dann werden die Aufgaben allmählich anspruchsvoller und beängstigender: Wie man Haut durchschneidet, das Diathermiemesser, ein elektromagnetisches Schneideinstrument, handhabt, den Brustkorb öffnet, ein blutendes Gefäß abbindet, einen Tumor aus der Brust entfernt und die Wunde verschließt. Am Ende meines ersten halben Jahres der Facharztausbildung hatte ich zentrale Venenkatheter gelegt, Blinddärme entfernt, Hauttransplantationen, Bruchoperationen und Mastektomien, Entfernungen der weiblichen Brustdrüse, durchgeführt. Am Ende des Jahres amputierte ich Gliedmaßen, entnahm Lymphknoten, entfernte Hämorrhoiden. Am Ende meines zweiten Jahres führte ich Luftröhrenschnitte durch, ein paar Dünndarmoperationen und laparoskopische Gallenblasenentfernungen.

Inzwischen bin ich im siebten Jahr meiner Ausbildung. Erst jetzt will mir ein Schnitt in die Haut wie nichts scheinen, als bloßer Anfang von etwas. Wenn ich durch bin, ist die Schlacht noch nicht geschlagen. Heute versuche ich zu lernen, wie man Aortenaneurysmen behebt, Bauchspeicheldrüsenkarzinome entfernt, blockierte Halsschlagadern wieder durchgängig macht. Ich bin weder sonderlich talentiert noch besonders ungeschickt, habe ich festgestellt. Durch Üben, Üben und nochmals Üben kriege ich den Bogen raus.

Für Mediziner ist es schwer, mit Patienten über so etwas zu sprechen. Stets lastet, wenn auch zumeist unausgesprochen, eine gewisse moralische Bürde auf uns, die wir am Menschen üben müssen. Vor jeder Operation gehe ich fertig angekleidet in den Vorbereitungsraum und stelle mich meinem Patienten vor. Ich mache das immer gleich. »Guten Tag, ich bin Dr. Gawande. Ich bin einer der chirurgischen Assistenten und werde Ihrem Operateur zur Hand gehen.« Das ist so ziemlich alles, was ich zu dem Thema zu sagen habe. Ich reiche ihm die Hand und lächle freundlich. In ganz seltenen Fällen zeigen sich die Patienten überrascht. »Ich will nicht von einem Assistenzarzt operiert werden«, heißt es dann. Ich versuche sie zu beruhigen. »Keine Sorge. Ich assistiere lediglich«, erkläre ich. »Der Oberarzt hat allein das Sagen.«

Nichts davon ist eine ausgemachte Lüge. Der Oberarzt *hat* das Sagen. Und ein Assistent tut gut daran, das nicht zu vergessen. Vor kurzem hatte ich einer fünfundsiebzigjährigen Frau ein Dickdarmkarzinom zu entfernen. Der Oberarzt stand mir von Anfang bis Ende am Tisch gegenüber. Er war es, der entschied, wie ein Schnitt zu führen war, wie der Tumor zu entfernen und wie viel Darm mit herauszunehmen war.

Doch zu behaupten, ich hätte lediglich assistiert, wäre Schönfärberei. Ich war eben nicht ein zweites Paar Hände. Warum sonst hätte ich das Messer geführt? Warum stand ich an der Stelle des Operateurs am Tisch? Warum war der Tisch auf meine Größe von über einem Meter achtzig justiert worden? Jawohl, ich war da, um zu helfen, aber ich war auch da, um zu lernen. Ganz deutlich wurde das, als es an der Zeit war, die Darmenden wieder miteinander zu verbinden. Es gibt zwei Möglichkeiten, das zu tun – man kann sie von Hand zusammennähen oder man kann sie klammern. Klammern geht leichter und schneller, aber der Oberarzt forderte mich auf, von Hand zu nähen – nicht etwa, weil dies besser für den Patienten war, sondern weil ich es erst ein paarmal gemacht hatte. Wenn man es richtig macht, ist das Ergebnis in beiden Fällen dasselbe, aber er musste mich beobachten wie ein Falke. Meine Stiche erfolgten langsam und ungenau. Irgendwann erwischte er mich dabei, dass ich die Stiche zu weit auseinander setzte, und ließ mich zurückgehen und Extrastiche einfügen, damit die Verbindung dicht hielt. Dann stellte er fest, dass ich mit der Nadel nicht tief genug ins Gewebe stach, um eine feste Verbindung zu gewährleisten. »Drehen Sie Ihr Handgelenk ein bisschen weiter«, riet er. »So?«, fragte ich. »Äh, ja, so ähnlich«, entgegnete er. Ich lernte.

In der Medizin hatten wir es schon immer mit dem Konflikt zu tun zwischen der Verpflichtung, dem Patienten die bestmögliche Pflege angedeihen zu lassen, und der Notwendigkeit, Neulingen Erfahrung zu vermitteln. In der Assistenzarztzeit wird versucht, möglichen Schaden durch Supervision und eine nur allmähliche Übernahme von Verantwortung zu begrenzen. Und es besteht Grund zu der Annahme, dass die Patienten von dieser Form des Lehrens tatsächlich profitieren. Im Großen und Ganzen kommen die meisten Studien zu dem Ergebnis, dass Lehrkrankenhäuser bessere Resultate erzielen als andere. Assistenzärzte mögen zunächst blutige Anfänger sein, aber sie an Bord zu haben, sie Patienten untersuchen, Fragen stellen und die Fakultät in Atem halten zu lassen, scheint etwas Gutes zu sein. Dennoch führt kein Weg um jene ersten holprigen Versuche herum, bei denen ein junger Arzt versucht, einen zentralen Venenkatheter zu legen, einen Knoten aus der Brust zu entfernen oder zwei Darmenden miteinander zu verbinden. So viele Vorsichtsmaßnahmen wir auch treffen mögen, im Schnitt verlaufen diese Fälle in den Händen eines Neulings weniger gut als in den Händen eines erfahrenen Arztes.

Wir selbst machen uns diesbezüglich keine Illusionen. Wenn ein Oberarzt ein krankes Familienmitglied zur Operation ins Krankenhaus bringt, überlegt die Belegschaft scharf, bis zu welchem Grad sie in diesem Falle Anfänger teilhaben lässt. Selbst wenn der Betreffende darauf besteht, dass sie wie üblich beteiligt werden, weiß der sich einseifende Operateur nur zu genau, dass dies alles andere als eine normale Lehroperation sein wird. Und wenn ein zentraler Venenkatheter gelegt werden muss, dann wird es sicher nicht der Neuling sein, dem man dies überträgt. Im Umkehrschluss lässt sich daher sagen, dass die Pflegeeinrichtungen und Krankenhäuser, in denen Assistenzärzte am meisten Verantwortung übertragen bekommen, Häuser sind, die von den Armen und Unterprivilegierten, von Nichtversicherten, Alkoholikern und Dementen belegt werden. Ein Assistenzarzt hat dieser Tage wenig Gelegenheit, allein zu operieren, ohne dass der betreuende Oberarzt fertig eingekleidet neben ihm steht, aber wenn wir es dürfen – und wir müssen es tun, bevor wir unseren Abschluss machen und irgendwo anfangen, auf eigene Faust zu arbeiten –, dann sind es in der Regel diese bescheidensten unter den Patienten.

Das ist die unbequeme Wahrheit über das Lehren. Unseren ethischen Grundsätzen und dem allgemeinen Empfinden zufolge (von juristischen Regelwerken ganz zu schweigen), muss das Recht eines Patienten auf die bestmögliche Versorgung vor dem Ziel der Ausbildung kommen. Wir wollen Perfektion ohne Übung. Trotzdem nimmt jeder Schaden, wenn niemand für die Zukunft ausgebildet wird. Also wird das Lernen hinter Tüchern, Narkosemitteln und Sprachregelungen versteckt. Auch betrifft dieses Dilemma nicht nur Assistenten, Ärzte in der Ausbildung. Der Lernprozess dauert weit länger, als die meisten Menschen annehmen.

Meine Schwester und ich wuchsen in der kleinen Stadt Athens in Ohio auf, in der unsere Eltern beide als Ärzte praktizierten. Meine Mutter hatte sich vor langer Zeit entschlossen, in Teilzeit – drei halbe Tage in der Woche – als Kinderärztin zu arbeiten. Möglich war ihr dies, weil die urologische Praxis meines Vaters so gut und erfolgreich ging. Inzwischen ist er seit über fünfundzwanzig Jahren dabei, und sein Sprechzimmer ist gepflastert mit den Zeugnissen seiner Tätigkeit: überquellende Karteischränke voller Patientenakten, Geschenke von Patienten, wohin man schaut, (Bücher, Bilder, Keramiken mit Bibelsprüchen, handgemalte Briefbeschwerer, Glaskunstwerke, geschnitzte Dosen und die Skulptur eines kleinen Jungen, der einen anpinkelt, wenn man ihm die Hosen herunterzieht). In einem Acrylbehälter hinter seinem Eichenschreibtisch bewahrt er ein paar Dutzend der vielen tausend Nierensteine auf, die er diesen Patienten entnommen hat.

Erst jetzt, da mir das Ende meiner Ausbildungszeit hier und da in greifbare Nähe rückt, habe ich angefangen, ernsthaft über die Erfolge meines Vaters nachzudenken. Einen Großteil meiner Assistentenzeit habe ich die Chirurgie für einen mehr oder weniger fixen Komplex aus Wissen und Handwerk gehalten, der sich im Laufe der Ausbildung aneignen und durch Üben vervollkommnen lässt. Ich stellte mir das wie einen glatten, kurvenförmigen Aufwärtspfad der Geschicklichkeit bei einem enger werdenden, ausgesuchten Aufgabenspektrum vor (bei mir war es die Entfernung von Gallenblasen, Dickdarmkarzinomen, Geschossen und Blinddärmen, bei ihm die Entfernung von Nierensteinen, Hodentumoren und vergrößerten Vorsteherdrüsen). Nach zehn oder fünfzehn Jahren erreicht die Kurve in meiner Vorstellung ihren Höhepunkt und verharrt für lange Zeit auf einem Plateau, das sie erst etwa fünf Jahre vor der Pensionierung womöglich ein wenig verlässt. Die Wirklichkeit gestaltet sich allerdings um einiges chaotischer: Sie eignen sich Dinge an, werden sicher darin, aber sobald das der Fall ist, werden Sie feststellen, dass Ihre Methode hoffnungslos veraltet ist. So berichtet es mein Vater. Neue Technologien und Operationsmethoden werden entwickelt, verdrängen die alten, und die Lernkurve nimmt erneut ihren Anfang. »Drei Viertel von dem, was ich heute mache, habe ich während meiner Assistentenzeit nie gelernt«, berichtet er. Ganz allein, achtzig Kilometer von der nächsten Uniklinik entfernt – erst recht von einem Oberarzt, der ihm erklärt: »Sie müssen das Handgelenk ein bisschen stärker anwinkeln, wenn Sie das machen« –, hatte er lernen müssen, Penisprothesen anzubringen, mikrochirugische Eingriffe vorzunehmen, die Durchtrennung des Samenleiters rückgängig zu machen, nervenerhaltende Prostataektomien durchzuführen und jemandem einen künstlichen Blasenschließmuskel zu implantieren. Er hatte lernen müssen, mit

Stoßwellen-Lithotriptoren, mit elektrohydraulischen Lithotriptoren und Laser-Lithotriptoren (allesamt Geräte zur Zertrümmerung von Nierensteinen) umzugehen, Ureterstents, Double-J-Katheter und Pigtail-Katheter einzuführen (fragen Sie lieber nicht, was das ist) sowie mit faseroptischen Uteroskopen zu hantieren. All diese Geräte und Techniken sind nach dem Ende seiner Ausbildung entwickelt worden. Manche Methoden basierten auf bereits vorhandenen Fertigkeiten, viele jedoch nicht.

Genau das ist die Erfahrung, die alle Chirurgen machen. Das Tempo medizinischer Neuerungen ist seit eh und je ungebremst, und den Chirurgen bleibt keine andere Wahl, als die neuen Dinge auszuprobieren. Sich neue Techniken nicht anzueignen hieße, dem Patienten wichtige medizinische Fortschritte vorzuenthalten. So sind denn auch die Gefahren der immer neu ansetzenden Lernkurve unvermeidlich – das gilt für die fortgeschrittene ärztliche Praxis nicht minder als für die Assistenzarztzeit.

Für den fertig ausgebildeten Chirurgen sind die Möglichkeiten des Lernens natürlich weit weniger strukturiert als für einen Assistenten. Wenn ein wichtiges neues Gerät oder eine Methode daherkommen – und das geschieht jedes Jahr –, belegen die Chirurgen zunächst einmal einen Kurs für den Umgang damit. In aller Regel handelt es sich dabei um einen Tag oder zwei Tage mit Vorlesungen irgendwelcher Chirurgengrößen, ein paar Filmausschnitten und einer Hand voll Broschüren, in denen das Ganze Schritt für Schritt erklärt wird. Wir nehmen uns ein Video mit nach Hause, das wir uns ansehen. Vielleicht statten wir einem Kollegen einen Besuch ab, dem wir über die Schulter schauen, wenn er die Methode anwendet – mein Vater geht für so etwas häufig ans Ohio State Hospital oder an die Cleveland Clinic. Doch für ein praktisches manuelles Training besteht so gut wie keine Gelegenheit. Ein Gast kann nicht wie ein Assistent immer mal wieder fertig präpariert bei einem Fall dabei sein, und die Gelegenheit, an Tieren oder Leichen zu üben, sind dünn gesät. (Großbritannien, wen wundert's, verbietet Chirurgen sogar Eingriffe bei Tieren.) Als der gepulste Farblaser entwickelt war, richtete der Hersteller ein Labor in Columbus ein, in dem die Chirurgen der Region Erfahrungen sammeln konnten. Doch als mein Vater dort war, bestand die Hauptlektion darin, Nierensteine in einem Reagenzglas mit einer harnähnlichen Flüssigkeit zu zertrümmern, und in Versuchen, die Schale von Hühnereiern zu durchdringen, ohne die darunter liegende Eihülle zu beschädigen.

Die chirurgische Abteilung, in der ich arbeite, hat unlängst einen Operationsroboter erstanden – ein atemberaubend raffiniertes Gerät im Wert von annähernd einer Million Dollar, mit drei Armen, zwei »Händen« und einer Kamera – ein Gerät in der Größenordnung von Millimetern, das von einem Steuerpult aus gesteuert wird und es einem Chirurgen ermöglicht, so ziemlich jede Operation mit winzigen Einschnitten und ohne das geringste Zittern der Hände durchzuführen. Ein Team aus zwei Chirurgen und zwei Operationsschwestern flog nach San José zur Hauptniederlassung des Herstellers, um sich einen Tag lang an dem Gerät ausbilden zu lassen, und bekam Gelegenheit, an einem Schwein und einem menschlichem Leichnam zu üben. (Die Firma erwirbt offenbar Leichen von der Stadt San Francisco.) Doch selbst das – weit mehr als man in aller Regel an Training erfährt – war nichts als eine grobe Einübung. Sie lernten genug, um die Prinzipien zu begreifen, nach denen sie den Roboter zu bedienen hatten, ein Gefühl dafür zu entwickeln, wie sie ihn einsetzen konnten, und zu verstehen, wie sie eine Operation mit ihm planen mussten. Das war's so ziemlich. Früher oder später wird einer von ihnen sich daran machen müssen, das Ding an irgendwem auszuprobieren.

Am Ende werden die Patienten profitieren – in vielen Fällen sogar ungemein –, die ersten paar Patienten aber womöglich nicht, vielleicht tragen sie sogar Schäden davon. Man denke nur an den Erfahrungsbericht der pädiatrischen Chirurgie des renommierten Great Ormond Street Hospital in London, der im Frühjahr

2000 in allen Einzelheiten im *British Medical Journal* zu lesen war.[2] Die Ärzte beschrieben in dieser vergleichenden Studie ihre Operationsergebnisse aus dreihundertfünfundzwanzig Eingriffen an Babys mit einem schweren Herzfehler, den man als Transposition der großen Arterien bezeichnet. Der Berichtszeitraum umfasst zwanzig Jahre (1978 bis 1998), und die Chirurgen hatten in dieser Zeit von einer Operationsmethode zu einer anderen gewechselt. Die Kinder kommen mit vertauschten Arterien zur Welt: Bei ihnen entspringt die Aorta (die Hauptschlagader des Körperkreislaufs) der rechten statt der linken Herzkammer, die Lungenarterie hingegen der linken statt der rechten. Die Folge davon ist, dass das sauerstoffarme Blut, das aus dem Körper ins Herz strömt, ohne den Umweg über die Lungen, wo es mit Sauerstoff angereichert würde, sofort wieder in die Aorta gelangt und in den Körper zurückgepumpt wird. Damit lässt sich nicht leben. Früher starben die Kinder sehr jung. Die Haut tiefblau verfärbt, vom Ringen nach Luft ermattet, hatten sie nie das Gefühl kennen gelernt, genug Luft zum Atmen zu haben. Viele Jahre hindurch war es technisch einfach nicht möglich, die beiden Gefäße umzulagern und in ihre richtige Position zu bringen. Die Ärzte taten daher etwas anderes: Im Rahmen der so genannten Senning-Operation schufen sie eine Verbindung zwischen den beiden Herzkammern, durch die das Blut aus dem Lungenkreislauf in die rechte Herzkammer übertreten und sich dort mit dem sauerstoffarmen Blut vermischen konnte, von wo aus es dann wieder über die fälschlich dort ansetzende Aorta in den Körper gelangt. Mit Hilfe dieser Methode überlebten die Kinder bis ins Erwachsenenalter. Die schwächere rechte Herzhälfte vermag dem Bluteinstrom aus dem gesamten Körper jedoch nicht so lange standzuhalten wie die linke, und so kam es letzten Endes bei diesen Patienten zum Herzversagen. Obschon die meisten nunmehr das Erwachsenenalter erreichten, wurden doch nur wenige von ihnen alt. Dann, zu Beginn der achtziger Jahre, wurde es durch eine Reihe von technischen Neuerungen möglich, die Lage der Gefäße sicher zu korrigieren. Schon bald wurde dieses Verfahren der Senning-Operation vorgezogen. Die Chirurgen des Great Ormond Street Hospital wechselten 1986 zu dieser Methode, und ihr Bericht zeigt, dass dies fraglos ein Wechsel zum Besseren war. Die jährliche Todesrate nach einer erfolgreichen Umlagerung der Gefäße betrug nur noch ein Viertel der Rate bei der Methode nach Senning und ließ die Lebenserwartung von siebenundvierzig Jahren auf dreiundsechzig Jahre emporschnellen. Der Preis für das Lernen aber war erschreckend hoch. Bei den ersten siebzig Gefäßumlagerungen hatten die Chirurgen im Verlauf der Operation eine Sterberate von fünfundzwanzig Prozent zu verzeichnen, bei der Senning-Methode waren es im Vergleich dazu lediglich sechs Prozent. (Achtzehn Babys starben, das waren mehr als doppelt so viele wie während der gesamten Senning-Ära). Erst im Laufe der Zeit lernten sie, die Methode zu beherrschen. Bei den nächsten hundert Operationen starben nur noch fünf Babys.

Als Patienten wollen wir beides, Erfahrung und Fortschritt. Was niemand wahrhaben will: Es handelt sich hierbei um widerstreitende Interessen. In einem britischen Artikel steht zu lesen: »In Bezug auf die Sicherheit der Patienten sollte es keine Lernkurve geben.« Das aber ist reines Wunschdenken.

Vor kurzem verlegte sich eine Gruppe von Wissenschaftlern der Harvard Business School, die sich auf die Untersuchung von Lernkurven in der Industrie – bei der Herstellung von Halbleitern, Flugzeugen und Ähnlichem – spezialisiert hat, auf die Analyse der Lernkurve bei Chirurgen.[3] Sie begleiteten achtzehn Herzchirurgen und deren Teams beim Wechsel zu einer neuen minimalinvasiven Technik der Herzchirurgie. Diese Studie, so las ich mit einiger Verblüffung, war die erste ihrer Art. Lernen ist in der Medizin ein allgegenwärtiger Prozess, und dennoch hat nie jemand danach geschaut, wie gut einzelne Klinikärzte ihn beherrschen.

Die neue Herzoperation, bei der nur ein kleiner Einschnitt zwischen zwei Rippen erfolgt, statt einer kompletten Öffnung des Brustkorbs, erwies sich als beträchtlich komplizierter als die konventionelle Methode. Da der Einschnitt zu klein war, um die üblicherweise notwendigen Anschlüsse und Kanülen zur Umleitung des Bluts in die Herz-Lungen-Maschine anzubringen, mussten sich die Chirurgen auf eine kompliziertere Methode verlegen, bei der Ballons und Katheter durch Gefäße in der Leistengegend eingeführt wurden. Sie mussten überdies lernen, die Operation in einem drastisch verkürzten Zeitrahmen durchzuführen, und auch die Schwestern und Anästhesisten hatte eine neue Rolle zu übernehmen. Für jeden gab es neue Aufgaben, neue Instrumente, neue Möglichkeiten, Dinge falsch zu machen, und neue Arten, dies zu beheben. Wie Sie vielleicht erwarten, war bei jedem Beteiligten eine deutliche Lernkurve festzustellen. Während ein erfahrenes Team drei bis sechs Stunden für eine solche Operation benötigt, brauchten diese Teams für ihre ersten Fälle im Durchschnitt dreimal so lange. Die Wissenschaftler konnten die Sterblichkeitsrate nicht im Detail nachweisen, aber es wäre töricht anzunehmen, dass diese davon unberührt geblieben sei.

Weitaus interessanter ist, dass die Forscher erstaunliche Unterschiede bezüglich der Geschwindigkeit ausmachten, mit der die einzelnen Teams dazulernten. Allen Arbeitsgruppen wurde dieselbe dreitägige Trainingseinheit zuteil, sie alle kamen von überaus renommierten Kliniken mit einschlägigen Erfahrungen bei der Aneignung technischer Neuerungen. Dennoch schafften es manche Teams, ihre Operationszeit im Verlauf der ersten fünfzig Eingriffe zu halbieren, während sich bei anderen überhaupt keine Verbesserung zeigte. Übung, so stellte sich heraus, macht nicht notwendigerweise den Meister. Ob es dazu kommt, hängt grundsätzlich davon ab, *wie* die Chirurgen und ihr Team übten, befanden die Forscher.

Richard Bohmer, der einzige Arzt unter den Harvard-Wissenschaftlern, unternahm mehrere Besuche bei einer der Gruppen, die am raschesten dazulernten, und bei einer der langsamsten, um beide bei ihrer Arbeit zu beobachten, und er war mehr als verblüfft über den Unterschied zwischen ihnen. Der Chirurg des rasch lernenden Teams war im Vergleich zu dem der langsameren Gruppe im Grunde relativ unerfahren. Er hatte seine Ausbildung erst vor ein paar Jahren beendet. Aber er achtete erstens darauf, in seinem Team Leute zu haben, mit denen er in der Vergangenheit bereits gut zusammengearbeitet hatte, und zweitens, das Team für die ersten fünfzehn Fälle personell nicht zu verändern; erst später ließ er neue Mitglieder zu. Vor dem ersten Fall spielte er mit ihnen zur Übung einen »Trockenlauf« durch und setzte dann für die erste Woche sechs Fälle auf den Operationsplan, so dass vom einen aufs andere Mal nicht viel vergessen werden konnte. Zudem rief er alle vor jeder Operation zusammen, um sie im Einzelnen durchzusprechen, und im Anschluss daran gab es nochmals ein Treffen, um den Verlauf zu rekapitulieren. Er achtete darauf, dass sämtliche Ergebnisse sorgsam festgehalten wurden. Und von seiner Persönlichkeit her war der Chirurg, wie Bohmer feststellte, alles andere als der Prototyp eines Napoleon mit Skalpell. Ungefragt erklärte er Bohmer: »Der Chirurg muss bereit sein, sich auf die Partnerschaft mit den anderen im Team einzulassen, damit er Vorschläge akzeptieren kann.« Das mag ein bisschen nach Klischee klingen, aber so oder so – was er tat, funktionierte. Der Chirurg im anderen Krankenhaus wählte sein Team mehr oder weniger zufällig aus und hielt die Gruppe nicht zusammen. Bei seinen ersten sieben Fällen bestand das Team jedes Mal aus verschiedenen Mitgliedern, mit anderen Worten, es war überhaupt kein Team. Und er hielt keine Vor- und Nachbesprechungen ab und führte auch nicht Buch über die Ergebnisse.

Die Studie der Harvard Business School wartet durchaus mit ein paar hoffnungsvollen Ergebnissen auf. Wir können Dinge tun, die einen nachhaltigen Effekt auf die Lernkurve haben: überlegter an unser Training gehen und unsere Fortschritte festhalten, was für Studenten und Assistenzärzte ebenso wie für Chefärzte und Schwestern gilt. Die anderen Befunde aber stimmen weniger optimistisch: So erfahren ein Chirurg auch sein mag, wenn er etwas Neues ausprobiert, werden seine Ergebnisse zu Beginn stets schlechter, bevor sie sich verbessern, und die Lernkurve erwies sich als langwieriger und durch weit komplexere Faktoren beeinflusst, als man es sich hätte träumen lassen. Alles deutet darauf hin, dass es nicht möglich ist, Neulinge auszubilden, ohne das Heil der Patienten in gewissem Maße zu gefährden.

Das ist, nehme ich an, der Grund für die beliebte Ausflucht: »Ich bin nur der Assistent«, die Verkündigung: »Wir haben eine neue Methode, und dafür sind Sie genau der richtige Kandidat«, die Verordnung: »Sie brauchen einen zentralen Venenkatheter«, ohne den Zusatz: »Ich muss nur noch lernen, wie man das macht.« Manchmal fühlen wir uns verpflichtet offen zu sagen, dass wir etwas zum ersten Mal tun, aber selbst dann tendieren wir dazu, die offizielle Erfolgsquote anzuführen, die beinahe immer nur von erfahrenen Chirurgen erreicht wird. Gestehen wir einem Patienten je, dass bei ihm das Risiko unausweichlich erhöht sein wird, weil wir das, was wir bei ihm machen, erst zu lernen im Begriff sind, und dass er in den Händen einer erfahreneren Kraft womöglich besser dran wäre? Mir ist so etwas nie begegnet. Und falls es dazu käme – welcher Mensch mit klarem Verstand würde schon zulassen, dass ein anderer an ihm übt?

Manch einer wird diese Darstellung vehement bestreiten. »Sehen Sie, den meisten Leuten ist klar, was es heißt, Arzt zu sein«, beharrte ein Fachmann für das Gesundheitswesen, mit dem ich vor nicht allzu langer Zeit einen Termin hatte. »Wir müssen aufhören, unsere Patienten zu belügen. Meinen Sie nicht, dass die Leute zum Wohle der Gesellschaft nicht ein gewisses Risiko eingehen könnten?« Er machte eine Pause und beantwortete seine Frage selbst. »Doch, sie können«, erklärte er mit fester Stimme.

Dies wäre sicher eine gute und elegante Lösung. Wir fragten die Patienten – offen und ehrlich –, und sie sagten ja. Schwer vorstellbar jedoch. Auf dem Schreibtisch des Gesundheitsexperten fiel mir ein Foto von seinem Kind ins Auge – es war wenige Monate alt, und ich platzte mit einer höchst unfairen Frage heraus: »Haben Sie den Assistenzarzt entbinden lassen?«, wollte ich wissen.

Einen Augenblick schwieg er. »Nein«, gab er dann zu. »Wir haben nicht einmal zugelassen, dass er zusah.«

Einer der Gründe für meine große Skepsis, ob es uns gelingen wird, die medizinische Ausbildung so zu gestalten, dass die Leute erklären: »Jawohl, Sie dürfen an mir üben«, ist der, dass ich selbst schon einmal Nein gesagt habe. An einem Sonntagmorgen kam es bei meinem ältesten Sohn, Walker, der damals gerade elf Tage alt war, zu einer Herzinsuffizienz; die Ursache war, wie sich herausstellen sollte, ein schwerer Herzfehler. Seine Aorta saß zwar nicht an der falschen Stelle, aber auf einem längeren Abschnitt war das Gefäß im Laufe der fötalen Entwicklung einfach nicht mehr weiter gewachsen. Meine Frau und ich waren außer uns vor Angst – Nieren und Leber begannen ebenfalls zu versagen –, aber er hielt bis zur Operation durch. Der Eingriff war ein Erfolg, und obwohl seine Genesung sprunghaft und unberechenbar verlief, war er zweieinhalb Wochen später so weit, dass er nach Hause durfte.

Allerdings konnten wir nicht frei und unbelastet von dannen ziehen. Als er zur Welt kam, hatte er gesunde drei Kilo gewogen, nun aber, im Alter von einem Monat, wog er nur noch knapp zweieinhalb. Das hieß, man würde ihn sorgsam überwachen müssen, um sicherzustellen, dass er zunahm. Er bekam zweierlei Herzmedikamente, die nach einer Zeit abzusetzen waren. Aber auf lange Sicht, so hatten uns die Ärzte gewarnt, würde die vorgenommene Korrektur nicht ausreichen. Wenn Walker größer wurde, würde man die Aorta entweder vermittels eines Ballonkatheters aufdehnen oder sie komplett operativ ersetzen müssen. Wann genau und wie häufig diese Eingriffe nötig sein würden, vermochten sie uns nicht zu sagen. Ein Herzspezialist für Kinder würde ihn beobachten und jeweils die Entscheidungen treffen müssen.

Kurz vor der Entlassung hatten wir noch immer nicht entschieden, wer dieser Arzt sein sollte. Im Krankenhaus war Walker von einem ganzen Team von Kardiologen betreut worden, dem junge Ärzte am Beginn ihrer Facharztausbildung ebenso angehörten wie Oberärzte mit jahrzehntelanger Erfahrung. Am Tag vor der Entlassung kam einer der jungen Ärzte auf mich zu, reichte mir seine Karte und schlug einen Termin vor, an dem ich mit Walker zu ihm kommen sollte. Er war derjenige im Team gewesen, der die meiste Zeit in Walkers Betreuung investiert hatte. Er war derjenige, der Walker als Erster gesehen hatte, als wir ihn in unaussprechlicher Atemnot ins Krankenhaus gebracht hatten; derjenige, der die Diagnose gestellt und Walker Medikamente gegeben hatte, die ihn stabilisierten, der die Absprachen mit den Chirurgen getroffen und jeden Tag den Kontakt mit uns gesucht hatte, um unsere Fragen zu beantworten. Ich wusste aber auch, dass junge Ärzte immer auf diese Art und Weise an ihre Patienten kommen. Den meisten Familien fallen die subtilen Unterschiede zwischen den einzelnen Akteuren nicht auf, und wenn ein Team das Leben ihres Kindes gerettet hat, nehmen sie jedes Angebot wahr, das ihnen gemacht wird.

Ich aber kannte die Unterschiede. »Ich fürchte, wir haben uns entschieden, Dr. Newburger zu konsultieren«, erklärte ich. Sie war die pädiatrische Chefkardiologin des Hauses und ausgewiesene Expertin für Erkrankungen wie die von Walker. Der junge Arzt sank in sich zusammen. Es gehe nicht gegen ihn, erklärte ich. Sie habe einfach mehr Erfahrung, das sei alles.

»Sie wissen, dass ich immer einen Oberarzt im Rücken habe«, sagte er. Ich schüttelte den Kopf.

Ich weiß, dass es nicht fair war. Mein Sohn hatte eine ungewöhnliche Krankheit, und der junge Arzt war auf die Erfahrung angewiesen. Aber ich wankte auch nicht in meiner Entscheidung. Es war *mein* Kind. Wenn ich die Wahl habe, werde ich für ihn immer die bestmögliche Versorgung wählen. Wie könnte man von irgendwem anderes erwarten? Klar, die Zukunft der Medizin sollte davon nicht abhängen.

In gewisser Hinsicht sind daher Lügen, Vorwände auf Seiten der Ärzteschaft unabdingbar. Lernen muss gestohlen werden, es gleicht einem Enteignungsprozess auf körperlicher Ebene. Und wenn ich heute darüber nachdenke, passierte dies während Walkers Krankenhausaufenthalt bei mehr als einer Gelegenheit. Ein Assistenzarzt hatte ihn intubiert. Ein angehender Chirurg hatte sich bei seiner Operation mit vorbereitet. Der Kardiologielehrling hatte ihm einen der zentralen Venenkatheter gelegt. Niemand von ihnen hatte mich gefragt, ob sie das dürften. Hätte man mir die Gelegenheit gegeben, jemand Erfahreneren zu wählen, ich hätte garantiert davon Gebrauch gemacht. So aber läuft das System eben – man ließ mir diese Wahl nicht –, und ich musste es hinnehmen. Was hätte ich tun können?

Der Vorteil dieses kaltherzigen Apparats besteht nicht nur darin, dass er Lernen möglich macht. Wenn Lernen nötig ist, damit aber unweigerlich ein Risiko verbunden ist, dann sollte es zu allererst einmal auf alle gleich verteilt werden. Wenn jemand aber die Gelegenheit bekommt, wird er sich darum herummogeln, und diese Gelegenheit ergibt sich nicht für alle in gleichem Maße. Sie ist denen mit Beziehungen vorbehalten und denen, die sich auskennen – Insider gegenüber Outsidern, das Kind des Arztes gegenüber dem des Lastwagenfahrers. Wenn nicht jeder die Wahl haben kann, ist es womöglich besser, überhaupt keine zuzulassen.

Es ist zwei Uhr nachmittags. Ich bin auf der Intensivstation. Eine Schwester berichtet, Mr. G.s Venenkatheter sei verstopft. Mr. G. ist nun über einen Monat bei uns. Er stammt aus dem Süden von Boston, ist Ende sechzig, abgemagert, ausgezehrt, erschöpft, sein Leben hängt nur noch an einem seidenen Faden – einem Katheter, um genau zu sein. Sein Dünndarm ist an mehreren Stellen perforiert, die auch eine Operation nicht hat schließen können, und der gallehaltige Inhalt dringt durch zwei kleine gerötete Öffnungen im Bauchfell bis in die Haut. Ihm bleibt nur, sich künstlich ernähren zu lassen und abzuwarten, bis die beiden Fisteln abgeheilt sind. Er braucht einen neuen Venenkatheter.

Sicher könnte ich ihn legen. Inzwischen gehöre ich zu den Erfahrenen. Aber Erfahrung bringt auch eine neue Rolle mit sich: Von mir wird erwartet, dass ich die Methode weitergebe. »Einmal gesehen, einmal getan und einmal gelehrt«, lautet ein Spruch, und er ist nur zum Teil im Scherz gemeint.

Eine junge Assistenzärztin hat Dienst. Sie hat bisher nur einen oder zwei Katheter gelegt. Ich erzähle ihr von Mr. G. und frage sie, ob sie Zeit hat. Sie nimmt dies tatsächlich als Frage und antwortet, sie habe eine Reihe Patienten zu untersuchen und erwarte später noch einen. Ob ich den Katheter nicht legen könne? Nein, sage ich. Sie kann sich eine Grimasse nicht verkneifen. Sie ist überlastet, so wie ich überlastet war, und vielleicht hat sie auch Angst, so wie ich Angst gehabt habe.

Sie konzentriert sich, als ich sie die einzelnen Schritte aufsagen lasse – für mich so etwas wie ein Probedurchlauf. Sie denkt an fast alles, nur Mr. G.s Laborwerte vergisst sie und die Tatsache, dass er unter einer lästigen Heparin-Allergie leidet; Heparin aber ist ein wichtiger Bestandteil der Spüllösung für den Katheter. Ich mache sie darauf aufmerksam, dann fordere ich sie auf, ihre Sachen zusammenzusuchen und mich dann zu rufen.

Ich versuche noch, mich an die Rolle zu gewöhnen. Es ist schmerzlich genug, Verantwortung für die eigenen Fehler übernehmen zu müssen. Denen eines anderen ausgeliefert zu sein ist etwas völlig anderes. Mir dämmert, ich hätte sie vielleicht ein Katheterset öffnen und einen richtigen Probedurchlauf machen lassen sollen. Na ja, vielleicht auch nicht. Die Sets müssen ein paar hundert Dollar das Stück kosten. Ich nehme mir vor, dies fürs nächste Mal herauszufinden.

Eine halbe Stunde später meldet sie sich bei mir. Der Patient ist abgedeckt, die Ärztin trägt Kittel und Handschuhe. Sie berichtet, sie habe eine Salzlösung zum Spülen des Katheters hergerichtet und die Laborwerte seien in Ordnung.

»Haben Sie an das Handtuch gedacht?«, frage ich.

Sie hat es vergessen. Ich rolle eines zusammen und schiebe es unter Mr. G.s Nacken. Ich schaue ihm in die Augen und frage ihn, ob alles in Ordnung ist. Er nickt. Kein Zeichen von Angst. Nach allem, was er bereits durchgemacht hat, kennt er nur noch Resignation.

Die Assistenzärztin wählt die Stelle für den Einstich; der Patient ist so gespenstisch dünn. Man erkennt jede Rippe, und ich habe Angst, sie könnte womöglich die Lunge punktieren. Sie injiziert das Betäubungsmittel. Dann führt sie die große Nadel ein, und der Winkel sieht heillos falsch aus. Ich gebe ihr ein Zeichen, ihn zu ändern, das macht sie nur noch unsicherer. Sie geht tiefer, und ich weiß, dass sie die Vene nicht haben kann. Sie zieht an der Spritze: kein Blut. Sie zieht die Nadel heraus und versucht es noch einmal. Wieder sieht der Winkel verkehrt aus. Dieses Mal spürt Mr. G. den Einstich und zuckt schmerzerfüllt zusammen. Ich halte seinen Arm. Sie verabreicht ihm mehr Betäubungsmittel. Mich herauszuhalten ist alles, was ich tun kann. Sie kann nicht ohne Praxis lernen, sage ich mir. Ich beschließe, ihr noch einen Versuch zuzugestehen.

2

Computer und Superspezialisierung

An einem Sommertag im Jahr 1996 setzte sich Hans Ohlin, fünfzig Jahre, Leiter der kardiologischen Abteilung an der Universitätsklinik im schwedischen Lund, mit einem Stoß von zweitausendzweihundertvierzig Elektrokardiogrammen an seinen Schreibtisch. Jedes briefpapiergroße Stück Schreiberpapier zeigte eine Reihe von gewellten und gezackten Linien, die von links nach rechts verliefen. Ohlin hatte sich zur Auswertung in sein Büro zurückgezogen, so dass er nicht gestört wurde, musterte flott, aber sorgfältig ein EKG nach dem anderen und verteilte sie auf zwei Haufen, je nachdem, ob er der Ansicht war, dass der Patient zum Zeitpunkt der Aufzeichnung einen Herzanfall gehabt hatte oder nicht. Um Müdigkeit und Unaufmerksamkeit auszuschließen, verteilte er die Arbeit auf eine Woche, durchmusterte die EKGs nicht länger als zwei Stunden am Stück und machte dazwischen ausgiebige Pausen. Er wollte Unachtsamkeitsfehler vermeiden, zu viel stand auf dem Spiel. Schließlich handelte es sich um die medizinische Version der legendären Deep Blue-Schachpartie: Ohlin agierte als der Gary Kasparow der Kardiologen und trat gegen einen Computer an.

Das EKG ist eines der geläufigsten diagnostischen Mittel und wird allein in den Vereinigten Staaten jährlich mehr als fünfzig Millionen Mal angewandt. Elektroden werden mit Hilfe von Saugnäpfen den Patienten auf die Hautoberfläche gesetzt und zeichnen die elektrischen Impulse auf, die bei jedem Herzschlag den Herzmuskel durchlaufen. Diese Impulse werden im EKG-Ausdruck als Wellen aufgezeichnet. Die Theorie, die hinter der Elektrokardiographie steht, besagt, dass bei einem Infarkt ein Teil der Muskelzellen im Herzen abstirbt und die elektrischen Impulse dadurch eine gewisse Veränderung erfahren, weil sie das abgestorbene Gewebe umlaufen müssen. Infolgedessen verändert sich auch der Verlauf der Wellenbewegung, den das EKG-Gerät ausdruckt. Gelegentlich sind diese Veränderungen sehr deutlich, weit häufiger aber sind sie minimal oder, im medizinischen Jargon, »unspezifisch«.

Dem Medizinstudenten erscheinen EKGs zunächst heillos kompliziert. Im Regelfalle besteht ein EKG aus zwölf Ableitungen, und jede davon zeigt sich auf einer anderen Position im Ausdruck, die durch Linien miteinander verbunden werden. Man bringt den Studenten bei, an diesen einzelnen Zacken und Kurven ein Dutzend oder mehr charakteristische Aspekte zu unterscheiden, die man mit Buchstaben benennt: Da gibt es zum Beispiel einen kleinen Abfall zu Beginn des Herzschlags, die Q-Zacke, dann einen steilen Anstieg auf dem Höhepunkt der Kontraktion des Herzmuskels, die R-Zacke, den anschließenden Abfall, die S-Zacke, und eine abgerundete, flache Welle im Anschluss an den Herzschlag, die T-Zacke. Manchmal addieren sich kleine Veränderungen hier und da zu Anzeichen eines Herzinfarkts, manchmal auch nicht. Als ich Student war, lernte ich, das Elektrokardiogramm zunächst wie eine komplexe mathematische Gleichung zu entschlüsseln. Meine Kommilitonen und ich trugen in den Taschen unserer weißen Kittel plastikbeschichtete Karten mit uns herum, auf denen eine Reihe von geheimnisvollen Anweisungen aufgelistet war: Errechnen Sie die Herzfrequenz und prüfen Sie den Erregungsablauf; prüfen Sie, ob eine Rhythmusstörung vorliegt, untersuchen Sie die S-T-Strecke der Ableitungen V1 bis V4; prüfen Sie, ob die Abweichung mehr als einen Millimeter beträgt oder ob die R-Zacke einen geringen Anstieg aufweist (Anzeichen für eine bestimmte Form des Herzinfarkts) und so weiter.

Im Laufe der Zeit wird es leichter, diese ganzen Informationen zu handhaben, so wie es auch einfacher wird, einen Katheter zu legen. Die Lernkurve gilt für das Gebiet der Diagnostik genauso wie für Methoden. Ein erfahrener Kardiologe kann einen Herzinfarkt mitunter mit einem einzigen, raschen Blick ausmachen, so wie ein Kind sofort gewahr wird, wenn seine Mutter das Zimmer betritt. Doch im Grunde genommen bleibt diese Diagnosemethode höchst undurchsichtig. Untersuchungen haben gezeigt, dass zwei bis acht Prozent aller Herzinfarktpatienten, die eine Ambulanz aufsuchen, irrtümlich wieder nach Hause geschickt werden; und ein Viertel dieser Patienten wird in der Folge einen kompletten Herzstillstand erleiden und daran womöglich sterben. Selbst wenn man diese Leute nicht versehentlich entlässt, können die entscheidenden Maßnahmen zu spät ergriffen werden, wenn das EKG nämlich falsch gedeutet wird. Menschliches Urteilsvermögen, selbst das von Experten, ist nichts weniger als unfehlbar. Der Versuch, einem Computer das EKG-Lesen beizubringen, liegt daher einigermaßen nahe. Sollte dieser das Ergebnis des menschlichen Auges auch nur um ein weniges übertreffen, könnten Jahr für Jahr viele tausend Leben gerettet werden.

Die Vermutung, dass ein Computer besser abschneiden könnte, wurde erstmals 1990 in einem viel beachteten Artikel von William Baxt, damals Notarzt an der University of California in San Diego, geäußert. Baxt beschrieb, wie ein »künstliches neuronales Netz«, eine Art intelligentes Computerprogramm, imstande sein könnte, komplexe klinische Entscheidungen zu fällen. Solche Computersysteme lernen ganz ähnlich wie wir Menschen durch Erfahrung: Sie speichern die Rückmeldung von jedem Erfolg und jedem Misserfolg und nutzen sie, um ihr neuerliches Vorgehen zu optimieren. In einer späteren Studie wies Baxt nach, dass ein Computer bei der Diagnose von Herzinfarkten bei Patienten mit Schmerzen in der Brust ein Team von Ärzten ohne weiteres zu übertrumpfen vermochte. Zwei Drittel der Ärzte in Baxts Studie waren allerdings unerfahrene Assistenzärzte, bei denen man davon ausgehen konnte, dass sie Schwierigkeiten haben würden, ein EKG zu lesen. Kann ein Computer einen erfahrenen Spezialisten übertreffen?

Das war die Frage, die die eingangs zitierte schwedische Studie zu beantworten suchte. Geleitet wurde sie von Lars Edenbrandt, Kardiologe wie Ohlin und Experte für künstliche Intelligenz.[1] Edenbrandt hatte fünf Jahre damit zugebracht, sein System zu perfektionieren. Zuerst in Schottland, später dann in Schweden. Er fütterte seinen Computer mit den EKGs von über zehntausend Patienten, wobei er ihm sagte, welche davon einen Herzinfarkt gehabt hatten und welche nicht, bis der Rechner schließlich ein Experte im Auswerten selbst der undurchsichtigsten EKGs geworden war. Dann sprach er Ohlin an, eine Koryphäe der Kardiologie in Schweden, einen Mann, der in der Regel zehntausend EKGs pro Jahr auswertet. Edenbrandt suchte zweitausendzweihundertvierzig Ausdrucke aus den Krankenhausarchiven heraus und legte sie sowohl dem Computer als auch seinem Kollegen vor, wobei exakt die Hälfte der Patienten, elfhundertundzwanzig, nachweislich einen Herzinfarkt erlitten hatten. Ganz ohne Pauken und Trompeten wurden die Ergebnisse im Herbst 1997 veröffentlicht. Ohlin lag in sechshundertzwanzig Fällen richtig, der Computer hingegen siebenhundertachtunddreißigmal. Die Maschine hatte den Menschen um zwanzig Prozent geschlagen.

Die westliche Medizin wird von einem einzigen Grundsatz dominiert: der Forderung nach maschinengleicher Perfektion bei der Behandlung der Patienten. Vom ersten Tag Ihrer Ausbildung an wird Ihnen klar gemacht, dass Irrtümer inakzeptabel sind. Sich die Zeit zu nehmen, auf den Patienten einzugehen, ist wunderbar, aber jedes Röntgenbild ist korrekt auszuwerten, jede Medikamentendosierung muss genau stimmen. Keine Allergie, kein früheres Gesundheitsproblem darf übersehen, keine Diagnose verschlafen werden. Im OP darf keine Bewegung, keine Sekunde, kein Tropfen Blut verschwendet werden.

Der Schlüssel zu dieser Perfektion liegt in der Ausbildung von

Routine und steter Wiederholung: Die Überlebensraten nach Herzoperationen, gefäßchirurgischen Eingriffen und anderen Operationen sind direkt proportional zur Anzahl der Eingriffe, die der operierende Chirurg bereits durchgeführt hat. Vor fünfundzwanzig Jahren wurden Hysterektomien und Tumorentfernungen aus der Lunge von den gleichen Allgemeinchirurgen vorgenommen, die auch Bypässe um verhärtete Beinarterien legten. Heute gibt es für jede Krankheit einen Spezialisten, der ein kleines Spektrum an Methoden immer wieder durchführt. Wenn ich im Operationssaal stehe, lautet das höchste Lob, das mir von meinen Kollegen zuteil werden kann: »Gawande, Sie sind eine Maschine.« Und die Verwendung des Begriffs »Maschine« ist alles andere als unbedacht dahergesagt: Unter gewissen Umständen können Menschen in der Tat wie Maschinen agieren.

Betrachten wir einen relativ einfachen chirurgischen Eingriff: eine Bruchoperation, wie ich sie in meinem ersten Jahr als chirurgischer Assistent gelernt habe. Zu einem Eingeweidebruch, einer Hernie, kommt es durch eine Schwäche des Bauchfells: Meist in der Leistengegend bildet sich eine Bruchpforte, durch die Teile der Bauchhöhle austreten können. In den meisten Krankenhäusern nimmt der korrigierende Eingriff, bei dem der Bruchsack zurückgeschoben und das Bauchfell wieder verschlossen wird, knapp anderthalb Stunden in Anspruch und kostet etwas über viertausend Dollar. In zehn bis fünfzehn Prozent der Fälle ist die Operation letztlich erfolglos, und die Hernie tritt erneut auf. In der Nähe von Toronto gibt es jedoch ein kleines Krankenhaus, das Shouldice Hospital, in dem keine dieser Zahlen gilt.[2] In dieser Klinik dauern Bruchoperationen in vielen Fällen nur dreißig bis fünfundvierzig Minuten. Die Häufigkeit für ein Wiederauftreten liegt bei dem sagenhaften Wert von einem Prozent. Und die Kosten der Operation sind nur halb so hoch wie andernorts. Es gibt auf der ganzen Welt vermutlich keinen besseren Ort, um sich einen Bruch operieren zu lassen.

Worin der Erfolg der Klinik besteht? Die Antwort lautet kurz und knapp, dass die zwölf Chirurgen dort einzig und allein Bruchoperationen durchführen und sonst nichts. Jeder von ihnen operiert zwischen sechshundert und achthundert Eingeweidebrüche pro Jahr – mehr als die meisten Chirurgen in ihrem ganzen Leben. Auf diesem speziellen Gebiet ist die Shouldice-Belegschaft geübter und hat mehr Erfahrung als jeder andere. Ihr Erfolg lässt sich jedoch auch in andere Worte fassen: Die ständige Wiederholung verändert ihr Denken. Lucian Leape, ein Kinderchirurg der Harvard Medical School, der unter anderem eine Studie über Behandlungsfehler verfasst hat, stellt fest: »Ein charakteristischer Zug an Experten ist der Umstand, dass sie die Lösung von Problemen mehr und mehr automatisieren.« Durch ständiges Wiederholen läuft ein Großteil der beteiligten mentalen Abläufe am Ende automatisch und mühelos ab – wie beispielsweise, wenn Sie mit dem Auto zur Arbeit fahren. Neuartige Situationen hingegen erfordern in aller Regel bewusstes Denken und das Entwickeln von »Umleitungslösungen«, die zu finden mehr Zeit in Anspruch nimmt, die schwieriger auszuführen und überdies fehleranfälliger sind. Ein Chirurg, der für die meisten Situationen in seinem Arbeitsfeld über automatisierte Lösungen verfügt, ist klar im Vorteil. Wenn die schwedische Studie zu dem Schluss kommt, dass es Situationen gibt, in denen Maschinen den Arzt ersetzen sollten, so legt das Beispiel Shouldice die Überlegung nahe, dass Chirurgen am besten darauf geschult werden sollten, wie Maschinen zu agieren.

Eines kühlen Montagmorgens hüllte ich mich in die grüne Operationskluft, setzte Mundschutz und Papierhaube auf und wanderte im Shouldice Hospital von einem der fünf Operationssäle zum nächsten. Beschreibt man einen Fall, beschreibt man sie alle: Ich sah drei Chirurgen zu, wie sie sechs Patienten operierten, und keiner von ihnen wich auch nur um Haaresbreite von dem gemeinsamen Standardprotokoll ab.

In einem gekachelten Operationsraum von der Größe eines Schuhkartons linste ich Richard Sang über die Schulter, einem jugendlich wirkenden Fünfzigjährigen mit trockenem Humor. Obwohl wir uns den ganzen Eingriff hindurch unterhielten, vollführte Dr. Sang ohne Unterbrechung – fast geistesabwesend, so schien es – einen Schritt nach dem anderen, sein Assistent wusste genau, welches Gewebe er wann zurückzuhalten, die Schwester, welche Instrumente sie zu reichen hatte. Anweisungen erübrigten sich völlig. Der Patient, ein freundlicher, überraschend gefasster Mittdreißigjähriger, lag mit gelb eingepinseltem Bauch auf dem Tisch, lugte ab und zu unter den Tüchern hervor und erkundigte sich, wie es denn stehe. Links vom Schambein konnte man eine pflaumengroße Beule sehen. Dr. Sang injizierte in die Leistenbeuge entlang einer Linie vom oberen Ende des Hüftknochens bis zum Schambein ein Lokalanästhetikum. Mit einem Skalpell führte er zügig einen etwa zehn Zentimeter langen Schnitt, der das gelblich glänzende Fettgewebe darunter freilegte. Der Assistent deckte beide Seiten des Einschnitts mit Mull ab, der die geringe Blutung aufsaugte, und spreizte die Wundränder auseinander.

Sang durchtrennte rasch die äußere Muskelschicht des Bauchfells, worunter der Samenstrang – ein zentimeterdickes Kabel aus Samenleiter, Blut- und Lymphgefäßen – sichtbar wurde. Der Bruch rührte, wie man jetzt unschwer erkennen konnte, von einer Schwachstelle der Muskelwand unterhalb des Samenleiters her; dort ist die Ursache häufig zu finden. Sang hielt einen Augenblick inne und suchte sorgfältig nach weiteren Hernien in dem Bereich, wo der Samenleiter durch die innere Bauchwand tritt. Und tatsächlich fand er einen zweiten, kleineren Bruch, der, bliebe er unentdeckt, mit nahezu hundertprozentiger Sicherheit einen Rückfall zur Folge gehabt hätte. Dann durchtrennte er die übrigen Muskelschichten unterhalb des Samenstrangs, so dass das Bauchfell komplett geöffnet vor ihm lag, und schob den ausgetretenen Bruchinhalt wieder nach innen. Wenn in Ihrem Sofakissen ein Riss ist, durch den die Füllung austritt, dann haben Sie zwei Möglichkeiten, diesen zu flicken: Sie können entweder einen Flicken auf das Kissen nähen oder aber die Ränder des Risses wieder zusammennähen. In dem Krankenhaus, in dem ich arbeite, schieben wir den Inhalt in der Regel wieder zurück und decken die Bruchstelle mit einem stabilen Netz aus Plastik ab, das wir am umgebenden Gewebe festnähen. Das Netz bildet eine zuverlässige Verstärkung für die Bruchstelle, und die Technik ist leicht zu erlernen. Sang aber und die anderen Chirurgen im Shouldice Hospital, mit denen ich gesprochen habe, rümpften ob dieser Technik die Nase: Sie sahen in dem Netz ein potenzielles Infektionsrisiko (denn es handelt sich um einen Fremdkörper), betrachteten es als zu teuer (es kann mehrere hundert Dollar kosten) und zudem als unnötig (denn sie erzielten auch ohne dieses Netz beneidenswerte Ergebnisse).

Während Sang und ich uns über diese Alternative unterhielten, nähte er die Wand mit einem besonders feinen Nahtmaterial in drei Schichten wieder zusammen, wobei er darauf achtete, dass die einzelnen Muskelschichten einander überlappten – etwa wie bei einem Zweireiher mit Weste. Er verschloss den Einschnitt mit kleinen Klämmerchen und entfernte die Tücher, der Patient setzte sich auf, schwang die Beine über die Tischkante und marschierte aus dem Raum. Das Ganze hatte gerade eine halbe Stunde gedauert.

Viele Chirurgen andernorts wenden die ausgezeichnete Methode der Shouldice-Operateure an, haben aber trotzdem die normalen Rückfallraten zu verzeichnen. Es ist nicht die Technik allein, die Shouldice so großartig macht. Die Ärzte dieser Klinik liefern Bruchoperationen, wie Intel seine Mikrochips: Sie bezeichnen sich selbst gerne als »Spezialfirma«. Selbst die bauliche Ausstattung der Klinik ist ganz auf Bruchpatienten ausgerichtet. Auf den Zimmern gibt es keine Telefone und Fernsehgeräte, das Essen wird unten im Speisesaal serviert; die Folge ist, dass die Patienten gar keine andere Wahl haben, als aufzustehen und umherzulaufen, womit sich automatisch alle Probleme erledigen, die durch Inaktivität zustanden kommen können: Lungenentzündungen beispielsweise und Thrombosen.

Sang hatte den Patienten einer Schwester anvertraut, rief den nächsten auf und ging mit ihm sofort ins OP-Zimmer zurück. Kaum drei Minuten waren vergangen, aber der Raum war bereits wieder sauber, neue Laken und Instrumente waren ausgelegt, und so nahm der nächste Fall seinen Lauf. Ich fragte Byrnes Shouldice, einen der Söhne des Klinikgründers und selbst Hernienchirurg, ob es ihm nie langweilig würde, den ganzen Tag Hernien zu operieren. »Nein«, erklärte er mit einer Stimme wie der von Mr. Spock: »Perfektion ist aufregend.«

Paradoxerweise wirft diese Form der Superspezialisierung die Frage auf, ob eine optimale medizinische Behandlung wirklich voll ausgebildete Ärzte erfordert. Keiner der drei Ärzte, denen ich am Shouldice Hospital beim Operieren zugesehen hatte, wäre in der Lage gewesen, in einem typischen amerikanischen Durchschnittskrankenhaus Dienst zu tun, denn keiner von ihnen verfügte über eine abgeschlossene Allgemeinchirurgenausbildung. Richard Sang war praktischer Arzt gewesen, Byrnes Shouldice war gleich nach dem Medizinstudium dazugekommen, und der Chefchirurg war Gynäkologe. Nach ungefähr einem Jahr Üben aber waren sie die besten Hernienoperateure der Welt. Brauchen Sie, um zu glänzen, wirklich die gesamte Facharztausbildung (fünf Jahre Medizinstudium plus fünf oder mehr Jahre Assistenzeit), wenn Sie nichts anderes machen als Bruchoperationen oder Koloskopien? Und je nach Tätigkeitsgebiet: Müssen Sie – diese Frage wird letztlich von der schwedische EKG-Studie aufgeworfen – überhaupt ein Mensch sein?

Obschon das medizinische Establishment zu erkennen beginnt, dass eine Automatisierung, wie wir sie im Falle Shouldice kennen gelernt haben, womöglich bessere Behandlungsergebnisse zu erzielen vermag, sind viele Ärzte im Grunde nicht wirklich von dieser Richtung überzeugt. Besonders skeptisch sind sie bei der Übertragung ebendieser Einsicht auf das Gebiet der Diagnostik. Viele Ärzte sind der Ansicht, Diagnostik lasse sich nicht generalisieren – auf ein »Kochbuch«, wie manche es nennen, reduzieren. Vielmehr sei immer, so ihr Argument, das Befinden des jeweiligen Patienten in Betracht zu ziehen.

Das leuchtet ein, oder? Wenn ich in der Notaufnahme als Chirurg Dienst habe, stehe ich häufig vor der Frage, ob ein Patient, der mit Bauchschmerzen zu uns kommt, eine Blinddarmentzündung hat oder nicht. Ich höre mir seinen Bericht genau an und ziehe eine Vielfalt an Faktoren in Betracht: Wie sich sein Bauch anfühlt, Art und Sitz des Schmerzes, seine Körpertemperatur, sein Appetit, seine Laborwerte. Aber ich kann sie nicht alle zusammen in eine Gleichung einsetzen und das Ergebnis ausrechnen. Ich verlasse mich auf meine klinische Erfahrung – meine Intuition –, wenn ich entscheide, ob die oder der Betreffende operiert wird, zur Beobachtung im Krankenhaus bleibt oder nach Hause geschickt wird. Wir alle haben von Personen gehört, die jeder Statistik spotten – der ausgekochte Kriminielle, der doch ehrlich wird, oder der todgeweihte Krebspatient, der sich auf wundersame Weise erholt. In der Psychologie gibt es etwas, das man als »broken-leg-Problem« bezeichnet: Eine statistische Formel mag höchst erfolgreich vorhersagen können, ob eine bestimmte Person nächste Woche ins Kino gehen wird oder nicht. Aber jemand, der weiß, dass der Betreffende gerade mit einem gebrochenen Bein darniederliegt, liegt besser als die Formel. Keine Formel vermag eine endlose Palette derart außergewöhnlicher Ereignisse zu berücksichtigen. Darum sind Ärzte davon überzeugt, dass sie sich, wenn sie eine Diagnose zu stellen haben, besser auf ihren gut geschärften Instinkt verlassen.

Bei einem meiner Wochenenddienste kam eine Frau in die Klinik, die Schmerzen in der rechten unteren Bauchhälfte hatte, deren Allgemeinbefinden im Übrigen aber überhaupt nicht in das Bild einer Blinddarmentzündung passte. Sie sagte, es ginge ihr recht gut, sie hatte kein Fieber, und übel war ihr auch nicht. Sie hatte vielmehr Hunger und ging auch nicht an die Decke, als ich ihr auf den Bauch drückte. Ihre Untersuchungsergebnisse waren in keiner Weise eindeutig. Dennoch schlug ich dem chirurgischen Oberarzt die Entfernung des Blinddarms vor. Die Zahl der weißen Blutkörperchen war stark erhöht, Zeichen für eine bestehende Infektion, und obendrein sah sie meiner Ansicht nach einfach krank aus. Kranke Patienten haben manchmal eine unverwechselbare Ausstrahlung, die man nach einer gewissen Zeit erkennen lernt. Oft weiß man nicht genau, was vor sich geht, aber man ist sicher, dass es nichts Gutes ist. Der Chirurg nahm meinen Vorschlag auf und operierte, der Blinddarm war tatsächlich entzündet.

Kurz darauf hatte ich einen fünfundsechzigjährigen Patienten mit fast derselben Krankengeschichte. Die Laborergebnisse waren dieselben, ich nahm eine Ultraschalluntersuchung des Bauches vor, aber der Befund war nicht schlüssig. Auch bei ihm passte vieles nicht ins klassische Bild einer Appendizitis, doch auch er sah für mich so aus, als habe er dennoch eine. Bei der Operation erwies sich der Blinddarm jedoch als völlig normal, der Mann hatte eine Divertikulitis, eine Darmentzündung, bei der man in der Regel nicht operiert.

Ist der zweite Fall typischer als der erste? Wie oft führt mich meine Intuition in die Irre? Die radikale Schlussfolgerung aus der schwedischen Studie würde besagen, dass der individualisierte, intuitive Ansatz, der der modernen Medizin noch immer zu Grunde liegt, mangelhaft ist und mehr Fehler verursacht als behebt. Untersuchungen aus anderen Gebieten als dem der Medizin scheinen diese Behauptung hinlänglich zu belegen. Im Verlauf der vergangenen vier Jahrzehnte haben Kognitionswissenschaftler wiederholt gezeigt, dass ein blinder algorithmischer Ansatz die menschlichen Leistungen der Prognose und Diagnose im Regelfalle übertrumpft. Der Psychologe Paul Meehl referiert in seiner klassischen Abhandlung von 1954 *Clinical Versus Statistical Prediction* eine Studie an Entlassenen einer Haftanstalt in Illinois: Er verglich die Prognose der Gefängnispsychologen, welcher der Betreffenden wieder straffällig wird, mit einer Prognose, die sich aus einer groben Formel ergab, in die Faktoren wie Alter, Anzahl der früheren Rückfälle und Art des Verbrechens eingingen.[3] Trotz der Grobschlächtigkeit dieser Formel vermochte diese die Rückfallhäufigkeit weit zuverlässiger vorherzusagen als die Psychiater. In jüngerer Zeit haben Meehl und die Sozialwissenschaftler David Faust und Robyn Dawes über hundert Studien ausgewertet, in denen Computeranalysen oder statistische Formeln mit dem menschlichem Urteil verglichen wurden.[4] Dabei ging es um so unterschiedliche Dinge wie die Wahrscheinlichkeit, dass ein Unternehmen Bankrott macht, bis hin zur Lebenserwartung von Leberkranken. In nahezu allen Fällen lag das statistische Urteil mit dem der Menschen gleichauf oder gar besser. Sie denken jetzt vielleicht, dass ein menschliches Wesen in Zusammenarbeit mit einem Computer die besten Leistungen vollbringen müsste. Aber, so die Forscher, diese Forderung ergibt keinen Sinn. Wenn die Meinungen übereinstimmen, ist es ohnehin gleichgültig. Weichen sie voneinander ab, dann zeigen sämtliche Statistiken, dass Sie besser dran sind, wenn Sie sich auf das Urteil des Computers verlassen.

Was spricht für die Überlegenheit eines gut durchdachten Computeralgorithmus? Zunächst einmal, so Dawes, sind Menschen unzuverlässig: Wir lassen uns leicht von Mutmaßungen beeinflussen, von Reihenfolge und Zusammenhang, in dem Dinge auftauchen, von jüngsten Erfahrungen, Ablenkungen und der Art und Weise, wie die Information präsentiert wird. Zweitens sind Menschen nicht sehr leistungsfähig, wenn es darum geht, mehrere Faktoren zur selben Zeit zu berücksichtigen. Manchen Variablen sprechen wir zu viel Bedeutung zu und ignorieren dafür fälschlicherweise andere. Ein gutes Computerprogramm ordnet jedem Faktor zuverlässig und automatisch das angemessene Gewicht zu. Schließlich, so Meehl, gehen wir ja auch nicht in einen Laden, lassen den Kassierer einen Blick auf unsere gesammelten Einkäufe werfen und uns dann erklären: »Na ja, ich finde, es sieht nach siebzehn Dollar aus«, oder? Mit viel Training wird der Kassierer vielleicht ein sehr guter Schätzer. Aber wir würden nie an der Tatsache rütteln, dass ein Rechner, der die Preise aufaddiert, einfach unbestechlicher und genauer ist. In der schwedischen Studie hat man festgestellt, dass Ohlin nur selten offensichtliche Fehler begeht. Viele EKGs aber liegen in einer Grauzone, in der manche Merkmale auf ein gesundes Herz deuten, andere hingegen auf einen Herzinfarkt. Ärzte haben einfach Schwierigkeiten, die Masse der Informationen abzuschätzen, und lassen sich leicht von äußeren Faktoren beeinflussen, beispielsweise davon, wie das letzte EKG ausgesehen hat, das sie in Händen hielten.

Es ist vermutlich unumgänglich, dass Ärzte zumindest einen Teil ihrer diagnostischen Entscheidungen den Computer werden treffen lassen müssen. Ein computergestütztes System namens PAPNET ist bereits weit verbreitet; es wird zur mikroskopischen Analyse von Zervikalabstrichen verwendet, zur vorbeugenden Suche nach Tumorzellen oder präkanzerogenen Anomalien im Gebärmutterhals, eine Arbeit, die sonst ein Pathologe erledigt hat. Es existieren mittlerweile über tausend wissenschaftliche Studien zur Verwendung neuronaler Netze auf fast jedem Gebiet der Medizin.[5] Man hat Netzwerke entwickelt, die Blinddarmentzündungen, Demenz, psychiatrische Notfälle und Geschlechtskrankheiten diagnostizieren können. Andere vermögen Erfolg und Misserfolg von Tumorbehandlungen, Transplantationen und gefäßchirurgischen Eingriffen am Herzen vorherzusagen. Man hat Systeme entworfen, die Röntgenbilder, Mammographien und bildgebende Verfahren zur Untersuchung der Herzfunktion auswerten.

Auch bei der Behandlung von Krankheiten hat ein Teil der medizinischen Welt bereits begonnen, die Lehren, die sich aus den Vorzügen hoch spezialisierter, automatisierter Behandlungsmethoden wie denen am Shouldice Hospital ziehen lassen, in die Tat umzusetzen. Regina Herzlinger, Professorin an der Harvard Business School, die in ihrem Buch *Market-Driven Health Care* den Begriff »medizinisches Behandlungsunternehmen« einführt, nennt in diesem Zusammenhang weitere Beispiele: unter anderem das Texas Heart Institute für Herzchirurgie und das Zentrum für Knochenmarktransplantationen an der Duke University.[6] Brustkrebspatienten scheinen am besten in speziellen Krebstherapiezentren aufgehoben, wo ihnen ein Chirurg, ein Onkologe, ein Radiologe, ein Chirurg für plastische Medizin, Sozialarbeiter, Diätberater und andere zur Seite stehen, die tagtäglich mit Brustkrebs zu tun haben. Und beinahe jedes Krankenhaus verfügt inzwischen über Standardmethoden und Algorithmen zur Behandlung wenigstens einiger sehr häufiger Erkrankungen wie Asthma und Schlaganfall. Die neuen künstlichen neuronalen Netze übertragen diese Erkenntnisse einfach nur auf das Reich der Diagnostik.

Dennoch wird sich der Argwohn gegenüber dieser Art von Medizin nicht so rasch entkräften lassen. Zum Teil womöglich aus Kurzsichtigkeit: Ärzte können sehr dickschädelig sein, wenn es darum geht, die Art und Weise zu ändern, wie sie die Dinge handhaben. Zum Teil aber auch aus der berechtigten Sorge heraus, dass trotz aller Virtuosität der Apparatemedizin etwas entscheidend Wichtiges verloren geht. Die moderne Behandlung und Pflege hat bereits heute einen Teil ihrer Menschlichkeit eingebüßt, und ihr technokratisches Ethos hat sie vielen Menschen entfremdet, denen sie hätte dienen sollen. Patienten fühlen sich gegenwärtig nur allzu häufig als Nummer.

Doch Mitgefühl und Technologie sind nicht notwendigerweise inkompatibel; sie können einander gegenseitig stärken. Will sagen, dass Apparate, so seltsam es scheinen mag, auch der beste Freund der Medizin sein können. Nehmen wir nur diese eine schlichte Tatsache: Nichts trübt das Verhältnis zwischen Arzt und Patient so sehr wie ein Fehler. Zwar werden wir nie vor Fehlern gefeit sein – auch Maschinen sind nicht vollkommen –, aber Vertrauen kann sich nur bilden, wenn die Fehler gering gehalten werden. Hinzu kommt, dass Ärzte, wenn »Systeme« einen immer größeren Teil der technischen Arbeit in der Medizin übernehmen, womöglich wieder die Chance haben, sich mit Aspekten der Versorgung zu befassen, die lange vor dem Umsichgreifen neuer Technologien eine Rolle gespielt haben – das Gespräch mit dem Patienten zum Beispiel. Medizinische Fürsorge hat mit Leben und Tod zu tun, und wir haben immer Ärzte gebraucht, die uns geholfen haben zu verstehen, was passiert und warum, was möglich ist und was nicht. Im Rahmen des zunehmend komplexer werdenden Netzes von Experten und Expertensystemen hat ein Arzt eine umso größere Verpflichtung, sich als kenntnisreicher Führer und Vertrauter zu betätigen. Maschinen mögen Entscheidungen treffen können, aber zum Heilen werden wir immer Ärzte brauchen.

3

Wenn Ärzte Fehler machen

Für einen Großteil der Öffentlichkeit – ganz sicher aber für Rechtsanwälte und Medien – scheinen Behandlungsfehler grundsätzlich ein Problem schlechter Ärzte zu sein. Auf welche Weise Dinge in der Medizin tatsächlich schief gehen, wird in der Regel nicht wahrgenommen und infolgedessen häufig missverstanden. Fehler passieren einfach. Wir halten sie für abnormal, dabei sind sie nichts weniger als das.

Um zwei Uhr früh an einem kalten Freitagmorgen im Winter stand ich in steriler Operationskleidung am Tisch und hielt mit Wundhaken die Bauchdecke des Opfers einer Messerstecherei unter Teenagern offen, als mein Piepser losging. »Autounfall, Polytrauma, drei Minuten«, las die OP-Schwester laut die Nachricht von meinem Display. Ich trat vom Tisch zurück und zog den Kittel aus. Zwei andere Chirurgen arbeiteten bereits an dem Patienten: Michael Ball, der Oberarzt (der Chirurg, der den Fall betreute), und David Hernandez, der erste Assistent (ein Allgemeinchirurg im letzten Ausbildungsjahr). Normalerweise hätten die beiden zum Aufpassen und Helfen mit zu dem Unfallopfer kommen müssen, aber sie konnten hier nicht weg. Ball, zweiundvierzig Jahre, ein intelligenter Mann mit trockenem Humor, sah zu mir hinüber, als ich auf die Tür zuging. »Wenn Sie Probleme bekommen, rufen Sie an, und einer von uns wird sich hier freimachen«, sagte er.

Ich bekam Probleme. Um diese Geschichte hier erzählen zu können, musste ich ein paar Einzelheiten über den Ablauf der Ereignisse ändern (darunter auch die Namen der Betroffenen).

Trotzdem habe ich mich bemüht, so nahe wie irgend möglich an den Tatsachen zu bleiben und gleichzeitig die Patientin, mich selbst und die übrige Belegschaft zu schützen.

Die Notaufnahme war ein Stockwerk höher, ich rannte, zwei Stufen auf einmal nehmend, die Treppe hinauf und kam gerade oben an, als die Sanitäter eine Frau zwischen dreißig und vierzig herein schoben, die bestimmt mehr als zwei Zentner wog. Sie lag reglos auf der harten orangefarbenen Trage – die Augen geschlossen, die Haut bleich, aus ihrer Nase rann Blut. Eine Krankenschwester geleitete das Team in einen Untersuchungsraum, ausgestattet wie ein kleiner Operationssaal, grün gekachelt, mit Monitoren und Platz für eine mobile Röntgeneinheit. Wir hoben die Patientin auf den Tisch und machten uns an die Arbeit. Eine Schwester begann, die Kleider der Frau aufzutrennen. Eine andere überprüfte ihre Vitalfunktionen. Eine dritte legte ihr eine dicke Infusionskanüle in die rechte Armvene. Ein chirurgischer Pflichtassistent legte ihr einen Harnblasenkatheter. Der Dienst habende Oberarzt in der Ambulanz war Samuel Johns, ein hagerer Mann um die fünfzig, einem Kranich nicht unähnlich. Er stand mit gekreuzten Armen auf einer Seite des Tisches und beobachtete aufmerksam das Geschehen. Für mich war dies das Zeichen, dass ich weitermachen und den Fall übernehmen sollte.

In einem Lehrkrankenhaus leisten die Assistenzärzte den größten Teil der »medizinischen Soforthilfe«. Welche Pflichten wir haben, hängt von unserem Ausbildungsstand ab, aber wir sind nie ganz allein: Es gibt immer einen Oberarzt, der unsere Entscheidungen überwacht. In jener Nacht war Johns derjenige, der zu konsultieren war, und damit verantwortlich für die Betreuung des Patienten, also erhielt ich meine Weisungen von ihm. Andererseits war er kein Chirurg und daher auf meine chirurgischen Kenntnisse angewiesen.

»Was ist passiert?«, fragte ich.

Ein Sanitäter ratterte die Einzelheiten herunter: »Weibliche weiße Person, Identität unbekannt, hat sich bei zu hoher Geschwindigkeit mit ihrem Wagen überschlagen und wurde herausgeschleudert. Spricht nicht auf Schmerz an. Puls bei hundert, Blutdruck hundert zu sechzig, Atemfrequenz dreißig, atmet selbstständig.«

Während er sprach, fing ich an, sie zu untersuchen. Die ersten Schritte bei der Versorgung eines Unfallopfers sind stets dieselben, gleichgültig, ob jemand elfmal angeschossen, von einem LKW erfasst oder bei einem Küchenbrand verletzt wurde. Als Allererstes stellt man sicher, dass der Patient ohne Schwierigkeiten atmet. Bei dieser Frau ging die Atmung schnell und flach. Ein Pulsoxymeter maß die Sauerstoffkonzentration in ihrem Blut. Die »O_2-Sättigung« liegt bei jemandem, der Raumluft atmet, in der Regel bei über fünfundneunzig Prozent. Diese Frau trug eine Sauerstoffmaske, die Sauerstoffzufuhr war voll aufgedreht, und dennoch lag die Sättigung bei ihr nur um die neunzig Prozent.

»Sie oxygeniert nicht ausreichend«, verkündete ich in dem geleierten »Weck mich, wenn's was Interessantes gibt«-Tonfall, den sich alle Chirurgen nach etwa drei Monaten Assistentenzeit angewöhnt haben. Mit den Fingern hatte ich mich versichert, dass nichts im Mund ihr den Atemweg versperrte, mit dem Stethoskop, dass keine der beiden Lungen kollabiert war. Ich angelte mir einen Ambu-Beutel, ein Gerät zur manuellen Beatmung, setzte ihr den durchsichtigen Aufsatz auf Mund und Nase und drückte den Beutel, eine Art Ballon mit Einwegventil, der bei jeder Kompression wie ein Blasebalg etwa einen Liter Luft in ihre Lungen pumpte. Nach ungefähr einer Minute lag die Sauerstoffsättigung bei komfortablen achtundneunzig Prozent. »Lassen Sie uns intubieren«, sagte ich. Bei der Intubation wird ein Tubus durch den Mund zwischen den Stimmbändern hindurch in die Luftröhre geschoben, so dass der Atemweg frei wird und man künstlich beatmen kann.

Johns, der Oberarzt, wollte die Intubation vornehmen. Er nahm ein Laryngoskop zur Hand, ein gebräuchliches, ziemlich martialisch aussehendes Gerät, mit dem man den Mund offen hält und die Zunge an den Mundboden drückt, und schob dessen schuhlöffelartiges Vorderende tief in den Rachen ein. Dann zog er den Griff in Richtung Zimmerdecke, womit er den Kehlkopfeingang weit öffnete und den Blick auf die Stimmbänder freigab, die wie zwei Zeltplanen aus Fleisch den Luftröhreneingang versperren. Die Patientin rührte und regte sich nicht: Sie war noch immer bewusstlos, eiskalt.

»Absaugen!«, rief er. »Ich sehe überhaupt nichts.«

Jemand saugte fast eine Tasse geronnenes Blut ab. Dann nahm er den Endotrachealtubus – ein durchsichtiges Plastikrohr von etwa der Dicke eines Zeigefingers und dreimal dessen Länge – und versuchte, ihn zwischen den Stimmbändern hindurch zu führen. Nach etwa einer Minute begann die Sauerstoffsättigung abzufallen.

»Sie sind bei siebzig Prozent«, verkündete eine der Schwestern.

Johns kämpfte noch immer mit dem Tubus, versuchte ihn hineinzuschieben, blieb aber immer wieder an den Stimmbändern hängen. Die Lippen der Patientin begannen sich bläulich zu verfärben.

»Sechzig Prozent«, sagte die Schwester.

Johns entfernte sämtliche Instrumente aus dem Mund der Patientin und setzte ihr erneut die Atembeutelmaske auf. Die grün fluoreszierende Anzeige des Oxymeters blieb noch einen Augenblick bei sechzig Prozent und stieg dann stetig auf siebenundneunzig Prozent. Nach ein paar Minuten nahm er die Maske wieder ab und versuchte aufs Neue, den Tubus einzuführen. Er fand noch mehr Blut vor, und möglicherweise gab es auch eine leichte Schwellung: All das Stochern in der Kehle tat vermutlich ein Übriges. Die Sättigung fiel erneut auf sechzig Prozent. Er entfernte Tubus und Laryngoskop und beatmete sie noch einmal mit dem Beutel.

Wenn man Probleme hat, einen Tubus einzuführen, ist der nächste Schritt der Ruf nach einem erfahrenen Spezialisten. »Lassen Sie uns einen Anästhesisten zu Hilfe rufen«, sagte ich und Johns willigte ein. In der Zwischenzeit ging ich weiter nach dem Routineprotokoll zur Erstversorgung von Unfallopfern vor: Ich beendete meine Untersuchung, ordnete Blutentnahme, Labortests und Röntgenaufnahmen an. Ungefähr fünf Minuten vergingen darüber.

Die Sauerstoffsättigung der Patientin sank auf zweiundneunzig Prozent ab – kein dramatischer Wert, aber definitiv nicht normal bei jemandem, der von Hand künstlich beatmet wird. Ich sah nach, ob der Sensor des Oxymeters verrutscht war. War er nicht.

»Ist der Sauerstoff voll aufgedreht?«, fragte ich die Schwester.

»Bis zum Anschlag«, entgegnete sie.

Ich hörte erneut die Lungen ab – kein Kollaps. »Wir müssen sie intubieren«, erklärte Johns. Er nahm ihr die Sauerstoffmaske vom Gesicht und versuchte es noch einmal.

Irgendwo in meinem Unterbewusstsein muss ich mir der Möglichkeit bewusst gewesen sein, dass ihr Atemweg durch eine Schwellung der Stimmbänder oder durch Blut verlegt gewesen sein könnte. Falls dem so war und wir den Tubus nicht einführen konnten, bestand ihre einzige Überlebenschance in einer Koniotomie, einem »Luftröhrenschnitt«: Man würde die vordere Wand der Luftröhre mit einem Schnitt öffnen und den Tubus direkt in die Luftröhre schieben müssen. Ein weiterer Versuch, sie zu intubieren, könnte womöglich sogar einen Krampf im Bereich der Stimmbänder und einen plötzlichen Verschluss des Atemwegs zur Folge haben – und genau das passierte.

Wenn ich dies wirklich bis zu Ende gedacht hätte, wäre mir sofort aufgegangen, wie schlecht ich auf eine Notoperation dieser Art vorbereitet war. Ich war der einzige Chirurg im Raum und hatte daher die meiste Erfahrung mit Luftröhrenschnitten, das ist wahr, aber das hieß nicht allzu viel. Ich hatte bei einem halben Dutzend Fällen assistiert, und in allen bis auf einen war es nicht um einen Noteingriff gegangen, es waren Techniken angewandt worden, bei denen Zeit nicht der ausschlaggebende Faktor war. Einzige Ausnahme war eine Notfallübung an einer Ziege gewesen. Ich hätte auf der Stelle Dr. Ball zu Hilfe rufen sollen. Ich hätte das Koniotomiezubehör – Licht, Absaugpumpe, sterile Instrumente – vorsichtshalber bereitlegen sollen. Statt Johns wegen eines vergleichsweise geringen Abfalls der Sauerstoffsättigung in höchster Eile den Versuch, die Patientin zu intubieren, weiter betreiben zu lassen, hätte ich ihn bitten sollen zu warten, bis ich Hilfe geholt hatte. Dann hätte ich vielleicht sogar erkennen können, dass sie sich unmittelbar vor einem Atemstillstand befand, und doch noch zum Skalpell greifen und eine Koniotomie durchführen können, solange die Lage noch einigermaßen stabil war, dann wäre genug Zeit gewesen, in Ruhe vorzugehen. Doch aus was für Gründen auch immer – Hybris, Unachtsamkeit, Wunschdenken, Zögerlichkeit oder die Ungewissheit des Augenblicks –, ich ließ die Gelegenheit verstreichen.

Johns stand über die Patientin gebeugt und versuchte angestrengt, den Tubus an ihren Stimmbändern vorbeizuschieben. Als die Sauerstoffsättigung erneut auf um die sechzig Prozent sank, hielt er inne und setzte ihr wieder die Maske auf. Wir starrten auf den Monitor. Der Wert ging nicht hoch. Ihre Lippen waren noch immer blau. Johns drückte stärker auf den Ballon, um mehr Sauerstoff hineinzupumpen.

»Ich spüre einen Widerstand«, sagte er.

Die Erkenntnis traf mich wie ein Schlag: Dies war eine Katastrophe. »Verdammt, sie hat einen Atemstillstand«, sagte ich. »Koniotomiezubehör! Licht! Irgendwer soll im OP 25 anrufen und Ball heraufbitten!«

Plötzlich rannten alle wild umher. Ich versuchte, überlegt vorzugehen und mich nicht von Panik davontragen zu lassen. Ich bat den Pflichtassistenten, sterile Kleidung überzuziehen, holte eine Flasche mit antiseptischer Lösung aus dem Regal und kippte der Patientin den ganzen Inhalt auf den Hals. Eine Schwester packte das Zubehör aus – einen Packen steriler Tücher und Instrumente. Ich streifte mir Kittel und frische Handschuhe über, während ich im Stillen versuchte, die einzelnen Schritte zu rekapitulieren.

Das ist ganz einfach, wirklich, versuchte ich mir einzureden. Zwischen dem Schildknorpel und dem Ringknorpel gibt es eine kleine Vertiefung, die von einem dünnen, festen Bindegewebe, dem Ligamentum cricothyreoideum, überzogen ist. Das durchtrennst du, und *voilà!* schon bist du in der Luftröhre. Durch das Loch führst du einen dünnen, etwa zehn Zentimeter langen Endotrachealtubus ein, den schließt du an das Beatmungsgerät an, und schon kriegt sie wieder Luft. Soweit die Theorie.

Ich warf ein paar Tücher auf sie, den Hals ließ ich frei. Er schien den Umfang eines Baums zu haben. Ich versuchte das Ende des harten Schildknorpels zu ertasten. Aber unter den Fettschichten konnte ich nichts fühlen. Die Ungewissheit erdrückte mich schier – Wo sollte ich schneiden? Sollte ich einen horizontalen oder einen vertikalen Einschnitt machen? –, und ich verabscheute mich selbst dafür: Ich zauderte, und Chirurgen zaudern nicht.

»Ich brauche mehr Licht«, sagte ich.

Jemand machte sich auf die Suche nach einer Lampe.

»Hat jemand Ball gerufen?«, fragte ich. Eine nicht eben ermutigende Frage.

»Er ist unterwegs«, antwortete die Schwester.

Es war keine Zeit zu verlieren. Vier Minuten ohne Sauerstoff führen zu einem dauerhaften Hirnschaden, wenn nicht gar zum Tode. Endlich griff ich zum Skalpell und schnitt. Ich schnitt einfach. In der Halsmitte machte ich einen fast acht Zentimeter langen entschlossenen Schnitt von rechts nach links, so wie ich es für Zweifelsfälle gelernt hatte. Während ich mich zur Luftröhre vorarbeitete, wobei der Pflichtassistent die Wunde mit Wundhaken offen hielt, traf ich auf eine Vene. Der Blutverlust war nicht dramatisch, aber er reichte, um die Wunde zu füllen: Ich sah nichts mehr. Der Assistent hielt seinen Finger auf die Blutung. Ich rief nach der Absaugpumpe. Die aber war verstopft; der Schlauch stak voller Blut und Gewebe von den Intubationsversuchen.

»Irgendwer muss einen neuen Tubus holen«, sagte ich. »Und wo bleibt das Licht?«

Schließlich rollte ein Pfleger eine hohe Operationsleuchte herein, stöpselte sie ein und legte den Schalter um. Es war immer noch schummrig. Eine Taschenlampe wäre besser gewesen.

Ich tupfte das Blut mit Mull auf und tastete mit den Fingerspitzen in der Wunde herum. Dieses Mal glaubte ich die harten Ränder des Schildknorpels zu spüren und darunter die kleine Vertiefung des Ligaments, aber sicher war ich nicht. Ich hielt die linke Hand auf die Stelle.

James O'Connor, ein silberhaariger, durch nichts mehr zu erschütternder Anästhesist betrat den Raum. Johns setzte ihn kurz über die Patientin ins Bild und überließ ihm die Beatmung.

Ich hielt das Skalpell wie einen Federhalter und schnitt mit der Klinge tief in die offene Wunde, dort, wo ich den Schildknorpel ungefähr vermutete. Mit kleinen ruckhaften Schnitten – ich tastete mich bei dem mangelnden Licht durch das viele Blut blind voran – arbeitete ich mich durch die darüber liegende Fett- und Bindegewebsschicht, bis ich das Skalpell auf den fast knochenharten Knorpel auftreffen hörte. Ich suchte sein Ende mit der Spitze des Skalpells, wanderte förmlich daran entlang, bis ich das Gefühl hatte, die fragliche Grube erreicht zu haben. Ich hoffte von Herzen, dass sie es war und drückte fest zu. Ich fühlte das Gewebe plötzlich nachgeben und setzte einen zweieinhalb Zentimeter lagen Schnitt.

Als ich mit dem Zeigefinger hineinfuhr, fühlt es sich an, als spreizte ich die beiden Schenkel einer sehr fest gespannten Wäscheklammer auseinander. Ich glaubte, im Inneren einen offenen Raum zu spüren, doch wo blieb das pfeifende Geräusch eindringender Luft, auf das ich so verzweifelt wartete? War ich tief genug? War ich überhaupt an der richtigen Stelle?

»Ich glaube, ich bin drin«, verkündete ich, und wollte mich damit mindestens sosehr selbst beruhigen wie jedermann sonst.

»Das hoffe ich«, sagte O'Connor. »Sie hat nicht mehr lange.«

Ich griff nach dem Endotrachealtubus und versuchte, ihn einzuführen, aber irgendetwas schien im Weg zu sein. Ich drehte und wendete ihn und rammte ihn schließlich hinein. Gerade in diesem Augenblick erschien Dr. Ball. Er kam an den Tisch gerannt und lehnte sich herüber, um genauer sehen zu können. »Haben Sie's?«, fragte er. Ich entgegnete, ich glaubte ja. Der Atembeutel wurde an das Tubusende angeschlossen. Doch als man den Blasebalg drückte, gurgelte die Luft aus der offenen Wunde. Ball streifte sich eilig Kittel und Handschuhe über.

»Wie lange dauert der Atemstillstand bereits?«, fragte er

»Weiß nicht, vielleicht drei Minuten.«

Balls Miene verhärtete sich, als ihm klar wurde, dass ihm noch etwa eine Minute blieb, um das Blatt zu wenden. »Himmel, was für ein Chaos«, sagte er. »Ich sehe nichts in diesem Durcheinander. Ich weiß nicht mal, ob wir am richtigen Ort sind. Können wir mehr Licht und eine Absaugpumpe haben?« Jemand holte einen frischen Tubus und reichte ihm den. Er reinigte rasch die Wunde und machte sich an die Arbeit.

Die Sauerstoffsättigung war so weit abgesunken, dass das Oxymeter den Wert nicht mehr anzuzeigen vermochte. Ihr Herzschlag begann sich zu verlangsamen – erst in den Sechziger-Bereich, dann in den Vierziger. Dann ging der Puls ganz verloren. Ich legte beide Hände fest auf ihre Brust, drückte die Ellbogen zusammen und begann mit der Herzmassage.

Ball sah von der Patientin auf und wandte sich an Connor. »Ich werde die Luftröhre nicht rechtzeitig erreichen«, erklärte er. »Sie werden es noch einmal von oben versuchen müssen.« Im Prinzip nannte er damit mein Versagen beim Namen. Eine Intubation nochmals zu versuchen war zwecklos – der hilflose Versuch, etwas zu unternehmen, um nicht dastehen und ihr beim Sterben zuschauen zu müssen. Ich war wie gelähmt und konzentrierte mich auf die Kompressionen, schaute niemanden an. Jetzt bin ich fällig, dachte ich.

Und dann, Wunder über Wunder, sagte O'Connor plötzlich: »Ich bin drin.« Er hatte es fertig gebracht, einen Endotrachealtubus für Säuglinge zwischen den Stimmbändern hindurchzufädeln. Unter dem Einfluss des Sauerstoffs aus dem Handbeatmungsgerät erholte sich ihr Herz binnen dreißig Sekunden und begann mit hundertzwanzig Schlägen in der Minute zu rasen. Die Anzeige für die Sauerstoffsättigung begann wieder sechzig anzuzeigen und stieg weiter. Nach weiteren dreißig Sekunden lag sie bei siebenundneunzig Prozent. Jeder im Raum atmete hörbar aus, so, als sei ihm selbst in den letzten Minuten der Atem stillgestanden. Ball und ich sprachen kaum, verständigten uns lediglich über die nächsten Schritte der weiteren Behandlung. Dann ging er wieder hinunter, um sich weiter um den Stichwundenpatienten zu kümmern, der sich noch immer im OP befand.

Wir bekamen schließlich heraus, wer die Frau war, ich will sie Louise Williams nennen. Sie war vierunddreißig und lebte allein in einem nahe gelegenen Wohnviertel. Ihr Blutalkoholgehalt bei der Einlieferung hatte um ein Dreifaches über dem gesetzlich erlaubten Wert gelegen und vermutlich das Seine zu ihrer tiefen Bewusstlosigkeit beigetragen. Sie hatte eine Gehirnerschütterung, mehrere Fleischwunden und erhebliche Hämatome. Röntgenaufnahmen und Schichtaufnahmen aber zeigten keine weiteren Unfallverletzungen. Ball und Hernandez brachten sie in derselben Nacht noch in den OP und versahen sie mit einer ordnungsgemäßen Tracheotomie. Als Ball herauskam, um mit den Familienangehörigen zu reden, sprach er nur von dem furchtbaren Zustand, in dem sie sich bei der Einlieferung befunden hatte, von den Problemen, die »wir« gehabt hatten, ihre Atmung zu stabilisieren, der beunruhigend langen Zeit, die sie ohne Sauerstoff gewesen war, und der demzufolge bestehenden Ungewissheit über die verbliebene Hirnfunktion. Sie hörten ihm klaglos zu, für sie gab es nichts anderes zu tun, als zu warten.

Betrachten wir ein paar andere chirurgische Missgeschicke. In einem Fall vergaß ein Allgemeinchirurg ein größeres Instrument aus Metall im Bauch eines Patienten, das diesem Darm und Harnblase durchbohrte. In einem anderen Fall führte ein onkologischer Chirurg die Brustbiopsie bei einer Frau auf der verkehrten Seite durch und verzögerte deren Krebsdiagnose damit um Monate. Ein Herzchirurg überging einen winzigen, aber wichtigen Schritt bei einer Herzklappenoperation und brachte seinen Patienten damit um. Einem Allgemeinchirurgen wurde ein Mann eingeliefert, der sich vor Bauchschmerzen krümmte, und er ging, ohne ein Computertomogramm anzufertigen, davon aus, dass der Patient Nierensteine haben müsse. Achtzehn Stunden später ergab eine Schichtaufnahme, dass ihm ein Aortenaneurysma im Bauch geplatzt war. Er starb kurze Zeit darauf.

Wie kann man jemanden, der einen Fehler von solcher Tragweite begangen hat, weiter Medizin praktizieren lassen? Wir bezeichnen solche Ärzte als »inkompetent«, »verantwortungslos« und »nachlässig««. Wir wollen sie bestraft sehen. Und so sind wir zu dem gegenwärtig existierenden System für den gesellschaftlichen Umgang mit Fehlern gekommen: Gerichtsverfahren auf Grund von Behandlungsfehlern, Medienskandale, Suspendierungen, Entlassungen.

Es gibt in der Medizin jedoch eine zentrale Wahrheit, die diese saubere Einteilung in Missetaten und Missetäter kompliziert: Alle Ärzte begehen furchtbare Fehler. Betrachten Sie noch einmal die Fälle, die ich soeben angeführt habe. Ich habe einzig und allein ein paar mir bekannte, renommierte Chirurgen gebeten, mir die Fehler aufzuzählen, die ihnen im vergangenen Jahr unterlaufen sind. Jeder von ihnen hatte eine Geschichte zu erzählen.

Im Jahre 1991 hat das *New England Journal of Medicine* eine Reihe von überaus aufschlussreichen Artikeln zu einer Studie mit dem Titel »Harvard Medical Practice Study« veröffentlicht – eine Übersicht über mehr als dreißigtausend Krankenhauseinweisungen im Staate New York. Die Studie kam zu dem Ergebnis, dass beinahe vier Prozent aller Krankenhauspatienten unter Komplikationen zu leiden hatten, die entweder ihren Krankenhausaufenthalt verlängert, zu triftigen Spätfolgen oder gar zum Tode geführt hatten. Zwei Drittel dieser Komplikationen waren auf Behandlungsfehler zurückzuführen. In einem von vier Fällen (das heißt, bei einem Prozent der Einlieferungen) konnte man tatsächlich von Nachlässigkeit sprechen. Es wurde geschätzt, dass der Tod eines Patienten in den Vereinigten Staaten jährlich in bis zu vierundvierzigtausend Fällen zumindest teilweise auf Behandlungsfehler zurückzuführen ist. Und Folgeuntersuchungen im ganzen Land unterstreichen die Allgegenwart des Irrtums. In einer kleineren Untersuchung ging es darum, wie gut Ärzte mit einem plötzlichen Herzstillstand bei Patienten umgehen können: Siebenundzwanzig der dreißig befragten Kliniker machten Fehler bei der Bedienung des Defibrillators – luden ihn unsachgemäß auf oder benötigten zu viel Zeit, bis sie herausgefunden hatten, wie ein bestimmtes Modell zu bedienen war. Einer Studie aus dem Jahre 1995 zufolge kam es im Durchschnitt bei so gut wie jeder stationären Aufnahme zu Fehlern bei der Verabreichung von Medikamenten – entweder wurde das falsche Präparat verabreicht oder die falsche Dosierung –, wobei dies meistens ohne Folgen blieb, in einem Prozent der Fälle jedoch ernsthafte Konsequenzen nach sich zog.[1]

Würden Behandlungsfehler sich wirklich auf eine Fraktion von verantwortungslosen, schlechten Ärzten beschränken, dürfte man vielleicht erwarten, dass sie auf einen kleinen Personenkreis einzugrenzen seien; in der Realität aber sind sie gleichmäßig auf die gesamte Ärzteschaft verteilt. Die meisten amerikanischen Chirurgen haben sich mindestens einmal in ihrer Laufbahn vor Gericht zu verantworten. Auch kamen Untersuchungen, in denen nach bestimmten Fehlertypen gefragt wurde, zu dem Schluss, dass es sich hier nicht um ein Problem von Wiederholungstätern handelte. Tatsache ist, dass nahezu jedem, der sich um Krankenhauspatienten kümmert, irgendwann schwere Fehler unterlaufen werden und er Jahr für Jahr auch die eine oder andere Nachlässigkeit begeht. Ärzte sind aus diesem Grunde kaum aus der Fassung zu bringen, wenn die Presse wieder einmal mit einer neuen medizinischen Horrorstory aufwartet. Ihre Reaktion ist in aller Regel eine ganze andere: Das hätte mir auch passieren können. Das Hauptproblem besteht nicht darin, unfähige Ärzte davon abzuhalten, Patienten zu schaden, sondern darin, *gute* Ärzte davon abzuhalten, Patienten zu schaden.

Gerichtsverfahren auf Grund von Behandlungsfehlern stellen in diesem Zusammenhang ein bemerkenswert wirkungsloses Mittel dar. Troyen Brennan, Harvard-Professor für Jura und öffentliches Gesundheitswesen, legt großen Wert auf die Feststellung, dass es der Forschung bislang nicht gelungen ist, Beweise dafür vorzulegen, dass Prozesse die Häufigkeit von Behandlungsfehlern verringern.[2] Zum Teil vielleicht deshalb, weil diese Waffe so ungenau trifft. Unter Brennans Leitung wurden an den Patienten aus der Harvard Medical Practice Study mehrere Folgestudien durchgeführt. Er stellte fest, dass weniger als zwei Prozent der Patienten, die unter Standard versorgt worden waren, je einen Prozess anstrengten. Allerdings war auch nur eine kleine Minderheit unter den Patienten, die tatsächlich klagten, Opfer nachlässiger Pflege gewesen zu sein.[3] Und die Chancen für einen erfolgreichen Prozess hingen in erster Linie davon ab, wie schlimm der Zustand der oder des Betroffenen war – unabhängig davon, ob dieser Zustand auf die Krankheit oder auf unvermeidliche Behandlungsrisiken zurückzuführen war.

Das tiefer liegende Problem bei Prozessen wegen medizinischer Behandlungsfehler besteht darin, dass sie die Ärzte durch die damit verbundene Verteufelung ihres Versagens davon abhalten, dieses in der Öffentlichkeit zu diskutieren. Das Prangersystem macht Ärzte und Patienten zu erbitterten Gegnern und treibt jede der beiden Parteien dazu, eine stark verzerrte Darstellung der Ereignisse zu liefern. Wenn dem Arzt etwas schief geht, ist es ihm nahezu unmöglich, mit dem Patienten ehrlich über seinen Fehler zu reden. Krankenhausrechtsanwälte raten Ärzten, dem Patienten, obwohl sie diesem selbstverständlich mitteilen müssen, wenn es zu Komplikationen gekommen ist, auf keinen Fall zu gestehen, dass es ihr Fehler gewesen sei, da ein solches »Geständnis« in einer schwarzweißen Moralstory vor Gericht als schlagkräftiger Beweis gelten würde. Das Höchste, zu dem ein Arzt sich hinreißen lassen sollte, seien Aussagen wie: »Es tut mir Leid, dass die Sache nicht so gut gelaufen ist, wie wir es uns erhofft hatten.«

In Amerika aber gibt es einen Ort, an dem Ärzte frank und frei über ihre Fehler reden können, zwar nicht mit Patienten, aber miteinander. Es ist dies die Morbidity and Mortality Conference – kurz M&M –, die in beinahe jedem Lehrkrankenhaus der Vereinigten Staaten in der Regel einmal wöchentlich abgehalten wird. Diese Einrichtung kann bestehen, weil die Gesetze, die das dort Gesagte vor der juristischen Verwertung schützen, trotz häufiger Gegenanträge in den meisten Bundesstaaten erhalten geblieben sind. Vor allem Chirurgen nehmen dieses Gremium sehr ernst. Hier können sie hinter verschlossenen Türen zusammenkommen, um Fehler zu besprechen, die ihnen unterlaufen sind, unglückselige Vorkommnisse und Todesfälle zu erörtern, die unter ihrer Obhut eingetreten sind, nach der Verantwortung zu fragen und herauszufinden, was beim nächsten Mal anders zu machen ist.

In dem Krankenhaus, an dem ich arbeite, treffen wir uns jeden Dienstagnachmittag um fünf Uhr in einem steil aufsteigendem Auditorium mit plüschbezogener Bestuhlung, dessen Wände die Ölporträts der großen Ärzte zieren, denen nachzustreben wir bemüht sein sollten. Es wird erwartet, dass alle Chirurgen anwesend sind, angefangen von den Pflichtassistenten und Assistenzärzten bis hinauf zum Chef der Chirurgie. Hinzu kommen Medizinstudenten, die ihre »chirurgische Einheit« ableisten. Beim Hereinkommen erhält jeder eine fotokopierte Liste mit den zu bearbeitenden Fällen, dann nehmen wir Platz. An einer Sitzung der M&M sind manchmal an die hundert Leute beteiligt. In der ersten Reihe sind die dienstältesten Chirurgen platziert: lakonische, ernsthafte Männer, die ihren Kittel gegen einen dunklen Anzug eingetauscht haben und feierlich aufgereiht dasitzen wie die Mitglieder eines Senatsausschusses während einer Anhörung. Der Chairman, eine löwengleiche Gestalt, sitzt dem schlichten Holzpodium, an dem die einzelnen Fälle vorgestellt werden, am nächsten. In den folgenden Reihen sitzen die übrigen Oberärzte; die meisten von ihnen jünger, darunter etliche Frauen. Die Chefärzte tragen lange weiße Kittel und sitzen in der Regel in den Seitenreihen. Ich gehöre zu der Masse Assistenzärzte. Wir alle tragen kurze weiße Kittel und die grünen Hosen der Operationskluft und belegen die hinteren Reihen.

Für jeden aufgelisteten Fall tritt der Chefarzt der betreffenden Abteilung – Herz-, Gefäß-, Unfallchirurgie etc. – an das Pult, fasst die Informationen zusammen und berichtet über den Fall. Hier ein Ausschnitt aus der Liste einer typischen Woche (mit ein paar Änderungen, um die Persönlichkeitsrechte der Betroffenen zu wahren): ein Achtundsechzigjähriger, der bei einer Herzklappenoperation verblutet war, eine Siebenundvierzigjährige, bei der man nach einer Gallenblasenoperation Gallenflüssigkeit aus der Bauchhöhle entfernen musste; drei Patienten, die wegen Blutungen im Anschluss an eine Operation nachoperiert werden mussten; ein Dreiundsechzigjähriger, der nach einer Bypass-Operation am Herzen einen Herzstillstand erlitten hatte; eine Sechsundsechzigjährige, bei der nach einer Bauchoperation eine Naht geplatzt war, so dass der Darminhalt um ein Haar in die Bauchhöhle ausgetreten wäre. Mrs. Williams, meine fehlgeschlagene Koniotomie, war nur ein Fall von vielen auf einer ähnlichen Liste. David Hernandez, der Chef der Unfallchirurgen, hatte die Berichte im Anschluss an die Operation gelesen und mit mir und den anderen Beteiligten gesprochen. Als es im Plenum so weit war, war er derjenige, der aufstand und den Hergang schilderte.

Hernandez ist ein hoch gewachsener, fröhlicher, gutmütiger alter Knabe, der wunderbar Seemannsgarn spinnen kann, Fallberichte vor der M&M aber sind blutleer und knapp. Er sagte etwas wie: »Hier handelte es sich um eine vierunddreißigjährige Frau, die sich bei überhöhter Geschwindigkeit mit ihrem Wagen überschlagen hatte. Am Unfallort schien die Patientin stabil, war jedoch nicht ansprechbar und wurde von der Ambulanz unintubiert eingeliefert. Bei ihrer Einlieferung war sie GKS 7.« GKS steht für die Glasgow-Koma-Skala, anhand derer Wachheit und Bewusstseinszustand eines Patienten und mithin die Schwere von Kopfverletzungen auf einer Skala von drei bis fünfzehn eingestuft wird. GKS 7 ist bereits im komatösen Bereich. »In der Notaufnahme wurde der Versuch unternommen, sie zu intubieren, dieser blieb erfolglos und mag unter Umständen zu dem anschließenden Verschluss des Atemwegs beigetragen haben. Im Anschluss daran wurde ebenfalls ohne Erfolg der Versuch einer Koniotomie unternommen.«

Diese Fallvorstellungen können sehr peinlich sein. Die Chefärzte und nicht diejenigen, die den Fehler begangen haben, bestimmen, welcher Fall vorgestellt wird. Das hält die Atmosphäre ehrlich – niemand kann etwas vertuschen –, manövriert aber die Chefärzte, die ja trotz alledem Angestellte sind, in eine missliche Lage. Zu einer erfolgreichen M&M-Vorstellung gehört unabdingbar eine gewisse Verschwommenheit der Detailschilderungen und eine Menge passiver Verben. Niemand setzt eine Koniotomie in den Sand. Vielmehr »wurde eine Koniotomie erfolglos versucht«. Der Inhalt dieser Botschaft aber bleibt niemandem verborgen.

Hernandez fuhr fort: »Die Patientin erlitt einen Herzstillstand, Herzmassage war erforderlich. Ein Angehöriger der Anästhesieabteilung brachte es schließlich fertig, einen Endotrachealtubus für Säuglinge einzuführen, und die Patientin zeigte erneut stabile Vitalfunktionen. Die Koniotomie wurde schließlich im OP zu Ende geführt.«

Louise Willams war demnach so lange ohne Sauerstoff gewesen, dass ihr Herz aufgehört hatte zu schlagen, und jeder wusste also, dass sie nur allzu leicht einen schweren Schlaganfall oder Schlimmeres hätte erleiden können. Hernandez schloss mit dem glücklichen Ende: »Die Nachuntersuchungen ergaben keinerlei

Hirnschädigungen oder sonstige größere Verletzungen. Der Endotrachealtubus konnte am Tag zwei entfernt werden, am Tag drei entließ man sie in guter Verfassung nach Hause.« Zu meiner großen Erleichterung, und natürlich der ihrer Familie, war sie am Morgen leicht beschwipst, aber hungrig, bei Sinnen und geistig unbeschadet aufgewacht. In ein paar Wochen würde die Episode zu einer Narbe verheilt sein.

Doch vorher musste noch jemand zur Rechenschaft gezogen werden. Aus der ersten Reihe erhob sich sofort eine donnernde Stimme: »Was soll das heißen: Eine Koniotomie wurde erfolglos versucht?« Ich sank auf meinem Sitz zusammen, mein Gesicht glühte.

»Dies war mein Fall«, sprang Dr. Ball aus der vorderen Reihe ein. So beginnt jede Anhörung, und hinter dieser kleinen Phrase verbirgt sich eine ganze Welt chirurgischer Kultur. Unbeschadet allen Geredes an den Business Schools und in der amerikanischen Geschäftswelt über »flache Organisationen« herrscht unter den Chirurgen noch immer ein höchst altmodischer Sinn für Hierarchie. Wenn etwas danebengeht, wird vom Oberarzt erwartet, dass er die volle Verantwortung dafür übernimmt. Es spielt keine Rolle, ob es die Hand des Assistenten war, die ausgerutscht ist und die Aorta durchtrennt hat, es spielt auch keine Rolle, ob der Oberarzt zu Hause im Bett war, als die Schwester dem Patienten die falsche Dosis von seinem Medikament verabreicht hat. Vor der M&M fällt die gesamte Last der Verantwortung dem Oberarzt zu.

Ball fuhr fort; er beschrieb die fehlgeschlagenen Intubationsversuche in der Notaufnahme und beklagte den Umstand, dass er es versäumte habe, zu dem Zeitpunkt an der Seite der Patientin zu sein, als die Dinge außer Kontrolle gerieten. Er sprach von der mangelhaften Beleuchtung und ihrem extrem dicken Hals, wobei er sorgsam darauf achtete, all dies nicht nach Ausflucht oder Entschuldigung klingen zu lassen, sondern lediglich nach einer Aufzählung ungünstiger Faktoren, die zu den anschließenden

Komplikationen beitrugen. Ein paar Oberärzte wiegten mitleidig die Köpfe. Einige andere stellten ein paar Fragen, um gewisse Einzelheiten zu klären. Die ganze Zeit über blieb Ball objektiv, unparteiisch. Er hatte das Auftreten eines CNN-Nachrichtensprechers, der über irgendwelche Unruhen in Kuala Lumpur berichtet.

Wie immer stellte der für die Qualität unserer chirurgischen Abteilung als Ganzes Verantwortliche die letzte Frage. Was, so wollte er wissen, hätte Ball anders machen können? Nun, entgegnete Ball, es hatte nicht allzu lange gedauert, den Patienten mit der Stichwunde außer Lebensgefahr zu bringen. Er hätte daher durchaus Hernandez in die Notaufnahme hinaufschicken können oder selbst gehen und Hernandez die Operation beenden lassen können. Die Leute nickten, Lektion gelernt, nächster Fall.

Zu keinem Zeitpunkt während der Sitzung hatte irgendwer gefragt, warum ich nicht eher um Hilfe gerufen hatte oder warum ich nicht über das Wissen und die Fingerfertigkeit verfügt hatte, die Mrs. Williams nötig gehabt hätte. Das soll nicht heißen, dass mein Handeln als akzeptabel galt. Vielmehr war es der Hierarchie entsprechend Balls Sache, mich auf meine Fehler anzusprechen. Am Tag nach dem Desaster hatte Ball mich im Foyer gesehen und auf die Seite genommen. Seine Stimme klang eher verletzt, denn ärgerlich, als er meine Fehler im Einzelnen aufzählte. Zum einen, erklärte er, wäre es bei einer Nottracheotomie vielleicht besser gewesen, einen vertikalen Schnitt am Hals zu setzen, damit wäre ich von den Blutgefäßen weggeblieben – etwas, das ich zumindest aus meinen Büchern hätte wissen müssen. Ich hätte überdies so die Luftröhre vermutlich sehr viel leichter gefunden, erklärte er. Zweitens verstehe er nicht, und für ihn sei dies schlimmer als bloßes Unwissen, dass ich ihn nicht gerufen hatte, sobald sich die ersten Anzeichen für ein Problem mit der Atmung ergeben hatten, Ich versuchte nicht, mich zu rechtfertigen. Ich versprach, künftig auf solche Fälle besser vorbereitet zu sein und rascher um Hilfe zu rufen.

Noch als Ball längst den neonbeleuchteten Gang hinuntergegangen war, spürte ich das Schamgefühl wie ein Magengeschwür in mir brennen. Das hatte nichts mit Schuld zu tun: Schuld empfindet man, wenn man etwas getan hat, das nicht in Ordnung ist. Was ich fühlte, war Scham: Ich selbst war das, was nicht in Ordnung war. Dennoch wusste ich auch, dass man solche Gefühle als Chirurg auch zu weit treiben kann. Es ist eine Sache, sich der eigenen Grenzen bewusst zu sein. Eine andere ist es, von Selbstzweifeln gepeinigt zu werden. Ein international renommierter Chirurg berichtete mir von einer Bauchoperation, bei der er im Laufe der Entfernung eines – wie sich später herausstellte – gutartigen Tumors eine Blutung nicht unter Kontrolle bekommen hatte und der Patient gestorben war. »Es war klarer Mord«, erzählte er. Danach konnte er es kaum über sich bringen, wieder zu operieren. Als er schließlich wieder anfing, war er zögerlich und unentschlossen. Der Fall beeinträchtigte seine Leistung über Monate hinweg.

Schlimmer noch als der Verlust des eigenen Selbstvertrauens ist es allerdings, wenn Ärzte nichts an sich herankommen lassen. Es gibt Chirurgen, die überall Fehler bemerken, nur nicht bei sich selbst. Sie stellen ihre Fähigkeiten niemals in Frage und hegen diesbezüglich auch keinerlei Befürchtungen. Die Folge davon ist, dass sie aus ihren Fehlern nicht lernen und keine Ahnung von ihren Grenzen haben. Zu mir hat einmal ein Chirurg gesagt, es sei eine überaus seltene, aber auch sehr alarmierende Sache, einem angstfreien Chirurg zu begegnen. »Wenn Sie vor einer Operation nicht ein kleines bisschen Angst haben«, sagte er, »werden Sie Ihren Patienten keinen guten Dienst erweisen.«

Die Atmosphäre bei den M&M-Sitzungen soll beiden Extremen – übertriebenem Selbstzweifel und dem Hang zum Leugnen – entgegenwirken: die M&M pflegt ein Ritual, ja, eine Kultur, die bei einem Chirurgen die »richtige« Sicht auf die eigenen Fehler schärft. »Was würden Sie anders machen?«, fragt der Chairman im Falle eines vermeidbaren Schadens. »Nichts« ist kaum je eine passende Antwort.

Auf ihre Art ist die M&M eine beeindruckend kultivierte und menschliche Institution. Im Unterschied zu Gerichten und Medien trägt sie der Tatsache Rechnung, dass menschliche Fehler grundsätzlich nichts sind, was sich durch Androhung von Strafe verhindern ließe. Die M&M betrachtet die Vermeidung von Fehlern im Großen und Ganzen als eine Frage des Willens – der Bereitschaft, hinreichend informiert und aufmerksam zu sein, um die Myriaden Dinge im Auge zu haben, die danebengehen können, und zu versuchen, jedes potenzielle Problem zu erahnen, bevor es auftritt. Es ist nicht verdammenswert, wenn ein Fehler geschieht, aber ein gewisses Maß an Schande ist damit doch verbunden. Das M&M-Ethos hat im Grunde etwas Paradoxes. Einerseits verkörpert es die amerikanische Uridee, dass Fehler unentschuldbar sind. Auf der anderen Seite aber kommt es durch die regelmäßige wöchentliche Einberufung dem Eingeständnis gleich, dass Fehler ein unvermeidbarer Teil der Medizin sind.

Doch warum geschehen sie so oft? Lucian Leape, der führende Experte auf dem Gebiet medizinischer Behandlungsfehler, weist darauf hin, dass viele andere Industriezweige – ob sie sich nun der Herstellung von Halbleitern widmen oder der Betreuung von Gästen des Ritz-Carlton – eine Fehlerquote wie die von Krankenhäusern schlicht nicht dulden würden. Die Flugzeugindustrie hat die Häufigkeit von Bedienungsfehlern auf einen von hunderttausend Flügen reduziert, und die meisten dieser Fehler haben keine nachteiligen Folgen. Das Zauberwort bei General Electric lautet dieser Tage: »Six Sigma«, was heißen soll, dass das Firmenziel darin besteht, die Fehlerhäufigkeit bei ihren Produkten so selten zu machen, dass sie sich, statistisch betrachtet, mehr als sechs Standardabweichungen vom Mittelwert einer reinen Zufallsverteilung entfernt befindet – das entspräche einem Auftreten von einem aus einer Million Fällen.

Natürlich sind Patienten sehr viel komplizierter und empfindlicher als Flugzeuge, und Medizin besteht nicht darin, ein fertiges Produkt oder gar einen Katalog von Produkten zu liefern. Es könnte durchaus sein, dass sie weit komplexer ist als jedes andere menschliche Betätigungsfeld. Und doch läuft alles, was wir in den vergangenen zwanzig Jahren gelernt haben – sei es aus der kognitiven Psychologie, den Folgen »menschlichen Versagens« oder aus Untersuchungen von Katastrophen wie Three Mile Island und Bhopal –, auf dieselbe Einsicht hinaus: Nicht nur machen alle Menschen Fehler, sie tun dies auch mit großer Häufigkeit und gehorchen dabei bestimmten, vorhersagbaren Mustern. Und Systeme, die sich diesen Realitäten nicht anpassen, verschlimmern die Fehlersituation in der Regel, statt sie zu verbessern.

Der britische Psychologe James Reason vertritt in seinem Buch *Human Error* die Überzeugung, dass unsere Anfälligkeit für eine bestimmte Art von Fehlern der Preis ist, den wir für die bemerkenswerte Fähigkeit unseres Gehirns zu zahlen haben, intuitiv zu denken und zu handeln – und rasch die sensorischen Information zu filtern, von denen wir unablässig bombardiert werden, ohne Zeit damit zu verlieren, sich auf jede neue Situation neu einstellen zu müssen.[4] Systeme, die auf menschliche Präzision angewiesen sind, sind daher, wie Reason es nennt, mit »latenten Fehlern« behaftet – mit Fehlern, die darauf warten, sich zu ereignen. Die Medizin wimmelt nur so von Beispielen. Nehmen Sie das Ausstellen eines Rezepts: eine automatische Handlung, die gleichermaßen auf unser Gedächtnis wie unsere Aufmerksamkeit angewiesen ist, was beides, wie wir wissen, unzuverlässig ist. Unweigerlich wird der Arzt hier und da die falsche Dosis angeben oder das falsche Medikament. Selbst wenn das Rezept korrekt ausgestellt ist, besteht das Risiko, dass es falsch gelesen wird. Computergesteuerte Bestellungssysteme können diese Art Fehler nahezu vollständig aus der Welt schaffen, und inzwischen sind viele medizinische Einrichtungen damit ausgestattet. Medizinische Apparaturen, bei deren Entwicklung der Hersteller in vielen Fällen den menschlichen Bedienenden nicht vor Augen hatte, sind ein anderes weites Feld voller latenter Fehler.

James Reason macht noch eine weitere wichtige Feststellung:

Katastrophen entstehen nicht aus dem Nichts, sie entwickeln sich. In einem komplexen System verursacht ein einzelner Fehler selten größeren Schaden. Menschen sind beeindruckend gut darauf eingerichtet, sich mit aufkommenden Fehlern auseinanderzusetzen, und viele Systeme haben eingebaute Verteidigungssysteme. Apotheker und Krankenschwestern beispielsweise schauen sich routinemäßig die Verordnungen eines Arztes an und vergleichen sie mit vorangegangenen. Doch oft werden Fehler nicht sichtbar, und die Rückversicherungssysteme versagen in Folge latenter Fehler in vielen Fällen ebenfalls: Ein Apotheker vergisst in einem von tausend Fällen, die Verordnung nachzuprüfen, das Alarmsignal einer Maschine fällt aus; der einzig verfügbare Unfallchirurg hängt im Operationssaal fest. Wenn die Dinge aus dem Ruder laufen, dann in der Regel, weil eine Serie von Fehlern zusammenkommt und sich zu einer Katastrophe addiert.

Die M&M lässt all das unberücksichtigt. Aus diesem Grunde sehen viele Experten sie als einen unausgegorenen Vorstoß zur Analyse von Fehlern und der Leistungsverbesserung in der Medizin: Es reiche nicht zu fragen, was ein Kliniker anderes hätte tun können oder sollen, auf dass er und die Kollegen fürs nächste Mal etwas daraus lernen. Der Arzt ist häufig der letzte Akteur in einer ganzen Reihe von Ereignissen, die sein Tun zum Scheitern verdammen. Fehlerexperten sind daher der Ansicht, es seien die Abläufe, nicht die darin agierenden Individuen, die einer genaueren Untersuchung und Korrektur bedürften. In gewisser Hinsicht möchten sie die Medizin industrialisieren. Und sie können sich bereits auf Erfolge berufen; das »Hernienunternehmen« Shouldice Hospital, um nur eines zu nennen, und die gesamte Disziplin der Anästhesiologie, die sich an diesem Beispiel orientiert hat und beeindruckende Ergebnisse vorweisen kann.

In der Mitte des Emblems der Amerikanischen Anästhesisten-Gesellschaft (American Society of Anesthesiologists) steht ein einziges Wort: »Vigilance« – Wachsamkeit. Wenn Sie einen Menschen in Vollnarkose versetzen, übernehmen Sie mehr oder minder die vollständige Kontrolle über den Körper des Betreffenden. Der Körper ist gelähmt, das Gehirn gilt als bewusstlos, Atmung, Herzschlag, Blutdruck – sämtliche Lebensfunktionen – werden von Maschinen überwacht. In Anbetracht der Komplexität der Maschinerie und des menschlichen Körpers gibt es sogar bei geringfügigen Eingriffen eine schier endlose Vielfalt an Möglichkeiten, wie es zu Unheil kommen könnte. Dennoch haben die Anästhesisten festgestellt, dass ein auftauchendes Problem in aller Regel auch gelöst werden kann. In den vierziger Jahren gab es einen narkosebedingten Todesfall auf zweieinhalbtausend Operationen; in den sechziger bis achtziger Jahren hatte sich die Häufigkeit bei einem oder zwei Fällen auf zehntausend stabilisiert.[5]

Ellison (Jeep) Pierce erachtete jedoch selbst diese Häufigkeit für zu hoch. Von dem Tag an, als er 1960 als junger Anästhesist aus North Carolina zu praktizieren begann, legte er ein Archiv mit den Einzelheiten all der tödlichen Narkosezwischenfälle an, die ihm unterkamen oder an denen er beteiligt gewesen war. Ein Fall erregte ihn in besonderem Maße. Freunde von ihm hatte ihre achtzehnjährige Tochter ins Krankenhaus gebracht, um ihr unter Vollnarkose die Weisheitszähne ziehen zu lassen. Der Anästhesist schob ihr den Beatmungsschlauch in die Speiseröhre statt in die Luftröhre – ein relativ häufiger Fehler, den er jedoch nicht bemerkte, und das kommt nicht oft vor. Ohne Sauerstoff starb sie binnen weniger Minuten. Pierce sagte sich, dass in Anbetracht der schätzungsweise fünfunddreißig Millionen Vollnarkosen pro Jahr in den Vereinigten Staaten eine Todesrate von eins zu zehntausend fünfunddreißigtausend vermeidbare Todesfälle wie diesen bedeuten würde.

Im Jahre 1982 wurde Pierce zum Präsidenten der Amerikanischen Anästhesisten-Gesellschaft gewählt und bekam damit Gelegenheit, etwas an der Todesrate zu ändern. Im selben Jahr brachte das Nachrichtenmagazin 20/20 des Senders ABC ein Feature heraus, das innerhalb der Zunft für einiges Aufsehen sorgte. Es begann wie folgt: »Wenn Sie vorhaben, sich für die Anästhesie zu entscheiden, liegt ein langer Weg vor Ihnen, den Sie nicht gehen sollten, wenn Sie es irgendwie vermeiden können. Vollnarkosen sind in den meisten Fällen sicher, aber es gibt Gefahren durch menschliches Versagen, Sorglosigkeit und einen bedenklichen Mangel an Anästhesisten. In diesem Jahr werden sechstausend Patienten Hirnschäden erleiden oder an einer Narkose sterben.« Die Sendung führte einige Furcht erregende Fälle aus dem ganzen Land als Beleg an. Flankiert von dem beträchtlichen Aufruhr, den die Sendung verursachte, und der massiven Erhöhung der damaligen Versicherungsprämien für ärztliche Kunstfehler, vermochte Pierce die Organisation der Anästhesisten dazu zu bewegen, sich des Problems Behandlungsfehler anzunehmen.

Er wandte sich mit seinen Ideen nicht an einen Arzt, sondern an einen Ingenieur namens Jeffrey Cooper, den federführenden Autor eines bahnbrechenden Artikels aus dem Jahre 1978 mit dem Titel: »Vermeidbare Narkosefehler. Eine Untersuchung zum menschlichen Versagen.«[6] Cooper, ein bescheidener, ehrgeiziger Mann, war 1972 im Alter von sechsundzwanzig Jahren von der Biotechnologie-Abteilung des Massachusetts General Hospital eingestellt worden, um an der Entwicklung von Maschinen für Wissenschaftler auf dem Gebiet der Anästhesiologie zu arbeiten. Ihn zog es jedoch in den OP, wo er Stunden damit zubrachte, die Anästhesisten bei ihrer Arbeit zu beobachten. Und eines der ersten Dinge, die ihm auffielen, war das schlechte Design der Apparate. So bewirkte beispielsweise die Umdrehung eines bestimmten Einstellknopfs im Uhrzeigersinn bei der Hälfte der Apparate eine Verringerung der Konzentration des wirksamen Narkotikums, bei der anderen Hälfte wurde die Konzentration so erhöht. Er beschloss, sich einer Analysemethode zu bedienen, die man als »critical incident analysis« bezeichnet und die seit den fünfziger Jahren zur Untersuchung von Flugzeugunglücken eingesetzt wird. Damit wollte er herausbekommen, inwieweit die Ausrüstung für die Entstehung von Fehlern innerhalb der Anästhesiologie mitverantwortlich war. Diese Methode stützt sich auf sorgfältig durchgeführte Interviews, die speziell darauf ausgelegt sind, so viele Einzelheiten wie möglich über einen gefährlichen Vorfall zusammenzutragen: Wie sich das Unfallgeschehen entwickelt hat, welche Faktoren dazu beigetragen haben.

Offene ehrliche Berichte zu sammeln ist hierbei von entscheidender Bedeutung. Die Flugaufsichtsbehörde der Vereinigten Staaten verfügt über ein formales System zur Untersuchung und Meldung gefährlicher Zwischenfälle im Fluggeschehen, und dessen ungeheurer Erfolg bei der Optimierung der Sicherheit von Fluglinien ruht auf zwei Grundsätzen: Piloten, die ein kritisches Ereignis binnen zehn Tagen melden, gehen automatisch straffrei aus, und die Berichte werden an eine neutrale Behörde nach draußen geschickt – an die NASA in diesem Fall, die keinerlei Interesse daran hat, die Informationen gegen einzelne Piloten einzusetzen. Für Jeffrey Cooper war es vermutlich von Vorteil, dass er Ingenieur war und nicht Arzt, so dass die Anästhesisten ihn als diskreten, unverfänglichen Forscher betrachteten.

Das Ergebnis seiner Untersuchungen brachte den ersten wissenschaftlich fundierten Blick auf Fehler und Irrtümer in der Medizin. Seine detaillierte Analyse von dreihundertneunundfünfzig Fehlersituationen ermöglichte eine Perspektive auf diesen Beruf, die noch niemand zuvor eingenommen hatte. Die Anästhesisten lernten, dass im krassen Gegensatz zu der weit verbreiteten Annahme, der Beginn der Narkose, »das Abheben«, sei der gefährlichste Teil der Betäubung, die Probleme vielmehr gegen Mitte der Betäubungsphase hin zunahmen, dann nämlich, wenn die Aufmerksamkeit allmählich nachzulassen begann. Zu den häufigsten Alarmsituationen gehörten Fehler bei der Aufrechterhaltung der Atmung des Patienten; in den meisten Fällen waren diese zurückzuführen auf eine übersehene Unterbrechung beziehungsweise eine falsch gelegte Verbindung der Beatmungsschläuche, auf Fehler bei der Handhabung der Luftzufuhr oder Fehler bei der Bedienung des Narkoseapparats. Nicht minder wichtig war nach Coopers Analyse eine Reihe von zusätzlichen

Faktoren, zu denen unzureichende Erfahrung ebenso gehörten wie unzulängliche Vertrautheit mit der Ausrüstung, mangelnde Kommunikation unter den Teammitgliedern, Eile, Unaufmerksamkeit und Müdigkeit.

Die Studie sorgte für eine angeregte Debatte unter den Anästhesisten, aber bis Jeep Pierce des Weges kam, hatte es keinen umfassenden Versuch gegeben, den Problemen entgegenzutreten. Pierce stellte, zuerst durch die Gesellschaft der Anästhesisten und später durch eine von ihm begründete Stiftung, Mittel bereit für die Forschung, wie die von Cooper erkannten Probleme eingedämmt werden könnten, finanzierte eine internationale Konferenz, auf der Ideen aus der ganzen Welt zusammengetragen wurden, und beteiligte diejenigen, die die Narkoseapparate bauten, an der Diskussion.

All das zeigte Wirkung. Die Dienstzeiten für Anästhesisten wurden verkürzt. Hersteller begannen, ihre Maschinen mit Blick auf das fehlbare menschliche Wesen neu zu überdenken. Regelknöpfe wurden standardisiert und funktionierten fortan sämtlich in derselben Richtung; Sperren wurden eingebaut, um die irrtümliche Verabreichung von mehr als einem Narkosegas zu unterbinden; eingebaute Kontrollen wurden geändert, so dass sich die Sauerstoffzufuhr nun nicht mehr auf Null stellen ließ.

Wo sich ein Fehler nicht unmittelbar beseitigen ließ, begannen die Anästhesisten nun nach Möglichkeiten Ausschau zu halten, diesen früher zu entdecken. Da zum Beispiel Speiseröhre und Luftröhre so dicht beieinander liegen, ist es fast nicht zu vermeiden, dass ein Anästhesist hin und wieder den Beatmungsschlauch in den falschen Weg schiebt. Zuvor hatten die Anästhesisten dies stets überprüft, indem sie beide Lungen mit dem Stethoskop auf Atemgeräusche abhörten. Cooper hatte jedoch eine überraschend große Zahl von Irrtümern ausgemacht – wie jenen, der die Tochter von Pierces Freunden traf –, bei dem eine versehentliche Speiseröhrenintubation unbemerkt bliebt. Etwas Wirksameres war vonnöten. Tatsächlich waren Monitore, die auf diesen Fehler aufmerksam machen konnten, seit Jahren erhältlich, doch wurden sie, teils der hohen Kosten wegen, nur von wenigen Anästhesisten benutzt. Ein Monitortyp überprüfte beispielsweise den Sitz des Beatmungsschlauchs anhand des ausgeatmeten Kohlendioxids, ein anderer verfolgte den Blutsauerstoffgehalt und lieferte damit ein sehr frühes Warnzeichen, wenn mit der Atmung des Patienten etwas nicht stimmte. Angeregt von Pierce und anderen verfügte die Anästhesisten-Gesellschaft, dass der Einsatz eines der beiden Überprüfungsgeräte für jeden Patienten unter Vollnarkose zum offiziellen Standard erklärt wurde. Heutzutage sind Todesfälle durch ein falsch angeschlossenes Beatmungssystem oder die versehentliche Intubation der Speiseröhre so gut wie unbekannt. Binnen eines Jahrzehnts fiel die Todesrate auf etwas mehr als einen auf zweihunderttausend Fälle: weniger als ein Zwanzigstel dessen, was sie zuvor betragen hatte.

Und die Reformer gaben sich damit nicht zufrieden. David Gaba, ein Anästhesiologieprofessor an der Stanford University, hat es sich zur Aufgabe gemacht, die menschliche Leistung weiter zu verbessern. In der Luftfahrt, so stellte er fest, sei anerkannt, wie unverzichtbar, aber eben auch unzulänglich die Erfahrung von Piloten ist: Heutzutage machen Piloten in aller Regel nur noch selten eigene Erfahrungen mit schweren Funktionsstörungen an ihren Maschinen. Deshalb müssen sie jährlich ihr Training in Flugsimulatoren absolvieren. Warum nicht auch Ärzte?

Gaba, ein Arzt mit Ingenieurausbildung, sorgte für den Entwurf eines Narkosesimulators namens Eagle Patient Simulator. Es handelt sich dabei um eine lebensgroße computergesteuerte Puppe, die sich erstaunlich realistisch bewegt und verhält. Sie verfügt über einen Kreislauf, Herzschlag und Lungen, die Sauerstoff aufnehmen und Kohlendioxid abgeben. Wenn Sie ihr Medikamente injizieren oder ein Narkosegas verabreichen, erfasst sie Art und Menge, Puls, Blutdruck und Sauerstoffsättigung und reagiert dementsprechend. Die »Patientin« kann man dazu veranlassen, Schwellungen im Bereich der Atemwege, Blutungen und

Herzrhythmusstörungen zu simulieren. Sie wird wie ein Patient in einem Simulations-OP, der ausgestattet ist wie ein richtiger OP, auf den Operationstisch gebettet. An ihr lernen Assistenten und erfahrene Ärzte auf höchst effiziente Weise, sämtliche Arten von gefährlichen, manchmal irrsinnigen Situationen zu meistern: Fehlfunktionen eines Narkoseapparats, Stromausfall, Herzstillstand des Patienten im Verlauf einer Operation. Es gibt sogar ein Programm für den Fall einer Kaiserschnittpatientin, bei der die Atmung versagt und unter der Geburt eine Nottracheotomie vorgenommen werden muss.

Obschon die Anästhesiologie fraglos führend ist bei der Analyse und dem Versuch, »Systemfehler« in den Griff zu bekommen, zeichnet sich auch auf anderen Gebieten eine gewisse Veränderung ab. Die American Medical Association beispielsweise hat im Jahre 1997 eine Stiftung – die National Patient Safety Foundation – ins Leben gerufen und Cooper und Pierce in den Aufsichtsrat gebeten. Die Stiftung fördert Forschungsprojekte, trägt zur Finanzierung von Konferenzen bei und versucht, neue Standards für die Medikamentenverordnung in Krankenhäusern zu erlassen, die das Fehlerrisiko bei der Verabreichung von Medikamenten – der häufigsten Form von Behandlungsfehlern – deutlich herabsetzen könnten.

Sogar in der Chirurgie sind ermutigende Entwicklungen zu verzeichnen. So gehörten beispielsweise Operationen am falschen Körperteil – Knie, Fuß oder Hand – zu den zwar seltenen, aber immer wieder auftretenden Fehlern. Die typische Reaktion bestand in der Regel darin, den Chirurgen zu feuern. In jüngster Zeit aber tragen Krankenhäuser und Chirurgen dem Umstand Rechnung, dass solche Fehler auf Grund der zweiseitigen Symmetrie des menschlichen Körpers absehbar sind. Im Jahre 1998 verordnete die amerikanische Orthopädenvereinigung American Academy of Orthopedic Surgeons daher eine höchst einfache, aber wirkungsvolle Methode zur Verhinderung solcher Fehler: Die Chirurgen markierten fortan den zu operierenden Körperteil mit einem Filzstift, bevor der Patient zur Operation einbestellt wurde.

Die Northern New England Cardiovascular Disease Study Group, eine in Dartmouth ansässige Arbeitsgruppe, die sich mit dem Aufkommen von Herzkreislauferkrankungen befasst, ist eine weitere Erfolgsgeschichte.[7] Zwar unternimmt die Gruppe nicht ähnlich tief gehende Analysen von Behandlungsfehlern wie Jeffrey Cooper, doch hat sie gezeigt, was sich allein durch einfache statistische Kontrollen erreichen lässt. Sechs Krankenhäuser sind an dieser Kooperation beteiligt, die Todesfällen und anderen unliebsamen Geschehnissen bei Herzoperationen (wie Wundinfektionen, unkontrollierten Blutungen und Schlaganfällen) nachgeht und versucht, die beteiligten Faktoren zu identifizieren. So stellten die Wissenschaftler beispielsweise fest, dass es bei Patienten, die nach einer Bypass-Operationen am Herzen eine Anämie entwickelten, relativ häufig zu Todesfällen kam und dass diese Anämie bevorzugt bei Patienten von geringer Körpergröße auftrat. Verursacht wurde die Anämie durch die Lösung, mit der die Herz-Lungen-Maschine »konditioniert« wurde, weil durch sie das Blut des Patienten verdünnt wurde. Je kleiner der Patient (und je geringer demzufolge dessen Blutmenge), umso größer waren natürlich die Auswirkungen. Die Mitglieder des Konsortiums haben inzwischen mehrere viel versprechende Lösungen für das Problem an der Hand. Im Rahmen einer weiteren Studie wurde festgestellt, dass einer Gruppe in einem Krankenhaus wiederholt Fehler bei der Übergabe unterliefen – bei der Übermittlung von Laborbefunden, die vor einer Operation angefertigt wurden, an die Belegschaft des Operationssaals. Die Arbeitsgruppe löste das Problem, indem sie eine Art von Pilotencheckliste für sämtliche Patienten anfertigen ließ, die in den Operationssaal gebracht wurden. All diese Bestrebungen haben zu einem höheren Grad an Vereinheitlichung geführt und damit die Sterberate in den sechs beteiligten Krankenhäusern zwischen 1991 und 1996 von vier auf drei Prozent gesenkt. Das bedeutete zweihundertdreiundneunzig

Todesfälle weniger. Doch selbst die Gruppe in Neuengland mit ihrem klar begrenzten Blickwinkel auf wenige Techniken bleibt eine rühmliche Ausnahme; harte Fakten darüber, wie Fehler passieren, sind noch immer rar. Es gibt ein Sammelsurium an Hinweisen, die dafür sprechen, dass sowohl latente Fehler als auch systemische Faktoren an der Entstehung chirurgischer Behandlungsfehler beteiligt sind: das Fehlen standardisierter Protokolle, die Unerfahrenheit von Chirurgen oder des Krankenhauses als Ganzes, unzureichend durchdachte Methoden und Technologien, personelle Unterbesetzung, schlechtes Teamwork, die Tageszeit, die Auswirkungen von Rationalisierungsmaßnahmen und so weiter und so weiter. Was aber sind die Hauptrisikofaktoren? Wir wissen es noch immer nicht. Wie der größte Teil der Medizin harrt auch die Chirurgie bislang vergeblich ihres Jeff Cooper.

Es war eine Routineoperation zur Entfernung der Gallenblase an einem ganz normalen Arbeitstag: Auf dem OP-Tisch lag eine Mutter zwischen vierzig und fünfzig, den Körper mit Ausnahme ihres mit antiseptischer Iodtinktur eingepinselten Bauchs von blauen Tüchern abgedeckt. Die Gallenblase ist ein weicher, fingerlanger Sack voll Gallenflüssigkeit unterhalb der Leber, der aussieht wie ein olivgrüner Luftballon, der seine Spannung verloren hat. Wenn sich darin Gallensteine bilden, können sie, wie diese Patientin hatte erfahren müssen, unerträgliche Schmerzanfälle auslösen. Sobald die Gallenblase entfernt war, würden ihre Schmerzen aufhören.

Es gibt bei dieser Operation gewisse Risiken, aber sie sind sehr viel kleiner als in der Vergangenheit. Noch vor zehn Jahren mussten die Chirurgen einen fünfzehn Zentimeter langen Schnitt setzen, der die Patienten allein der Wundheilung halber fast eine Woche ans Krankenhausbett band. Heute haben wir gelernt, Gallenblasen mit einer Miniaturkamera und Instrumenten zu entfernen, die wir durch winzige Einschnitte einführen und bedienen.

Die Operation, die oftmals sogar ambulant durchgeführt wird, wird auch als laparoskopische Cholezystektomie bezeichnet. Pro Jahr bekommt inzwischen eine halbe Million Amerikaner die Gallenblase auf diese Art und Weise entfernt; allein an dem Krankenhaus, an dem ich arbeite, führen wir jährlich ein paar hundert dieser Eingriffe durch.[8]

Sobald mir der Oberarzt signalisierte, ich solle anfangen, schnitt ich in die kleine Hautfalte oberhalb des Bauchnabels einen sauberen halbkreisförmigen Schnitt. Ich arbeitete mich durch Fett und Bindegewebe, bis ich in der Bauchhöhle angelangt war, führte eine Nadel ein, schloss diese an eine Gasflasche an und ließ Kohlendioxid einströmen, bis der Bauch aufgeblasen war wie ein Autoreifen. Anschließend ersetzte ich die Nadel durch ein etwa ein Zentimeter dickes Kunststoffrohr, einen Trokar, durch das im Folgenden die Instrumente leicht hinein und hinaus gleiten würden. Ich führte die Miniaturkamera ein. Auf dem ein Stück entfernt stehenden Monitor rückten die Eingeweide der Frau ins Gesichtsfeld. Der aufgeblähte Bauch verschaffte mir hinreichend Raum, die Kamera zu bewegen, und ich schwang sie herum, um die Leber ins Blickfeld zu bekommen. Man konnte sehen, wie die Gallenblase unter einem Leberlappen hervorlugte.

Durch drei noch kleinere Einschnitte legten wir in gewisser Entfernung drei weitere Trokare, so dass sie die vier Ecken eines Quadrats bildeten. Der Oberarzt führte durch die beiden Trokare auf seiner Seite zwei lange »Greifer« ein, die aussahen wie eine Miniaturausgabe von einem Gerät, wie es ein Verkäufer womöglich benutzen würde, wenn er einen Hut vom obersten Regal herunter angeln sollte. Er beobachtete seine Bewegungen auf dem Monitor und langte unter die Leber, packte die Gallenblase und zog sie in Sichtweite. Wir konnten fortfahren.

Die Gallenblase zu entfernen ist eine relativ einfache Angelegenheit. Sie durchtrennen den Gallenblasengang und ihre Blutversorgung, lösen sie aus dem umgebenden Gewebe aus und ziehen den gummiähnlichen Beutel durch den Zugang am Bauchnabel aus dem Bauch. Sie lassen das Kohlendioxid wieder ab, entfernen die Trokare, schließen die Einschnitte mit ein paar Stichen, kleben ein paar Pflaster darauf, und fertig sind Sie. Eine Gefahr lauert jedoch: Der Hals der Gallenblase zweigt von der einzigen Verbindung zwischen Leber und Zwölffingerdarm ab, über die Gallensäfte zur Fettverdauung in den Dünndarm geführt werden. Wenn Sie diesen Hauptgallengang versehentlich verletzen, staut sich die Galleflüssigkeit und beginnt, die Leber zu zerstören. Zwischen zehn und zwanzig Prozent aller Patienten, denen solches widerfährt, sterben. Diejenigen, die überleben, erleiden in vielen Fällen schwere Leberschäden und müssen womöglich irgendwann ein Lebertransplantat bekommen. Einem Lehrbuch zufolge sind »Verletzungen des Hauptgallengangs nahezu immer Ergebnis eines Missgeschicks während einer Operation und daher ein wirklicher Schandfleck für das Chirurgenhandwerk«. Es ist wirklich ein Kunstfehler, und wie jedes Chirurgenteam hatten auch wir vor, diesen Fehler zu vermeiden.

Mit einem Sektionsinstrument entfernte ich vorsichtig das weißliche Bindegewebe und das gelbe Fett, das den Hals der Gallenblase einhüllt. Nun sah man den breiten Gallenblasenhals und das kurze Stück, wo sich dieser zum Gallenblasengang verjüngt – ein Leiter, nicht dicker als der Stiel eines Gänseblümchens, ragt aus dem umgebenden Gewebe heraus, auf dem Monitor ist er auf den Durchmesser einer Wasserleitung vergrößert. Dann, nur um absolut sicher zu sein, dass wir den Gallenblasengang im Visier hatten und nicht etwa den Hauptgallengang, schob ich ein bisschen mehr von dem umgebenden Gewebe zur Seite. An diesem Punkt hielten der Oberarzt und ich wie immer inne und sprachen über die Anatomie. Der Hals der Gallenblase führte geradewegs auf den Leiter zu, auf den wir blickten. Es war demnach der richtige Gang. Wir hatten ein gutes Stück davon freigelegt, ohne des Hauptgallengangs ansichtig zu werden. Es sah alles wunderbar aus, fanden wir beide. »Also, dann los«, sagte der Oberarzt.

Ich führte den Clipapplikator ein, ein Instrument, das Metallclips in alles nagelt, was man ihm zwischen die Kiefer legt. Ich hielt den Leiter schon damit umfasst, als mein Auge auf dem Monitor oben auf dem Gang ein kleines bisschen Fett erspähte. Das war nicht notwendigerweise etwas Ungewöhnliches, aber irgendwie sah es seltsam aus. Mit der Spitze des Clipapplikators versuchte ich, es zur Seite zu schieben, doch statt eines kleinen Fettglobulus tauchte plötzliche eine dünne Schicht von zuvor unbemerktem Gewebe auf, und darunter sahen wir, dass der Gang sich dort gabelte. Mein Herz schien stillzustehen. Um ein Haar hätte ich den Hauptgang abgezwickt.

Hier präsentiert sich die ganze Widersinnigkeit medizinischer Behandlungsfehler. Bei ausgereifter Technik und gewissenhafter Überprüfung der Anatomie müsste es eigentlich keinem Chirurgen passieren, dass er den Hauptgallengang durchtrennt. Es ist dies das Musterbeispiel für einen vermeidbaren Fehler. Zugleich aber besagen Studien, dass bei etwa einer von zweihundert Cholezystektomien selbst erfahrenen Chirurgen dieser furchtbare Fehler unterläuft. Oder, anders ausgedrückt: Ich mochte der Katastrophe noch einmal entronnen sein, aber ein Statistiker würde mir erklären, dass ich, wie sehr ich mich auch bemühte, es zu vermeiden, irgendwann im Laufe meiner Karriere diesen Fehler mit nahezu unfehlbarer Sicherheit dennoch einmal begehen würde.

Aber die Geschichte ist an dieser Stelle nicht notwendigerweise schon zu Ende, wie kognitive Psychologen und Fehlerexperten aus der Industrie gezeigt haben. Vor dem Hintergrund der Ergebnisse aus der Anästhesie ist es keine Frage, dass wir dramatische Verbesserungen erreichen können, indem wir an dem Ablauf feilen und nicht an den Menschen. Doch dieses industrielle Allheilmittel hat, so berechtigt seine nachdrückliche Betonung von Systemen und Strukturen auch sein mag, definitiv Grenzen. Für uns, die einzelnen Akteure, wäre es ein tödlicher Fehler, unseren Glauben an die menschliche Fähigkeit zu Verbesserung und Perfektion zu verlieren. Die Statistik mag mir erklären, dass ich eines Tages irgendwem den Hauptgallengang durchtrennen werde, aber jedes Mal werde ich, wann immer ich eine Gallenblase zu entfernen habe, mit dem Glauben daran gehen, dass es mir mit genügend Willen und Anstrengung gelingen wird, diesem Schicksal zu entgehen. Das ist nicht nur berufliche Eitelkeit, dies ist ein notwendiger Bestandteil guter Medizin, sogar in hoch optimierten Systemen. Operationen wie diese Gallenblasenentfernung haben mich gelehrt, wie leicht einem ein Fehler unterlaufen kann, aber sie haben mir auch etwas anderes gezeigt: Mühe lohnt sich, Sorgfalt und Wachsamkeit bei den winzigsten Details kann Sie retten.

Das mag erklären, warum viele Ärzte Anstoß an Formulierungen wie »Systemfehler«, »stete Qualitätsoptimierung« oder »Neustrukturierung von Abläufen« nehmen. Dies ist eine trockene Sprache der Strukturen, nicht die des Menschen. Ich nehme mich da nicht aus: Auch in mir gibt es etwas, das nach der Anerkennung meiner Autonomie verlangt, sprich, letzten Endes auch meiner potenziellen Schuldfähigkeit. Erinnern Sie sich zurück an jene Nacht, als ich, das Skalpell in der Hand, im OP vor Louise Williams stand, die mit blau verfärbten Lippen und plötzlich zugeschwollenem, schlagartig verschlossenem Atemweg vor mir lag. Ein Systemingenieur hätte sicher ein paar nützliche Veränderungen vorzuschlagen. Vielleicht sollte stets ein zweites Absauggerät zu Hand sein, besseres Licht rascher zu beschaffen. Vielleicht hätte das Krankenhaus mich gründlicher auf solche Krisensituationen vorbereiten, mich ein paar mehr Ziegen tracheotomieren lassen sollen. Vielleicht sind Nottracheotomien immer und in jedem Falle so schwierig zu bewältigen, dass man einen Roboter bauen sollte, der das besser macht.

Dennoch, obwohl alles gegen mich sprach, es war nicht so, dass ich nicht auch Erfolg hätte haben können. Gute ärztliche Leistungen bestehen darin, das Beste aus dem zu machen, was Sie in der Hand haben, und das ist mir nicht gelungen. Unbestreitbare Tatsache bleibt, dass ich nicht um Hilfe gerufen hatte, als es noch möglich war, und dass, als ich das Skalpell an ihrem Hals zu meinem Horizontalschnitt ansetzte, mein Bestes eben nicht gut genug war. Es war reines Glück – für sie und mich –, dass Dr. O'Connor es irgendwie fertig brachte, ihr rechtzeitig einen Babyatemschlauch einzuführen.

Es gibt alle möglichen Gründe dafür, dass es falsch gewesen wäre, mir meine Berufserlaubnis zu entziehen oder mich vor Gericht zu bringen. All diese Gründe sprechen mich vor mir selbst jedoch nicht frei. Worin auch immer die Mängel der M&M bestehen mögen, ihre strenge Ethik der persönlichen Verantwortung für begangene Fehler ist eine hervorragende Tugend. Welche Maßnahmen wir auch ergreifen, Ärzte werden immer gelegentlich auch Fehler machen, und es widerspricht der Vernunft, von uns Perfektion zu verlangen. Vernünftig ist allein die Forderung, dass wir niemals aufhören dürfen, danach zu streben.

4

Neuntausend Chirurgen

»Fahren Sie auch zum Kongress?«, fragte der Oberarzt.

»Ich?«, fragte ich zurück. Gemeint war der anstehende Kongress des American College of Surgeons.[1] Ich wäre nie auf die Idee gekommen, dass ich daran teilnehmen könnte.

Kongresse sind eine Riesensache in der Medizin. Meine Eltern, beide Ärzte, sind dreißig Jahre lang treu und brav zu jeder ihrer Jahrestagungen gegangen und hatten mich einige Male mitgenommen. Ich erinnerte mich verschwommen daran, wie überfüllt, riesig und aufregend sie mir schienen. Als Assistenzarzt hatte ich mich daran gewöhnt, dass Mitte Oktober, wenn die Fakultätsmitglieder sich in Scharen zu ihrem jährlichen Treffen aufmachten, der Operationsplan schlagartig übersichtlicher wurde. Wir Assistenten blieben, zusammen mit einer Minimalbesetzung unglücklicher Oberärzte (zumeist jüngere Kollegen) in der Regel zurück, um Unfälle und andere Notfälle zu versorgen, die sich eben trotzdem gelegentlich ereigneten. Einen Großteil der Zeit verbrachten wir unter uns im Aufenthaltsraum der Assistenten, einer schummrigen, muffigen Bude mit abgetretenem braunem Teppichboden und einer verspakten Couch, einem kaputten Rudergerät, leeren Getränkedosen und zwei Fernsehern, verfolgten die Endspiele der jährlichen Baseballsaison und ernährten uns von chinesischem Fast Food.

Jedes Jahr aufs Neue kamen jedoch ein paar der dienstälteren Assistenten zu dem Privileg, mit zu dem Treffen fahren zu dürfen. Und in meinem sechsten Jahr wurde mir eröffnet, dass ich nunmehr einen Ausbildungsstand erreicht hätte, der mich ermächtigte dazuzugehören. Das Krankenhaus, so stellte sich heraus, verfügte über einen kleinen Fonds, aus dem es mir die Reise bezahlen konnte. Binnen weniger Tage erhielt ich ein Flugticket nach Chicago, eine Zimmerreservierung im Hyatt Regency und die Registrierung für den 86. Kongress der klinischen Chirurgen. Erst als ich in neuntausend Metern Höhe im Bauch einer Boeing 737 irgendwo über New Hampshire schwebte – meine Frau musste eine Woche lang allein mit unseren drei Kindern zurechtkommen –, begann ich mich zu fragen, für was um alles in der Welt man eigentlich auf solche Treffen geht.

Als ich Chicagos riesiges Kongresszentrum am McCormick Place erreichte, stellt ich fest, dass ich einer von neuntausenddreihundertundzwölf praktizierenden Chirurgen war (eine eigens für den Kongress erstellte Tageszeitung meldete täglich die aktuelle Teilnehmerzahl). Das Gebäude sah aus wie ein Flughafenterminal, und ich kam mir vor wie am Pennsylvania-Bahnhof zur Hauptverkehrszeit. Ich nahm eine Rolltreppe zum Stockwerk über der Eingangshalle und schaute von oben auf das Gewimmel. Mir ging durch den Sinn, dass sich in diesem Gebäude fast genauso viele Leute tummelten und über Chirurgie redeten, wie in den kleinen Ortschaften jener Gegend von Ohio wohnten, in der ich aufgewachsen war. Die Chirurgen, in erster Linie Männer mittleren Alters in dunkelblauen Jacketts mit zerknitterten Hemden und konservativ gemusterten Schlipsen, fanden sich zu zweit oder dritt in Gruppen zusammen, jeder mit einem Lächeln auf den Lippen, Hände schüttelnd, plaudernd. Fast alle trugen eine Brille und hatten jene charakteristische leichte Vorwärtsneigung, als ständen sie am Operationstisch. Ein paar standen allein und blätterten durch das Tagungsprogramm, überlegten, was sie zuerst anschauen sollten.

Jeder von uns hatte bei der Ankunft ein fast vierhundert Seiten dickes Buch mit dem Veranstaltungsprogramm in die Hand gedrückt bekommen – angefangen von einem Kurs an ebenjenem

Morgen zur Durchführung von hochmodernen bildgesteuerten Mammabiopsien bis hin zu einem Symposium am sechsten und letzten Tag, das den Titel trug: »Ambulante Behandlung ano-rektaler Erkrankungen – wie weit können wir gehen?« Schließlich setzte auch ich mich mit meinem Katalog in eine Ecke, musterte ihn sorgfältig Seite um Seite und versah alles, was mich interessierte, mit einem blauen Kugelschreiberkringel. Hier war der Ort, erkannte ich, wo sich das Neueste und das Beste die Hand reichten – der Ort, an dem das Vollkommene gelehrt wurde – und es schien geradezu eine moralische Verpflichtung, so viel von den Veranstaltungen zu besuchen, wie irgend möglich. Binnen kurzem war mein Katalog ganz blau von lauter Kringeln. Allein am ersten Morgen hatte ich mich zwischen etwa zwanzig überaus aufschlussreich wirkenden Programmpunkten zu entscheiden. Ich schwankte ein Weilchen, ob ich lieber eine Vorlesung über das richtige Sezieren des Halses besuchen sollte oder aber eine Diskussionsrunde über die neuesten Fortschritte bei der Versorgung von Schusswunden am Kopf, wählte am Ende dann aber doch das Symposium über die besten Behandlungsmethoden für Hernien in der Leistengegend.

Ich war früh am angegebenen Ort, doch schon zu diesem Zeitpunkt waren die fünfzehnhundert Sitzplätze des Hörsaals belegt. Hernien gehören zu den »SRO«, den Standardroutineoperationen. Inmitten der Menge an der Hörsaalrückwand fand ich einen Stehplatz. Die Diskutierenden weit vorne konnte ich kaum ausmachen, aber ein riesiger Videoschirm zeigte den jeweils Sprechenden in Großaufnahme. Elf Chirurgen erklommen einer nach dem anderen das Podium, bombardierten uns mit Powerpoint-Präsentationen und stritten über ihre Daten.

Unsere Forschungen, so einer der Vortragenden, haben ergeben, dass die Lichtenstein-Methode die verlässlichste Korrektur von Eingeweidebrüchen liefert. Nein, hielt ein anderer dagegen: Die Lichtenstein-Methode taugt nicht, die Shouldice-Technik hat sich als die beste erwiesen. Dann trat ein dritter Chirurg vor:

Sie haben beide Unrecht – man sollte den Eingriff per Laparoskopie durchführen. Nun kam wieder ein anderer Chirurg zu Wort: Ich habe eine noch bessere Möglichkeit, ich verwende ein besonderes Gerät, für das ich zufällig das Patent habe. Zweieinhalb Stunden lang ging das so. Gelegentlich kochten die Gemüter. Aus der Zuhörerschaft wurden hin und wieder gezielte Fragen in die Runde geworfen. Es kam zu keiner Antwort, doch am Ende war der Raum noch genauso voll wie am Anfang.

Am Nachmittag schaute ich Filme an. Die Organisatoren hatten für uns drei Theater mit je drei- bis vierhundert Plätzen eingerichtet, in denen sie tagtäglich nonstop Rolle um Rolle Filmaufnahmen der neuesten Operationsmethoden abspulen ließen. Ich huschte in einen der abgedunkelten Räume und war vom ersten Augenblick an gefesselt. Ich sah waghalsige Operationen, raffinierte Operationen, genial einfache Operationen. Der erste Film, den ich zu sehen bekam, stammte aus dem Memorial Sloan Kettering Center in Manhattan. Er begann mit einer Nahaufnahme der geöffneten Bauchhöhle eines Patienten. Der Chirurg, unsichtbar bis auf seine behandschuhten blutigen Hände, versuchte sich an einer ausgesprochen schwierigen und gefährlichen Operation – der Entfernung eines Tumors am hinteren Ende der Bauchspeicheldrüse, dem »Pankreasschwanz«. Der Tumor lag tief innen, dicht umschlossen von Darmschlingen, einem Netz von Blutgefäßen, Magen und Milz. Doch der Chirurg ließ die Entfernung des Tumors wie ein Kinderspiel aussehen. Er zupfte an fragilen Gefäßen herum und hieb im Abstand von Millimetern an lebenswichtigen Organen vorbei seinen Weg durch die Gewebe. Er führte uns ein paar Tricks vor, mit denen sich Unheil vermeiden ließ, und das Nächste, was wir sahen, war eine halbe Bauchpeicheldrüse, die fein säuberlich präpariert in einer Schale lag.

In einem anderen Film entfernte ein Operationsteam aus Straßburg einen Dickdarmtumor aus der Tiefe eines menschlichen Unterleibs und führte anschließend die Darmenden säuberlich zusammen; das Ganze per Laparoskopie, mit winzigen Einschnitten, die man hinterher nur mit Pflastern zu schützen brauchte. Es war eine beeindruckende Vorführung, des Großen Houdinis würdig – etwa so, als entfernte man ein Buddelschiff aus seiner Flasche und bugsierte stattdessen ein Auto dort hinein, und das alles nur mit ein paar Holzstäbchen. Die Zuhörer schauten mit großen Augen zu und staunten ungläubig.

Der eleganteste Filmbeitrag kam jedoch von einem Chirurgen aus Houston, Texas, der eine Methode vorführte, wie sich eine Fehlbildung an der Speiseröhre, das so genannte Zenker-Divertikel, korrigieren ließ. Diese Anomalie aus der Welt zu schaffen nimmt in aller Regel eine Stunde oder mehr in Anspruch und macht einen längeren Einschnitt am Hals notwendig. Der Chirurg in dem Film aber schaffte es in einer Viertelstunde, und zwar ganz ohne Einschnitt, nämlich durch den Mund des Patienten. Ich blieb sitzen und schaute fast vier Stunden lang Filme an. Als das Licht anging, stolperte ich schweigend, blinzelnd und aufgewühlt ins Tageslicht.

Die klinischen Podiumsveranstaltungen gingen jeden Abend bis halb elf, und alle schienen genauso abzulaufen wie die ersten beiden, die ich besucht hatte – stets auf dem Grad zwischen dem Pedantischen und dem Sublimen, dem Trivialen und dem Bemerkenswerten. Ob diese Programmpunkte allerdings wirklich Dreh- und Angelpunkt des Chirurgentreffens waren, ließ sich nicht leicht sagen. Man merkt bald, dass ein Kongress im selben Maße Produktschau wie Lehrveranstaltung ist. Werbespots für die tollsten neuen Dinge, Sachen, von denen man noch nie etwas gehört hatte – ein Instrument ohne Klammern zum Klammern von Gewebe oder ein faseroptisches Endoskop, mit dem man dreidimensional sehen kann –, liefen Tag und Nacht auf dem Fernseher meines Hotelzimmers und sogar in dem Zubringerbus zum Kongresszentrum. Hersteller von Medikamenten und medizinischem Gerät verteilten Abend für Abend Einladungen zum

Essen irgendwo in der Stadt. Und fast fünfeinhalbtausend Verkäufer von knapp zwölfhundert bei der Kongressleitung registrierten Firmen waren ebenfalls zugegen – mehr als einer für je zwei teilnehmende Chirurgen.

Das Zentrum der fieberhaften Aktivitäten dieser Firmen war eine brodelnde fußballfeldgroße Ausstellungshalle, in der sie ihre Stände aufgebaut hatten, wo sie ihre Waren anpriesen und zu vermarkten suchten. Das Wort »Stand« reicht nicht einmal näherungsweise an die Bauwerke heran, die dort zum Teil errichtet waren: zwei Stockwerke hohe Kioske, pulsierende Lichter, Schaukästen aus Edelstahl, Multimedia-Präsentationen – eine Firma hatte sogar einen komplett ausgestatteten Operationssaal nachgebaut. Chirurgen sind Leute, die so ganz nebenbei Scheren für zweihundert Dollar das Stück kaufen, Wundsperrer für sechzehntausend Dollar und Operationstische für fünfzigtausend Dollar. Das Werben gestaltet sich daher höchst nachdrücklich und raffiniert.

Zudem konnte man dem gar nicht aus dem Weg gehen. Die Kongressorganisatoren hatten den Verkäufern das Filetstück ihres Veranstaltungsgeländes überlassen – oder besser verkauft. Die Ausstellungshalle lag direkt neben der Anmeldung, so dass sie das Erste war, was die Ärzte bei ihrer Ankunft zu Gesicht bekamen, und der einzige Weg von der Anmeldung zu den wissenschaftlichen Veranstaltungen führte durch den glitzernden Wirrwarr. Als ich am folgenden Nachmittag rasch hindurch wollte, um mir eine molekularbiologische Posterausstellung anzusehen, kam ich auf der anderen Seite niemals an. Wo auch immer der Blick hinfiel, stets gab es etwas, das einen zum Stehenbleiben einlud.

Manchmal war es nur dummes Zeug, das es umsonst gab. Golfbälle und Federhalter, Untersuchungsleuchten, Baseballmützen, Klebeetiketten und Bonbons, all das natürlich mit dem jeweiligen Firmenlogo bedruckt, gab es an vielen Ständen und wurden einem zusammen mit einer Broschüre über die neueste

Technologie, die diese Firma vertrieb, wortreich in die Hand gedrückt. Sie würden vielleicht annehmen, gestandene Chirurgen seien immun gegen solche niedrigen Bestechungsversuche. Weit gefehlt. Der Stand eines bestimmten Medikamentenherstellers gehörte offenbar zu den begehrtesten am Ort: Der Mann verschenkte feste weiße Leinentaschen, auf denen der Name eines seiner Medikamente in zehn Zentimeter großen blauen Lettern prangte. Die Ärzte standen Schlange, um eine davon zu ergattern, sogar wenn sie dafür Adresse und Telefonnummer hinterlassen mussten, weil sie einfach etwas brauchten, in das all die Präsente passten, die sie sammelten. (Trotzdem hörte ich einen Arzt bemängeln, dass die Werbegeschenke in diesem Jahr nicht so gut seien wie in den vorangegangenen. Einmal habe er eine hochwertige Markensonnenbrille bekommen, berichtete er.)

Manche Firmen bedienten sich subtilerer Methoden, die Chirurgen anzusprechen – dreier bezaubernd lächelnder junger Damen zum Beispiel: »Haben Sie schon unsere Haut gesehen?«, säuselte eine langbeinige Brünette mit Wimpern wie Sprungbretter und einer samtweich verrauchten Stimme. Sie sprach von der neuen künstlichen Haut, die ihre Firma für Patienten mit Verbrennungen anbot – wie hätte ich da widerstehen können? Ehe ich mich versah, stocherte ich mit einer Pinzette an einer fast durchsichtigen Schicht künstlich hergestellter Haut herum, die in einer Petrischale schwamm (zehn auf dreißig Zentimeter für nur fünfundneunzig Dollar), und dachte: »Das Zeug ist wirklich nicht übel.«

Die wirksamste Strategie der meisten Firmen aber bestand darin, ihr Angebot auszubreiten und die Chirurgen damit spielen zu lassen. Die Verkäufer schleppten ein Tablett mit rohem Fleisch und ihr neuestes Spielzeug an, und schon scharten wir uns um den Schauplatz wie ein Schwarm Krähen. An jenem Nachmittag blieb ich bei einem frischen, appetitlich gelben Sechs-Kilo-Puter (Kostenpunkt etwa fünfzehn Dollar) und einer Reihe Ultraschall-Skalpelle (Kostenpunkt: etwa fünfzehntausend Dollar pro Stück) hängen – elektronische Schneidegeräte, die das Gewebe mit Ultraschallwellen durchtrennen. Zehn furchtbar glückliche Minuten stand ich an einem gläsernen Tresen, durchtrennte bei dem Tier eine Haut- und Muskelschicht um die andere, schuf dicke und dünne Gewebelappen, probierte tiefes Aushöhlen und feinste Präparierschnitte, testete, wie schwer die Skalpelle waren und wie sie sich anfühlten. An einem anderen Stand zog ich sterile Handschuhe an und versuchte einen Schnitt in Hühnerfleisch mit ein paar Stückchen eines neuen Nahtmaterials für fünfzig Dollar den Meter zuzunähen. Ich wäre sicher länger geblieben, hätte noch ein halbes Stündchen weiter Knoten geknüpft und Stiche geübt, wenn nicht vier andere Chirurgen hinter mir Schlange gestanden hätten. Im Verlauf des Nachmittags elektrokauterisierte ich Aufschnitt, verwendete ein hoch entwickeltes Laparoskop, um »Gallensteine« – in Wirklichkeit Schoko-Erdnüsse – aus dem Bauch einer Schaufensterpuppe zu entfernen, und schloss mit einem automatischen Nahtgerät eine Wunde in einem befremdlich menschlich wirkenden Stück Fleisch. (Der Verkäufer gab sich zugeknöpft und weigerte sich, mir zu sagen, was es wirklich war.)

Inzwischen hatte ich es aufgegeben, an diesem Tag noch etwas anderes sehen zu wollen, da fiel mir eine Gruppe von etwa fünfzig Chirurgen ins Auge, die sich um eine Projektionsleinwand scharten, vor der ein Mann im Anzug mit einem Headset auf und ab schritt. Ich ging näher, um herauszufinden, was der Trubel sollte, und fand die Liveübertragung einer Operation, bei der einem Patienten auf einem OP-Tisch irgendwo in Amerika – allem Anschein nach in Pennsylvania – ein großer Hämorrhoidalprolaps entfernt wurde. Der Hersteller führte ein neues Einweggerät vor (Kostenpunkt zweihundertfünfzig Dollar), das den normalerweise halbstündigen Eingriff seiner Auskunft nach auf weniger als fünf Minuten verkürzte. Der Ansager mit dem Mikrofon leitete Fragen aus der Menge an den tausend Meilen entfernt operierenden Chirurgen weiter.

»Sie führen jetzt eine Umstechungsnaht aus?«, fragte der Ansager.

»Jawohl«, antwortete der Chirurg. »Ich lege die Naht mit fünf oder sechs Stichen, etwa zwei Zentimeter vom Hämorrhoidenansatz entfernt.«

Dann hielt er das Gerät in die Kamera. Es war weiß, glänzend und wunderschön. Aller Vernunft zuwider, die einem eingab, sich an harte Beweise zu halten, ob die Technologie wirklich nützlich, effizient und verlässlich war, standen wir allesamt da wie gelähmt.

Als die Show vorbei war, fiel mir ein paar Schritte weiter ein verloren aussehender pockennarbiger Mann in einem verknitterten braunen Anzug auf, der mutterseelenallein in seinem winzigen Stand saß. Die Leute strömten an ihm vorbei wie die Elritzen; nicht einer blieb stehen, um sich sein Angebot anzusehen. Bei ihm gab es keine Videomonitore, keine Edelstahlvitrinen, keine Golfbälle mit Firmenlogo als Werbegeschenk – nur ein vom Computer gedrucktes schmuckloses Papierschild (»Scientia« stand darauf) und ein paar hundert antiquarische Chirurgiebücher. Aus lauter Mitleid mit ihm blieb ich stehen und fing an zu stöbern. Ich war starr vor Staunen, als ich entdeckte, was er zu bieten hatte. Bei ihm fand ich beispielsweise Joseph Listers Originalartikel aus dem Jahre 1867, in denen er seine revolutionäre Methode der aseptischen Operation darlegte. Er hatte die Erstausgabe der gesammelten wissenschaftlichen Artikel des großen Chirurgen William Halsted aus dem Jahre 1924 und die Originalabhandlungen der weltweit ersten Konferenz zur Organverpflanzung aus dem Jahre 1955. Einen Katalog mit chirurgischen Instrumenten aus dem Jahre 1899 fand ich bei ihm sowie ein zweihundert Jahre altes chirurgisches Lehrbuch und einen kompletten Nachdruck einer medizinischen Abhandlung von Maimonides. Und dann noch das Tagebuch eines Chirurgen bei den Bürgerkriegstruppen der Nordstaatenunion aus dem Jahre 1863. In seinen Bücherkisten und auf seinen Regalen verbargen sich die schönsten Juwelen, und den Rest des Nachmittags hielten mich seine Schätze gefangen.

Während ich so durch die vergilbten, brüchigen Seiten blätterte, überkam mich das Gefühl, endlich etwas Echtes gefunden zu haben. Den ganzen Kongress hindurch – vor allem natürlich auf dem Areal der Händler, aber auch in den Vorlesungssälen – stellte ich fest, dass ich ständig auf der Hut war vor der Möglichkeit, dass mich jemand hereinlegen wollte. Zweifellos gab es neue Medikamente, Instrumente und Apparate von echtem, beständigem Wert zu finden, nur konnte man nie sicher sein, welche das waren. Dieser Bücherstand hier war der eine und einzige Ort, an dem ich wusste, dass ich wirklich etwas zum Staunen gefunden hatte.

Es gab noch einen zweiten Ort im Kongresszentrum, an dem Sie sicher sein konnten, dass sich vor Ihren Augen große Dinge abspielten. Ein gutes Stück abseits der Haupthallen gab es eine Hand voll kleiner Konferenzzimmer, in denen die »Chirurgischen Foren« stattfanden. Hier sprachen Tag für Tag Wissenschaftler jeder Couleur über ihre neuesten Arbeiten. Die Themen reichten von der Genetik bis zur Immunologie, von der Physik bis zur Populationsstatistik. Diese Veranstaltungen waren eher schwach besucht, und die Diskussionen gingen meist über meinen Kopf hinweg: Heutzutage ist es unmöglich, ein brauchbares Verständnis allein von der Terminologie aller Fachgebiete von Interesse zu entwickeln. Doch als ich so dasaß und den Wissenschaftlern zuhörte, wie sie untereinander diskutierten, erhaschte ich einen Blick auf die Grenzen des Wissens, seine in absehbarer Zeit erreichbaren Außenposten.

Ein immer wieder aufgenommenes Thema in diesem Jahr war das »tissue engineering« – die künstliche Herstellung von Gewebe –, ein Forschungszweig, der sich mit der Frage befasst, wie Organe sich im Einzelnen entwickeln, und dieses Wissen eines Tages anwenden will, um künstlich neue Organe wachsen zu lassen, die verletzte oder kranke Körperteile ersetzen sollen. Wie die Präsentationen zeigten, wurden auf diesem Gebiet mit überraschender Geschwindigkeit Fortschritte erzielt. Ein paar Jahre zuvor waren in allen Zeitungen die Bilder von jenem berühmten Ohr zu sehen gewesen, dass man in einer Petrischale gezüchtet und dann auf den Rücken einer Maus transplantiert hatte. Komplexere Strukturen aber, und insbesondere Versuche am Menschen, schienen damals noch ein Jahrzehnt oder weiter in der Zukunft zu liegen. Nun aber präsentierten die Wissenschaftler Fotografien von Herzklappen, Abschnitten von Blutgefäßen und Darmsegmenten, die sie in ihren Laboratorien bereits wachsen ließen. Die Problematik, über die hier gesprochen wurde, betraf längst nicht mehr die Frage, wie diese Dinge überhaupt zu machen seien, sondern lediglich, wie man sie besser machen könnte. Die Herzklappen beispielsweise funktionierten einwandfrei, wenn man sie in Schweineherzen einsetzte, aber sie hielten nicht so lange, wie es für einem Menschen nötig gewesen wäre. Ebenso erwiesen sich die Darmabschnitte als erstaunlich funktionstüchtig, wenn man sie Ratten implantierte, aber sie absorbierten Nährstoffe nicht im gewünschten Maße; und außerdem mussten die Forscher noch herausfinden, wie sie diese in einer Länge von einem halben Meter herstellen konnten statt nur wenige Zentimeter lang. Eine Arbeitsgruppe vom Cedars-Sinai Hospital in Los Angeles schließlich war so weit gediehen, dass sie mit Versuchen am Menschen zur vorübergehenden Transplantation einer biotechnisch hergestellten Leber begonnen hatte.

Die Forscher präsentierten Daten von ihrem ersten Dutzend Patienten. Jeder davon befand sich im Endstadium eines Leberversagens, bei dem neunzig Prozent aller Kranken in der Regel sterben, während sie auf ein Lebertransplantat warten. Mit der künstlich hergestellten Leber aber, so der Bericht der Arbeitsgruppe, lebten sie alle lange genug, um einen geeigneten Spender finden zu können – in manchen Fällen waren dies zehn oder mehr Tage, was eine unerhörte Leistung darstellte. Noch bemerkenswerter aber war, dass vier der Patienten, deren Drogenkonsum zum Leberversagen geführt hatte, am Ende überhaupt keine neue Leber mehr brauchten. Die biotechnisch hergestellte Leber hatte so lange gehalten, dass sich ihre eigene hatte erholen und regenerieren können. Mich, den Zuhörer, erfasste ein plötzliches Schwindelgefühl, als mir klar wurde, was diese Ärzte vollbracht hatten. Und ich begann mich zu fragen, ob dies womöglich dasselbe war, was Joseph Listers Kollegen am Royal College of Surgeons empfunden hatten, als dieser vor fast anderthalb Jahrhunderten erstmals seine Befunde zur Asepsis vorgestellt hatte.

War es dies alles – Lehre, Verkaufsschau, Forschung –, was mehrere Tausend Chirurgen dazu veranlasste, eine Woche ihrer spärlichen Urlaubszeit im diesigen, grauen Chicago zu verbringen? In derselben Woche fand in der Stadt noch ein zweiter Kongress statt: der Public Relations World Congress, die »jährliche Konferenz der PR-Profis der Welt.« Motto: »Talent entwickeln in einer Welt der vollendeten Tatsachen«. Auch sie waren in Scharen gekommen. Chirurgen und PR-Fachleute hatten die Hotels bis aufs letzte Zimmer ausgebucht. Unser Veranstaltungsaufgebot war nahezu identisch. Wie wir hatten auch die PR-Leute einen Haufen lehrreiche Veranstaltungen (unter anderem Workshops zum Umgang mit PR-Katastrophen im Internet oder zum Aufbau einer eigenen PR-Firma sowie eine Vorlesung mit dem Titel »Konferenzschaltungen: Ein kostengünstiges Instrument, Kunden und Presse zu erreichen«.) Auch sie widmeten einen ganzen Tag der Präsentation von Forschungsergebnissen. Auch ihre Firmenwerbungen hingen überall, und auch sie hatten eine Halle voller Ausstellungsstände von PR-Firmen, Pressediensten und Herstellern von ultraschnellen Fax-Geräten. Auch ihre Woche schloss wie unsere mit der Ansprache irgendeiner Halbberühmtheit. Die Elemente der Kongresse waren sich auf seltsame Weise dermaßen ähnlich, dass man annehmen musste, sie seien der Kern dessen, was die Menschen von überallher anzog. Als ich eines Morgens durch die Kongresshalle der PR-Fachleute schlenderte, stellte ich jedoch fest, dass die Konferenzräume nur halb gefüllt waren und die Menschen stattdessen draußen in der Halle beisammenstanden. Sogar bei unserem Kongress konnte man bemerken, dass die Leidenschaft für das eigentliche Lernen rasch nachließ. Mitte der Woche war es längst kein Problem mehr, bei einem Vortrag einen Sitzplatz zu ergattern. Und von denen, die drin saßen, döste ein erklecklicher Teil vor sich hin oder verließ den Hörsaal frühzeitig, um ein bisschen durch die Gänge zu schlendern.

Für den Anthropologen Lawrence Cohen sind Tagungen und Kongresse weniger gelehrte Zusammenkünfte, als vielmehr ein großer Karneval – »kolossale Ereignisse, bei denen der akademische Fortschritt in den Schatten gestellt wird von der Branchenpolitik, der rituellen Etablierung und Verteidigung disziplinarischer Grenzen, von sexueller Freiheit, Handel und Tourismus, von persönlichen und nationalen Rivalitäten, von der Pflege und dem Knüpfen beruflicher Kontakte und der schieren Unerschöpflichkeit des Disputs«. Auf die Chirurgie scheint dies nur allzu genau zuzutreffen. Man braucht nicht lange, um herauszufinden, dass manche nur da sind, um gesehen zu werden, andere, um sich einen Namen zu machen, wieder andere allein wegen des Spektakels. Es gab besagtes Ämtergerangel (ein neuer Präsident und ein neues Kuratorium waren zu wählen) und geheimnisvolle Treffen hinter verschlossenen Türen. Es gab Assistententreffen, ein paar Kneipentouren und zweifellos auch ein paar Liebschaften.

Trotzdem, so wahr all das sein mag, man hatte dennoch das Empfinden, dass die Faszination all dessen tiefer ging als bei einem reinen Karneval. Deutlich wurde das beispielsweise bei den Busfahrten. Jeden Tag wurden wir Chirurgen zwischen dem Kongresszentrum und unseren Hotels von Flotten großer Reisebusse hin und her gekarrt (ähnlich denen, die Greyhound nach Atlantic City fahren lässt, nur dass in unseren Minifernseher hingen, auf denen Werbung für den »Chirurgen von Welt« lief). Im Großen und Ganzen waren wir Fremde – ich kannte auf diesen ganzen Fahrten nie jemanden –, doch wenn Sie uns beobachtet hätten, wären Sie nicht darauf gekommen. Allein die einfache Frage des

Platznehmens: Leute, die einen Bus, ein Flugzeug oder einen Zug besteigen, verteilen sich normalerweise, als triebe magnetische Abstoßung sie voneinander, sie halten respektvollen, anonymen Abstand und teilen sich eine Sitzbank nur, wenn es unbedingt sein muss. Doch beim Besteigen unserer Busse setzten wir uns automatisch zu zweit, selbst dann, wenn noch Plätze frei waren. Ohne dass jemand ein Wort gesagt hätte, hatten sich die sozialen Regeln irgendwie verkehrt. In jedem anderen Bus in Chicago hätten Sie sich von einem anderen Fremden, der sich neben Ihnen niederließ, obwohl zwei Drittel der anderen Plätze noch frei sind, physisch bedroht gefühlt. Hier aber hätte derjenige, der sich für sich setzte, Unbehagen erregt. Man hatte das Gefühl, mit Angehörigen des eigenen Stammes zusammen zu sein – verbunden, obwohl man sich nicht kannte. Man empfand das Bedürfnis, einander zu grüßen. Es zu unterlassen schien unhöflich.

Bei einer dieser Busfahrten saß ich neben einem Mann in den Vierzigern. Er trug ein marineblaues Jackett und hatte den Hemdkragen offen. Wir fingen fast augenblicklich an, uns zu unterhalten. Er stammte aus einer Stadt mit fünfunddreißigtausend Einwohnern an der nördlichsten Spitze der Halbinsel von Michigan, wo er einer der beiden Allgemeinchirurgen im Umkreis von hundert Kilometern war. Er und sein Partner behandelten beinahe alles: Autounfälle, Blinddarmentzündungen, Darmkrebs, Brustkrebs, sie nahmen sogar gelegentlich einen Notkaiserschnitt vor. Er arbeite dort seit fast zwanzig Jahren, erzählte er, und stamme aus Indien wie meine Eltern. Ich war beeindruckt, dass er gelernt hatte, die langen Winter zu ertragen, und berichtete, wie meine Eltern einst die Orte für eine mögliche Praxiseröffnung auf Athens, Ohio oder Hancock, auf der oberen Halbinsel von Michigan, eingeengt hatten. Als sie jedoch einen schönen Tages Mitte November an Bord eines Propellerflugzeugs dort landeten, fanden sie Hancock bereits unter einer meterhohen Schneedecke. Meine Mutter in ihrem Sari hatte schon beim Verlassen des Flugzeugs genug gesehen. Sie entschieden sich für

Athens, obwohl sie noch nicht einmal dort gewesen war. Mein Sitznachbar prustete laut heraus und meinte dann, was alle eingefleischten Nordlandbewohner über die bittere Kälte sagen: »Oh, es ist wirklich nicht so schlimm.« Unsere Unterhaltung schweifte vom Wetter über unsere Kinder zu meiner Anstellung, zu seiner Anstellung und kam schließlich auf ein laparoskopisches Instrument, das er gesehen hatte und zu kaufen erwog. In den Sitzbänken um uns herum war es ähnlich. Der Bus war erfüllt von munterem Geschwätz. Ein paar Leute ereiferten sich über Baseball (die Mets-Yankees Subways Series lief gerade), andere über Politik (Gore oder Bush) oder die Stimmung unter den Chirurgen (gut oder schlecht). Auf den Busfahrten in jener Woche tauschte ich Unfallgeschichten mit einem Allgemeinchirurgen aus Sleepy Eye, Minnesota, aus, lernte von einem Gefäßchirurgen mit britischem Akzent etwas über chinesische Krankenhäuser, diskutierte über Autopsien mit dem Direktor der Chirurgie an der University von Virginia und bekam Filmtipps von einem chirurgischen Assistenten aus Cleveland.

Das ist vermutlich das, was die PR-Fachleute als Networking bezeichnen würden. Doch dieser Begriff trifft nicht das tief sitzende Verlangen der Ärzte in diesen Bussen und auf dem ganzen Kongress nach Kontakt und Zugehörigkeit. Jeder von uns mochte gute praktische Gründe für seine Anwesenheit hier haben: neue Ideen, die vielen Dinge, die es zu lernen, die trickreichen Spielereien, die es auszuprobieren gab, die Jagd nach Anerkennung, die Atempause vom immer währenden Verantwortlichsein. Am Ende aber hatte ich den Eindruck, dass da etwas Entscheidenderes war, etwas in mancher Hinsicht Ergreifenderes, das uns verband und in seinen Bann zog.

Ärzte leben in einer Inselwelt – einer Welt der inneren Blutungen, Laborergebnisse und aufgeschnittenen Menschen. Wir sind die wenigen Gesunden, die ein Leben unter Kranken führen. Und es ist leicht, sich den Erfahrungen und manchmal auch den Werten der übrigen Gesellschaft zu entfremden. Wir leben in einer Welt, die nicht einmal unsere Familien ganz erfassen. Das ist in gewisser Hinsicht dieselbe Erfahrung, die auch Sportler, Soldaten und professionelle Musiker machen. Im Unterschied zu ihnen aber leben wir nicht nur abgeschieden, sondern auch allein. Sobald die Assistentenzeit vorbei ist und Sie sich in Sleepy Eye oder im Norden der Halbinsel von Michigan oder von mir aus auch Manhattan niedergelassen haben, wird die Masse der Patienten und die Isolation der Praxis sie abschirmen von jedem anderen, der tatsächlich auch weiß, was es heißt, einem Patienten ein Magenkarzinom zu entfernen und ihn später durch eine Lungenentzündung zu verlieren oder die anklagenden Fragen der Familie zu beantworten oder mit Versicherungen zu feilschen, um an sein Geld zu kommen.

Einmal im Jahr aber gibt es einen Ort, der voll von Menschen ist, die das wissen. Sie sind überall, wo Sie nur hinschauen. Sie kommen und setzen sich neben Sie. Die Organisatoren nennen diese Konferenz den jährlichen »Chirurgenkongress« und der Titel scheint treffend. Für ein paar Tage sind wir mit allen Vor- und Nachteilen, die das mit sich bringt, unsere eigene Nation von Ärzten.

5

Wenn gute Ärzte aufhören, gut zu sein

Hank Goodman war einmal orthopädischer Chirurg. Er ist sechsundfünfzig Jahre alt, misst etwa einen Meter fünfundachtzig, hat dickes, ewig zerzaustes braunes Haar und riesige Pranken, von denen man sich gut vorstellen kann, dass sie mit einem Griff ein Knie wieder einrenken. Er ist ruhig und strahlt Sicherheit aus, ein Mann, der daran gewöhnt ist, Knochen in Ordnung zu bringen. Bevor man ihm seine Zulassung aberkannte, war er ein höchst geachteter und gefragter Facharzt gewesen. »Er hat einen Teil der besten, genialsten Arbeit hier bei uns gemacht«, berichtet einer seiner Orthopädenkollegen. Wenn Ärzte einen Orthopäden für Freunde und Familie suchten, gingen sie zu ihm. Über ein Jahrzehnt hindurch war Goodman einer der am meisten beschäftigten orthopädischen Chirurgen seines Bundesstaates gewesen. Aber irgendwann begannen die Dinge nicht mehr so glatt zu laufen. Er fing an, Zacken zu schneiden, schludrig zu arbeiten. Patienten erlitten Schädigungen, manche von ihnen schwere. Kollegen, die einst bewundernd zu ihm aufgeblickt hatten, waren bestürzt. Es sollte Jahre dauern, bis man ihm Einhalt gebot.

Wenn die Leute von schlechten Ärzten reden, dann in der Regel über die wahren Monstergestalten. Wir erfahren von Ärzten wie Harold Shipman, jenem Arzt aus dem Norden Englands, der angeklagt war, fünfzig Patienten mit letalen Dosen an Narkotika ermordet zu haben, und von dem man annimmt, dass er insgesamt etwa dreihundert Menschen auf dem Gewissen hat.[1] Oder von John Ronald Brown, einem Chirurgen aus San Diego, der ohne Zulassung gearbeitet und eine Reihe von Geschlechtsumwandlungen verpfuscht sowie einem vollkommen gesunden Mann das linke Bein amputiert hatte, wonach dieser an Wundbrand starb.[2] Oder von James Burt, einem berüchtigten Gynäkologen aus Ohio, der ein paar hundert Frauen, nachdem sie – für andere Eingriffe zumeist – narkotisiert worden waren, – einer grotesk entstellenden Operation unterzog, bei der die Klitoris beschnitten und die Vagina »umgeformt« wurde, ein Eingriff, den er als »Chirurgie der Liebe« bezeichnete.[3]

Doch das Problem schlechter Ärzte hat weniger mit solch beängstigenden Entgleisungen zu tun. Es hat vielmehr mit dem zu tun, was man als Alltagspfuscherei bezeichnen könnte, Ärzten wie Hank Goodman. Jeder Mediziner kennt das eine oder andere Beispiel: der illustre Kardiologe, der allmählich senil wurde und sich nicht zur Ruhe setzen wollte; der lange hoch angesehene Gynäkologe, der dem Alkohol verfallen war; der Chirurg, dem irgendwie das Fingerspitzengefühl abhanden gekommen ist. Zum einen gibt es genügend Hinweise darauf, dass Behandlungsfehler nicht in erster Linie von dieser Minderheit von Ärzten begangen werden. Fehler passieren zu oft und sind zu weit verbreitet, um sich derart einfach erklären zu lassen. Andererseits gibt es durchaus problematische Ärzte. Und selbst gute Ärzte können zu schlechten werden, und wenn das geschieht, sind die Kollegen in der Regel hilflos, hoffnungslos unfähig, etwas dagegen zu unternehmen.

Goodman und ich haben uns im Laufe eines Jahres mehrmals unterhalten. Er schien nicht weniger perplex als jeder andere über das, was aus ihm geworden war, aber er erklärte sich bereit, seine Geschichte zu erzählen, damit andere aus seinen Erfahrungen lernen können. Seine einzige Bitte war, dass ich nicht seinen wirklichen Namen verwende.

Einer seiner Fälle begann an einem heißen Augusttag 1991. Goodman war in der Klinik, einem ausladenden modernen neonerleuchtenen Komplex mit einem roten Backsteingebäude in der

Mitte, von dem aus viele kleinere Stationen und Abteilungen abzweigten, all das zugehörig zu einem ausgedehnten Netz von Kliniken weiter außerhalb und von einer nahe gelegenen Medizinischen Hochschule. Von einem langen Korridor im Erdgeschoss zweigten links und rechts die Operationssäle mit ihren weiß gekachelten, offenen weiten Räumen ab, in denen die Patienten unter einem Firmament aus Lichtern gebettet lagen, umschwirrt von Teams aus blau oder grün gekleideten Menschen, die emsig ihrer Arbeit nachgingen. In einem dieser Räume beendete Goodman soeben seine Operation, zog den Kittel aus und ging hinüber zum Wandtelefon, um seine Anrufe abzufragen und zu beantworten, während er darauf wartete, dass sein Operationssaal gereinigt und neu vorbereitet wurde. Einer der Anrufe war von seinem Assistenten aus der Praxis eine Straße weiter. Er wollte mit Goodman über Mrs. D. sprechen.

Mrs. D. war achtundzwanzig, Mutter von zwei Kindern, Ehefrau des Geschäftsführers eines Karosseriebaubetriebs am Ort. Ursprünglich hatte sie Goodman wegen einer schmerzfreien, aber immer wiederkehrenden Flüssigkeitsansammlung im Knie aufgesucht. Er hatte ihr zu einer Operation geraten, und sie hatte zugestimmt. In der vorangegangenen Woche hatte er einen Eingriff unternommen, um die Flüssigkeit zu entfernen. Nun aber, so sein Assistent, war die Patientin wieder da; sie hatte Fieber und fühlte sich krank, ihr Knie schmerzte unerträglich. Er habe sie untersucht, berichtete er Goodman, und das Knie sei rot und berührungsempfindlich gewesen, es habe sich heiß angefühlt. Als er mit der Nadel ins Gelenk ging, sei übel riechender Eiter ausgetreten. Was er tun solle.

Aus dieser Beschreibung ging klar hervor, dass die Frau unter einer katastrophalen Infektion litt und dass man ihr Knie so rasch wie möglich aufschneiden und den Eiter abfließen lassen musste. Goodman aber war mit anderen Dingen beschäftigt und zog diesen Gedanken keine Minute in Erwägung. Er beorderte sie nicht ins Krankenhaus, er ging nicht zu ihr, um sie sich anzusehen. Er schickte nicht einmal einen Kollegen. »Setzt sie auf Antibiotikatabletten«, befahl er. Der Assistent äußerte Zweifel, worauf Goodman nur antwortete: »Ach, sie ist einfach empfindlich.«

Eine Woche später kam die Patientin wieder und Goodman punktierte das Knie endlich. Aber es war zu spät. Die Infektion hatte den Knorpel aufgefressen. Das ganze Gelenk war zerstört. Später suchte sie einen anderen Orthopäden auf, doch das Einzige, was er noch für sie tun konnte, war, das Knie zu versteifen, um den ständigen Schmerz zweier aufeinander reibender Knochen zu unterbinden.

Als ich mit ihr sprach, waren ihre Worte bemerkenswert philosophisch. »Ich habe mich dran gewöhnt«, erklärte sie. Mit ihren steifen Knie könne sie halt nicht mehr rennen, sich nur noch mühsam bücken, um ein Kind hochzuheben. In ihrem mehrgeschossigen Wohnhaus sei sie ein paarmal die Treppe herunter gefallen, so dass sie mit ihrer Familie der Sicherheit halber in ein ebenerdiges Haus gezogen sei. In Flugzeugen könne sie nicht sitzen. Im Kino müsse sie immer einen Platz am Gang finden. Vor nicht allzu langer Zeit hatte sie einen Arzt aufgesucht, um sich ein künstliches Knie machen zu lassen, aber man sagte ihr, dass dies auf Grund der vorangegangenen Schädigung nicht ratsam sei.

Jedem Arzt kann einmal eine so törichte, unbedachte Entscheidung unterlaufen wie Goodman, aber in den letzten Jahren seiner Praxis passierte ihm so etwas wieder und wieder. In einem Falle verpasste er einem Patienten mit gebrochenem Knöchel eine zu lange Schraube und übersah dabei, dass diese zu tief ging. Als der Patient über Schmerzen klagte, weigerte Goodman sich zuzugeben, dass etwas getan werden musste. In einem ähnlichen Fall wählte er für einen gebrochenen Ellbogen ebenfalls die falsche Schraubenlänge. Der Patient kam wieder, als die Schraube sich bereits durch die Haut gebohrt hatte. Goodman hätte die Schraube ohne weiteres auf die richtige Größe zurechtschneiden können, aber er tat es nicht.

In wieder einem anderen Fall suchte ihn ein Mann mit gebrochener Hüfte auf. Es sah aus, als wären lediglich ein paar Nägel nötig, um den Bruch zu stabilisieren. Im OP gelang es ihm jedoch nicht, den Knochen sauber zusammenzuführen. Goodman berichtete später, er hätte seine Vorgehensweise ändern und die ganze Hüfte ersetzen müssen. Aber es war bereits ein furchtbarer Tag gewesen, der Gedanke an noch eine längere Operation schien ihm unerträglich. Er begnügte sich mit Nägeln. Der Hüftknochen brach irgendwann auseinander, und es kam zu einer Infektion. Jedes Mal, wenn der Mann bei ihm erschien, beharrte Goodman darauf, dass man nichts tun könne. Mit der Zeit löste sich der Knochen fast vollständig auf. Schließlich holte der Patient bei einem von Goodmans Kollegen eine zweite Meinung ein. Der Kollege war hell entsetzt von dem, was er sah. »Er hatte die Hilferufe des Patienten schlicht ignoriert«, erzählte mir der Chirurg. »Er hat einfach nichts tun wollen. Er hat den Patienten tatsächlich nicht im Krankenhaus haben wollen. Auf den Röntgenbildern hat er das Offensichtliche einfach ignoriert. So, wie die Dinge lagen, hätte er den Mann umbringen können.«

Die letzten paar Jahre, die er noch praktizieren durfte, hatte sich Goodman wegen seiner Behandlungsfehler in einer Flut von Prozessen zu verantworten. Seine verpfuschten Fälle stapelten sich bei den Morbility-and-Mortality-Konferenzen seiner Abteilung.

Ich sitze mit ihm beim Frühstück in einer Ecke eines kleinen Restaurants mitten in der Stadt und frage ihn, wie es zu alledem hat kommen können. Ihm scheinen die Worte abhanden gekommen. »Ich weiß nicht«, sagt er tonlos.

Goodman wuchs in einer kleinen Stadt im Nordwesten auf, er war der Zweitälteste in einer Familie mit fünf Kindern, sein Vater war Elektriker, und weder er selbst noch irgendwer sonst hätte sich je träumen lassen, dass er Arzt werden würde. Die erste Zeit im College der kleinen Universität in seinem Bundesstaat verbrachte er als zielloser, mittelmäßiger Student. Dann, eines Nachts – er war noch spät auf, trank Kaffee, rauchte und machte sich Notizen über einen Roman von Henry James – kam ihm die Idee: »Ich sagte zu mir: ›Weißt du was, ich glaube, ich werde in die Medizin gehen‹.« Es sei nicht direkt eine göttliche Eingebung gewesen, berichtet er. »Ich bin einfach ohne allzu viel Nachdenken zu einer Entscheidung gelangt.« Ein Priester habe ihm einst gesagt, dass dies mehr nach einer Berufung klingt, als er selbst je verspürt habe.

Goodman wurde ein fleißiger Student, konnte eine hervorragende Medizinische Hochschule besuchen und strebte nach seinem Examen eine Karriere als Chirurg an. Nach seinem Militärdienst als Sanitätsoffizier bei der Luftwaffe wurde er in eines der besten Ausbildungsprogramme des Landes aufgenommen. Trotz der gnadenlosen Arbeitszeiten fand er diese Arbeit zutiefst befriedigend. Er war gut darin. Die Leute kamen mit furchtbar schmerzhaften, unerträglichen Beschwerden: ausgerenkten Gelenken, Hüftfrakturen, Knochenbrüchen und Wirbelsäulenleiden, und er kurierte sie. »Das waren die vier besten Jahre meines Lebens«, berichtet er. Später absolvierte er noch eine Zusatzausbildung in Handchirurgie, und als er im Jahre 1978 seinen Abschluss machte, standen ihm jede Mengen Positionen offen. Er entschied sich für den Nordwesten, wo er die nächsten fünfzehn Jahre verbrachte.

»Als er an diese Klinik kam, hatten wir drei ältere, eingerostete orthopädische Chirurgen hier«, berichtete mir ein Kollege von ihm, der sich auf Kinder spezialisiert hatte. »Sie hinkten der Zeit hinterher, hatten ihr Fingerspitzengefühl verloren und waren nicht eben nett zu den Leuten. Dann kam dieser Typ, ein herzensguter Kerl, ganz und gar auf der Höhe seiner Zeit, der zu niemandem nein sagte. Sie konnten ihn abends um acht Uhr anrufen, weil bei einem Kind wegen einer Infektion die Hüfte punktiert werden musste, und er kam und machte es – obwohl er nicht einmal Bereitschaftsdienst hatte.« Von seinen Studenten bekam er einen Preis für die beste Lehre. Er zog eine phänomenale Masse an Fällen an und ging in seiner Arbeit auf.

Irgendwann zu Beginn der neunziger Jahre aber begannen sich die Dinge zu ändern. Bei seinem Geschick und seiner Erfahrung hätte Goodman besser als jeder andere wissen müssen, was man für Mrs. D., den Mann mit der zertrümmerten Hüfte und viele andere Patienten hätte tun können, aber er tat es nicht. Was war geschehen? Das Einzige, was er dazu sagen kann, ist, dass in jenen Jahren irgendwie alles verkehrt schien. All die Jahre zuvor hatte es ihm Spaß gemacht, im OP zu stehen und Leute zusammenzuflicken. Nach eine Weile aber schien sein einziger Gedanke darin zu bestehen, seine Patienten so rasch wie möglich abzufertigen.

Ob Geld ein Teil des Problems gewesen sei? Zu Beginn verdiente er um die zweihunderttausend Dollar im Jahr, je mehr Patienten er jedoch hatte, und je mehr Fälle er annahm, umso mehr Geld verdiente er. Wenn er sich anstrengte, konnte er dreihunderttausend im Jahr verdienen, stellte er fest. Und als er sich noch ein bisschen mehr anstrengte, bis er schließlich eine Schwindel erregend hohe Zahl an Fällen zu behandeln hatte, brachte er es auf vierhunderttausend. Er war weit beschäftigter als jeder seiner Kollegen, und diese Tatsache wandelte sich in seinem Kopf allmählich zum wichtigsten Gradmesser seines Werts. Er fing an, sich selbst »der Boss« zu nennen, und das war nur halb im Scherz gemeint. Mehr als ein Kollege berichtet, wie er sich immer mehr auf seine Rolle als begehrte Nummer eins versteifte.

Sein berufliches Selbstverständnis machte es ihm überdies unmöglich, jemanden wegzuschicken. (Schließlich war er immer noch der Typ, der niemals nein sagte.) Woran es auch gelegen haben mag, die Zahl seiner Fälle stieg ins Uferlose. Mehr als zehn Jahre hindurch hatte er achtzig, neunzig, hundert Stunden in der Woche gearbeitet. Er hatte eine Frau und drei Kinder –, die inzwischen erwachsen sind – viel gesehen hat er von ihnen nicht. Sein Terminkalender war gedrängt, und es bedurfte höchster Effizienz, um alles zu schaffen. Er begann einen typischen Tag, sagen wir, um halb acht Uhr morgens, mit dem Einsetzen eines neuen Hüftgelenks, wobei er versuchte, damit in etwa zwei Stunden fertig zu werden. Dann zog er den Kittel aus, blätterte den Papierkram durch und stob, während der OP gereinigt und neu vorbereitet wurde, aus den Eingangstüren des Haupthauses durch Sonne, Wind, Regen oder Schnee ein paar hundert Meter weiter, hinüber zur Ambulanten Chirurgie, wo ein anderer Patient auf dem OP-Tisch bereits auf ihn wartete – ein einfacher Fall, eine Kniearthroskopie vielleicht oder ein Karpaltunnelsyndrom. Gegen Ende des Eingriffs bedeutete er einer Schwester, drüben anzurufen und im Haupthaus den nächsten Patienten in den OP bringen zu lassen. Er schloss die Naht bei Fall zwei und stach hinüber zu Fall drei. Den ganzen Tag ging es hin und her. Doch wie sehr er sich auch mühte, im Zeitplan zu bleiben, unvorhergesehene Schwierigkeiten gab es immer – eine Verzögerung beim Herrichten des Operationssaals, ein neuer Patient in der Notaufnahme, ein plötzliches Problem im Verlauf einer Operation. Mit der Zeit fing er an, solche Hindernisse als untragbar zu betrachten. Das war ohne Zweifel der Moment, ab dem die Dinge gefährlich wurden. Medizin erfordert die Stärke, die Dinge nehmen zu können, wie sie kommen: Ihr Zeitplan mag noch so gedrängt sein, es ist vielleicht spät, und Ihr Kind wartet nach dem Schwimmunterricht, dass Sie es abholen, doch wenn ein Problem auftaucht, dann tun Sie, was nötig ist. Goodman gelang dies immer häufiger nicht mehr.

Diese Art von Burn-out ist überraschend weit verbreitet. Von Ärzten nimmt man an, dass sie zäher, unerschütterlicher und besser imstande sind, mit Druck umzugehen als die meisten anderen Menschen. (Trennen die Härten der medizinischen Ausbildung nicht die Spreu vom Weizen?) Doch die Indizien sprechen dagegen. Es gibt Studien, die beispielsweise zeigen, dass Alkoholismus bei Ärzten keineswegs seltener vorkommt als bei anderen Leuten. Ärzte werden mit größerer Häufigkeit abhängig von verschreibungspflichtigen Betäubungs- und Beruhigungsmitteln als andere Menschen, vermutlich, weil sie so leicht Zugang dazu bekommen.[4] Gut zweiunddreißig Prozent der arbeitenden Gesamtbevölkerung leiden im Laufe des Lebens unter mindestens einer psychischen Erkrankung – schweren Depressionen, manisch-depressiven Psychosen, Angstzuständen, anderen Psychosen oder einer Sucht – und es gibt keinerlei Hinweise darauf, dass diese Krankheiten bei Ärzten seltener auftreten.[5] Und natürlich werden auch Ärzte krank, alt, verwirrt oder unzufrieden mit den eigenen Leistungen und vernachlässigen aus diesen und ähnlichen Gründen unter Umständen die Sorge für ihre Patienten. Wir alle würden problematische Ärzte gerne als Abweichungen von der Norm sehen. Die wirkliche Abweichung aber ist vielleicht der Arzt, der eine vierzigjährige Laufbahn ohne ein oder zwei schwere Jahre durchsteht. Natürlich ist nicht jeder Arzt, der Probleme hat, notwendigerweise auch gefährlich. Dennoch wird geschätzt, dass zu jedem beliebigen Zeitpunkt drei bis fünf Prozent der praktizierenden Ärzte im Grunde außer Stande sind, Patienten zu behandeln.[6]

Es gibt eine offizielle Leitlinie, wie der Berufsstand der Mediziner mit solchen Ärzten umzugehen hat: Es wird erwartet, dass Ihre Kollegen sich spornstreichs zusammentun, um Sie am Praktizieren zu hindern, Sie den Zulassungsbehörden melden, die ihrerseits dazu verpflichtet sind, Sie darob zur Verantwortung zu ziehen und aus dem Verband auszuschließen. Das jedoch passiert so gut wie nie, denn keine dermaßen eng miteinander verwobene Gemeinschaft vermag so zu funktionieren.

Die Soziologin Marilynn Rosenthal von der University of Michigan hat sich mit der Frage befasst, wie die medizinischen Berufsstände der Vereinigten Staaten, Großbritanniens und Schwedens sich mit problematischen Kollegen auseinandersetzen.[7] Sie hat Daten über mehr als zweihundert Einzelfälle zusammengetragen – angefangen von einem schlaftablettensüchtigen Hausarzt bis hin zu dem dreiundfünfzigjährigen Herzchirurgen, der trotz eines bei einem Schlaganfall erlittenen bleibenden Hirnschadens weiter operierte. Und wo immer sie hinsah, sie fand stets denselben Ablauf. Es dauerte Monate, oft Jahre, bevor Kollegen wirksam gegen einen schlechten Arzt vorgingen, gleichgültig wie gefährlich dessen Verhalten gewesen sein mag.

Die Allgemeinheit bezeichnet dies oft als Verschwörung des Schweigens, aber Rosenthal stieß weit weniger häufig auf Intrigen als vielmehr auf einen bedauerlichen Mangel daran. In den von ihr untersuchten Gemeinschaften bestand die vorherrschende Reaktion meist in Unsicherheit, Leugnen und zaudernder, wirkungsloser Intervention – ähnlich wie bei einer Familie, die sich weigert, der Tatsache ins Auge zu sehen, dass Oma besser nicht mehr Auto fahren sollte. Zum einen sind nicht alle diese Probleme wirklich augenfällig: Die Kollegen mögen vielleicht vermuten, das Dr. Soundso zu viel trinkt oder »zu alt« geworden ist, aber die letzte Sicherheit über diese Mutmaßung bleibt meist sehr lange verborgen. Und wenn die Dinge dann augenfällig werden, sehen sich die Kollegen oftmals außer Stande, einen entschlossenen Schritt zu tun.

Dafür gibt es ehrbare und weniger ehrbare Gründe. Weniger ehrbar ist die Tatsache, dass Nichtstun einfach ist. Es setzt bei den Kollegen ein ungeheures Maß an Engagement und Selbstsicherheit voraus, Indizien zusammenzutragen und für die hinreichende Unterstützung zu werben, die nötig ist, um einem anderen Arzt die Behandlungszulassung abzuerkennen. Der ehrbare Grund, und zumeist vermutlich auch der Hauptgrund, ist, dass niemand das Herz hat, es zu tun. Wenn ein fähiger, braver, in aller Regel verantwortungsbewusster Kollege, den Sie seit Jahren kennen und mit dem Sie gut zusammengearbeitet haben, anfängt, Tabletten einzuwerfen oder sich von seinen persönlichen Problemen davontragen zu lassen, und deshalb die nötige Sorgfalt bei seinen Patienten vermissen lässt, dann wollen Sie ihm zunächst einmal helfen und nicht gleich seine Laufbahn beenden. Aber es gibt keine einfache Möglichkeit zu helfen. In der Privatpraxis kann man niemandem ein Forschungssemester andienen, ihn nicht beurlauben, es gibt nur Disziplinarverfahren und öffentliche Berichte über Verfehlungen. Die Folge davon ist, dass Leute, die zu helfen versuchen, dies im Stillen tun, auf privater Ebene. Ihre Absichten sind die besten; die Ergebnisse in aller Regel nicht.

Hank Goodmans Kollegen haben lange Zeit versucht, ihm zu helfen. Um 1990 etwa begannen sie erstmals, Verdacht zu schöpfen. Es gab erste Gerüchte über seltsame Entscheidungen, zweifelhafte Resultate, es gab die wachsende Anzahl an Prozessen. Mehr und mehr Leute hatten das Gefühl, einschreiten zu müssen.

Ein paar der älteren Ärzte nahmen ihn, jeder für sich, bei passender Gelegenheit beiseite. Rosenthal nennt dies das »entsetzlich ruhige Gespräch«. Der eine oder andere seiner Kollegen sprach Goodman auf einer Cocktailparty an oder tauchte zufällig bei ihm zu Hause auf und suchte diskret das Gespräch mit ihm, fragte ihn, wie es ihm gehe, berichtete, dass die Leute sich Sorgen machten. Ein anderer versuchte es auf die harte Tour: »Ich habe ihm gerade heraus gesagt: ›Ich weiß nicht, was dich gestochen hat. Dein Verhalten ist durch und durch schräg. Was mir Angst macht, ist, dass ich das Gefühl habe, meine Angehörigen nicht in deine Nähe lassen zu können.‹«

Dieser Ansatz kann gelegentlich funktionieren. Ich habe mich mit einem pensionierten Klinikdirektor in Harvard unterhalten, der in seinem Leben mehr als eines dieser schrecklich ruhigen Gespräche vom Zaun gebrochen hatte. Ein im Dienst ergrauter Arzt kann in der Medizin eine Furcht einflößende moralische Institution darstellen. Viele kapriziöse Ärzte, die er zur Rede gestellt hatte, bekannten, in Schwierigkeiten zu sein, und er tat, was er konnte, um ihnen behilflich zu sein. Er arrangierte den Kontakt zu einem Psychiater, half ihnen auf den Weg zu einer Drogenberatungsstelle oder riet ihnen zur Pensionierung. Doch so mancher Arzt hörte nicht auf seinen Rat. Andere leugneten, dass etwas nicht in Ordnung sei. Wieder andere gingen so weit, mittlere Feldzüge zu ihrer Verteidigung anzuzetteln. Sie ließen entrüstete

Familienangehörige bei ihm anrufen, Rechtsanwälte mit Klage drohen oder schickten ihm in den Krankenhausfluren loyale Kollegen auf den Hals, die ihm versicherten, ihnen seien niemals irgendwelche Missgriffe aufgefallen.

Goodman hörte zu, was die Leute ihm zu sagen hatten. Er nickte und bekannte, dass er sich überarbeitet, manchmal überfordert fühle. Er schwor, sich zu ändern, weniger Patienten anzunehmen und aufzuhören, sie im Eiltempo abzufertigen, Operationen gewissenhaft durchzuführen, nach bestem Wissen und Gewissen zu handeln. Er schlich beschämt von dannen, entschlossen, sich zu bessern. Am Ende aber änderte sich nichts.

Wie so oft waren die Leute, die besser als jeder andere beurteilen konnten, wie gefährlich Goodman geworden war, gleichzeitig auch diejenigen, die als Letzte daran etwas hätten ändern können: junge Ärzte, Schwestern, Hilfspersonal. In solchen Fällen sieht sich das Pflegepersonal manchmal dazu veranlasst, die Patienten zu schützen; Schwestern gehen dazu über, Patienten still und leise an andere Ärzte zu überweisen. Die Arzthelferinnen an der Rezeption finden urplötzlich bei einem bestimmten Arzt keinen freien Termin mehr. Dienstältere Assistenzärzte übernehmen einfache Operationen, um sicherzugehen, dass ein bestimmter Chirurg keinen Schaden anrichtet.

Einer von Goodmans Assistenten versuchte sich in dieser Beschützerrolle. Als er anfing, mit Goodman zusammenzuarbeiten – Brüche richten half, Genesungsfortschritte von Patienten mit verfolgte und im OP assistierte –, verehrte er den Mann zutiefst. Aber er bemerkte, als Goodman anfing, unzuverlässig zu werden. »Er jagte vierzig Patienten am Tag durch und verbrachte keine fünf Minuten mit ihnen«, erzählte mir der Assistent. Um Problemen vorzubeugen, blieb er nach dem Dienst noch im Krankenhaus und überprüfte Goodmans Entscheidungen. »Ich habe dauernd ein weiteres Mal nach den Patienten geschaut und seine Anweisungen geändert.« Im Operationssaal versuchte er es mit vorsichtigen Vorschlägen. »Ist die Schraube nicht vielleicht zu lang?«, fragte er. »Sieht die Ausrichtung bei diesem Hüftgelenk wirklich richtig aus?« Dennoch kam es zu Fehlern und einer »Menge unnötiger Eingriffe«, berichtet er. Wenn er konnte, lenkte er die Patienten von Goodman weg – »aber ohne wirklich die Sache beim Namen zu nennen und zu sagen: Ich glaube, er ist verrückt geworden«.

Auf diese Weise können die Dinge unvorstellbar lange vor sich hin dümpeln. Aber wenn bei jemandem sämtliche Reserven an gutem Willen und Nachsicht erschöpft sind, wenn die entsetzlich ruhigen Gespräche eindeutig nirgendwo hinführen und die Arbeit der Kollegen hinter den Kulissen untragbar wird, kann die Stimmung unter Umständen rasch umschlagen. Der geringfügigste Anlass kann zu drastischen Maßnahmen führen. Bei Goodman war es das Fernbleiben von den obligaten Morbidity-and-Mortality Konferenzen, womit er Ende 1993 begann. So nachlässig seine Patientenbetreuung zuweilen auch sein konnte – er war zum am häufigsten verklagten Arzt der Klinik avanciert –, den meisten Leuten war es unbehaglich, ihn anzuklagen. Als er dann aber aufhörte, an den M&Ms teilzunehmen, hatten seine Kollegen endlich eine handfeste Beschuldigung gegen ihn vorzubringen.

Verschiedene Leute warnten ihn – mit zunehmender Schärfe –, dass er in echte Schwierigkeiten gerate, wenn er nicht wieder bei den Konferenzen erscheine. »Aber er ignorierte sie alle«, erzählte mir ein Kollege. Nachdem dies ein Jahr so gegangen war, sprach die Krankenhausleitung eine Warnung aus. Die ganze Zeit über operierte er immer weiter Patienten und sorgte für immer weitere Komplikationen. Ein weiteres Jahr verstrich. Anfang September 1995 zitierten die Klinikleitung und ihr Anwalt ihn schließlich an das Ende eines langen Konferenztisches und erklärten ihm, er sei vom Operationsdienst suspendiert und sein Verhalten werde den staatlichen Stellen zur Untersuchung gemeldet. Er war gefeuert.

Seiner Familie hatte Goodman seine Schwierigkeiten nie anvertraut, und so erzählte er ihr auch nicht, dass er seinen Job verloren hatte. Noch Wochen später ging er jeden Morgen mit Schlips und Anzug in seine Praxis, als sei nichts vorgefallen. Er fertigte die letzten bestellten Patienten ab und überwies diejenigen, die operiert werden mussten, an Kollegen. Binnen eines Monats war seine Praxis leer. Seine Frau spürte, dass etwas nicht in Ordnung war, und als sie in ihn drang, erzählte er ihr schließlich alles. Sie war am Boden zerstört und bekam es mit der Angst zu tun: Sie hatte das Gefühl, einen Fremden, einen Betrüger, vor sich zu haben. Danach blieb er daheim im Bett. Tagelang sprach er mit niemandem.

Zwei Monate nach seiner Suspendierung wurde er von einem weiteren Prozess gegen ihn in Kenntnis gesetzt. Dieses Mal ging es um die Frau eines Farmers, die mit einer schweren Arthritis im Schultergelenk zu ihm gekommen war. Er hatte ihr ein künstliches Schultergelenk eingesetzt, aber die Operation war misslungen. Der Prozess versetzte ihm den letzten Schlag. »Ich hatte nichts mehr«, erzählte er mir. »Freunde und Familie ja, aber keinen Job.« Wie viele Ärzte definierte auch er sein Leben einzig über seine Arbeit.

Im Keller seines Hauses bewahrte er eine 44er-Magnum auf, die er sich für einen Angeltrip nach Alaska zum Schutz vor Bären zugelegt hatte. Er suchte die Munition dafür heraus und wollte sich umbringen. Er wusste, wie er es anstellen musste, damit er auf der Stelle tot war. Schließlich war er Chirurg.

Im Jahre 1998 besuchte ich einen Medizinerkongress in der Nähe von Palm Springs. Als ich den voll gepackten Vorlesungsplan durchblätterte, fiel mein Auge auf einen höchst ungewöhnlichen Vortragstitel: »Zweihundert Fälle von Ärzten mit ungebührlichem Verhalten« von Kent Neff.[8] Die Vorlesung fand in einem kleinen Seminarraum fernab vom Haupthörsaal statt. Es waren höchstens ein paar Dutzend Leute anwesend. Neff, ein gepflegter, silberhaariger, sehr ernster Mann um die fünfzig entpuppte sich als Vertreter einer der wohl abgeschirmtesten Unterdisziplin der gesamten Medizin: Er war ein Psychiater, der sich auf die Behandlung von Ärzten und Angehörigen anderer Berufsstände mit schweren Verhaltensproblemen spezialisiert hatte. Im Jahre 1994, so berichtete er uns, hatte er die Leitung eines kleinen Programms übernommen, mit dem Krankenhäusern und anderen medizinischen Einrichtungen beim Umgang mit schwierigen Ärzten geholfen werden sollte. Es dauerte nicht lange, da wurden ihm von überallher Ärzte geschickt. Zum Zeitpunkt seines Vortrags hatte er bereits zweihundertfünfzig Patienten gehabt, eine bemerkenswerte Fülle an Erfahrung, und war die Daten durchgegangen wie ein Seuchenspezialist, der eine Tuberkuloseepidemie analysiert.

Seine Befunde stellten keine sonderliche Überraschung dar. Ärzte wurden oftmals erst als gefährlich erkannt, wenn sie bereits beträchtlichen Schaden angerichtet hatten. Nur in seltenen Fällen wurden sie auf Alkohol- oder Drogenabhängigkeit, psychische Erkrankungen oder andere typische Leiden untersucht. Und wenn Probleme beim Namen genannt wurden, war der Umgang mit ihnen häufig nicht nachvollziehbar. Was mich beeindruckte, war Neffs einsamer, quichotehaft anmutender Versuch – er verfügte über keine Fördermittel und keine Assistenten von irgendwelchen Regierungsbehörden –, daran etwas zu ändern.

Ein paar Monate nach seinem Vortrag flog ich nach Minneapolis, um Neff in Aktion zu sehen. Sein Projekt war dem Abbott Northwestern Hospital angeschlossen, in der Nähe des Powderhorn District. Bei meiner Ankunft wurde ich zum fünften Stockwerk eines Backsteingebäudes, eines unscheinbaren Ablegers des Haupthauses, geleitet. Dort betrat ich einen langen, schummrigen Flur mit geschlossenen, unbeschrifteten Türen auf beiden Seiten des Ganges und einem abgetretenen beige-farbenen Teppichboden. Nichts davon sah nach Krankenhaus aus. In Großbuchstaben verkündete ein Schild; »Professional Assessment Program«. Neff, mit Tweedjackett und Metallbrille, trat aus einer der Türen und zeigte mir alles.

Jeden Sonntagabend trafen die Ärzte hier mit dem Koffer in der

Hand ein. Sie meldeten sich unten im Foyer an und bekamen einen der Räume zugewiesen, die Hotelzimmern ähnelten und in denen sie vier Tage und Nächte wohnen würden. Im Laufe der Woche, die ich dort verbrachte, kamen drei Ärzte als Patienten. Sie konnten nach Belieben kommen und gehen, versicherte mir Neff. Doch ich wusste, dass sie nicht ganz frei waren. In den meisten Fällen hatten die Kliniken die Kosten für ihren Aufenthalt dort bezahlt – siebentausend Dollar – und den Ärzten mitgeteilt, dass sie nach Minneapolis zu gehen hätten, wenn sie Wert darauf legten, ihre Approbation zu behalten.

Das Verblüffendste an dem Programm schien mir die Tatsache, dass Neff die Organisationen des medizinischen Berufsstands tatsächlich hatte überreden können, Ärzte zu ihm schicken. Allem Anschein nach hatte er das schlicht dadurch erreicht, dass er seine Hilfe angeboten hatte. Trotz aller offiziellen Reserviertheit war Neffs Hilfe bei Krankenhäusern und Kliniken offenbar höchst begehrt. Und diese waren nicht die einzigen. Binnen kurzem schickten ihm Fluglinien ihre Piloten, Gerichte schickten Richter, Unternehmen ihre Geschäftsführer.

Ein Teil von Neffs Arbeit bestand in blanker Schnüffelei. Er verhielt sich wie einer dieser Ärzte, die Sie aufsuchen, weil Ihr Kind Husten hat, und die Ihnen dann sagen, wie Sie Ihr Leben einzurichten haben. Er nahm sich der Ärzte an, aber er scheute sich auch nicht, den betreffenden Einrichtungen deutlich zu sagen, wenn sie ein Problem zu lange hatten anstehen lassen. Es gebe gewisse Verhaltensweisen – er bezeichnete sie als »Frühwarnzeichen« –, die die Leute aufhorchen lassen sollten, Anzeichen, die darauf hindeuten, dass mit dem Betreffenden womöglich irgendetwas ernstlich nicht stimmt: wenn beispielsweise ein Chirurg im Operationssaal das Skalpell von sich wirft oder ein Pilot mitten im Flug einen unkontrollierten Wutausbruch bekommt. Doch wieder und wieder werden solche Episoden verharmlost. »Er ist ein guter Arzt«, sagen die Leute dann. »Er hat halt manchmal seine fünf Minuten.«

Neff unterscheidet mindestens vier Arten von »Frühwarnzeichen«. Da sind zum Beispiel die anhaltende Unfähigkeit, Zorn im Zaum zu halten, und häufiges Ausfälligwerden. Auch bizarres, irregeleitetes Verhalten kann ein solches Frühzeichen sein. (Er hatte beispielsweise einen Patienten, der keinen Tag überstand, ohne seinen Schreibtisch ein paar Stunden lang auf- und umzuräumen. Man stellte fest, dass dieser Arzt unter einer schweren Zwangsneurose litt.) Dann gibt es noch die Überschreitung der professionellen Grenzen. (Einer von Neffs Patienten, ein Hausarzt, war bekannt dafür, dass er junge männliche Patienten zum Abendessen ausführte oder in einem Fall sogar mit in den Urlaub nahm. Er frönte, wie sich später herausstellte, sexuellen Fantasien über Kontakte zu jungen Männern.) Und schließlich das der Allgemeinheit geläufigste Symptom: Eine (wie im Falle von Goodman) unverhältnismäßig große Anzahl an Gerichtsverfahren. Mit Hilfe seines Programms hat Neff eine beträchtliche Zahl von Krankenhäusern und Kliniken dazu veranlassen können, solche Ereignisse ernst zu nehmen. Viele Unternehmen fügen inzwischen ihren Verträgen einen Passus hinzu, der vorschreibt, dass Verhaltensauffälligkeiten eine Untersuchung nach sich ziehen können.

Im Prinzip aber tat er nichts anderes als in einer Sprechstunde. Er verfuhr in etwa so wie ein Kardiologe, der einen Patienten bei Schmerzen im Brustkorb behandelt. Er untersuchte die an ihn überwiesene Person, führte ein paar Tests durch und verfasste dann einen offiziellen Bericht über das, was er festgestellt hatte. Er gab seine Meinung darüber zu Protokoll, ob es ratsam sei, den Betreffenden weiterhin am selben Ort zu beschäftigen, und wie sich die Dinge womöglich ändern ließen. Neff zeigte sich bereit, etwas zu tun, wovor sich so ziemlich jeder andere scheute: ein Urteil (oder, wie er es zu formulieren vorzog, eine Einschätzung) über einen Kollegen abzugeben. Und er tat das gründlicher und unparteiischer, als es die eigenen Kollegen eines Arztes je fertig bringen könnten.

Neffs erster Schritt bei den drei Ärzten, die ihn in der Woche aufsuchten, als ich bei ihm war, bestand im Sammeln von Informationen. Von Montagmorgen an befragte er zusammen mit vier anderen Kollegen jeden der Ärzte für sich. Man ließ sie die eigene Geschichte wieder und wieder erzählen, ein halbes Dutzend Mal oder öfter, damit sie aufhörten, vor sich selbst auszuweichen, die eigenen Ausreden und ihre naturgemäß zunächst einmal defensive Haltung vergaßen und die Einzelheiten zum Vorschein kommen ließen. Schon vor ihrer Ankunft hatte Neff eine dicke Akte über jeden von ihnen angelegt, und im Verlauf der Woche zögerte er keine Minute, die Kollegen zu Hause anzurufen, um Widersprüchen und Unklarheiten in ihrer Darstellung der Ereignisse auf den Grund zu gehen.

Neffs Patienten mussten sich überdies einer gründlichen physischen Untersuchung unterziehen, um auszuschließen, dass ihr riskantes Verhalten womöglich eine organische Ursache haben könnte. (Bei einem Arzt, den man nach mehreren Anfällen von plötzlichem Erstarren im Verlauf einer Operationen zu Neff geschickt hatte, stellte sich heraus, dass er unter der parkinsonschen Krankheit litt.) Man unterzog sie Alkohol- und Drogentests, und für alles, von der Spielsucht bis zu paranoider Schizophrenie, gab es psychologische Tests.

Am letzten Tag versammelte Neff sein Team in einem düsteren kleinen Raum um einen Konferenztisch und ließ es seine Entscheidung treffen. Die Ärzte warteten unterdessen auf ihren Zimmern. Die Mitglieder des Teams brachten in jedem Fall etwa eine Stunde mit dem Sichten der Befunde zu. Dann fällten sie als Gruppe drei voneinander getrennte Einzelentscheidungen. Erstens: Sie einigten sich auf eine Diagnose. Die meisten Ärzte litten unter psychischen Erkrankungen – Depressionen, manisch-depressiven Psychosen, Medikamenten- oder Alkoholabhängigkeit, in manchen Fällen sogar unter ausgewachsenen Psychosen. Diese Erkrankungen waren fast ausnahmslos zuvor nie diagnostiziert oder behandelt worden. Andere hatten allein mit Stress,

Scheidung, Trauer, Krankheit oder Ähnlichem zu kämpfen. Als Nächstes entschied das Team, ob der Arzt gesund genug war, um wieder an die Arbeit zurückzugehen. Neff zeigte mir ein paar typische Berichte. Das Urteil war stets klar und unmissverständlich: »Auf Grund seiner Alkoholabhängigkeit vermag Dr. X seinen Beruf zum gegenwärtigen Zeitpunkt nicht mit der gebotenen Geschicklichkeit und Sicherheit auszuüben.« Und zu guter Letzt sprachen sie ein paar spezielle Empfehlungen aus, die von dem betreffenden Arzt zu befolgen sein würden. Bei manchen Ärzten, die sie für geeignet hielten, weiter zu praktizieren, rieten sie zu bestimmten Vorkehrungen: häufige unangekündigte Drogentests, formale Überprüfung durch ausgewählte Kollegen, gewisse Einschränkungen ihrer Praxis. Denjenigen, die nicht geeignet schienen, verordneten Neff und sein Team in der Regel eine Mindestfrist ohne zu praktizieren, einen genauen Therapieplan und ein maßgeschneidertes Wiedereingliederungsprogramm, dazu ein detailliertes Verfahren zur Neubewertung mit Eignungstests gehörte. Am Ende der Beratung traf sich Neff in seinem Büro mit jedem der Ärzte und erörterte ihm den Schlussbericht, den er an das Krankenhaus senden würde. »In den meisten Fällen sind die Leute überrascht«, berichtet Neff. »Neunzig Prozent von ihnen finden unsere Empfehlungen härter als erwartet.«

Neff erinnerte mich mehr als einmal daran, dass er im Rahmen seines Programms lediglich Empfehlungen gebe. Doch sobald er seine Empfehlungen zu Papier gebracht hatte, war es für die Kliniken und Arbeitsgruppen schwer, nicht mitzumachen und dafür zu sorgen, dass die Ärzte sich daran hielten. Der Vorzug von Neffs System bestand darin, dass, sobald der Ärger einmal da war, alles weitere automatisch erfolgte: Minneapolis, Bewertung, Diagnose, Therapieplan. Die Kollegen mussten nicht länger Richter und Jury spielen. Und den betroffenen Ärzten wurde geholfen. Neff und sein Team bewahrten in mehreren hundert Fällen Arztkarrieren vor dem vorzeitigen Ende und sicher etliche Tausend Patienten vor schweren Schäden.

Neffs Programm war nicht das einzige seiner Art. In den vergangenen Jahrzehnten haben medizinische Standesorganisationen in Amerika und anderen Ländern eine Reihe solcher Programme zur Diagnose und Behandlung »kranker« Ärzte eingerichtet. Seines aber war eines der wenigen unabhängigen Programme und in seiner Methodik systematischer als so ziemlich jedes andere.

Dennoch wurde Neffs Programm wenige Monate nach meinem Besuch aufgegeben. Das »Professional Assessment Program« mochte zwar landesweites Interesse erregt und rasch expandiert haben, doch seine finanziellen Schwierigkeiten machten ihm schließlich den Garaus, es hatte sich nie wirklich selbst getragen. Letzten Endes konnte Neff das Abott Northwestern Hospital nicht dazu bringen, ihn weiter zu subventionieren. Als wir zuletzt miteinander sprachen, war er auf der Suche nach Mitteln, um sich andernorts niederzulassen.

Ob er damit nun Erfolg hat oder nicht – er hat gezeigt, was getan werden kann. Die Gretchenfrage – für Ärzte, und mehr noch für die Patienten – lautet, ob wir einen solchen Ansatz akzeptieren können. Programme wie das von Neff folgen einer geradlinigen Maxime, zu geradlinig vielleicht: Ärzte werden ihre problematischen Kollegen – die ganz gewöhnlichen, alltäglichen schlechten Ärzte – nur solange anzeigen, wie die Konsequenzen daraus näher an Diagnose und Behandlung denn an Prozess und Strafverfolgung liegen. Und das setzt voraus, dass die Menschen bereit sind, solche Ärzte nicht als gemeingefährliche Individuen zu betrachten, sondern als mit sich selbst ringende, um Anerkennung strampelnde menschliche Wesen. Neffs Philosophie lautet, um es mit seinen Worten zu sagen: »Hart gegen das Verhalten, aber weich gegen den Menschen.« Vielleicht ziehen die Menschen jedoch im tiefsten Inneren eine Welt des »nichts fragen, nichts sagen« vor. Fragen Sie sich einmal selbst, ob Sie sich mit einem System abfinden könnten, in dem medikamentenabhängige Anästhesisten, Herzchirurgen mit manischen Psychosen oder Kinderärzte mit einem Hang zu kleinen Mädchen rehabilitiert werden, wenn dies gleichzeitig bedeuten würde, dass all diese und noch mehr Fälle bekannt würden? Oder, andersherum gefragt: Wollten Sie Hank Goodman jemals wieder operieren sehen?

Hank Goodmans Leben und womöglich seine Karriere waren eine von Neffs Rettungstaten. Mitte Dezember 1995, kurz nachdem er sich mit dem Gedanken an Selbstmord herumgeschlagen hatte, rief Goodman bei Neff im Büro an. Goodmans Rechtsanwalt hatte von dem Projekt gehört und ihm die Nummer gegeben. Neff forderte ihn auf, sofort zu kommen. Bereits am nächsten Tag machte Goodman sich auf den Weg. Sie saßen eine Stunde zusammen, und am Ende der Begegnung, so erinnert sich Goodman, hatte er erstmals das Gefühl, wieder atmen zu können. Neff war direkt, kollegial, und er versicherte ihm, dass er ihm helfen könne, dass sein Leben nicht vorbei sei. Goodman glaubte ihm.

In der darauf folgenden Woche schrieb er sich bei dem Programm ein, das er aus eigener Tasche bezahlte. Es waren vier schwere Tage voller Kontroversen. Er war nicht bereit, all das zuzugeben, was er getan hatte, oder alles zu akzeptieren, was die Mitglieder des Neffschen Teams bei ihm beobachtet hatten. Die Primärdiagnose war eine seit langem andauernde Depression. Ihre Schlussfolgerung war von typischer Freimütigkeit. Der Doktor, so schrieben sie, »ist auf Grund seiner schweren Depression nicht in der Lage, seinen Beruf zur Sicherheit seiner Patienten auszuüben, und wird auf unabsehbare Zeit nicht fähig sein zu praktizieren«. Im Falle einer angemessenen und fortgesetzten Behandlung aber, so der Bericht, »erwarten wir, dass er über das Potenzial verfügt, seinen Beruf wieder voll ausüben zu können.« Die diagnostischen Etiketten, die sie ihm aufklebten, waren vermutlich weniger wichtig als die Intervention an sich: dass ihm jemand mit behördlicher Autorität mitteilte, dass etwas mit ihm nicht stimme, dass er nicht praktizieren dürfe, aber eines Tages dazu womöglich wieder in der Lage sein werde.

Auf Neffs Anraten begab Goodman sich in eine psychiatrische Klinik. Im Anschluss daran nahmen sich ein Psychiater in seiner Nähe und ein Arzt mit der Ausbildung zur Supervision seiner an, um ihn zu Hause weiter zu behandeln. Er wurde auf Prozac gesetzt, danach auf Effexor. Er hielt sich an die Anweisungen. »Im ersten Jahr war es mir egal, ob ich leben oder sterben würde«, berichtete er. »Im zweiten Jahr wollte ich leben, aber ich wollte nicht zur Arbeit gehen. Im dritten Jahr wollte ich wieder arbeiten.« Irgendwann waren sein Psychiater, sein Internist und Neff sich einig, dass er dazu bereit sei. Vor allem auf ihr Anraten hin hat die zuständige staatliche Gesundheitsbehörde Goodman die Erlaubnis erteilt, wieder zu praktizieren, wenn auch unter gewissen Einschränkungen. Zu Anfang hätte er nicht mehr als zwanzig Stunden in der Woche arbeiten dürfen, und dies auch nur unter Aufsicht. Er hätte bei seinem Psychiater und seinem Arzt in regelmäßigen Abständen vorsprechen müssen. Für mindestens sechs Monate nach seiner Rückkehr in die Klinik wäre ihm das Operieren untersagt geblieben. Danach hätte er nur als Assistent operieren dürfen, bis eine neuerliche Bewertung zu dem Schluss gekommen wäre, dass ihm seine Approbation in vollem Umfang wieder zuerkannt werden müsste. Außerdem hätte er sich sporadischen Alkohol- und Drogentests unterziehen müssen.

Doch welche Praxis hätte ihn unter diesen Bedingungen aufgenommen? Seine früheren Partner nicht. »Zu viel Ballast«, erklärte er. Er war nahe daran, sich auf eine Stelle in der Kleinstadt am See zu bewerben, in der er ein Ferienhaus besaß. Es gab dort ein kleines Krankenhaus, das im Laufe des Sommer von fünfundvierzigtausend Patienten aufgesucht wird, aber über keinen orthopädischen Chirurgen verfügt. Die Ärzte dort waren über seine früheren Probleme im Bilde, aber da sie seit Jahren versucht hatten, einen Chirurgen zu finden, stimmten sie seiner Einstellung zu. Trotzdem dauerte es über ein Jahr, bis er eine Haftpflichtversicherung für Behandlungsfehler abschließen konnte. Und er hielt es für ratsam, Vorsicht bei seiner Rückkehr in die ärztliche Praxis walten zu lassen. Er beschloss, zunächst amtsärztliche Untersuchungen für ein Versicherungsunternehmen durchzuführen.

Vor nicht allzu langer Zeit habe ich Goodman zu Hause besucht, er bewohnt ein bescheidenes Backsteinhaus voller Hunde, Katzen und Vögel, Nippes im Wohnzimmer, in einer Ecke der Küche einen Computer und eine Bibliothek mit orthopädischen Zeitschriften und Artikeln auf CDs. Er trug Shorts und Polohemd und wirkte locker, lässig, fast schon träge. Außer den Stunden, die er mit seiner Familie verbrachte und damit, sich beruflich auf dem Laufenden zu halten, war ihm nicht viel geblieben, womit er sich hätte beschäftigen können. Sein Leben hätte dem eines Chirurgen nicht unähnlicher sein können, aber er fühlte den Arbeitseifer allmählich zurückkehren. Ich versuchte, ihn mir wieder im OP-Grün vorzustellen – in einem Operationssaal, am Telefon ein Assistent, der ihn fragt, wie er mit dem entzündeten Knie eines Patienten weiter verfahren solle. Wer vermochte zu sagen, wie es gehen würde?

Wir alle befinden uns bei allem, was wir tun, in der Hand fehlbarer Menschen. Dieser Tatsache ist schwer ins Auge zu sehen. Aber sie ist nicht zu leugnen. Bei jedem Arzt gibt es Dinge, die er zwar weiß, aber trotzdem noch zu lernen hat, ein Urteilsvermögen, das versagen kann, einen Charakter, der sich verformen lässt. War ich je stärker, als dieser Mann es jetzt war? Verlässlicher? Sicherer? Mir meiner Einschränkungen ebenso bewusst und sorgsam darauf bedacht? Ich möchte das gerne glauben – und vielleicht muss ich es auch glauben, um zu tun, was ich derzeit tue. Aber sicher bin ich mir nicht. Und das kann sich auch niemand anderer sein.

Goodman und ich gingen miteinander in der Stadt essen und fuhren dann ein bisschen herum. Als wir an dem Krankenhaus vorbeikamen, in dem er einst gearbeitet hatte, fragte ich ihn, ob ich mich ein bisschen umsehen dürfe. Er müsse nicht mitkommen, erklärte ich. In den vergangenen vier Jahren war er nicht öfter als zwei oder drei Mal in dem Gebäude gewesen. Nach einem

Augenblick des Zögerns entschloss er sich mitzukommen. Wir schritten durch die automatischen Gleittüren und einen gebohnerten Flur hinunter. Eine fröhliche, sonnige Stimme ertönte, und ich konnte sehen, dass er bereute, hergekommen zu sein.

»Ach nee, Dr. Goodman!«, sagte die lächelnde, matronenhafte weißhaarige Frau am Informationsschalter. »Ich habe Sie seit Jahren nicht gesehen. Wo sind Sie gewesen?«

Goodman blieb stehen. Er setzte zu einer Antwort an, aber einen geraumen Augenblick lang kam nichts. »Ich habe mich zur Ruhe gesetzt!«, erklärte er schließlich.

Sie hielt den Kopf geneigt, ihr Erstaunen war offensichtlich. Goodman wirkte vital, gute zwanzig Jahre jünger als sie selbst. Dann sah ich, wie sich ihre Augen verengten, als sie zu begreifen begann. »Nun, ich hoffe, es gefällt Ihnen«, meinte sie, während sie zu bewundernswerter Gelassenheit zurückfand.

Er ließ noch eine unbehagliche Bemerkung fallen über all die Angelei, die er betreibe. Wir entfernten uns allmählich. Plötzlich blieb er stehen und wandte sich wieder an sie. »Aber ich werde wiederkommen«, erklärte er.

TEIL II

Mysterien der Medizin

6

Vollmond am Freitag, dem dreizehnten

Jack Nicklaus spielte grundsätzlich keine einzige Runde Golf ohne drei Pennys in der Tasche. Michael Jordan trug unter seinem Chicago-Bulls-Trikot stets die Boxer-Shorts der University of North Carolina. Und bei keinem Konzert von Duke Ellington durfte eines der Bandmitglieder etwas Gelbes tragen. Bei Leuten, die für ihren Lebensunterhalt öffentlich auftreten müssen, scheint Aberglaube fast selbstverständlich. Baseballspieler sind für ihren Aberglauben gar berüchtigt. Wade Boggs, der einstige Star-Baseman der Boston Red Sox, war dafür berühmt, dass er vor jedem Spiel auf einer Portion Hühnchen bestand. Tommy Lasoda hingegen aß zu seiner Zeit als Manager der Los Angeles Dodgers grundsätzlich Linguine mit Muscheln, wenn sein Team gegen einen rechtshändigen Pitcher anzutreten hatte, und Linguine mit einer Rahmsoße, wenn der Pitcher Linkshänder war. Doch selbst aus dieser schrägen Gesellschaft sticht Turk Wendell, der Pitcher der New York Mets, noch heraus. Er pflegte für sein Spielglück eine Kette aus Raubtierzähnen zu tragen, weigerte sich, Socken anzuziehen, trat grundsätzlich nie auf die Foul-Linie und putzte sich zwischen den einzelnen Innings die Zähne. Als er seinen Vertrag für das Jahr 1999 unterschrieb, bestand er darauf, dass sein Gehalt eine Million zweihunderttausend Dollar und neunundneunzig Cent betrug. »Ich mag die Zahl neunundneunzig einfach«, erklärte er der Presse.

Ärzte mit einem derartigen Hang zum Aberglauben sind mir dagegen noch nie begegnet. Ärzte – vor allem Chirurgen – haben einen finsteren Hang zum Rationalen. Denn eine der Hauptbefriedigungen der Wissenschaft im Allgemeinen und des Operierens im Besonderen, besteht in dem Erfolg logischen Planens und Denkens. Wenn es in der praktischen Medizin ein Credo gibt, dann lautet dieses, das Wichtigste sei, mit Verstand zu reagieren. Und wir, die wir mittendrin stecken, reagieren in der Regel überaus vorsichtig, um nicht zu sagen herablassend auf alles Mystische. Das Äußerste, mit dem Sie vielleicht rechnen könnten, wäre zum Beispiel ein Chirurg, der im Operationssaal stets sein Paar Lieblingsschuhe trägt oder eine etwas eigenwillig verschnörkelte Art des Verbindens nach getaner Arbeit pflegt. Und selbst dann sind wir eifrig darauf bedacht, unsere Eigenarten wenigstens mit einer rational klingenden Erklärung zu verbrämen: »Die anderen Schuhe sind einfach nicht so bequem«, würde besagter Chirurg womöglich antworten. Oder »Dieses Pflaster verursacht Allergien« (obwohl niemand sonst damit ein Problem zu haben scheint). Ganz generell werden Sie keinen Arzt finden, der Ihnen ins Gesicht sagt, er glaube einfach, dass diese oder jene Sache Unglück bringe.

Daher berührte es mich höchst seltsam, als ich eines Nachmittags mit meinen Assistenzarztkollegen um den Tisch saß, um die Nachtdienste für den kommenden Monat zu verteilen, und feststellen musste, dass niemand sich freiwillig für Freitag, den dreizehnten, meldete. Wir wählten abwechselnd unsere Termine und die ersten paar Runden schien alles normal. Zunächst ließen wir die Freitage aus, Wochenendnächte sind nun einmal nicht sehr begehrt. Doch als die Zahl der zu vergebenden Nächte auf einige wenige gesunken war, wurde es offensichtlich, dass ein bestimmter Freitag auffällig oft übergangen wurde. Ach, komm, dachte ich, das ist lächerlich. Als ich daher wieder an der Reihe war, trug ich mich für den Dienst in dieser Nacht ein. »Mach dich auf was gefasst«, meinte einer der Assistenzärzte. »Das wird eine harte Nacht.« Ich winkte lachend ab.

Als ich ein paar Tage darauf in meinen Kalender schaute, stellte ich allerdings fest, dass in dieser Nacht Vollmond sein würde. Und schließlich bemerkte jemand, dass es obendrein in dieser Nacht eine Mondfinsternis geben sollte. Und für einen winzigen Augenblick – wirklich nur einen Moment, ehrlich – fühlte ich, wie mein Selbstvertrauen zu schwinden begann. Vielleicht würde es wirklich eine schauderhafte Nacht werden, ging es mir durch den Kopf. Doch als nüchterner und gut ausgebildeter Arzt ließ ich mich von solchen Gedanken nicht so leicht beeindrucken. Ganz bestimmt sprechen sämtliche Beweise gegen solch albernen Aberglauben, dachte ich. Und nur um ganz sicherzugehen, stiefelte ich in die Bibliothek und schaute nach.

Ich trieb schließlich und endlich eine einzige wissenschaftliche Studie auf, die sich mit der Frage beschäftigte, ob sich an einem Freitag, dem dreizehnten, wirklich Glück in Pech verkehrt. (Ich war mir nicht sicher, worüber ich mich mehr wundern sollte: über die Tatsache, das es Leute gibt, die diese Frage tatsächlich wissenschaftlich untersucht haben, oder darüber, dass es nur eine solche Studie gibt. Schließlich ist dies eine Welt, in der es über so ziemlich alles, was man sich vorstellen kann, Studien gibt. Als ich eines Tages in der Bibliothek herumstöberte, fand ich sogar einen Bericht darüber, wie sich beim Kaugummikauen der Speichel im Mund verteilt.) Die im Jahre 1993 im *British Medical Journal* veröffentlichte Studie verglich die Zahl der Krankenhauseinlieferungen nach Verkehrsunfällen in einer Gemeinde außerhalb von London an einem Freitag, dem dreizehnten, mit denen an einem Freitag, dem sechsten.[1] Trotz geringerer Verkehrsdichte an dem dreizehnten im Vergleich zum sechsten lag die Zahl der Einlieferungen an diesem Tag um zweiundfünfzig Prozent höher. »Freitag der dreizehnte scheint für manche ein Unglückstag zu sein«, schlussfolgerten die Autoren. »Es ist ratsam, zu Hause zu bleiben.« Wie Sie Ihrem Pech zu Hause entkommen sollen, erörterten sie freilich nicht.

Trotzdem, sagte ich mir, aus einer einzigen Studie über einen einzigen Freitag in einer einzigen Stadt kannst du wirklich nicht allzu viel Schlüsse ziehen. Die gestiegene Zahl an Unfällen kann purer Zufall sein. Man müsste über viele Studien hinweg konstant schlechte Ergebnisse finden, um diese Aussage ernst zu nehmen, die aber stehen noch aus.

Als Tatsache hingegen hat sich der Umstand erwiesen, dass Menschen gerne Muster – gute oder schlechte – in den Geschehnissen sehen, selbst wenn gar keine vorhanden sind. Das hat einfach damit zu tun, wie unser Gehirn arbeitet. Selbst völlig zufällige Muster scheinen uns häufig nicht zufällig. Der Statistiker William Feller hat in diesem Zusammenhang ein inzwischen als klassisch geltendes Beispiel beschrieben.[2] Während der Bombardierung des Londoner Südens durch die Deutschen im Zweiten Weltkrieg wurden ein paar Gegenden wieder und wieder getroffen, während in anderen überhaupt keine Bomben niedergingen. Es sah ganz so aus, als seien die nicht bombardierten Orte absichtlich verschont worden, und die Bewohner mutmaßten, dass dies die Orte waren, an denen die Deutschen ihre Spione versteckt hielten. Als Feller die Verteilung der Bombeneinschläge jedoch mit statistischen Methoden analysierte, kam er zu dem Schluss, das diese rein zufällig war.

Der Hang zum Auffinden nicht vorhandener Muster ist auch als »Scharfschützen-Trugschluss« bezeichnet worden.[3] Wir neigen dazu, wie ein texanischer Scharfschütze, der auf die Wand einer Scheune schießt und dann Schützenringe um die Einschusslöcher zeichnet, ungewöhnliche Ereignisse erst einmal zur Kenntnis zu nehmen – vier unglückliche Ereignisse an ein und demselben Tag zum Beispiel – und dann ein Muster darum herum zu konstruieren. Mir will scheinen, als könnten wir ebenso gut Donnerstag, den dreizehnten, fürchten oder Freitag, den fünften wie Freitag, den dreizehnten. Dennoch ist die Angst vor diesem Datum weit verbreitet. Auf der Grundlage von Umfragen gelangt Donald Dossey, ein Verhaltenswissenschaftler aus North Carolina, zu der Schätzung, das zwischen siebzehn und einundzwanzig Millionen Amerikaner auf Grund dieser so genannten »Paraskevidekatriaphobie« (nach der griechischen Übersetzung von »Furcht vor Freitag, dem dreizehnten«) unter einer leichten bis schweren Angst vor diesem Datum leiden, die sie zu einer Änderung ihres normalen Verhaltens veranlasst. Bevor sie das Haus verlassen, spielen sie bestimmte Rituale durch, melden sich bei ihrem Arbeitgeber krank, verschieben Flüge oder größere Anschaffungen und bescheren der Wirtschaft jährlich einen Schaden von siebenhundertfünfzig Millionen Dollar.

Der Aberglaube im Zusammenhang mit dem Stand des Mondes scheint sogar noch ernstere Formen zu haben. Eine Umfrage aus dem Jahre 1995 kam zu dem Ergebnis, dass dreiundvierzig Prozent aller Amerikaner der Ansicht waren, dass der Mond das persönliche Verhalten des Menschen ändert. Und interessanterweise glaubten Leute, die sich von Berufs wegen mit psychischen Störungen befassten, mit größerer Häufigkeit daran als Personen aus anderen Berufen. Seit Jahrhunderten wird der Vollmond in den verschiedensten Zivilisationen auf der ganzen Welt mit dem Wahnsinn in Zusammenhang gebracht – was sich im Englischen sogar in der Bezeichnung »lunatic« (lat. *luna* = Mond) für geisteskrank niederschlägt. Mit Sicherheit ist die Vorstellung von einem mondbestimmten menschlichen Lebenszyklus plausibler als der Einfluss eines besonderen Freitags. Die Wissenschaft hat früher die Idee von biologischen Lebenszyklen weit von sich gewiesen, akzeptiert aber inzwischen weithin, dass die Jahreszeit Gefühlslage und Verhalten beeinflusst und wir alle über einen zirkadianen Rhythmus verfügen, das heißt, dass Körpertemperatur, Aufmerksamkeit, Gedächtnis und Gefühlslage je nach Tageszeit schwanken.

Bei einer Computerrecherche stieß ich auf über einhundert Studien, die versuchten, einen »zirkalunidianen« Rhythmus nachzuweisen. Die faszinierendste Geschichte, die mir dabei unterkam, war eine fünf Jahre alte Studie aus dem *Medical Journal of Australia,* in der es um selbst verschuldete Vergiftungsfälle in einem Krankenhaus in New South Wales ging.[4] Zwischen 1988 und 1993 waren in dem Krankenhaus zweitausendzweihundertfünfzehn Patienten wegen einer Überdosis an Medikamenten oder Vergiftungen mit toxischen Substanzen eingeliefert worden. Die Wissenschaftler prüften nicht nur, ob es zu bestimmten Mondphasen zu Häufungen dieser Ereignisse kam, sondern fragten auch danach, ob ein Zusammenhang mit dem Tierkreiszeichen des Betroffenen oder anderen numerologischen Größen bestand (berechnet nach *Zolar's Encyclopedia of Ancient and Forbidden Knowledge,* wie die Autoren berichteten). Zu niemandes Überraschung wurde die Häufigkeit der Vergiftungsfälle weder davon beeinflusst, ob jemand unter dem Sternzeichen Jungfrau oder Waage geboren war, noch von Zolars »Namenszahl«, »Monatszahl« oder der »symbolpsychologischen Geburtsdatenanalyse« für den Betreffenden. Frauen (nicht aber Männer) neigten um Vollmond herum zu fünfundzwanzig Prozent seltener zu einer falschen Dosierung von Medikamenten als zu Neumond.

Merkwürdig genug ist, dass dieser Rückgang an versehentlichen Einnahmefehlern mit den Ergebnissen aus anderen Studien korreliert. Falls also tatsächlich eine Verbindung zwischen Psyche und Vollmond besteht, dann allenfalls eine positive, beschützende. Die Verfasser einer Studie aus dem Jahre 1996, in der über zehn Jahre hinweg die Selbstmordrate in der französischen Region Dordogne untersucht wurde, kam charmant ungrammatikalisch zu dem Schluss, »dass der Franzose in Vollmondphasen weniger und um Neumond mehr stirbt«.[5] Studien aus Cuyahoga County, Ohio, und Dade County, Florida, registrierten um Vollmond ebenfalls eine Abnahme der Selbstmordhäufigkeit. Diese Studien belegen die glückliche Wirkung des Vollmonds allerdings nicht hundertprozentig: In weit mehr Studien ließ sich nämlich keinerlei Korrelation zwischen Mondphase und Selbstmord nachweisen.[6]

Was andere Formen des Wahnsinns betrifft, so scheint der Mond keine Rolle zu spielen. Wissenschaftler haben die Anrufe bei Polizeistationen, Besuche bei Psychiatern, Morde und andere Auswüchse unseres ganz alltäglichen Irrsinns analysiert – darunter, wie ich feststellte, auch Einlieferungen in die Notfallambulanz. Sie konnten, wie sie es auch drehten und wendeten, keinerlei schlüssigen Bezug zum Stand des Mondes ausmachen.

Bestärkt von alledem, verließ ich schließlich die Bibliothek in der sicheren Überzeugung, dass weder der Vollmond noch das unheilvolle Datum meinem Nachtdienst würden gefährlich werden können. Ein paar Wochen später war der schicksalhafte Abend gekommen. Um Punkt sechs Uhr abends ging ich in die Notaufnahme, um den Assistenzarzt abzulösen, der den Tag über Dienst gehabt hatte. Zu meiner großen Bestürzung drängelten sich bei ihm bereits Scharen von Patienten, die darauf warteten, von mir behandelt zu werden. Dann, als ich gerade anfing, mit der Arbeit nachzukommen, wurde ein Unfallopfer eingeliefert – ein bleicher, blutüberströmter Achtundzwanzigjähriger, der bei einem Frontalzusammenstoß mit hoher Geschwindigkeit das Bewusstsein verloren hatte. Die Polizisten und Sanitäter berichteten, dass er seine Freundin mit der Waffe in der Hand verfolgt hatte. Als die Polizei kam, war er mit seinem Wagen geflohen und hatte den Beamten eine Verfolgungsjagd geliefert, die schließlich in jenem schweren Zusammenstoß geendet hatte. Die übrige Nacht verlief nicht eben besser. Ich war »zugepackt«, wie wir es nennen – ich wirbelte auf Hochtouren, hatte keine zwei Minuten Zeit, mich hinzusetzen, konnte die Patienten kaum auseinander halten.

»Heute ist Freitag, der dreizehnte«, erklärte eine Schwester. »Und Vollmond.«

Ich wollte ihr soeben erklären, dass alle diesbezüglichen Untersuchungen wirklich keinerlei Zusammenhang erwiesen hätten. Aber mein Piepser ertönte, noch bevor ich den Mund aufmachen konnte. Ein neues Unfallopfer wurde eingeliefert.

7

Mysterium Schmerz

Jeder Schmerz hat seine Geschichte, und die Geschichte von Rowland Scott Quinlans Schmerz geht auf einen Unfall zurück, der ihm vor etlichen Jahren zustieß, damals war er sechsundfünfzig Jahre alt. Der Bostoner Architekt und passionierte Segler mit der weißen Haarpracht und einer Vorliebe für holländische Zigarillos und Fliegen statt Krawatten leitete in Bostons Renommiergeschäftsstraße Beacon Street eine blühende Firma, die seinen Namen trug, und hatte Gebäude entworfen wie die Medical School der University of Massachusetts. Im März 1988 stürzte er auf einer seiner Auftragsbaustellen vom Gerüst – es handelte sich um einen Pavillon im Franklin Park Zoo. Seinem Rücken war nichts passiert, aber die linke Schulter war ausgerenkt, und er erlitt einen Bruch, der mehrere Operationen nötig machte. Im Herbst kehrte er an den Zeichentisch zurück, und irgendwann traf ihn dort aus heiterem Himmel ein stechender Schmerz, der wie ein Blitz seinen Rücken durchzuckte. Die Attacken wiederholten sich, und obwohl er sie zunächst zu ignorieren suchte, wurden sie bald unerträglich. Mehr als einmal durchfuhr ihn beim Gespräch mit Bauherren der Schmerz mit solcher Wucht, dass er einen Aufschrei kaum unterdrücken konnte, der Kunde musste ihn auffangen und ihm auf einen Stuhl oder zu Boden helfen. Als er einmal in einem Restaurant mit Kollegen beisammensaß, überfiel ihn eine so heftige Schmerzattacke, dass er sich an Ort und Stelle erbrach. Bald konnte er nicht länger als zwei bis drei Stunden täglich arbeiten und musste die Firma seinen Partnern überlassen.

Quinlans Orthopäde hatte jede Menge Röntgenaufnahmen gemacht. Man sah nicht viel Auffälliges darauf. Ein bisschen Arthrose vielleicht, aber nichts Ungewöhnliches. Also schickte er Quinlan zu einem Schmerzspezialisten, der ihm mit einer langen Nadel eine Spritze voller Steroide und Lokalanästhetika direkt an die Wirbelsäule injizierte. Die ersten paar dieser so genannten Epiduralinjektionen wirkten tage-, manchmal wochenlang, in der Folge aber nahm ihre Wirkung allmählich ab, bis sie schließlich überhaupt keine Erleichterung mehr brachten.

Ich hatte seine Computertomogramme zusammen mit einem ganzen Packen anderer Befunde eingesehen. Nichts hätte mich die Heftigkeit seiner Rückenbeschwerden ahnen lassen: Es gab keinen Bruch, keinen Tumor, keine Infektion, nicht einmal Anzeichen einer arthritischen Entzündung. Die Wirbel saßen sauber ausgerichtet in einer Reihe wie ein Stapel Damesteine. Keine der weichen gelartigen Bandscheiben, die wie ein Kissen zwischen den einzelnen Wirbeln sitzen, tanzte aus der Reihe. Im unteren Bereich der Lendenwirbelsäule wölbten sich zwei von ihnen ein bisschen heraus, aber das ist bei einem Mann seines Alters durchaus nicht ungewöhnlich, und sie schienen auch keinen Nerv einzuklemmen. Sogar ein Assistent im ersten Praktikumsjahr würde an diesen Bildern erkennen, dass es keinen Grund gibt, ihn am Rücken zu operieren.

Wenn einem Arzt ein Patient unterkommt, der über chronische Schmerzen klagt, ohne dass sich diese durch entsprechende physiologische Befunde erklären lassen – und solche Menschen gibt es zuhauf –, dann hat er zunächst einmal den Hang, ihn zu beschwichtigen und fortzuschicken. Wir glauben gerne, dass die Welt logisch und durchschaubar ist, dass sie uns Probleme beschert, die wir sehen, fühlen oder wenigstens mit irgendeinem Apparat messen können. Bei einem Schmerz wie dem von Quinlan sind wir daher geneigt zu sagen, dass er sich einzig und allein im Kopf abspielt: dass es sich nicht um einen physischen, sondern einen anderen, irgendwie weniger realen »mentalen« Schmerz handle. Ja, Quinlans Orthopäde empfahl ihm, neben einem Physiotherapeuten auch einen Psychiater aufzusuchen.

Als ich Quinlan zu Hause in einer Kleinstadt am Meer nahe Boston besuchte, fand ich ihn, wie er mir später erzählte, an seinem Stammplatz: einem Arbeitstisch in der Küche, dem Fenster zugewandt, das die ganze Wand einnahm und von dem aus er in einen kleinen Garten blickte. Blaupausen von angefangenen Projekten lagen zusammengerollt auf dem Tisch, daneben ein Telefon mit Headset. Ein Dutzend Zeichenstifte steckten zusammen mit kleinen Linealen und Winkelmessern in einem Halter. Er verzog das Gesicht, als er aufstand, um mich zu begrüßen. Ich dachte an seine gründliche medizinische Untersuchung und die sauberen Bilder von seiner Wirbelsäule: Simulierte er?

Als ich ihn das fragte, lächelte er müde und erzählte mir, dass er das manchmal selber glaube. »Ich hab's schließlich recht gemütlich hier«, meinte er. Quinlans Auto trägt Autokennzeichen für Behinderte, er ist finanziell abgesichert, lebt ohne den Druck eines Geschäftsinhabers, und wenn er nicht arbeiten will, muss er nur erklären, dass sein Rücken ihn umbringt. Doch trotz des Depots an seinem Arm, aus dem ihm vierundzwanzig Stunden am Tag eine beträchtliche Dosis des Betäubungsmittels Fentanyl unter die Haut injiziert wird, ist er nicht im Stande, auch nur die einfachsten Dinge zu tun – er kann nicht aufrecht stehen, keine Treppen steigen, nicht einmal länger als vier Stunden am Stück schlafen, ohne dass ihn das plötzliche Empfinden packt, jemand »quetsche ihm einen Muskel aus dem Rücken«, wie er es ausdrückte.

Ich fragte seine Frau, eine hoch gewachsene Dame, ein paar Jahre jünger als er, mit feinen Zügen und traurigen Augen, ob sie je daran gedacht habe, dass er simulieren könne. Sie erzählte mir, dass sie seit nunmehr zehn Jahren seinen Schmerz beobachte und mit den zunehmenden Einschränkungen lebe, die dieser in ihrer beider Leben erzwinge. Sie habe gesehen, wie der Schmerz ihn in einer Art und Weise niedergeworfen habe, die er bei seinem

Stolz niemals simulieren würde. Wenn er zum Beispiel versuche, Einkäufe zu tragen, und sie wenige Minuten später mit beschämtem Erröten wieder zurückgeben müsse. Obwohl er ein leidenschaftlicher Kinogänger sei, seien sie seit Jahren in keinen Film mehr gegangen. Es hat Fälle gegeben, in denen jede Bewegung ihn so schmerzte, dass er sich eher in die Hose gemacht habe, als ins Bad zu gehen.

Dennoch gibt es gewisse Merkmale an seinem Schmerz, die sie verblüffen und bei ihr die Frage entstehen lassen, ob er sich womöglich doch zum Teil in seinem Kopf abspielte. Ihr fällt auf, dass der Schmerz stärker ist, wenn er besorgt oder erregt ist, und ganz aufhören kann, wenn er guter Stimmung oder auch nur abgelenkt ist. Er hat Anfälle von schweren Depressionen, die unabhängig von dem, was er körperlich gerade tut, schlimme Schmerzattacken mit sich bringen können. Wie seine Ärzte fragt auch sie sich, wie ein Schmerz so unerträglich und dennoch ohne erkennbare physiologische Ursache sein kann. Und wie steht es mit den Umständen, die die Attacken hervorbringen – eine Stimmung, ein bestimmtes Gefühl, ein Gedanke, manchmal gar nichts? Diese Umstände erscheinen ihr ungewöhnlich, erklärungsbedürftig. Aber die schreckliche Wahrheit ist, dass Roland Scott Quinlan kein bisschen ungewöhnlich ist. Unter chronischen Schmerzpatienten kann er als typischer Fall gelten.

Der Anästhesist Dr. Edgar Ross, ein Mann zwischen vierzig und fünfzig, ist Leiter des Therapiezentrums für chronische Schmerzpatienten am Brigham and Women's Hospital in Boston, an dem Quinlan Patient ist. Die Menschen, die Dr. Ross aufsuchen, klagen über alle möglichen Schmerzen: Rückenschmerzen, Nackenschmerzen, arthritische Schmerzen, Schmerzen im ganzen Körper, Neuropathien, Schmerzen aus dem Komplex der AIDS-assoziierten Erkrankungen, Unterleibsschmerzen, chronische Kopfschmerzen, durch Tumore verursachte Schmerzen, Phantomschmerzen. In vielen Fällen waren sie bereits bei zahlreichen Ärzten und haben alle möglichen Therapien hinter sich, Operationen eingeschlossen, alles ohne Erfolg.

Das Wartezimmer des Schmerzzentrums sieht aus wie jedes andere Wartezimmer. Der abgetretene blaue Teppich, die alten Zeitschriften, die an der Wand schweigend aufgereihten Patienten mit den ausdruckslosen Gesichtern. Eine Glasvitrine voller Dankesschreiben. Doch als ich Dr. Ross unlängst aufsuchte, stellte ich fest, dass es sich bei diesen Schreiben nicht um die typischen Zeugnisse handelte, die Ärzte sich so gerne aufhängen. Diese Patienten dankten ihrem Arzt nicht für die Heilung. Sie dankten ihm lediglich dafür, dass er ihren Schmerz ernst genommen – ihnen geglaubt hatte. Tatsache ist, dass auch Ärzte wie ich den Schmerzspezialisten dankbar sind. So unvoreingenommen wir in unserer Einstellung gegenüber unseren Patienten auch zu sein bestrebt sind, wir müssen uns eingestehen, dass Patienten mit chronischen Schmerzen für uns eine Quelle der Frustration und des Verdrusses sind: Sie konfrontieren uns mit einem Leiden, für das wir keine Erklärung und keine Linderung kennen, und erschüttern unseren Anspruch an die eigenen Kompetenz und Autorität. Wir sind nur zu froh, wenn uns jemand wie Dr. Ross diese Patienten abnimmt.

Ross bat mich in sein Sprechzimmer. Mit seiner leisen Stimme und seiner ruhigen Art ist er seiner Arbeitsrichtung perfekt angepasst. Quinlans Problem ist dasjenige, mit dem er am häufigsten konfrontiert wird, berichtet er. Chronische Rückenschmerzen kommen als Ursache für Krankmeldungen gleich nach den gewöhnlichen Erkältungskrankheiten und machen bei den Ausfallszahlungen an Arbeitnehmer inzwischen vierzig Prozent aus.[1] Tatsächlich gibt es in diesem Land inzwischen fast so etwas wie eine ausgewachsene Rückenleidenepidemie, und niemand hat eine Erklärung dafür. Traditionell sehen wir Rückenschmerzen meist als ein mechanisches Problem: Folge von Fehlbelastungen der Wirbelsäule. Deshalb blicken wir auf eine mehr als sechzigjährige Historie der Arbeitsplatzprogramme zurück, und inzwischen gibt es sogar »Rückenschulen«, die uns unter anderem die »richtige Art zu heben« lehren. Trotz der Tatsache, dass die Anzahl der Menschen, die körperlich arbeiten, stetig zurückgegangen ist, haben wir heute mehr Menschen mit Rückenbeschwerden denn je zuvor.

Die mechanische Erklärung ist höchstwahrscheinlich die falsche, so Dr. Ross. Es stimmt, dass falsches Heben einen Muskel zerren oder auch mal einen Bandscheibenvorfall verursachen kann. Diese Art von Verletzung aber widerfährt fast jedem irgendwann einmal und bei den meisten Leuten entwickelt sich daraus kein dauerhaftes Leiden. Unzählige Studien haben nach physiologischen Faktoren gesucht, aus denen sich ableiten lässt, welche akuten Rückenverletzungen sich zu chronischen Rückenproblemen entwickeln werden, und sind nicht fündig geworden. So haben die Ärzte zum Beispiel lange Zeit hindurch geglaubt, dass Bandscheibenschäden mit Schmerzen assoziiert sein müssen, neuere Befunde aber bestätigen diese Annahme nicht. Kernspinaufnahmen haben gezeigt, dass auch die meisten Menschen ohne Rückenschmerzen Bandscheibenvorfälle haben.[2] Umgekehrt finden sich bei vielen Patienten mit chronischen Rückenschmerzen, wie Quinlan sie hat, überhaupt keine Strukturschäden. Und selbst bei Leuten, bei denen man solche Anomalien nachweisen kann, besteht keinerlei Korrelation zwischen der Stärke des Schmerzes und der Schwere der zu Grunde liegenden Fehlbildung.

Wenn der Zustand Ihres Rückens keine Prognose darüber zulässt, ob Sie chronische Rückenschmerzen bekommen werden oder nicht, was dann? Nun, es sind die ganz alltäglichen Dinge, die weder Arzt noch Patient gerne groß in Erwägung ziehen. Viele Studien deuten auf solche »nicht organischen« Faktoren wie Einsamkeit, rechtliche Auseinandersetzungen, Schmerzensgeld und Unzufriedenheit mit der Arbeit. Betrachten wir einmal die epidemische Ausbreitung des Rückenleidens innerhalb der medizinischen Gemeinschaft. Arbeitsunfähigkeitsversicherungen betrachteten Ärzte einst als ideale Kunden. Nichts hielt einen Arzt vom Arbeiten ab – nicht die vielen Jahre in gebückter Haltung über dem Operationstisch, keine Arthritis, nicht einmal ein hohes Alter. Die Versicherungsunternehmen unterboten sich gegenseitig mit Billigtarifen und großzügigen Leistungen, um ihre Kunden anzulocken. In den letzten paar Jahren aber ist die Zahl der Ärzte mit untragbaren Rücken- oder Nackenschmerzen dramatisch gestiegen.[3] Unnötig zu sagen, dass die Ärzte keinesfalls plötzlich schwere Pakete mit sich herumtragen müssen. Aber einen wohl bekannten Risikofaktor hat man inzwischen nachgewiesen: Mit der wachsenden Rolle des Managing in der Branche – und den damit verbundenen Kosteneinsparungen und Restriktionen – hat die Zufriedenheit mit der eigenen Arbeit im Gesundheitswesen deutlich abgenommen.

Die Erklärung des Phänomens Schmerz, die die Medizin den größten Teil ihrer Geschichte hindurch bestimmt hat, geht auf René Descartes zurück, der sie vor über dreihundert Jahren formuliert hat. Descartes vertrat die Ansicht, Schmerz sei ein ausschließlich physisches Phänomen: Die Schädigung eines Gewebes stimuliere bestimmte Nerven, die einen Impuls an das Gehirn senden, das daraufhin den Verstand veranlasst, Schmerz wahrzunehmen. Das Phänomen, so Descartes, erinnert an »Schnüre«, die beispielsweise Fuß und Gehirn miteinander verbinden.[4] Erfährt der Fuß eine Verletzung, wird also an den Schnüren »gezogen«, so »pflanzt sich diese Erregung durch das Rückenmark bis ins Innere des Gehirns fort und gibt dort dem Geist das Zeichen zu einer Empfindung, nämlich zu der im Fuß lokalisierten Schmerzempfindung« – ungefähr so also, als ziehe jemand an einem Glockenstrang, um eine Glocke in Bewegung zu setzen. Es lässt sich nicht genug betonen, wie tief sich diese Darstellung in unsere Gehirne eingegraben hat. Das gesamte 20. Jahrhundert hindurch hat sich die Schmerzforschung in erster Linie mit der Suche nach schmerzspezifischen Nervenfasern (heute als Aδ-Fasern und C-Fasern bezeichnet) befasst und deren Wirkungsweise zu ergründen versucht. In der täglichen Routinemedizin betrachten Ärzte Schmerzen noch immer als cartesisches Phänomen – einen physischen Prozess, Zeichen für eine Gewebeschädigung. Wir suchen nach einem Bandscheibenschaden, einem Bruch, einer Infektion oder einem Tumor und versuchen zu reparieren, was nicht in Ordnung ist.

Die Grenzen dieser mechanistischen Erklärung aber sind bereits seit geraumer Zeit bekannt. Während des Zweiten Weltkriegs unternahm Lieutenant Colonel Henry K. Beechers eine klassische Untersuchung an Männern mit schweren Kriegsverletzungen.[5] Laut der cartesischen Sicht der Dinge sollte der Grad der Verletzung, fast wie bei einer Volumenskala, das Ausmaß der Schmerzen bestimmen. Dennoch berichteten achtundfünfzig Prozent der Männer – Patienten mit schweren Brüchen, Schusswunden, zerschmetterten Gliedmaßen – über nur leichte Schmerzen beziehungsweise über gar keine. Nur siebenundzwanzig Prozent empfanden so starke Schmerzen, dass sie nach schmerzstillenden Medikamenten verlangten, obwohl bei einem Zivilisten alle diese Wunden routinemäßig mit Betäubungsmitteln versorgt worden wären. Ohne Frage musste in ihrem Gehirn etwas Besonderes vor sich gehen, das den Schmerzsignalen, die von ihren Verletzungen ausgesandt wurden, entgegenwirkte – Beecher dachte zunächst, dass diese Männer einfach nur überglücklich waren, dem Schlachtfeld lebend entronnen zu sein. Damit war Schmerz als etwas weit Komplexeres anerkannt denn als schlichte Einbahnstraße von der Verletzung zum »Aua«.

Im Jahre 1965 regten der kanadische Psychologe Ronald Melzack und der britische Physiologe Patrick Wall an, das cartesische Modell durch die von ihnen begründete »Gate-Control«-Theorie des Schmerzes zu ersetzen.[6] Melzack und Wall vertraten den Standpunkt, dass Schmerzsignale, bevor sie das Gehirn erreichen, zunächst eine Art Eingangstor (engl. *gate*) im Rückenmark passieren müssen, einen Zugangsmechanismus, der über ihre

Weiterleitung oder ihr »Versickern« entscheidet. In manchen Fällen könnte diese hypothetische Schleuse Schmerzimpulse daran hindern, das Gehirn zu erreichen. In der Tat entdeckten Wissenschaftler dann auch tatsächlich eine solche Kontrollinstanz für den Schmerz, und zwar in einem Teil des Rückenmarks, den man als Dorsalhorn bezeichnet. Jetzt ließen sich so alltägliche Rätsel erklären wie die Tatsache, dass ein schmerzender Fuß weniger wehtut, wenn man ihn reibt. (Das Reiben sendet Signale an das Dorsalhorn, die dafür sorgen, dass umliegende benachbarte Reize nicht mehr durchgelassen werden.)

Die faszinierendste Behauptung von Melzack und Wall aber lautete, dass das Tor nicht allein durch Signale des sensorischen Systems kontrolliert wird, sondern auch durch Emotionen und andere »Äußerungen« des Gehirns. Die Forscher meinten, dass das Ziehen am Glockenstrang nicht notwendigerweise die Glocke zum Klingen bringe. Die Glocke selbst, der Geist, könne dies verhindern. Ihre Theorie löste eine Vielzahl an Forschungen aus zu der Frage, wie Gefühlslage, Geschlecht und Überzeugungen das Schmerzempfinden zu beeinflussen vermögen. In einer Studie maßen Wissenschaftler zum Beispiel Schmerzschwelle und Schmerztoleranz bei zweiundfünfzig Tänzern einer britischen Ballettkompanie und bei dreiundfünfzig Universitätsstudenten; und zwar mit einer Methode, die als »cold-pressor-test« (Kältedruck-Test) bezeichnet wird. Der Test ist bestrickend einfach (ich habe ihn zu Hause selbst ausprobiert): Sie baden zunächst Ihre Hand zwei Minuten lang in Wasser von Körpertemperatur, um eine stabile Ausgangskondition zu etablieren, dann tauchen Sie die Hand in eine Schüssel mit Eiswasser und lassen eine Stoppuhr laufen. Sie schreiben den Zeitpunkt auf, an dem die Hand zu schmerzen beginnt: Das ist Ihre Schmerzschwelle. Dann warten Sie, bis der Schmerz so groß wird, dass Sie die Hand nicht mehr im Wasser lassen können, und notieren auch diese Zeit: Das ist Ihre Schmerztoleranz. Um Verletzungen vorzubeugen, wird der Test grundsätzlich nach zwei Minuten abgebrochen.

Die Ergebnisse waren mehr als erstaunlich: Die Studentinnen meldeten im Schnitt nach sechzehn Sekunden den ersten Schmerz und nahmen nach siebenunddreißig Sekunden die Hand aus dem Eiswasser. Die Tänzerinnen hielten bei beidem etwa dreimal so lange aus. Die Männer in beiden Gruppen zusammen betrachtet, zeigten eine höhere Schmerzschwelle und eine höhere Toleranz – was grundsätzlich den Erwartungen entsprach, denn Untersuchungen zeigen, dass Frauen im Allgemeinen, die letzten drei Schwangerschaftswochen ausgenommen, schmerzempfindlicher sind als Männer. Aber der Unterschied, der noch einmal innerhalb der Männergruppe bestand – zwischen Tänzern und Nichttänzern – war annähernd genauso groß. Wie lässt sich diese Diskrepanz erklären?

Sicher hat es etwas mit der Psyche von Balletttänzern zu tun – einer Population, die sich ebenso durch Selbstdisziplin, körperliches Leistungsvermögen und Konkurrenzfähigkeit auszeichnet wie durch das häufige Auftreten chronischer Verletzungen. Ihre Motivation und ihre Kultur des Wettbewerbs machen Schmerz für sie nachweislich zur Gewohnheit: Deshalb können sie allen Verrenkungen und Belastungsbrüchen zum Trotz immer weiter tanzen, und deshalb entwickelt die Hälfte aller Tänzer auf lange Sicht chronische Verletzungen. (Anderen Nichttänzern ähnlich begann ich nach etwa fünfundzwanzig Sekunden Schmerz zu spüren, konnte aber problemlos die Hand die ganzen hundertzwanzig Sekunden hindurch im Eiswasser lassen. Andere mögen darüber spekulieren, welche Rückschlüsse dies in Bezug auf die Leidensfähigkeit von Assistenzärzten zulässt.)

Weitere Studien in diesem Zusammenhang haben ergeben, dass Extrovertierte über eine größere Schmerztoleranz verfügen als Introvertierte, dass Drogenabhängige eine herabgesetzte Schmerztoleranz und Schmerzschwelle haben und dass man mit Übung die eigene Schmerzempfindlichkeit senken kann.[7] Es gibt überdies faszinierende Hinweise darauf, dass sehr einfache Formen der mentalen Suggestion höchst dramatische Auswirkungen auf das Schmerzempfinden haben. In einer Studie an fünfhundert Patienten, bei denen zahnmedizinische Eingriffe vorgenommen werden mussten, hatten diejenigen, denen man eine Placeboinjektion verabreicht und versichert hatte, dies werde den Schmerz betäuben, die wenigsten Beschwerden – nicht nur weniger als diejenigen, denen man das Placebo verabreicht und nichts dazu gesagt hatte, sondern auch weniger als diejenigen, denen man ohne tröstliche Versicherungen betreffs dessen Wirkung ein richtiges Betäubungsmittel injiziert hatte. Heutzutage liegen mehr als genug Beweise dafür vor, dass das Gehirn aktiv am Schmerzempfinden beteiligt ist und alles andere als eine Glocke mit einem langen Glockenstrang. Inzwischen lehrt jedes medizinische Lehrbuch die »Gate-Control«-Theorie. Trotzdem gibt es dabei ein Problem: Leute mit Schmerzen wie Roland Scott Quinlan vermag auch sie nicht zu erklären.

Die »Gate-Control«-Theorie geht prinzipiell von der descartschen Sicht aus, der zufolge das, was Sie als Schmerz fühlen, ein Signal aus geschädigtem Gewebe ist, das von den Nerven an Ihr Gehirn weitergeleitet wird. Sie fügt dieser lediglich die These hinzu, dass das Gehirn über eine Art Eingangskontrolle für ein solches Verletzungssignal verfügt. Wo aber ist bei Roland Quinlans chronischen Rückenschmerzen die Verletzung? Oder lassen Sie uns Dinge wie Phantomschmerzen betrachten. Nach der Amputation eines Körperteils durchleiden die meisten Menschen eine Phase, in der sie unablässig ein Brennen oder Verkrampfen spüren, das sich genauso anfühlt, als sei das betreffende Glied noch vorhanden. Ohne Gliedmaßen aber gibt es keine Nervenimpulse, die von dem Eingangsportal kontrolliert werden könnten. Woher kommt also der Schmerz? Strang und Klöppel sind verloren und trotzdem läutet die Glocke.

Eines Frühlingstages im Jahre 1994 hatte Dr. Frederick Lenz, ein Neurochirurg am Johns Hopkins Hospital, einen Patienten auf dem Tisch, der unter einem schweren Tremor seiner beiden Hände litt.[8] Der Patient, den ich hier Mark Taylor nennen will, war erst sechsunddreißig Jahre alt, doch seine Hände hatten dermaßen heftig zu zittern begonnen, dass die simpelsten Aufgaben – Schreiben, sein Hemd zuknöpfen, aus einem Glas trinken, bei seiner Arbeit als Versicherungsagent auf einer Tastatur tippen – grotesk erschwert wurden. Kein Medikament half und er verlor auf Grund seiner Probleme mehr als einmal seinen Job. Sein verzweifelter Wunsch nach der Rückkehr zu einem ganz normalen Leben veranlasste ihn, einer überaus heiklen Operation zuzustimmen: einem Eingriff in sein Gehirn, bei dem Zellen in einem kleinen Teil des Gehirns, dem Thalamus, von dem man bereits weiß, dass er zu Dingen wie einer so übermäßigen Stimulation der Handnerven beiträgt, durch elektronische Impulse zerstört werden.

Taylor litt jedoch noch unter einem weiteren schweren Problem: Seit siebzehn Jahren kämpfte er mit einer schweren Herzneurose. Mindestens einmal in der Woche überfielen ihn, während er an seinem Computerterminal arbeitete oder daheim in der Küche eines seiner Kinder fütterte, heftige Schmerzen im Brustkorb, die sich wie ein Herzinfarkt anfühlten. Sein Herz hämmerte, es klingelte in seinen Ohren, ihm ging der Atem aus, und er verspürte den übermächtigen Wunsch davonzulaufen. Ein Psychologe, den Lenz zu Rate zog, versicherte ihm jedoch, dass diese Panikattacken einer Operation höchstwahrscheinlich nicht im Wege stünden.

Zu Beginn lief alles wie erwartet, berichtete Lenz. Er injizierte Taylor ein Lokalanästhetikum – die Operation wird im Wachzustand ausgeführt – und bohrte ein kleines Loch in seine Schädeldecke. Dann führte er vorsichtig eine lange dünne Sonde tief ins Gehirn, direkt in den Thalamus, ein, mit der man Nervenzellen elektrisch stimulieren kann. Die ganze Zeit hindurch unterhielt er sich mit Taylor, forderte ihn auf, die Zunge herauszustrecken, eine Hand zu bewegen und ein Dutzend anderer Dinge zu tun, die ihm zeigten, dass mit dem Patienten alles in Ordnung war. Bei dieser Art von chirurgischem Eingriff besteht eine immense Gefahr, dass man auch falsche Zellen zerstört: die Thalamuszellen, die an der Tremorentstehung beteiligt sind, befinden sich nur Bruchteile eines Millimeters entfernt von anderen, die für das Empfinden und für motorische Aktivitäten essenziell sind. Bevor der Chirurg die Zielzellen mit einer zweiten, etwas dickeren Sonde elektrokauterisiert, d. h. zerstört, wird er sie daher durch Stimulation mit schwachen elektrischen Impulsen zu identifizieren suchen. Die Sonde befand sich in einem Bereich des Thalamus, den Lenz als »Region 19« bezeichnete, und er reizte diese Region, indem er eine geringe Spannung anlegte. Das hatte er schon tausendmal getan, und im Normalfall, erklärte er, lässt diese Reizung den Patienten ein leichtes Prickeln im Unterarm spüren. Und natürlich fühlte auch Taylor genau das. Im Anschluss daran stimulierte Lenz eine benachbarte Region, die er als »Region 23« bezeichnete und bei der die Reizung in der Regel zu einem ganz leichten Kribbeln im Brustkorb führt. Dieses Mal aber empfand Taylor unerwartet einen weit heftigeren Schmerz – und zwar genau den Schmerz, der ihn während seiner Panikattacken überfiel, dazu dieselbe Atemnot und Todesangst, die damit stets einhergingen. Er schrie auf und wäre beinahe vom Tisch gesprungen. Sobald Lenz mit der Stimulation aufhörte, verschwand auch die Empfindung, und Taylor beruhigte sich sofort. Verwundert legte Lenz ein weiteres Mal Spannung an und stellte fest, dass er damit dieselbe Wirkung erzielte. Er hörte sofort auf, entschuldigte sich bei Taylor für das ihm bereitete Unwohlsein und fuhr fort, nach den Zellen zu fahnden, die seinen Tremor kontrollierten. Die Operation war ein voller Erfolg.

Doch noch während Lenz den Eingriff beendete, rasten seine Gedanken. Er hatte Ähnliches nur einmal zuvor beobachtet: bei einer neunundsechzigjährigen Frau, die eine lange Leidensgeschichte von schwierig zu behandelnden Angina-pectoris-Anfällen hinter sich hatte, die sie nicht nur bei anstrengender physischer Belastung überfielen, sondern auch bei leichter körperlicher Tätigkeit, die im Grunde das Herz in keiner Weise beanspruchen sollten. Bei einem Eingriff, vergleichbar dem bei Taylor, hatte Lenz festgestellt, das auch bei ihr die Reizung dieses mikroskopisch kleinen Bereichs, die eigentlich nur ein leichtes Kribbeln im Brustkorb auslösen sollte, ganz wie bei Taylor den vertrauten, heftigen Brustschmerz zur Folge hatte – eine Empfindung, die sie als »heftig, beängstigend und beengend beschrieb«. Die Bedeutung dieser Beobachtung hätte leicht übersehen werden können, aber Lenz hatte bereits viele Jahre in der Schmerzforschung zugebracht und erkannte, dass er eine wichtige Beobachtung von großer Tragweite gemacht hatte. Wie er in einem später in der Zeitschrift *Nature Medicine* veröffentlichten Artikel schrieb, war die Reaktion dieser beiden Patienten der angelegten Reizstärke maßlos unangemessen. Was bei den meisten Menschen nicht mehr hervorruft als ein leichtes Kribbeln, war für sie Höllenqual. Gehirnregionen, die ganz alltägliche Empfindungen steuern, schienen bei ihnen abnorm hypersensibilisiert – reagierten auf harmlose Reize mit wildem Feuern. Im Falle der Patientin hatte der Schmerz als Signal einer Herzerkrankung begonnen und trat nun unter Umständen auf, die nichts mit einem beginnenden Infarkt zu tun hatten. Noch seltsamer war die Situation bei Taylor: Bei ihm hatte der Schmerz seine Ursache nicht in einer solchen physischen Schädigung, sondern in seiner Neurose, die allgemein als eine psychische Krankheit gilt. Lenzs Befunde legen den Verdacht nahe, dass sich tatsächlich jeder Schmerz »im Kopf« abspielt, und weiter, dass in manchen Fällen, wie bei Mark Taylor und Roland Scott Quinlan, gar keine physische Ursache nötig ist, damit ein Schmerzsystem durchdreht.

Damit wären wir bei der neuesten Schmerztheorie. Ihr führender Vertreter ist einmal mehr Ronald Melzack, der sich Ende der achtziger Jahre von der »Gate-Control«-Theorie abwandte und seine ungläubigen Zuschauerscharen aufforderte, ihr Schmerzverständnis ein weiteres Mal zu revidieren.[9] In Anbetracht der Beweislage, so sagt er heute, sollten wir aufhören anzunehmen, dass Schmerz ein Signal ist, das wie jede andere Empfindung vom Gehirn tatsächlich »gefühlt wird«. Jawohl, Verletzungen lösen Nervenimpulse aus, die durch das Eingangstor im Rückenmark weitergeleitet werden, aber das Gehirn ist die Instanz, die den Schmerz »entstehen lässt«, und eben das kann es auch in Abwesenheit äußerer Reize. Wenn ein verrückt gewordener Wissenschaftler Sie auf ein Gehirn in einem Bottich voller Nährlösungen reduzierte, so Melzack, würden Sie noch immer den Schmerz fühlen – ja, Sie verfügten vermutlich noch immer über das gesamte Spektrum an sensorischen Erfahrungen, das Sie gewohnt sind.

Dieser neuen Theorie zufolge werden Schmerz und andere sensorische Empfindungen inzwischen als »Neuromodule« des Gehirns begriffen – etwas Ähnliches wie die einzelnen Computerprogramme auf einer Festplatte zum Beispiel oder die Spuren auf einer CD. Und es gibt eine Menge Dinge, die auf den Knopf drücken können (unter anderem ein Neurochirurg, der das richtige Neuron mit einem Gleichstrompuls reizt). So wie Melzack es sieht, ist ein Schmerzmodul keine diskrete anatomische Einheit, sondern ein Netzwerk, an dem Komponenten aus beinahe allen Gehirnregionen beteiligt sind. Den Input liefern Nervensystem, Gedächtnis, Gefühlslage und anderes – es ist ein bisschen wie bei einem Ausschuss, der darüber entscheidet, welche Musik gespielt wird. Wenn die Signale eine gewisse Reizschwelle überschreiten, geben sie dem entsprechenden Neuromodul den Einsatz. Und was dann anhebt, ist keine einstimmige Melodie. Schmerz ist eine Sinfonie – eine komplexe Reaktion, die nicht nur eine gewisse charakteristische Empfindung umfasst, sondern auch motorische Aktivitäten, eine Veränderung der Gefühlslage, eine Verlagerung der Aufmerksamkeit, ein nagelneues Gedächtnis.

Plötzlich scheint ein einfaches Sich-den-Zeh-Anstoßen gar nicht mehr so einfach. Bei dieser Sicht der Dinge muss das Signal, das vom Zeh ausgeht, es zwar immer noch schaffen, das Eingangstor im Rückenmark zu passieren, danach aber trifft es auf zahllose andere Signale im Gehirn – Erinnerungen, Vorstellungen, Gefühlslage, Ablenkungen. Sie alle können sich zusammentun, um das Neuromodul für den Schmerz in dem betroffenen Zeh zu aktivieren. Bei manchen Leuten wird das Signal womöglich ausgeblendet, der angeschlagene Zeh kaum bemerkt. Bis hierher ist nichts allzu Überraschendes zu verzeichnen. Nun aber können wir uns vorstellen – und dies ist die radikalste Schlussfolgerung aus Melzacks Idee –, dass dasselbe Neuromodul auch von selbst einsetzen und einen echten Zehenschmerz entstehen lassen kann, ohne dass man sich den Fuß angestoßen hat. Das Neuromodul könnte – wie die »Region 23« in Mark Taylors Gehirn – permanent gespannt sein wie ein Gewehrabzug. Den könnte so gut wie alles betätigen: eine Berührung, ein Angstanfall, eine plötzliche Enttäuschung, eine Erinnerung nur.

Die neue Theorie über die Psychologie des Schmerzes hat fast schon paradoxerweise, könnte man sagen, dazu beigetragen, der Pharmakologie eine völlig neue Richtung zu geben. Für die Pharmakologen wäre das Nonplusultra der Schmerzbehandlung ein Medikament, dass effizienter wäre als Morphium, aber nicht dessen Nebenwirkungen hätte – nicht abhängig und müde machte und die Motorik nicht verlangsamte. Wenn das Problem ein überaktives neuronales System ist, dann benötigt man ein Medikament, das dieses dämpft. Aus diesem Grunde verschreiben Schmerzspezialisten ihren am schwierigsten zu behandelnden Patienten heutzutage in zunehmendem Maße Antiepileptika wie Carbamazepin und Gabapentin, was sich vor einem Jahrzehnt noch höchst seltsam ausgenommen hätte. Denn genau das tun diese Medikamente: Sie bringen das Gehirn dazu, seine Reizbarkeit zurückzuschrauben. Bisher wirken diese Medikamente nur bei einigen wenigen Leuten – Quinlan nahm seit über einem halben Jahre Gabapentin, ohne dass sich eine erkennbare Besserung eingestellt hätte –, aber die Pharmaunternehmen arbeiten mit Hochdruck an der Entwicklung ähnlicher »neurostabilisierender« Verbindungen.

Neurex (inzwischen Elan Pharmaceuticals) beispielsweise, eine kleine Biotechnologiefirma des Silicon Valley, hat auf der Basis dieser Überlegungen ein Schmerzmittel aus dem Gift einer Kegelschnecke entwickelt. Gifte sind, das versteht sich von selbst, biologisch höchst wirksam und entgehen im Unterschied zu den meisten Proteinen aus der Natur, die die Wissenschaft als Medikamente zu nutzen versucht hat, dem körpereigenen System zum Proteinabbau. Der Trick besteht darin, das Gift zu zähmen und medizinisch nutzbar zu machen. Von dem Kegelschneckengift wusste man, dass es sein Opfer tötet, indem es bestimmte Regelkreise im Gehirn lahm legt, die für das Feuern von Neuronen notwendig sind. Mit ein paar Veränderungen aber schufen die Neurex-Forscher Ziconotid, ein Medikament, das diese Regelkreise nur leicht hemmt. Statt die Hirnzellen auszuschalten, scheint es lediglich deren Erregbarkeit ein wenig zu dämpfen. In ersten klinischen Studien vermochte Ziconotid chronische Schmerzen bei Patienten mit AIDS oder Krebs wirksam zu bessern. Ein weiteres Schmerzmittel der neuen Generation, das soeben bei Abbott Laboratories entwickelt wird, ist ABT-594, eine Verbindung, die von einem Gift abgeleitet ist, das von einem kleinen, in Ecuador heimischen Pfeilgiftfrosch namens *Epipedobates tricolor* abgesondert wird. In Tierversuchen hat sich ABT-594 laut einer Veröffentlichung in der Wissenschaftszeitschrift *Science* in seiner schmerzstillenden Wirkung als fünfzigmal so wirksam wie Morphin erwiesen. Andere Firmen arbeiten an weiteren Schmerzmitteln, unter anderem an einer ganzen Klasse von Präparaten, die unter der Bezeichnung NMDA-Antagonisten laufen und ebenfalls zu einer Verringerung der neuronalen Aktivität führen.[10] Eines von diesen könnte das Schmerzmittel sein, auf das Quinlan und andere Patienten so verzweifelt warten.

Diese Medikamente aber sind bestenfalls eine Notlösung. Die grundsätzliche Frage, vor der sich die Forschung sieht, ist, wie man von Anfang an verhindern könnte, dass das Schmerzsystem dieser Patienten durchgeht. Am Anfang der meisten Krankengeschichten, die Leute mit chronischen Schmerzen zu berichten haben, steht eine Verletzung. Folgerichtig haben wir versucht, chronische Probleme zu vermeiden, indem wir akute Überbelastungen aus der Welt schaffen. Um diesen Ansatz herum hat sich eine ganzer Industriezweig gebildet, der um die Schaffung ergonomisch günstiger Arbeits- und Freizeitsituationen bemüht ist. Die Lehren aber, die sich aus der Schmerzklinik von Dr. Ross und dem Operationssaal von Dr. Lenz ziehen lassen, lauten, dass die Quelle des Schmerzes woanders liegt als in Muskel und Knochen des Patienten. Ja, manche Formen von chronischem Schmerz verhalten sich sogar in erstaunlicher Weise wie eine soziale Epidemie.

Unter australischen Angestellten – vor allem bei solchen, die an Computern zu arbeiten hatten – griff Anfang der achtziger Jahre plötzliche eine wahre Epidemie an unerträglichen Schmerzen im Arm um sich, der die Ärzte den Namen RSI, »repetition stress injury«, gaben, im Deutschen läuft dieselbe Symptomatik meist unter der Bezeichnung »Mausarm«.[11] Es handelte sich hierbei nicht um leichte Fälle von Schreibkrämpfen, sondern um massive Schmerzen, die zunächst mit leichten Beschwerden beim Tippen oder anderen ständig wiederholten Tätigkeiten begannen und bis zur Arbeitsunfähigkeit fortschritten. Die Betroffenen blieben im Durchschnitt ihrer Arbeit vierundsiebzig Tage fern. Wie bei chronischen Rückenschmerzen war auch in diesen Fällen keine schlüssige physische Anomalie festzustellen; auch hier fand sich keine wirksame Therapie, und die Armschmerzen breiteten sich aus wie eine ansteckende Krankheit. Vor 1981 hatte es dieses Phänomen so gut wie nicht gegeben, auf seinem Höhepunkt im Jahre 1985 aber war eine Unzahl von Arbeitnehmern betroffen. In zwei australischen Bundesstaaten hatte RSI in manchen Industriezweigen bis zu dreißig Prozent der Belegschaft arbeitsunfähig gemacht, gleichzeitig gab es Nischen mit Beschäftigten, die fast völlig beschwerdefrei waren. Selbst innerhalb einzelner Institutionen kam es zu Häufungen. Bei Telecom Australia beispielsweise schwankte die RSI-Häufigkeit bei den Mitarbeitern der Auskunft innerhalb einer einzigen Stadt massiv zwischen den einzelnen Stadtteilen. Auch konnten die Wissenschaftler keinerlei Verbindung zwischen RSI und den physischen Lebensumständen der Betroffenen – dem Grad der Wiederholung zum Beispiel oder der ergonomischen Beschaffenheit ihrer Arbeitsutensilien – ausmachen. Dann brach die Epidemie in sich zusammen, genauso plötzlich, wie sie gekommen war. Im Jahre 1987 war sie so gut wie vorüber. Ende der neunziger Jahre klagten australische Wissenschaftler gar darüber, dass sie für ihre Untersuchungen nicht genügend RSI-Patienten auftreiben konnten.

Mit chronischen Rückenschmerzen haben wir schon so lange zu tun, dass es kaum möglich scheint, geistig – oder gar politisch – einen Schritt zurückzutreten und deren soziale Etiologie zu ergründen, ganz zu schweigen davon, herausfinden zu wollen, inwieweit kulturelle Faktoren im Stande sein sollten, das persönliche Schmerzsystem einzelner Personen Amok laufen zu lassen. Die australische Schmerzepidemie spricht sehr für die Fähigkeit solcher Faktoren, landesweit echte, untragbare Schmerzen hervorzubringen, trotzdem sind unsere Kenntnisse bezüglich ihrer Ursachen und deren Kontrolle höchst dünn gesät. Wir wissen aus einer Reihe von Studien, dass ein günstiges soziales Umfeld – eine glückliche Ehe, eine befriedigende Arbeit – vor schweren Rückenschmerzen schützen. Statistiken haben uns auch gezeigt, dass ein bestimmtes diagnostisches Etikett und eine entsprechende Entschädigung (und damit eine Art offizieller Anerkennung und Bestätigung) chronischen Schmerz verlängern kann. In Australien sind beispielsweise viele Forscher der Ansicht, dass die Epidemie seinerzeit durch zwei Faktoren begünstigt worden ist: die offizielle Benennung mit dem diagnostischen Etikett RSI und das rasche Handeln der Regierung, die um eine Entschädigung für das Syndrom als anerkannte Berufskrankheit bemüht war. Als die Diagnose bei den Ärzten aus der Mode kam und eine Arbeitsunfähigkeitsrente schwerer zu bekommen war, nahm die Häufigkeit der mit der Krankheit assoziierten Symptome drastisch ab. Überdies scheinen die anfängliche Publikationsflut zum Thema mögliche Frühzeichen der Beschwerden und die an manchen Orten unternommenen umfassenden Anstrengungen, möglichst frühzeitige Krankmeldungen zu erhalten oder ergonomische Veränderungen durchzusetzen, der Epidemie förderlich gewesen zu sein. In jüngster Zeit beginnt in den Vereinigten Staaten die Debatte über die Ursprünge einer ähnlichen berufsbedingten Epidemie, die wahlweise als *repetitive stress injury, repetitive motion disorder* und, in der aktuell bevorzugten Nomenklatur, als *cumulative-trauma disorder* bezeichnet wird. Auch hier scheinen die ins Auge fallenden Faktoren zunächst einmal sozialer Natur zu sein.

Arm- und Rückenschmerzen sind nicht die einzigen Schmerzen, die nicht körperliche Ursachen haben können. Aus verschiedenen Untersuchungen geht hervor, dass soziale Faktoren eine vorherrschende Rolle bei vielen chronischen Schmerzsyndromen spielen können, unter anderem bei Unterleibsbeschwerden, Schmerzen des Kiefergelenks und Spannungskopfschmerz, um nur einige wenige zu nennen. Noch einmal: All das soll nicht so verstanden werden, als simulierten die Patienten ihre Beschwerden. Wie aus Melzacks Darstellung hervorgeht, ist ein Schmerz, der keine physischen Ursachen hat, nicht minder real als ein Schmerz, dem tatsächlich ein physisches Ereignis zu Grunde liegt – im Gehirn sind beide dasselbe. Ein einfühlsamer Ansatz zum Umgang mit chronischem Schmerz würde daher bedeuten, auch dessen soziale Aspekte zu berücksichtigen, nicht allein die physischen. Denn die Lösung für dieses Phänomen ist vielleicht gar nicht so sehr in dem zu suchen, was um uns herum vor sich geht, als viel mehr in dem, was in uns vor sich geht. Von allen potenziellen Konsequenzen dieser neuen Schmerztheorie scheint dies die seltsamste und weit reichendste: Sie macht Schmerz zu einer politischen Angelegenheit.

8

Ein elendes Gefühl

Anfänglich schien die Übelkeit kein Anlass zur Sorge. Amy Fitzpatrick war seit zwei Monaten schwanger – es würden Zwillinge werden, hatte der Ultraschall ergeben – und sie hatte ihre Schwester und genügend Freundinnen eine Schwangerschaft durchstehen sehen, um sich darüber klar zu sein, dass Übelkeit eben einfach dazu gehörte. Ihr erster Anfall verlief allerdings äußerst unerquicklich. Sie manövrierte ihren Honda Civic durch den hektischen Morgenverkehr auf New Yorks Franklin D. Roosevelt Drive. Bei einer Geschwindigkeit von etwa achtzig Stundenkilometern merkte sie plötzlich, dass sie sich im nächsten Augenblick würde übergeben müssen.

Mrs. Fitzpatrick war neunundzwanzig Jahre alt, hoch gewachsen, ihr dickes schwarzes Haar kontrastierte mit einem blassen irischen Teint, die Grübchen in ihrem mädchenhaften Gesicht verführte die Leute oft dazu, sie trotz ihres Wharton-Diploms nicht allzu ernst zu nehmen. Sie lebte in Manhattan, wo ihr Ehemann als Investment Banker arbeitete, und pendelte von dort nach Manhasset auf Long Island zu ihrer Arbeit als Managementberaterin für das North Shore Health System. Es war ein kühler Märzmorgen, und sie musste dringend eine Gelegenheit finden, rasch an die Seite zu fahren.

Als sie vom Franklin D. Roosevelt Drive abbog und die Auffahrt zur Triborough Bridge hinauffuhr, drehte sich alles um sie, und ihr Magen revoltierte heftig. Wissenschaftler bezeichnen diesen Zustand auch als Emeseprodrom. Die Speichelbildung nimmt zu, kann sich zu wahren Fluten steigern. Die Pupillen erweitern sich. Das Herz beginnt zu rasen. Die Blutgefäße in der Haut verengen sich, der Betreffende wird bleich – Wissenschaftler von der NASA haben es mit Hautsensoren fertig gebracht, bei Astronauten, die häufig nicht gerne zugeben, dass ihnen übel wird, Raumkrankheit nachzuweisen. Kalter Schweiß bricht aus. Binnen weniger Minuten wird der Betreffende müde und schläfrig. Aufmerksamkeit, Reflexe und Konzentration lassen massiv nach.

Zur gleichen Zeit geht im Magen eine vegetative Reaktion vor sich, die bewirkt, dass die Magenwände erschlaffen und die Entleerung erst einmal verzögert wird. Die Speiseröhre kontrahiert, lässt den oberen Teil des Magens durch das Zwerchfell in den Brustkorb schnellen, dabei bildet sich eine Art Trichter vom Magen zur Speiseröhre. Unmittelbar vor dem Erbrechen entleert darauf der obere Teil des Dünndarms seinen Inhalt mit einer plötzlichen ruckhaften Bewegung in den Magen, während im unteren Teil des Dünndarms der Inhalt mit kleineren rhythmischen Kontraktionen Richtung Dickdarm bewegt wird.

Als Amy Fitzpatrick die Auffahrt verließ, lagen die Fahrbahnen wie ein Fächer vor ihr, alle Fahrer um sie herum ordneten sich in die gewünschte Richtung ein. Sie hielt nach einer Stelle Ausschau, an der sie aus dem Verkehr rechts auf den Seitenstreifen hätte hinüberziehen können, aber es gab keine. Sie begann, die Spuren nach links zu überqueren, hoffte auf den kleinen Streifen Niemandsland zwischen den Mautstationen und dem Verkehr aus der Gegenrichtung. Sie musste würgen und angelte nach einer leeren Einkaufstüte. Dann übergab sie sich. Ein Teil des Erbrochenen trafen Kleid und Jackett. Ein Teil ging in die Einkaufstüte, die sie mit einer Hand festhielt. Trotzdem schloss sie die Augen nicht und hielt den Wagen ruhig, schaffte es sicher aus dem Verkehr heraus. Schließlich fand sie eine Stelle, an der sie Halt machen konnte, lehnte sich gegen ihren Gurt und entledigte sich dessen, was noch im Magen war.

Der Akt des Erbrechens selbst erfolgt in zwei Phasen.[1] Die Würgephase umfasst ein paar Runden wohl abgestimmter Kontraktionen von Bauchmuskeln, Zwerchfell und den Muskeln des Atemwegs. Bis dahin ist noch nichts hochgekommen. Bei der Entleerungsphase erfahren Zwerchfell und Bauch eine massive, anhaltende Kontraktion, die einen immensen Druck auf den Magen ausübt. Wenn die Speiseröhre sich dann entspannt, ist es, als habe jemand den Stöpsel von einem Hydranten entfernt.

In aller Regel fühlen sich Menschen nach dem Erbrechen besser, wenigstens eine gewisse Zeit lang, aber bei Amy Fitzpatrick war es nicht so. Die Autos rasten an ihr vorbei, sie saß da und wartete darauf, dass die Übelkeit sich verlor, aber das tat sie nicht. Schließlich fuhr sie, immer noch sterbenselend, über die Brücke, wendete, fuhr nach Hause und kroch ins Bett. Im Laufe der kommenden Tage verlor sie allen Appetit, starke Gerüche wurden ihr unerträglich. Am darauf folgenden Wochenende war Ostern, und sie und ihr Ehemann Bob fuhren nach Alexandria, Virginia, um Amys Familie zu besuchen. Sie überstand schon die Fahrt kaum und musste die ganze Zeit über auf der Rückbank liegen. Es sollte Monate dauern, bis sie nach New York zurückkehren konnte.

Im Haus ihrer Eltern verschlimmerten sich die Symptome in rasendem Tempo. An jenem Wochenende vermochte sie keinerlei Nahrung oder Flüssigkeit bei sich zu behalten. Sie litt unter massivem Flüssigkeitsmangel. Am Ostermontag verbrachte sie ein paar Stunden im örtlichen Krankenhaus, wo man ihren Flüssigkeitsbedarf durch Infusionen deckte. Sie suchte die Gynäkologin ihrer Mutter auf, die ihr versicherte, Übelkeit und Erbrechen seien im Verlauf einer Schwangerschaft ganz normal, und sie mit ein paar praktischen Ratschlägen versorgte: Sie solle sich von starken Gerüchen und kalten Flüssigkeiten fern halten und versuchen, zu jeder Gelegenheit kleine Mengen an Essen herunterzubringen – trockene Cracker, Salzstangen vielleicht und andere Kohlenhydrate. Da Amys Symptome normal waren, wollte die Ärztin ihr keine stärkeren Medikamente verordnen. Schwangerschaftsübelkeit verliert sich meist in der vierzehnten, spätestens aber in der sechzehnten Schwangerschaftswoche.

Amy Fitzpatrick war ausgesprochen willensstark, musste aber feststellen, dass sie dennoch außer ein paar Bissen Cracker oder Toast nichts bei sich behalten konnte. Am Ende der Woche benötigte sie einen erneuten Flüssigkeitsausgleich, und die Ärztin ordnete an, dass eine Pflegeschwester zu ihren Eltern nach Hause kam und ihr Infusionen gab. Amy hatte unablässig das Gefühl, sich im nächsten Augenblick übergeben zu müssen. Sie war jemand, der beinahe alles hatte essen können. Nun verursachten ihr selbst die mildesten Lebensmittel Brechreiz. Ihr Leben lang hatte sie wilde Karussellfahrten in Vergnügungsparks gemocht, bei denen es einem buchstäblich den Magen herumdrehte, nun führten bereits eine kurze Autofahrt oder auch nur ein rasches Aufstehen oder eine schnelle Drehung des Kopfes bei ihr zu schwerer Bewegungskrankheit (Kinetose). Sie vermochte nicht die Treppe hinunterzugehen; selbst wenn sie im Bett lag und fernsah, drehte sich ihr alles im Kopf. Die kommenden Wochen hindurch übergab sie sich fünf- bis sechsmal am Tag. Sie verlor über fünf Kilo an Gewicht, statt kräftig zuzunehmen, wie es normal gewesen wäre für eine Frau, die Zwillinge erwartet. Das Schlimmste aber war, dass sie das Gefühl hatte, die Kontrolle über ihr Leben zu verlieren. Die Alltagsmanagerin in ihr konnte dies kaum ertragen. Hier lag sie im Haus ihrer Kindheit, die Mutter musste sich von ihrer Arbeit als Highschool-Lehrerin beurlauben lassen, um sie zu pflegen. Sie fühlte sich wie ein hilfloses Kleinkind.

Was ist Übelkeit, dieses seltsame und schreckliche Ungeheuer? Diesem Thema kommt in der medizinischen Ausbildung wenig Aufmerksamkeit zu, dabei ist Übelkeit einer der häufigsten Gründe dafür, dass Leute zum Arzt gehen. Bei frisch operierten Patienten pflegt Erbrechen nach der Narkose so häufig zu sein, dass im Aufwachraum an jedem Bett ein »Spucknapf« steht.[2] Ein Großteil aller Chemotherapiepatienten hat mit Übelkeit zu kämpfen und bezeichnet diese einstimmig als den schlimmsten Teil der Therapie.[3] Sechzig bis fünfundachtzig Prozent aller

Schwangeren leiden unter Morgenübelkeit, und ein Drittel der Beschäftigten unter ihnen fehlt aus diesem Grund an seinem Arbeitsplatz.[4] Bei ungefähr fünf von tausend Schwangeren kann dieser Zustand (auch bezeichnet als »Hyperemesis gravidarum«) so schwer wiegende Formen annehmen, dass er mit einem Besorgnis erregenden Gewichtsverlust einhergeht. Und natürlich ist so ziemlich jeder von uns in seinem Leben schon einmal reise- oder bewegungskrank gewesen. Seekrankheit ist seit der Antike ein Problem des Militärs. (Der medizinische Begriff für Übelkeit, Nausea, leitet sich her von dem griechischen Wort für Schiff.) Eine besondere Form von Bewegungskrankheit ergibt sich beim Agieren in virtueller Realität. Und Raumkrankheit ist ein häufiges, wenngleich selten benanntes Problem für Astronauten.

Das verblüffendste Phänomen an der Übelkeit ist die Tatsache, dass sie so ungemein widerwärtig ist (Cicero behauptete einmal, er »wolle lieber sterben, als noch einmal die Qualen der Seekrankheit durchstehen«), und das nicht nur für den Augenblick. Noch nach Monaten, wenn die Schmerzen der Geburt im Gedächtnis junger Mütter längst verblasst sind, werden sie sich lebhaft an ihre Übelkeit erinnern: Für manche Frauen ist sie Grund genug, auf weitere Kinder zu verzichten. In dieser Hinsicht ist Übelkeit ein bemerkenswertes Phänomen. Angenommen, Sie brechen sich beim Skifahren ein Bein: Wie schlimm der Verletzungsschmerz auch gewesen sein mag, Sie werden, so bald Sie können, wieder auf Skiern stehen. Nach einer unliebsamen Erfahrung mit einer Flasche Gin oder einer Auster hingegen werden die Betroffenen noch nach Jahren einen großen Bogen um den Schuldigen machen. In Anthony Burgess Film *Clockwork Orange* programmieren die Vollzugsbehörden Alex um, indem sie seinen Drang zur Gewalt an Übelkeit koppeln, nicht an Schmerz. Es gab Zeiten, als es in ein paar deutschen Städten ähnliche Versuche gegeben haben soll: Aus einem Manuskript von 1843 geht hervor, dass straffällig gewordene Jugendliche vor dem Rathaus in einen Käfig gesperrt worden sind, den ein Staatsdiener so lange mit hoher Geschwindigkeit rotieren ließ, bis die Delinquenten die versammelte Menge mit einem »Ekel erregenden Schauspiel« beglückt hatten.

Die Widerwärtigkeit des Gefühls von Übelkeit und des Erbrechen scheint biologisch höchst sinnvoll. Welchen Nutzen Erbrechen nach dem Genuss toxischer oder verdorbener Speisen haben kann, liegt auf der Hand: Das Toxin wird schnellstmöglich aus dem Körper geschafft. Und das Scheußliche an der begleitenden Übelkeit wird Sie davon abhalten, etwas Ähnliches je wieder essen zu wollen. Es erklärt auch, warum Medikamente, Chemotherapeutika und Narkosemittel so häufig Übelkeit und Erbrechen hervorrufen: Sie sind Gifte – wenn auch in kontrollierter Dosis –, und der Körper ist darauf eingestellt, sich von ihnen zu befreien.

Warum andere Dinge Übelkeit erregen, ist schwerer einzusehen, aber die Wissenschaft beginnt in Mutter Naturs Vorsehung allmählich einen gewissen Sinn zu erahnen. Man möchte vielleicht versucht sein anzunehmen, dass vom Standpunkt der Evolution aus betrachtet Schwangerschaftsübelkeit ein Nachteil sein sollte, denn ein heranwachsender Embryo braucht Nährstoffe. In einem berühmt gewordenen Artikel aus dem Jahre 1992 fand die Evolutionsbiologin Margie Profet jedoch bestechende Argumente dafür, dass Schwangerschaftsübelkeit in Wirklichkeit von Vorteil ist.[5] Sie wies darauf hin, dass viele natürliche Nahrungsmittel, die für Erwachsene keine Gefahr darstellen, für einen Embryo nicht gesund sind. Alle Pflanzen produzieren Toxine, und damit wir sie essen können, haben sich im Laufe der Evolution bei uns ausgeklügelte Entgiftungssysteme entwickelt. Diese Systeme eliminieren die schädlichen Chemikalien aber nur zum Teil, und Embryonen können selbst gegen Spuren davon empfindlich sein. (Von Toxinen in Kartoffeln weiß man beispielsweise, dass sie auch in Konzentrationen, die für die Mutter unschädlich sind, zu neuronalen Fehlbildungen bei Tierembryonen führen; man hat sogar darüber spekuliert, ob der hohe Kartoffelverbrauch in Irland dafür verantwortlich sein könnte, dass es dort die weltweit höchste Rate an neuralen Missbildungen wie Spina bifida gibt.)

Die Entstehung von Schwangerschaftsübelkeit hängt nach Profets Überzeugung möglicherweise damit zusammen, dass durch sie der Embryo vor der Einwirkung natürlicher Toxine geschützt wird. Sie weist darauf hin, dass Frauen in dieser Zeit in der Regel ausgesprochen milde Kost bevorzugen, Lebensmittel, die nicht rasch verderben wie Brot und Getreideflocken, und eine starke Aversion gegen Nahrungsmittel entwickeln, die mit einer hohen Konzentration an natürlichen Toxinen befrachtet sind – bittere oder scharfe Gerichte zum Beispiel oder tierische Produkte, die nicht extrem frisch riechen. Die Theorie erklärt auch, weshalb die Übelkeit in erster Linie während des ersten Schwangerschaftsdrittels vorkommt: In dieser Zeit entwickelt der Embryo seine Organe und ist besonders anfällig für Toxine, gleichzeitig ist er noch sehr klein und kann seinen Kalorienbedarf problemlos aus den vorhandenen Fettdepots der Mutter decken. Alles in allem kommt es bei Frauen mit einer heftigen Morgenübelkeit seltener zu Fehlgeburten als bei Frauen mit leichter Übelkeit oder Frauen, die gar nichts spüren.

Welchen biologischen Sinn die Bewegungskrankheit haben soll, ist weit schwerer einzusehen.[6] Im Jahre 1882 beobachtete der Psychologe William James von der Harvard University, dass manche gehörlose Menschen gegen Seekrankheit immun sind, und seither ist der Rolle des Vestibularapparats – jener Innenohrkomponenten, die uns befähigen, unsere Position im Raum zu halten – ein hohes Maß an Aufmerksamkeit zugekommen. Wissenschaftler gelangten zu der Ansicht, dass heftige Bewegungen dieses System überstrapazieren und im Gehirn Signale produzieren, die Übelkeit und Erbrechen auslösen. Doch der Physiologe Charles Oman vom Massachusetts Institute of Technology, dessen Spezialgebiet die Raumkrankheit ist, stellte fest, dass diese Theorie viele Merkmale der Bewegungskrankheit nicht zu erklären vermag: Warum beispielsweise manche Bewegungsabläufe wie Rennen, Springen oder Tanzen uns so gut wie nie bewegungskrank werden lassen; Bewegungen, die nicht unter der eigenen Kontrolle ablaufen – sich in einem Karussell auf dem Rummelplatz herumwirbeln lassen – hingegen wohl; warum Autofahrer oder Flugzeugpiloten weit weniger anfällig sind als ihre Beifahrer und Passagiere und warum die Übelkeit mit zunehmender Gewöhnung abnimmt.[7] Zur Bewegungskrankheit kann es sogar ohne alle Bewegung kommen – bei der oben genannten Form durch die Konfrontation mit virtuellen Abläufen zum Beispiel oder bei einem verwandten Phänomen, das sich bei manchen Leuten in Kinos mit riesigen 3-D-Leinwänden einstellt. Oman stellte fest, dass einer der wirksamsten Auslöser von Raumkrankheit bei Astronauten ein anderer Astronaut ist, der einfach kopfüber an dem Betreffenden vorüber gleitet, was bei dem Betrachter einen Augenblick lang das Schwindel erregende Gefühl auslöst, selbst derjenige zu sein, der auf dem Kopf steht.

Wissenschaftler haben inzwischen nachgewiesen, dass es zur Bewegungskrankheit dann kommt, wenn ein Widerspruch besteht zwischen der Bewegung, die wir erfahren, und der Bewegung, die wir erwarten. Allein um unseren Kopf auf den Schultern zu balancieren, unseren Rumpf auf den Hüften und beides zusammen auf den Füßen zu halten, benötigen wir einen unglaublich fein abgestimmten »Körpersinn« – ein System, das lernt, auf der Basis von Botschaften des Sehens, der Muskeln und insbesondere des Innenohrs Bewegungen zu antizipieren. Übelkeit entsteht, wenn das Gehirn unerwartete sensorische Meldungen zu verarbeiten hat – für den, dem Boote nicht vertraut sind, vielleicht die, dass der Boden unter ihm nachgibt, sich auf und ab bewegt, oder für jemanden, der einen 3-D-Helm trägt, das Gefühl, sich selbst in einer virtuellen Welt agieren zu sehen, während der eigene Körper weiß, dass man stillsteht. (Ein Fahrzeug selbst zu steuern, hilft, weil man so mehr Kontrolle und ein besseres Gefühl dafür bekommt, wie man sich bewegt). Kurz gesagt: Bewegungskrankheit resultiert im Grunde aus unvertrauten Bewegungen.

Warum aber führt eine unvertraute Bewegung dazu, dass wir uns so dermaßen elend fühlen? Eine der gegenwärtig bevorzugten Erklärungen lehnt sich an die Theorie an, dass Übelkeit und Erbrechen im Grunde dazu da sind, uns vor Toxinen zu schützen. Als sich unsere Art während des Pleistozäns entwickelte, hatten die ersten Menschen im Unterschied zu uns heute, die wir Boot oder Auto fahren, niemals die Gelegenheit, eine länger andauernde passive Bewegung zu erfahren. Ein ziemlich ähnliches Gefühl lässt sich allerdings mit der Einnahme verschiedener Halluzinogene erzeugen – wie jedermann, der einmal zu viel Alkohol getrunken hat, wird bestätigen können. Übelkeit und Erbrechen, wie sie mit der Bewegungskrankheit einhergehen, sind daher womöglich ein modernes Nebenprodukt des uns gewachsenen Standardsystems zum Unschädlichmachen von Toxinen und zur Aufrechterhaltung einer Abneigung vor diesen Stoffen. Diese Theorie ist allerdings nicht halb so gut untersucht wie die Erklärung für das Vorhandensein der Schwangerschaftsübelkeit. Und überdies haben wir noch immer nicht die geringsten Anhaltspunkte dafür, warum Angst oder der Anblick von Blut oder Erbrochenen allein ausreichen sollten, damit einem Menschen übel wird.

Wie adaptiv Übelkeit und Erbrechen auch sein mögen, in so dramatischen Fällen von Hyperemesis wie dem von Amy Fitzpatrick scheinen diese Reflexe völlig außer Kontrolle zu geraten. Tatsächlich verlief die Hyperemesis vor dem Zweiten Weltkrieg, bevor Techniken zur künstlichen Versorgung mit Körperflüssigkeiten entwickelt waren, in aller Regel tödlich, sofern man nicht einen Abort einleitete. Noch heute kann es durch derart heftiges Erbrechen zu massiven Schädigungen kommen, wenngleich Todesfälle höchst selten sind. Berichtet wird unter anderem von einer Ruptur der Speiseröhre, einem Lungenkollaps und einem Milzriss. Niemand käme auf die Idee, dass Amy Fitzpatricks Zustand in irgendeiner Hinsicht von Vorteil sein könnte. Irgendetwas musste geschehen, damit es ihr besser ging.

Als Amy mehr als fünf Kilo abgenommen hatte, verschrieb ihre Ärztin ihr Medikamente, mit denen sie Übelkeit und Erbrechen zu kontrollieren hoffte, damit sie wieder essen und trinken konnte. Als Erstes versuchte sie es mit Reglan, einem Medikament, das häufig gegen die Übelkeit nach einer Vollnarkose verordnet wird. Amy bekam einen kleinen Apparat, der ihr das Medikament rund um die Uhr ins Bein pumpte. Es half jedoch wenig, sondern verursachte beängstigende neurologische Nebenwirkungen – Zittern, Kiefersperre, Körperstarre und Atembeschwerden. Die Ärztin versuchte es mit einem zweiten Medikament, Compazin, das insgesamt nicht allzu viel bewirkte, dann noch mit einem dritten, Phenergan-Zäpfchen, die sie zwar müde machten, das Erbrechen aber nicht zu bremsen vermochten.

Alle diese Medikamente wirken, indem sie die Dopaminrezeptoren im Gehirn blockieren. Es gibt heutzutage eine neuere Klasse von Antiemetika, die die Rezeptoren für einen anderen Botenstoff des Gehirns, das Serotonin, blockieren und als Durchbruch bei der Behandlung von Übelkeit und Erbrechen stürmisch gefeiert wurde. Sie sind nicht billig – Zofran, das meistverkaufte Präparat, kostet am Tag einhundertfünfundzwanzig Dollar oder mehr –, doch aus verschiedenen Studien geht hervor, dass es die Neigung zum Erbrechen bei Chemotherapiepatienten und einigen Frischoperierten deutlich lindert. Auch hat man bislang keine Probleme im Hinblick auf Schädigungen des Embryos feststellen können. Also bekam Amy über mehrere Wochen hinweg Zofran-Infusionen. Auch dies half nichts.

Ihre Ärztin ließ Blut- und Ultraschalluntersuchungen anstellen und zog mehrere Spezialisten zu Rate. Übelkeit kann Folge einer Verengung im Gastrointestinaltrakt sein, einer schweren Infektion oder Vergiftung, doch es wollten sich keine alternativen Erklärungen finden lassen.

»Ich weiß, dass die Ärzte ihr Bestes versuchen«, pflegte Amy zu sagen, und auch sie gab ihr Bestes. Sie müsse einfach durchhalten, sagte sie sich, und, ganz Managementberaterin, tat sie dies höchst organisiert und planvoll. Sie bestellte eine Reihe von Plastikspucknäpfen und verteilte sie an den strategisch wichtigen Punkten im Haus, besorgte eine Absaugpumpe mit Plastikmundstück, die sie neben ihr Bett stellte, damit sie die krankhaften Speichelmengen absaugen konnte. Die meiste Zeit hindurch aber lag sie – so sie sich nicht gerade übergab – mit geschlossenen Augen im Bett.

Unterdessen begann ein kleiner Trupp von Familienangehörigen und Freunden systematisch alle möglichen Informationen über Behandlungsmöglichkeiten zusammenzutragen – konventionelle Methoden und andere.[8] Amy probierte eine Kräutertherapie, chinesische Massagen und Wasser mit Zitrone. Als sie von einer Studie erfuhr, in der es hieß, Ingwer könne bei ihrem Zustand womöglich von Nutzen sein, versuchte sie es damit. Sie probierte es mit »Sea-Bands«: Akupressurbänder gegen Reiseübelkeit, die einen kontinuierlichen Druck auf den so genannten »Neiguan-Punkt« – eine Stelle am inneren Unterarm, etwa drei Finger breit unterhalb der Armbeuge – ausüben.[9] (Obwohl die Akupressur hoch gelobt wird als Mittel gegen Schwangerschaftsübelkeit, gegen unerwünschte Nebenwirkungen von Chemotherapie und Bewegungen, haben die bisherigen Studien keine eindeutig belegbare Wirkung zu zeigen vermocht.) Nichts konnte Amys Übelkeit vertreiben, die Massagen taten ihr allerdings gut.

Noch besorgniserregender aber war, dass sich die Symptome nicht, wie die Ärzte es erwartet hatten, mit der Zeit besserten. Im vierten Monat ihrer Schwangerschaft war ihr noch genauso übel wie am Anfang – ein überaus ungewöhnlicher Umstand. Inzwischen hatte sie mehr als sieben Kilo abgenommen. Sie sah beängstigend krank aus. Die Ärzte wiesen sie ins Klinikum der George Washington University ein und ließen sie vom Team für Risikoschwangerschaften betreuen. Man ernährte sie intravenös, und sie fing endlich an zuzunehmen. Im Laufe der nächsten Monate verbrachte sie freilich mehr Zeit im Krankenhaus als zu Hause.

Für ihre Ärzte bildete sie inzwischen ein gespenstisches, stets gegenwärtiges Mahnmal eigenen Versagens – die Art Patient, deren bloße Gegenwart eine Absage an sie und ihre Kunst ist. Ärzte haben verschiedene Arten, mit solchen Patienten umzugehen, und im Laufe der Zeit muss sie so ziemlich alle erfahren haben. Manche Ärzte erzählten ihr, dass sie binnen der nächsten ein oder zwei Wochen über den Berg sein werde. Ein Arzt fragte sie, ob sie nicht lieber nach New York zurückwollte, und sie konnte sich des Eindrucks nicht erwehren, dass er sie nur gerne loshätte. Wieder einer schien zu glauben, dass sie nicht entschlossen genug versuche zu essen, so als hätte sie ihre Übelkeit längst unter Kontrolle. Ihre Enttäuschung wuchs spürbar. Irgendwann riet man ihr, zu einem Psychiater zu gehen. Der Vorschlag entbehrte nicht einer gewissen Logik. Angst und Stress können Übelkeit verursachen, und Amy Fitzpatrick war bereit, alles zu tun, was womöglich helfen könnte. Aber, so berichtete sie, der Psychiater, den sie aufsuchte, hatte sich daran festgebissen, dass sie womöglich böse auf die Babys und nicht bereit sei, ihre Rolle als Ehefrau und Mutter zu akzeptieren. Eine überraschend große Anzahl von Ärzten glaubt noch immer an die zweifelhafte freudsche These, der zufolge Schwangerschaftsübelkeit auf eine unbewusste Ablehnung der Schwangerschaft zurückzuführen ist.

Die Situation entglitt der ärztlichen Kontrolle, und schlimmer noch, dem ärztlichen Verständnis. Natürlich suchte Amy Fitzpatrick auch selbst nach einem Mittel zur Heilung. Irgendwann drängten sie und ihre Familie das Ärzteteam, eine Behandlung auszuprobieren, über die sie bei der Lektüre eines Artikels über Maria Shriver und deren Erfahrung mit dem Zustand der Hyperemesis gemacht hatte. In ihrem Falle hatte eine Dauerinfusion mit Droperidol geholfen, einem Beruhigungsmittel, das häufig zur Behandlung von Übelkeit und Erbrechen bei frisch Operierten eingesetzt wird. Die Ärzte willigten ein. Doch unter der Infusion verschlechterte sich ihr Zustand nur noch mehr. Sie übergab sich alle zehn Minuten, ihre Speiseröhre begann unter der

Belastung feine Risse aufzuweisen, und sie erbrach tassenweise Blut.

Sie litt unendlich. Nicht selten wird im Falle einer schweren Hyperemesis die Schwangerschaft abgebrochen, wenn sich das Elend nicht abstellen lässt. Eine Frau im selben Flur hatte aus diesem Grunde abtreiben lassen, und die Ärzte schlugen Amy vor, dasselbe zu tun. Für sie kam diese Lösung nicht in Betracht, zum einen, weil sie eine gläubige Katholikin war, zum anderen, weil an jedem Tag eine Schwester mit einem kleinen Ultraschallgerät vorbeikam, mit dessen Hilfe sie die beiden winzigen Herzen in ihrem Bauch emsig pochen hörte. Irgendwie reichte das aus, sie bei der Stange zu halten.

Es gibt kein Allheilmittel für Übelkeit. Hautpflaster, die den Wirkstoff Scopolamin, ein Nachtschattenalkaloid enthalten, setzen die Bereitschaft zu Bewegungskrankheit und postoperativem Erbrechen herab, scheinen bei Schwangeren und Chemotherapiepatienten jedoch wirkungslos zu sein. Phenargan, ein Antagonist für den Dopaminrezeptor, wirkt bei vielen Schwangeren und Leuten, die unter Bewegungskrankheit leiden, nicht aber bei Chemotherapiepatienten. Sogar ein so hochmodernes Mittel wie Zofran, das häufig als Penicillin der Übelkeit gilt, hilft in vielen Fällen nicht. Zofran kann bei Erbrechen nach Chemotherapie und Vollnarkose zwar höchst wirksam sein, hilft Studien zufolge aber nicht gegen Bewegungskrankheit oder Schwangerschaftsübelkeit. (Marihuana zu rauchen scheint Chemotherapiepatienten übrigens auch zu helfen, wenngleich nur schwach, aber in der Schwangerschaft ist es für den Embryo nicht minder toxisch als Tabak.[10])

Das scheint logisch, wenn man sich überlegt, dass Übelkeit ein Zustand ist, der durch so unterschiedliche Auslöser zu Stande kommen kann wie eine ungewohnte Umgebung, ein übler Geruch, ein toxisches Medikament und die hormonellen Schwankungen der Schwangerschaft. Wissenschaftler würden sagen, das

Gehirn verfügt über ein Programm für das Erbrechen (ein »Modul«), das alle möglichen Arten von Inputs empfängt und produziert: angefangen von den Chemorezeptoren in Nase, Darm und Gehirn, über Rezeptoren, die ein Überfüllen des Magens oder das Kitzeln des Zäpfchens registrieren, bis hin zu Bewegungssensoren im Innenohr und den höheren Hirnzentren, die Gedächtnis, Gefühlslage und Erkennen steuern. Jedes unserer gegenwärtig verfügbaren Medikamente interferiert mit manchen Stoffwechselwegen vermutlich stärker als mit anderen. Daher die unterschiedliche Wirkung in unterschiedlichen Zusammenhängen.

Hinzu kommt, dass wir Übelkeit und Erbrechen zwar häufig als Teil desselben Phänomens sehen, beide aber in Wirklichkeit zwei verschiedene Phänomene darstellen, an denen unterschiedliche Programme im Gehirn beteiligt sind, und ein Präparat, das eines davon beeinflusst, muss nicht unbedingt auch beim anderen etwas bewirken. Zur Übelkeit gehört nicht notwendigerweise Erbrechen. Ich kann mich an ein Kind aus der sechsten Klasse erinnern, dass sich nach Belieben – ohne den Finger in den Hals zu stecken oder Ähnliches – übergeben konnte. Und Menschen mit einer Störung namens Meryzismus haben die bisher ungeklärte Neigung, Teile ihres Mageninhalts hochzuwürgen, ohne dass ihnen auch nur im Geringsten übel ist.[11] (Sie schlucken das Hochgewürgte entweder wieder herunter oder spucken es aus, »je nach den gesellschaftlichen Gegebenheiten«, wie es in einem wissenschaftlichen Artikel heißt.) Umgekehrt führt auch massive Übelkeit nicht immer zu Erbrechen. Und Medikamente, die gegen das Erbrechen wirken, lindern nicht unbedingt die Übelkeit – ein Umstand, den viele Ärzte und Schwestern nicht hinreichend berücksichtigen. So sind zum Beispiel viele Leute, die im medizinischen Bereich arbeiten, zutiefst beeindruckt von Zofran, Patienten aber womöglich weit weniger. Eine Studie unter der Leitung von Gary Morrow, einem Wissenschaftler von der Medizinischen Hochschule der University of Rochester, der sich mit der Entstehung von Übelkeit befasst, kam zu dem Ergebnis, dass der Einsatz von Zofran und verwandten Substanzen das Erbrechen bei Chemotherapiepatienten zwar deutlich reduziert, gegen das massive Übelkeitsgefühl hingegen nichts ausrichten kann.[12] Ja, die Patienten von heute berichten zum Teil über länger anhaltende Übelkeit als in den Jahren vor dem Einsatz von Zofran.

Forscher, die sich mit Chemotherapiepatienten befassen – einer Art Prototyp für die Wissenschaft, die sich mit dem Zustandekommen von Übelkeit und Erbrechen beschäftigt –, haben etwas noch Überraschenderes entdeckt. Es gibt eine »akute« Form, die binnen Minuten bis Stunden nach Verabreichung des Chemotherapeutikums auftritt und sich allmählich wieder verliert – genau der Effekt also, den wir bei Einnahme eines Giftes erwarten würden. Bei vielen Patienten kehren Übelkeit und Erbrechen jedoch nach ein bis zwei Tagen zurück, (man bezeichnet dies auch als »verzögerte Emese«), und etwa ein Viertel aller Chemotherapiepatienten leidet sogar unter »antizipatorischer Emese (Erwartungsübelkeit) und Erbrechen«. Bei ihnen treten die Symptome noch vor der Gabe der Medikamente auf. Morrow hat ein paar faszinierende Merkmale dieser Arten von Übelkeit zusammengefasst.[13] Je massiver die ursprüngliche akute Übelkeit, umso heftiger die antizipatorische Übelkeit. Und je mehr Chemotherapiezyklen der Patient durchzustehen hatte, umso unspezifischer werden die Auslöser für die antizipatorische Übelkeit: Zunächst kommt es womöglich zum Erbrechen, wenn der Patient die Krankenschwester erblickt, die ihm das Medikament verabreicht, dann auch beim Anblick jeder beliebigen Schwester oder beim Geruch des Krankenhauses, irgendwann bereits, wenn er zum Behandlungstermin auf den Parkplatz vor der Klinik fährt. Einer von Morrows Patienten fing bereits an sich zu übergeben, sobald er auf dem Highway des Ausfahrtzeichens für die Klinik ansichtig wurde.

Diese Reaktionen sind ohne Frage das Ergebnis psychologischer Konditionierung – vergleichbar dem bereits beschriebenen »Clockwork-Orange-Effekt«. Eine solche Konditionierung spielt vermutlich eine wichtige Rolle bei der Verlängerung der Übelkeit in anderen Zusammenhängen, unter anderem bei der Schwangerschaft. Haben sich antizipatorische oder verzögerte Übelkeit einmal etabliert, sind die gegenwärtig verfügbaren Medikamente wirkungslos. Untersuchungen von Morrow und anderen sind zu dem Schluss gekommen, dass in solchen Fällen nur Verhaltenstraining wie Hypnose oder nachhaltige Entspannungstechniken das konditionierte Erbrechen einzudämmen vermögen, und das auch nur bei einigen Patienten.

Letztlich ist unser medizinisches Arsenal gegen Übelkeit und Erbrechen noch immer recht primitiv. In Anbetracht dessen, wie geläufig diese Probleme sind und wie viel die Leute zu bezahlen gewillt sind, sich von ihnen zu befreien, investieren Pharmafirmen Millionen Dollar in die Suche nach effizienteren Medikamenten. Merck hat zum Beispiel einen viel versprechenden Kandidaten entwickelt, der gegenwärtig unter der Bezeichnung MK-869 läuft. Es handelt sich dabei um eine neue Klasse von Wirkstoffen, die als »Substanz-P-Antagonisten« bezeichnet werden.[14] Die Aufmerksamkeit war groß, als Merck verkündete, dass sie bei Depressionen klinisch wirksam seien, weniger Notiz wurde allerdings von den im *New England Journal of Medicine* veröffentlichten Befunden genommen, denen zufolge das Mittel gegen Übelkeit und Erbrechen bei Chemotherapiepatienten von bemerkenswerter Wirksamkeit sei.

Diese Befunde waren aus zwei Gründen ungewöhnlich. Zum einen war das Medikament in der Lage, sowohl akutes als auch verzögertes Erbrechen beträchtlich einzudämmen. Zum anderen wirkt MK-869 nicht nur gegen Erbrechen, sondern auch gegen Übelkeit. Der Anteil an Patienten, die binnen fünf Tagen nach der Chemotherapie über mehr als eine minimale Übelkeit klagten, sank mit diesem Mittel von fünfundsiebzig Prozent auf einundfünfzig Prozent.

Alle unsere Medikamente haben jedoch ihre Grenzen und so viel versprechend sich ein neues Medikament auch anlässt, bei vielen Patienten wird auch dieses nicht wirken. Bei der Hälfte der Patienten vermochte nicht einmal MK-869 die Übelkeit einzudämmen. (Hinzu kommt, dass seine Sicherheit und Wirksamkeit bei Schwangeren noch eine Zeit lang fraglich bleiben werden. Sowohl aus medizinischen als auch aus juristischen Gründen verzichten Pharmahersteller in der Regel darauf, Präparate an Schwangeren zu testen.) Damit ist auf absehbare Zeit noch immer kein Morphium gegen die Übelkeit in Sicht. Nicht kontrollierbare Übelkeit wird vorläufig als Problem bestehen bleiben. Aber es gibt ein brandneues klinisches Spezialgebiet namens »palliative Medizin«, das sich einem zentralen Thema widmet: der wissenschaftlichen Untersuchung des Leidens. Und das Verblüffende ist, dass man dort Lösungen findet, wo andere versagt haben.

Palliativmediziner und -pfleger sind Fachleute für die Betreuung von sterbenden Patienten – insbesondere für die Verbesserung der Lebensqualität, weniger für die Verlängerung von Leben. Mancher mag vielleicht annehmen, dafür bedürfe es keiner besonderen Spezialdisziplin, aber es gibt Belege dafür, dass diese Fachleute auf ihrem Gebiet wirklich mehr können als andere.[15] Sterbende haben häufig Schmerzen. Viele verspüren Übelkeit. Bei manchen ist die Lungenfunktion so schwach geworden, dass sie, obwohl sie genügend Sauerstoff aufnehmen, mit einer permanenten beängstigenden Atemnot leben – dem Gefühl etwa, dass sie ertrinken oder nicht genug Luft in ihre Lungen bekommen. Diese Patienten leiden unter unheilbaren Krankheiten, aber die Palliativspezialisten sind bei ihren Versuchen zu helfen bemerkenswert weit gediehen. Der Schlüssel ihres Erfolgs ist die Tatsache, dass sie Leiden ernst nehmen und als eigenständiges Problem betrachten. In der Medizin sind wir daran gewöhnt, solche Symptome lediglich als ein kleines Teil eines Puzzles zu sehen; vordringlich geht es um die Frage, wo die Krankheit lokalisiert ist und was man dagegen unternehmen kann. Und in der Regel ist die Reparatur dessen, was am Körper nicht in Ordnung ist – das Herausnehmen des entzündeten Blinddarms, das Richten gebrochener Knochen, die Behandlung einer Lungenentzündung –, eben auch der Weg, das Leiden zu beenden. (Ich wäre nicht Chirurg, wäre ich nicht dieser Ansicht.) Aber das trifft nicht immer zu – und nirgends fällt dies mehr ins Auge als bei der Behandlung von Übelkeit. Die meiste Zeit ist Übelkeit weniger Zeichen pathologischer Veränderungen als vielmehr die normale Reaktion auf Dinge wie Reisen oder Schwangerschaft – oder eben auf eine Heilbehandlung wie eine Chemotherapie, Antibiotikagaben oder eine Vollnarkose. Dem Patienten »geht es gut«, würden wir sagen, aber deshalb leidet er nicht weniger.

Denken wir einmal an die Bedeutsamkeit der Vitalfunktionen. Wenn ein Patient im Krankenhaus ist, kommt etwa alle vier Stunden eine Krankenschwester und notiert die wichtigsten seiner Daten auf einem Krankenblatt, damit die Pflegenden einen Eindruck davon bekommen, wie der Patient sich im Laufe der Zeit »macht«. Das ist auf der ganzen Welt so. In allgemeiner Absprache gelten Körpertemperatur, Blutdruck, Puls und Atemfrequenz als die vier zentralen Vitalfunktionen. Und sie alle sagen uns eine Menge darüber, ob sich der Körper von einer Krankheit erholt oder nicht. Aber sie sagen uns nichts über das Ausmaß des Leidens, über etwas, das über die rein körperlichen Funktionen hinausgeht. Palliativmediziner versuchen dies zu ändern. Sie wollen Schmerz – das vom Patienten empfundene Unwohlsein – als fünfte Vitalfunktion deklariert haben. Die von ihnen losgetretene Debatte hat die Ärzte gezwungen einzusehen, wie häufig sie Schmerzen unbehandelt lassen. Und sie entwickeln bessere grundsätzliche Behandlungsstrategien. So gilt zum Beispiel heute als erwiesen, dass die Symptomatik einer schweren Übelkeit (oder auch unerträglicher Schmerzen), sobald sie sich erst einmal etabliert hat und fortzuschreiten beginnt, zunehmend resistent gegen jede Behandlung wird. Der beste Ansatz, so haben die Palliativmediziner erkannt, besteht darin, mit der Behandlung zu beginnen, wenn die Symptome noch schwach ausgeprägt sind, in manchen Fällen sogar bevor sie auftreten. Das hat sich als ebenso zutreffend erwiesen für einen Passagier, der im Begriff ist, ein Schiff zu besteigen, wie für einen Krebspatienten, der eine Chemotherapie beginnen muss. (Die American Society of Clinical Oncology hat inzwischen Richtlinien verabschiedet, die diesen präventiven Ansatz für Chemotherapiepatienten ausdrücklich vorsehen.) In der Vergangenheit, als die Ärzte keinen Augenblick zögerten, bei ganz normaler Schwangerschaftsübelkeit Antiemetika zu verschreiben – in den sechziger und siebziger Jahren nahm mindestens ein Drittel aller Schwangeren solche Medikamente –, war eine so schwere Hyperemesis, wie sie Amy Fitzpatrick durchzustehen hatte, sehr viel seltener. Doch nach etlichen Gerichtsverfahren, in deren Verlauf das viel verschriebene Präparat Bendectin unter dem Vorwurf, es schädige das Ungeborene (obwohl sich in zahlreichen Studien keinerlei Beweis dafür finden ließ) vom Markt verbannt wurde, änderten die Ärzte diese Praxis.[16] Es wurde allgemein gebräuchlich, in der Schwangerschaft überhaupt keine Medikamente mehr zu verschreiben, es sei denn, das Erbrechen hatte bereits wie bei Amy Fitzpatrick bedrohliche Ausmaße angenommen und einen beträchtlichen Flüssigkeitsmangel und Unterernährung entstehen lassen. Die Krankenhauseinweisungen wegen schwerer Hyperemesis gravidarum verdoppelten sich.

Die vielleicht verblüffendste Beobachtung, die Palliativmediziner machen, ist der Umstand, dass es einen Unterschied gibt zwischen Symptom und Leiden. Wie der Arzt Eric J. Cassell in seinem Buch *The Nature of Suffering and the Goals of Medicine* ausführt, kann für manche Patienten bereits das eigene und das ihnen entgegengebrachte Verständnis – das Wissen darum, wo die Ursache des Übels liegt, die Möglichkeit, seine Bedeutung in einem anderen Licht zu sehen, oder auch nur die Einsicht und Akzeptanz, dass wir die Natur nicht immer im Griff haben können – hinreichen, ihr Leiden in Grenzen zu halten. Ein Arzt kann auch dann noch helfen, wenn die Medikamente versagen.

Amy Fitzpatrick berichtete, dass sie am liebsten diejenigen unter ihren Ärzten mochte, die zugaben, dass sie sich ihre Übelkeit nicht erklären konnten und nicht wüssten, was sie dagegen unternehmen könnten, diejenigen, die erklärten, so etwas noch nie gesehen zu haben, und denen sie anmerkte, dass sie mit ihr litten. Sie gab zu, solchenGeständnissen mit gemischten Gefühlen begegnet zu sein. Manchmal begann sie sich zu fragen, ob sie die richtigen Ärzte hatte, ob diese nicht irgendetwas übersahen. Trotz der zahllosen Behandlungen, die sie und ihre Ärzte ausprobierten, ließ die Übelkeit nicht nach. Sie schien wahrhaftig jedermanns Fassungsvermögen zu übersteigen.

Die ersten Monate waren ein furchtbarer, Angst einflößender Kampf. Ganz allmählich ging jedoch eine Wandlung mit ihr vor, ungeachtet all ihrer Beschwerden hob sich ihr Mut, und manchmal ertappte sie sich bei dem Gedanken, dass es noch schlimmer hätte kommen können. Sie betete jeden Tag und sah die beiden Kinder, die in ihr heranwuchsen, als Geschenk Gottes. Mit der Zeit begann sie ihre Prüfung einfach als Preis zu sehen, den sie für dieses Glück zu entrichten habe. Sie hörte auf, nach Wunderkräutern zu suchen. Nach sechsundzwanzig Wochen verlangte sie nach keiner experimentellen Therapie mehr. Übelkeit und Erbrechen wollten nicht abebben, aber sie ließ sich nicht unterkriegen.

Endlich machte sich ein Hauch von Besserung bemerkbar. In der dreißigsten Woche stellte sie fest, dass sie scheibchenweise eine krause Mischung aus vier Lebensmitteln zu sich nehmen konnte: Steak, Spargel, Tunfisch und Pfefferminzeiscreme. Und sie konnte einen Proteintrank bei sich behalten. Die Übelkeit blieb bestehen, aber sie war ein kleines bisschen besser geworden. In der dreiundreißigsten Woche begannen die Wehen bei Amy. Ihr Ehemann traf rechtzeitig zur Entbindung mit dem Shuttle von LaGuardia bei ihr ein. Die Ärzte warnten sie, dass die Zwillinge sehr klein sein würden, jeder womöglich nicht mehr als drei Pfund wiegen würde, aber am 12. September im 10.52 Uhr kam

Linda zur Welt und wog knapp über zwei Kilo, um 10.57 Uhr wurde Jack geboren, er wog genau fünf Pfund, und beide waren bei bester Gesundheit.

Kurz nach der Entbindung übergab Amy sich noch einmal. »Aber das war das letzte Mal«, erinnert sie sich. Am nächsten Morgen trank sie ein großes Glas Orangensaft. Und am Abend dieses Tages aß sie einen riesigen Hamburger mit Gorgonzola und Pommes frites. »Es war köstlich«, erzählte sie.

9

Aufsteigende Röte

Im Januar 1997 übernahm Christine Drury die Moderation der Nachtsendung der Channel 13 News, des regionalen NBC-Ablegers in Indianapolis. In der Welt der Fernsehnachrichten und Talkshows sieht so der Beginn einer Karriere aus. (David Letterman hat seine Karriere als Wetterfrosch bei ebendiesem Sender begonnen.) Drury übernahm die Schicht von neun Uhr abends bis fünf Uhr morgens, spann Storys und hatte nach Mitternacht im Wechsel eine Zusammenfassung von dreißig Sekunden und eine von zweieinhalb Minuten zu lesen. Wenn sie Glück hatte und nach Mitternacht noch etwas Spektakuläres passierte, bekam sie mehr Sendezeit, konnte entweder vom Studio aus oder auch vom Ort des Geschehens die Nachrichten live überbringen. Wenn sie sehr viel Glück hatte – wie damals, als der Conrail-Zug bei Greencastle entgleiste –, durfte sie bis zur Morgensendung bleiben.

Als Christine Drury den Job übernahm, war sie sechsundzwanzig. Schon von klein auf hatte das Mädchen aus Kokomo, Indiana, zum Fernsehen gehen wollen, vor allem die Nachrichtenmoderatorinnen hatten es ihr angetan. Sie beneidete die Frauen, die da hinter dem Studiotisch saßen, um ihr Selbstvertrauen und ihre Haltung. Auf einem Einkaufsbummel in einem Ladenzentrum von Indianapolis lief sie Kim Hood, der damaligen Prime-time-Moderatorin von Channel 13, über den Weg. »Ich wollte sein wie sie«, erzählt Christine Drury, diese Begegnung ließ das Ziel nicht mehr ganz so unerreichbar erscheinen. Sie machte ihren Abschluss in Telekommunikation an der Purdue University und absolvierte eines Tages ein Volontariat bei Channel 13. Anderthalb Jahre nach ihrem Abschluss bekam sie dort einen Job als Produktionsassistentin. Sie bediente den Teleprompter, richtete Kameras ein und tat im Großen und Ganzen das, was man von ihr verlangte. Während der nächsten zwei Jahre arbeitete sie sich hoch bis zur Nachrichtenschreiberin und bekam schließlich und endlich den Posten als Nachtmoderatorin. Ihre Chefs sahen sie als Idealbesetzung. Sie schreibe prima Nachrichtenmanuskripte, lobten sie, habe eine gute Fernsehstimme und ganz nebenbei »das richtige Aussehen« – in anderen Worten, sie war auf gut amerikanische Meg-Ryan-Art rundum hübsch. Sie verfügte über vollkommene, perlweiße Zähne, blaue Augen, blondes Haar und ein gewinnendes Lächeln.

Während der Sendungen musste sie jedoch feststellen, dass sie ständig rot anlief und nichts dagegen tun konnte. Das nebensächlichste Ereignis reichte aus, dies auszulösen. Wenn sie ihren Text las und über ein Wort stolperte oder merkte, dass sie zu rasch sprach, lief sie augenblicklich rot an. Als schalte sich in ihrem Brustkorb ein Heizstrahler ein, der seine Wärme über Hals, Ohren und Schädel verströmte. Physiologisch gesprochen handelt es sich hierbei lediglich um eine Umleitung des Blutstroms. Gesicht und Hals verfügen über eine ungewöhnlich große Anzahl an Venen direkt unter der Hautoberfläche, die mehr Blut transportieren können als andere Venen ähnlicher Größe in anderen Körperteilen. Durch bestimmte neurologische Signale stimuliert, erweitern sie sich rasch, während andere periphere Gefäße sich verengen: Die Hände können beispielsweise weiß und feuchtkalt sein, während das Gesicht hochrot glüht. Schlimmer noch als die physiologische Reaktion aber war für Christine Drury der Stress, der mit alledem einherging: Ihr Hirn war wie leer gefegt. Sie hörte sich stotternd nach Worten suchen. Ein unwiderstehlicher Drang, ihr Gesicht in den Händen zu verbergen, sich von der Kamera abzuwenden und zu verstecken, überfiel sie.

Solange sie sich erinnern konnte, hatte sie dazu geneigt, einen roten Kopf zu bekommen, und bei ihrem blassen irischen Teint fiel ihr Erröten ins Auge. Sie gehörte zu der Sorte Kind, die automatisch vor Verlegenheit rot wird, sobald sie in der Stunde aufgerufen wird oder im Speisesaal nach einem Platz suchen muss. Noch als sie erwachsen war, reichte eine Kassiererin im Lebensmittelgeschäft, die aufstehen und den Preis der von ihr gekauften Cornflakes erfragen musste, oder das Hupen eines anderen Autofahrers, um sie knallrot werden zu lassen. Es mag seltsam erscheinen, dass so jemand sich ausgerechnet vor eine Kamera setzt. Aber Christine Drury hatte ihren Hang zur Verlegenheit stets energisch bekämpft. In der High School war sie Cheerleader gewesen, hatte in der Tennismannschaft mitgespielt und war ins Gefolge der Königin des Abschlussballs gewählt worden. Auf der Universität hatte sie ebenfalls Tennis gespielt, mit Freunden eine Rudermannschaft gebildet und war Mitglied einer Studentenverbindung gewesen. Sie hatte als Kellnerin und als Assistentin des Filialleiters in einem Wal-Mart gearbeitet, sogar den morgendlichen Wal-Mart-Appell geleitet. Ihre gesellige und verträgliche Art hatte ihr stets einen umfangreichen Freundeskreis gesichert.

Doch sobald sie auf Sendung war, lief sie rot an und konnte sich nicht dagegen wehren. Wenn man die Aufzeichnungen von ihren ersten Sendungen anschaut – ein Bericht über die steigende Anzahl an Strafzetteln wegen zu schnellen Fahrens, eine Lebensmittelvergiftung in einem Hotel, ein Zwölfjähriger mit einem IQ von 325, der soeben sein Unidiplom gemacht hatte – ist die Röte deutlich zu sehen. Später begann sie hochgeschlossene Kleidung zu tragen und ihr Gesicht unter einer dicken Schicht Abdeckschminke zu verbergen. Darüber trug sie eine farbige Teintgrundierung. Ihr Gesicht wirkte am Ende ein wenig dunkler, aber die Röte war so gut wie unsichtbar geworden.

Der Zuschauer merkte trotzdem, dass etwas nicht stimmte. Wenn sie jetzt errötete – und das passierte ihr am Ende bei fast jeder zweiten Sendung –, konnte man beobachten, wie sie sich steif aufrichtete, wie ihre Augen irgendeinen Punkt fixierten, ihre Bewegungen mechanisch wurden. Ihr Stimme hob sich, sie begann schneller zu reden – »Wie ein Reh im Scheinwerferlicht«, meinte ein Produzent des Senders.

Christine Drury hörte auf, Kaffee zu trinken. Sie kaufte sich Ratgeber für Fernsehdarsteller und stellte sich vor, die Kamera sei ihr Hund, ihr Freund oder ihre Mutter. Ein Zeit lang versuchte sie, während die Kamera lief, ihren Kopf ganz ruhig in einer ganz bestimmten Haltung zu lassen. Nichts half.

In Anbetracht der Arbeitszeit und der höchst eingeschränkten Möglichkeit, einen gewissen Bekanntheitsgrad zu erlangen, ist das Nachtstudio nicht gerade ein besonders attraktiver Job. Die meisten Leute übernehmen sie für etwa ein Jahr, vervollkommnen ihre Fertigkeiten und werden dann auf einen besseren Sendeplatz gehievt. Bei Christine Drury ging es jedoch nicht weiter. »Sie war definitiv nicht im Stande, am Tage zu senden«, berichtete der Produzent. Im Oktober 1998, nach inzwischen fast zwei Jahren in diesem Job, schrieb sie in ihr Tagebuch: »Mein Gefühl zu schwimmen will nicht aufhören. Ich habe den ganzen Tag geweint. Ich fahre zur Arbeit und habe das Gefühl, die Papiertaschentücher werden nie reichen. Ich verstehe nicht, warum Gott mich mit einer Arbeit segnet, die ich nicht verrichten kann. Ich muss herausfinden, wie ich es anstellen kann. Bevor ich aufgebe, will ich alles probieren.«

Was hat es mit diesem seltsamen Phänomen des Errötens auf sich? Ist es eine Hautreaktion? Ein Gefühl? Verselbstständigen sich die Gefäße? Die Wissenschaft hat sich nie auf eine einheitliche Beschreibung einigen können. Erröten hat mit beidem zu tun: Physiologie und Psychologie. Einerseits erfolgt das Erröten ungewollt, unkontrollierbar wie ein Ausschlag. Andererseits setzt es Gedanken und Gefühle auf der höchsten Ebene unserer Gehirnfunktionen voraus. »Der Mensch«, schreibt Mark Twain, »ist das einzige Tier, das rot wird. Oder zumindest rot werden sollte.«

Mancher Beobachter hat gemutmaßt, dass Erröten nichts weiter sei als die äußere Manifestation von Scham. Freudianer beispielsweise waren der Ansicht, es handle sich um eine falsch platzierte Erektion, die sich aus unterdrückten sexuellem Verlangen ergebe.[1] Aber wie Darwin in einem Aufsatz von 1872 ausführt, ist es nicht Scham, die uns erröten lässt, sondern vielmehr die Furcht vor einer Blamage, einer Demütigung. »Ein Mensch kann sich durch und durch beschämt fühlen, dass er eine kleine Unwahrheit gesagt hat, ohne zu erröthen«, schrieb er in *Ausdruck der Gemüthsbewegungen bei Mensch und Thier*. »Aber wenn er auch nur vermuthet, dass er entdeckt ist, wird er augenblicklich erröthen, besonders, wenn er von irgend Jemandem entdeckt wird, den er verehrt.«[2]

Doch wenn es unsere Furcht vor Demütigung ist, die uns erröten lässt, warum werden wir dann rot, wenn uns jemand lobt? Oder wenn die Leute »Happy Birthday« für uns singen? Oder wenn uns jemand nur anschaut? Michael Lewis, Professor für Psychiatrie an der University of Medicine and Dentistry von New Jersey, demonstriert diesen Effekt in seinen Kursen routinemäßig.[3] Er kündigt an, er werde nun auf einen zufällig ausgewählten Studenten zeigen, wobei er betont, dass diese Heraushebung völlig bedeutungslos sei und keinerlei Urteil über die betreffende Person beinhalte. Dann schließt er die Augen und zeigt auf jemanden. Jeder wendet den Kopf, um zu sehen, wer der Betreffende ist. Und die Person wird unweigerlich von höchster Verlegenheit befallen. In einem vor ein paar Jahren durchgeführten etwas bizarren Experiment statteten die beiden Sozialwissenschaftler Janice Templeton und Mark Leary ihre Versuchspersonen mit Sensoren aus, die die Temperatur der Gesichtshaut maßen, und ließen sie vor einem Einwegspiegel Platz nehmen. Dann entfernten sie den Spiegel und der Betreffende wurde mit einer großen Zuhörerschaft konfrontiert, die ihn von der anderen Seite aus anstarrte.[4] Bei der Hälfte der Experimente trugen die Zuschauer dunkle Brillengläser, bei der anderen Hälfte nicht. Seltsamerweise erröteten die Versuchspersonen nur, wenn sie in die Augen ihrer Zuschauer sehen konnten.

Was am Erröten vielleicht am meisten irritiert, ist die Tatsache, dass es eigene Sekundäreffekte nach sich zieht. Es macht verlegen und kann heftige Selbstzweifel, Verwirrung und Unkonzentriertheit hervorrufen. (Bei dem Versuch zu erklären, warum das so ist, spekulierte Darwin, dass die erhöhte Blutzufuhr im Gesicht womöglich zu Lasten des Gehirns gehen könnte.)

Warum wir über einen solchen Reflex verfügen, ist schleierhaft. Eine Theorie besagt, dass Erröten dazu da sei, Verlegenheit zu dokumentieren, so ähnlich wie Lächeln Frohsein ausdrückt. Das würde erklären, warum diese Reaktion nur in den sichtbaren Körperregionen abläuft (im Gesicht, im Hals- und Dekolletébereich). Aber warum erröten dunkelhäutige Personen? Umfragen haben ergeben, dass unabhängig von der Gesichtsfarbe fast jedermann errötet, obwohl dies bei vielen Leuten so gut wie nicht zu sehen ist. Und außerdem muss man nicht rot werden, um andere wissen zu lassen, dass man peinlich berührt ist. Aus Untersuchungen geht hervor, dass wir die Verlegenheit eines anderen spüren, *bevor* er errötet. Allem Anschein nach dauert es fünfzehn bis zwanzig Sekunden, bis die Hautrötung ihren Höhepunkt erreicht hat, trotzdem benötigen die meisten Menschen weniger als fünf Sekunden, um festzustellen, dass jemand verlegen ist. Sie merken es an der augenblicklich eintretenden Veränderung der Blickrichtung – in der Regel blickt der Betreffende nach links unten – oder an dem unbeholfenen, schuldbewussten Grinsen, das etwa eine halbe Sekunde später folgt. Es besteht daher berechtigter Zweifel an der Annahme, dass der Zweck des Errötens ein rein expressiver ist.

Es gibt jedoch noch eine alternative Sichtweise, die von einer wachsenden Zahl von Forschern vertreten wird. Die Verstärkung der Verlegenheit ist vielleicht gar keine Nebenerscheinung, vielleicht ist sie der eigentliche Sinn des Errötens. Diese Idee ist nicht so abartig, wie sie klingen mag. Es mag den meisten Menschen höchst unangenehm sein, wenn sie verlegen sind, und sie mögen danach trachten, es nicht zu zeigen, wenn dem so ist, doch Verlegenheit dient einem wichtigen Gut. Denn im Unterschied zu Trauer, Wut oder auch Liebe ist sie im Prinzip eine moralische Empfindung. Geboren aus unserer Sensibilität gegenüber dem, was andere denken, vermittelt sie uns die schmerzvolle Einsicht, das wir gewisse Grenzen überschritten haben, während sie gleichzeitig eine Art von Entschuldigung gegenüber dem anderen repräsentiert. Sie hält uns im Einvernehmen mit der Welt. Und wenn Rotwerden dazu beiträgt, die eigenen Sensibilität zu erhöhen, so gereicht uns dies womöglich zu guter Letzt zu unserem eigenen Vorteil.

Das Rätsel aber bleibt, wie sich dieser Reflex abschalten lässt. Verlegenheit lässt uns erröten, Erröten verursacht Verlegenheit – wie also lässt sich der Teufelkreis durchbrechen? Niemand weiß das, aber bei manchen Leuten gerät dieser Mechanismus eindeutig aus den Fugen. Überraschend viele Menschen leiden unter häufigem heftigem, unkontrollierbarem Erröten. Sie beschreiben es als »penetrant«, »wahllos« und »demütigend«. Ein Mann, mit dem ich sprach, errötete sogar, wenn er allein zu Hause war und nur im Fernsehen sah, wie jemand verlegen wurde. Er verlor seinen Job als Managementberater, weil seine Arbeitgeber der Ansicht waren, er gehe nicht »souverän« genug mit Kunden um. Ein anderer, seines Zeichens Neurowissenschaftler, gab mehr oder minder nur wegen seiner Tendenz, einen roten Kopf zu bekommen, seine Laufbahn in der klinischen Medizin zu Gunsten eines klösterlichen Lebens in der Forschung auf. Und selbst da konnte er sich seinem Problem nicht entziehen. Seine Arbeiten über erbliche Gehirnerkrankungen waren derart erfolgreich, dass er regelmäßig Einladungen zu Vorträgen und Fernsehauftritten bekam, die er ausschlagen musste. Einmal versteckte er sich auf der Toilette, um einem CNN-Team zu entgehen. Bei anderer Gelegenheit wurde er eingeladen, seine Arbeit vor fünfzig Spitzenwissenschaftlern aus aller Welt, darunter fünf Nobelpreisträgern, zu präsentieren. Einen Vortrag überstand er in aller Regel, indem er das Licht ausmachte und Dias zeigte. Dieses Mal aber unterbrach ihn ein Zuhörer gleich zu Beginn, und der Forscher lief dunkelrot an. Er stand noch ein Weilchen stammelnd vorne, dann zog er sich hinter das Podium zurück und betätigte heimlich seinen Piepser. Er schaute auf das Display und verkündete, dass ein Notfall eingeliefert worden sei. Es tue ihm sehr Leid, erklärte er, aber er müsse jetzt gehen. Den Rest des Tages verbrachte er zu Hause. Und das ist jemand, der seinen Lebensunterhalt damit verdient, Erkrankungen des Gehirns und der Nerven zu untersuchen. Seine eigenen aber verstand er nicht.

Es gibt keine offizielle Bezeichnung für dieses Syndrom, das sich manchmal zu einer ausgewachsenen Errötensfurcht, einer Erythrophobie steigern kann, und niemand weiß, wie viele Menschen darunter leiden. Eine sehr grobe Schätzung geht davon aus, dass ein bis sieben Prozent der Normalbevölkerung davon betroffen sind. Im Unterschied zu den meisten Menschen, bei denen sich das Erröten nach den Jahren des Heranwachsens verliert, berichten Menschen, die unter chronischem Erröten leiden, dass bei ihnen das Phänomen mit zunehmendem Alter eher zunimmt. Zuerst hat man angenommen, dass dieser Eindruck durch die Intensität des Errötens entsteht. Das aber ist nachweislich nicht der Fall. In einer Studie verwendeten Wissenschaftler beispielsweise Sensoren, um die Gesichtsfarbe und -temperatur ihrer Probanden quantitativ zu bestimmen, und ließen diese dann vor einem Publikum Dinge tun wie die amerikanische Nationalhymne singen oder zu einem Lied tanzen. Leute, die unter chronischem Erröten litten, liefen nicht stärker rot an als andere, aber sie waren weitaus anfälliger dafür. Christine Drury beschrieb den Teufelskreis so: Man fürchtet zu erröten, errötet und errötet dann gleich noch einmal, weil es einem so peinlich ist, dass man rot wird. Was zuerst da war – das Erröten oder die Verlegenheit – konnte sie nicht sagen. Sie wollte lediglich, dass es aufhörte.

Im Herbst 1998 ging sie zu einem Internisten. »Sie werden es überwinden«, erklärte er ihr. Auf ihr Drängen erklärte er sich jedoch bereit, sie es mit Medikamenten ausprobieren zu lassen. Die

Entscheidung, was er verschreiben sollte, kann ihm nicht leicht gefallen sein. Medizinische Lehrbücher sagen so gut wie nichts zum Thema pathologisches Erröten. Manche Ärzte verschreiben in der Annahme, dass das eigentliche Problem die Angst sei, Angstlöser wie Valium. Andere verschreiben Betablocker, mit denen sich die Stressantwort des Körpers abmildern lässt. Wieder andere verschreiben Prozac und andere Antidepressiva. Eine Behandlungsmethode, die nachweislich einen gewissen Erfolg verbuchen kann, arbeitet nicht mit Medikamenten, sondern mit einem Verhaltenstraining, das man als Paradoxe Intention bezeichnet – man lässt Patienten aktiv versuchen zu erröten, statt dieses zu vermeiden. Christine versuchte es zunächst mit Betablockern, dann mit Antidepressiva und schließlich mit einem Psychotherapeuten. Nichts half.

Im Dezember 1998 war ihr Erröten untragbar geworden, ihre Bildschirmauftritte eine einzige Tortur, ihre Karriere schien nicht mehr zu retten. Sie schrieb in ihr Tagebuch, dass sie bereit sei zu kündigen. Dann suchte sie eines Tages im Internet nach Informationen zum Thema Erröten und las von einem Krankenhaus in Schweden, an dem Ärzte einen chirurgischen Eingriff entwickelt hatten, mit dem sich das Erröten stoppen ließ. Bei der Operation werden bestimmte Nerven kurz nach ihrem Austritt aus dem Rückenmark durchtrennt, von wo aus sie zum Kopf hinaufführen. »Da saß ich und las diese Seite über Leute, die mit genau demselben Problem geschlagen waren wie ich, und konnte es nicht fassen«, erzählte sie. »Mir liefen die Tränen über das Gesicht.« Am darauf folgenden Tag erklärte sie ihrem Vater, dass sie entschlossen sei, diesen Eingriff durchführen zu lassen. Mr. Drury stellte die Entscheidungen seiner Tochter selten in Frage, aber diese hier schien ihm keine gute Idee. »Ich war zutiefst schockiert«, erinnert er sich. »Und als sie es ihrer Mutter erzählte, war diese noch weit entsetzter als ich. Für sie kam es einfach nicht in Frage, dass ihre Tochter nach Schweden reiste, um einen solchen Eingriff an sich durchführen zu lassen.«

Drury ließ sich überreden, ein bisschen mehr Zeit zu investieren und sich genauer über die Operation zu informieren. Sie las die wenigen Artikel, die sie in medizinischen Zeitschriften finden konnte. Sie sprach mit ehemaligen Patienten. Nach ein paar Wochen war sie nur umso überzeugter. Sie erklärte ihren Eltern, dass sie nach Schweden reisen werde, und als klar war, dass sie sich nicht abhalten ließ, beschloss ihr Vater, mit ihr zu fahren.

Dieser Eingriff läuft unter der Bezeichnung endoskopische thorakale Sympathektomie, kurz ETS. Dabei werden Fasern des Sympathicus durchtrennt, des vegetativen oder »autonomen« Teils des Nervensystems, der Atmung, Herzschlag, Verdauung, Schwitzen und neben all den anderen Grundfunktionen des Lebens eben auch das Erröten kontrolliert. Links und rechts vom Rückenmark verlaufen zwei Stränge aus miteinander verbundenen Nervenzellenketten (Ganglien), die man als »Grenzstränge« des Sympathicus bezeichnet und über die die Fasern des Sympathicus ihre Zielorgane erreichen. Zu Beginn des 20. Jahrhunderts versuchten Forscher bei allen möglichen Erkrankungen, gewisse Abzweigungen von diesen Grenzsträngen zu durchtrennen – eine Sympathektomie vorzunehmen: bei Epilepsie, grünem Star und bei gewissen Formen von Blindheit. In den meisten Fällen bewirkten die Experimente mehr Schaden als Gutes. Aber die Chirurgen stießen auf zwei ungewöhnliche Umstände, unter denen die Sympathektomie Nutzen brachte: Bei Patienten mit fortgeschrittenen, inoperablen Herzerkrankungen ließen sich die unerträglichen Herzschmerzen beseitigen, und bei Patienten mit einer Hyperhidrose, einer krankhaften Schweißentwicklung, ließ sich die Schweißbildung an Gesicht und Händen stoppen.

Da es bei dieser Operation zunächst nötig war, den Brustkorb zu öffnen, wurde sie nur selten durchgeführt. In den letzten Jahren aber haben vor allem in Europa etliche Chirurgen begonnen, diese Prozedur endoskopisch durchzuführen, vermittels dünner Sonden, die durch winzige Einschnitte eingeführt werden. Unter diesen ist auch ein Trio im schwedischen Göteborg zu nennen, dem auffiel, dass ihre Hyperhidrosepatienten nach dem Eingriff nicht nur aufhörten zu schwitzen, sondern auch nicht mehr rot anliefen. Im Jahre 1992 nahm das Team eine Hand voll Patienten an, die über ihr untragbares Erröten klagten. Als die Ergebnisse in der Presse bekannt wurden, sahen sich die Ärzte von Anfragen überschwemmt. Seit 1998 haben die Chirurgen diesen Eingriff bei über dreitausend Patienten durchgeführt, die mit ihrem massiven Hang zum Rotwerden nicht mehr zurechtkamen.

Inzwischen wird die Operation auf der ganzen Welt durchgeführt, doch die Göteborger Arbeitsgruppe gehört zu den wenigen, die ihre Ergebnisse veröffentlicht haben: vierundneunzig Prozent ihrer Patienten berichten über einen massiven Rückgang ihres Hangs zum Rotwerden, in den meisten Fällen hatte er sich ganz gelegt.[5] Bei einer Umfrage, die acht Monate nach dem Eingriff durchgeführt wurde, bereuten zwei Prozent die Entscheidung, weil es bei ihnen zu unerwünschten Nebenwirkungen gekommen war, und fünfzehn Prozent waren generell unzufrieden. Die Nebenwirkungen sind nicht lebensbedrohend, aber auch nicht leichtfertig abzutun. Der schwerstmögliche Schaden, zu dem es bei etwa einem Prozent der Patienten auch tatsächlich kommt, ist das Horner-Syndrom, ein Symptomenkomplex, bei dem eine versehentliche Schädigung bestimmter Sympathicusfasern, die das Auge versorgen, dazu führt, dass die Pupillen ständig verengt bleiben, das Augenlid herunterhängt und der Augapfel in Folge einer Lähmung der glatten Augenmuskulatur zurücksinkt. Weniger dramatisch sind Fälle, bei denen die Patienten zwar von den Brustwarzen aufwärts aufhören zu schwitzen, dafür aber einen beträchtlichen Anstieg der Transpiration in der unteren Körperhälfte zu verzeichnen haben. (Einer Studie zufolge, in der Patienten mit Hyperhidrose zehn Jahre nach dem Eingriff befragt wurden, sinkt der Anteil der mit dem Ergebnis zufriedenen Patienten vor allem auf Grund der verlagerten Transpiration im Laufe der Zeit auf siebenundsechzig Prozent). Etwa ein Drittel der Patienten klagt zudem über eine seltsame Reaktion, die man als »Geschmacksschwitzen« bezeichnen könnte, eine durch bestimmte Gerüche oder einen bestimmten Geschmack ausgelöste Transpiration. Und da auch Sympathicus-Abzweigungen durchtrennt werden, die zum Herzen führen, berichten die Patienten über eine Pulsverlangsamung um zehn Prozent. Einige klagen über eine Schwächung ihrer körperlichen Leistungsfähigkeit. Aus all diesen Gründen ist dieser Eingriff bestenfalls als letzter Ausweg zu betrachten, etwas, das man den Ausführenden zufolge erst versuchen sollte, wenn alle anderen nicht chirurgischen Methoden fehlgeschlagen sind. Wenn die Leute in Göteborg anrufen, sind sie meist der Verzweiflung nahe. Ein Patient berichtete mir: »Ich hätte es auch durchgezogen, wenn sie mir erzählt hätten, dass ich ein Risiko von fünfzig Prozent eingehe, dabei zu sterben.«

Am 14. Januar 1999 trafen Christine Drury und ihr Vater in Göteborg ein. Sie erinnert sich an den Ankunftstag in der vierhundert Jahre alten schwedischen Hafenstadt als verschneit und wunderschön. Das Carlanderska Medical Center war ein kleines altes Gemäuer mit von Efeu überwucherten Mauern und geschwungenen Doppeltüren aus Holz. Im Inneren war es dämmrig und still, Drury fühlte sich an ein Burgverlies erinnert. Erst jetzt begann ihr ein wenig bange zu werden, sie fing an, sich zu fragen, was sie hier, neuntausend Kilometer von zu Hause entfernt, in einem Krankenhaus, von dem sie so gut wie gar nichts wusste, eigentlich tat. Dennoch ging sie zur Rezeption, die Schwester nahm ihr Blut für die Routineuntersuchungen ab, versicherte sich, dass ihre Krankengeschichte keine Lücken aufwies und nahm ihre Vorauszahlung entgegen; sie belief sich auf sechstausend Dollar. Drury zahlte mit einer Kreditkarte.

Das Krankenzimmer war beruhigend sauber, hell und freundlich. Christer Drott, ihr Chirurg, kam früh am nächsten Morgen, um sie zu untersuchen. Er sprach Englisch mit einem untadeligen britischen Akzent und war, wie sie berichtet, überaus zuvorkommend: »Er hielt meine Hand und war unheimlich mitfühlend. Diese Ärzte haben Tausende ähnlicher Fälle gesehen. Ich war begeistert von ihm.«

Um halb zehn am gleichen Morgen kam ein Pfleger, um sie zur Operation abzuholen. »Wir hatten gerade eine Geschichte über ein Kind abgedreht, das sterben musste, weil der Anästhesist eingeschlafen war«, berichtet Drury. »Also bat ich den Narkosearzt, nicht einzuschlafen und mich nicht sterben zu lassen. Er lachte ein bisschen und meinte: ›In Ordnung‹.«

Als Christine schlief, rieb Drott ihre Brust und Achselhöhlen mit einer Desinfektionslösung ein und deckte sie mit sterilen Tüchern ab, so dass lediglich ihre Achselhöhlen freilagen. Er tastete in der linken Achselhöhle nach dem Zwischenraum zwischen den Rippen, nahm einen siebzehn Millimeter langen Einschnitt vor und schob dann eine dicke Nadel durch das Loch in ihren Brustkorb. Dann wurden zwei Liter Kohlendioxid durch die Nadel gepumpt, so dass die linke Lunge nach unten und aus dem Weg gedrückt wurde. Anschließend führte Drott ein Resektoskop ein, ein langes Metallinstrument mit Okular, faseroptischer Beleuchtung und einem Aufsatz zum Kauterisieren. Eigentlich handelt es sich dabei um ein Instrument aus der Urologie, es ist dünn genug, um den Harnleiter passieren zu können (für einen Urologiepatienten allerdings freilich nie dünn genug). Durch das Okular suchte er nach dem linken Sympathicus-Grenzstrang, sorgsam bedacht, die Hauptgefäße des Herzens zu umgehen, und fand die glatte strickleiterartige Struktur entlang der Rippenansätze am Rückgrat. Er kauterisierte den Strang an zwei Stellen oberhalb der zweiten und dritten Rippe und zerstörte damit sämtliche Abzweigungen zum Gesicht mit Ausnahme derer, die zum Auge führten. Nachdem er sich versichert hatte, dass es nirgendwo zu einer Blutung gekommen war, zog er die Instrumente heraus, führte einen Katheter ein, mit dem er das Kohlendioxid absaugte und die Lunge sich erneut ausdehnen ließ und schloss den Einschnitt mit ein paar Stichen. Auf der anderen Seite des OP-

Tischs führte er an der rechten Brustkorbhälfte dieselbe Prozedur noch einmal durch. Alles verlief komplikationslos. Die Operation dauerte gerade mal zwanzig Minuten.

Was passiert, wenn Sie einem Menschen die Fähigkeit nehmen zu erröten? Handelt es sich dabei lediglich um die chirurgische Version von Abdeckschminke – ein Mittel, das die Röte nimmt, nicht aber die Unsicherheit? Oder haben ein paar Schnipsel peripheren Nervengewebes tatsächlich Einfluss auf die Persönlichkeit selbst? Ich erinnere mich, wie ich mir als Teenager einmal eine verspiegelte Sonnenbrille kaufte. Nach ein paar Wochen hatte ich sie verloren, aber als ich sie noch hatte, stellte ich fest, dass ich andere Menschen schamlos anstarrte und ein bisschen raubeiniger auftrat. Ich fühlte mich hinter der Brille sicher verborgen, weniger exponiert, ein bisschen freier. Leistet die Operation etwas Ähnliches?

Fast zwei Jahre nach Christine Drurys Operation traf ich mich mit ihr in einem Restaurant in Indianapolis zum Mittagessen. Ich hatte mich gefragt, wie ihr Gesicht ohne die Nerven aussähe, die es erröten ließen – ob sie fahl, scheckig, irgendwie unnatürlich wirken würde? Nein, ihr Gesicht ist ebenmäßig, rosig, kein Unterschied zu früher, berichtet sie. Dennoch ist sie seit der Operation nie mehr rot angelaufen. Ganz selten und mehr oder minder unbegründet hat sie so etwas wie Phantomerröten erlebt: das sichere Gefühl, rot anzulaufen, obwohl gar nichts geschieht. Ich frage sie, ob ihr Gesicht sich röte, wenn sie renne. Nein, antwortet sie, aber wenn sie auf dem Kopf stehe. Die anderen körperlichen Veränderungen scheinen ihr nicht der Rede wert. Am auffallendsten sei, so berichtet sie, dass sie nunmehr weder im Gesicht noch unter den Armen schwitze, an Bauch, Rücken und Beinen jedoch deutlich mehr als früher, aber nicht so, dass es sie stören würde. Die winzigen Narben, die am Anfang zu sehen waren, seien völlig verschwunden.

Vom ersten Morgen nach der Operation an habe sie sich verwandelt gefühlt, berichtet sie. Ein attraktiver Krankenpfleger kam zu ihr, um ihren Blutdruck zu messen. Normalerweise wäre sie sofort rot angelaufen, als er das Zimmer betrat. Doch nun passierte nichts dergleichen. Sie habe sich gefühlt, als habe man ihr eine Maske vom Gesicht genommen.

Noch am selben Tag stellte sie sich gleich nach ihrer Entlassung selbst auf den Prüfstand, indem sie mehrere Leute auf der Straße nach dem Weg fragte, eine Situation, die sie bislang unfehlbar zum Erröten gebracht hatte. Jetzt geschah nichts dergleichen, wie ihr Vater bestätigte. Mehr noch, die kurzen Gespräche fühlten sich leicht und unbeschwert an, keine Spur mehr von ihrer früheren Befangenheit. Am Flughafen, so erinnert sie sich, warteten sie und ihr Vater in einer langen Schlange vor dem Schalter, und sie konnte ihren Pass nicht finden. »Also kippte ich den Inhalt meiner Handtasche auf den Fußboden und fing an, danach zu suchen, als mir plötzlich aufging, dass ich das tat, ohne dabei das Gefühl zu haben, in den Boden versinken zu müssen,« erzählt sie. »Ich sah zu meinem Vater auf und konnte nicht anders als weinen.«

Wieder zu Hause schien die Welt wie neu. Die Aufmerksamkeit anderer Menschen fühlte sich nunmehr unkompliziert an, nicht mehr beängstigend. Ihr innerer Monolog bei jedem Gespräch mit anderen: »Jetzt bitte nur nicht rot werden, bitte, bitte nicht, lieber Himmel, jetzt werde ich rot«, verlor sich, und sie stellte fest, dass sie anderen Menschen besser zuhören konnte. Sie konnte ihnen auch länger in die Augen schauen, ohne den Drang zu fühlen, den Blick abwenden zu müssen. (Es ging so weit, dass sie sich selbst dazu erziehen musste, andere nicht anzustarren).

Fünf Tage nach der Operation saß Christine Drury wieder an ihrem Studiotisch. An jenem Abend hatte sie so gut wie kein Make-up aufgelegt. Sie trug einen marineblauen wollenen Blazer, ein warmes Kleidungsstück, wie sie es nie zuvor getragen hätte. »Ich sagte mir: Dies ist mein Debüt«, erzählte sie. »Und es lief wunderbar.«

Später schaute ich mir Aufzeichnungen von Sendungen aus

diesen ersten Wochen nach der Operation an. Ich sah ihren Bericht über einen betrunkenen Autofahrer, der einen Pastor überfahren hatte, und über einen Sechzehnjährigen, der einen Neunzehnjährigen erschossen hatte. Sie wirkte so natürlich wie nie zuvor. Vor allem eine Sendung hatte es mir angetan. Es handelte sich nicht um ihre normale Nachtsendung, sondern um einen staatlichen Spot mit dem Titel »Lies, Indiana, lies!« An einem Februarmorgen wurde sechs volle Liveminuten lang gezeigt, wie sie einer Schar lärmender Achtjähriger eine Geschichte vorlas, während über die Bildschirme gleichzeitig alle möglichen Textbotschaften abgespult wurden, mit denen Eltern angeregt werden sollten, ihren Kindern vorzulesen. Trotz des Durcheinanders von Kindern, die kamen und gingen, sich mit Gegenständen bewarfen und immer wieder das Gesicht in die Kamera hielten, hielt sie durch und blieb die ganze Zeit über gefasst.

Christine hatte niemandem von der Operation erzählt, aber die Leute bei der Arbeit nahmen die Veränderung sofort wahr. Ich sprach mit einem Produzenten ihres Senders, der sich erinnerte: »Sie hatte mir erzählt, sie mache eine Reise mit ihrem Vater, aber als sie zurückkam und ich sie wieder auf dem Bildschirm sah, sagte ich zu ihr ›Christine! Das war unglaublich!‹ Sie schien sich vor der Kamera erstaunlich wohl zu fühlen. Sie konnten ihr Selbstvertrauen förmlich durch den Fernseher spüren, es war ein solcher Unterschied zu vorher.« Binnen weniger Monate bekam sie bei einem anderen Sender einen Posten als Livereporterin zur besten Sendezeit.

Kaum hatte man ein paar Fasern durchtrennt, die zu ihren Gesicht hinaufführten, schon war sie ein anderer Mensch. Das ist eine seltsame Vorstellung, denn wir halten unser eigentliches Selbst in der Regel für über solchen körperlichen Dingen stehend. Wer hat noch nie ein Foto von sich gesehen oder die eigenen Stimme auf Band gehört und gedacht: Das bin ich nicht! Verbrennungsopfer – um ein Extrembeispiel zu nennen – die sich nach der Genesung erstmals im Spiegel ansehen, fühlen sich in aller Regel ihrer Erscheinung gegenüber fremd. Und dennoch ist es nicht so, dass sie sich einfach »daran gewöhnen«, ihre neue Haut verändert sie. Sie verändert die Art, wie sie sich anderen Menschen gegenüber geben, was sie von anderen erwarten, wie sie sich in deren Augen sehen. Eine Krankenschwester erzählte mir, dass mancher Starke hierbei bitter und ängstlich wird, mancher Schwache hingegen ein zu allem entschlossener »Überlebender«. Ganz ähnlich hatte Drury ihr Erröten stets als etwas Äußeres empfunden, einer Verbrennung nicht unähnlich – eine »rote Maske« wie sie es nannte. Dennoch reichten seine Auswirkungen so tief in ihr Inneres, dass es sie daran zu hindern schien, der Mensch zu sein, der sie hätte sein sollen. Sobald »die Maske« von ihr genommen war, schien sie ein neuer, kühner »völlig anderer Mensch als zuvor«. Doch was war mit der Person geschehen, die sich ihr ganzes Leben hindurch vor Verlegenheit gewunden hatte und sich beim kleinsten Anlass aus dem Konzept hatte bringen lassen? Diese Person, so entdeckte Christine ganz allmählich, war noch immer vorhanden.

Eines Abends, als sie mit einem Freund zum Essen ging, fasste sie den Entschluss, ihm von der Operation zu erzählen. Abgesehen von ihrer Familie war er der Erste, mit dem sie darüber sprach, und er war hell entsetzt. *Sie hatte sich operieren lassen, damit sie nicht mehr rot wurde?* Ihm schien das verdreht, schlimmer noch, eitel. »Ihr Fernsehleute würdet wirklich alles tun, um eure Karrierechancen zu verbessern,« hatte er gesagt.

Sie ging in Tränen aufgelöst nach Hause, wütend und verletzt begann sie sich zu fragen, ob der Eingriff wirklich ein so abartiger, feiger Schritt gewesen sei. In den kommenden Wochen und Monaten wuchs in ihr die Überzeugung, dass die chirurgische Lösung sie zu einer Art Betrügerin mache. »Die Operation hatte mir den Weg frei gemacht, die Journalistin zu werden, die ich von meiner Ausbildung her war«, sagt sie. »Aber ich schämte mich unglaublich dafür, dass ich meine Schwierigkeiten mit solchen Mitteln hatte überwinden müssen.«

Sie fürchtete mehr und mehr, dass andere etwas über die Operation herausfinden könnten. Einmal fragte ein Mitarbeiter, der sich darüber klar zu werden versuchte, was genau sich an ihr verändert hatte, ob sie abgenommen habe. Sie lächelte schwach und sagte nein, aber sonst nichts. »Ich erinnere mich, dass ich den Samstag vor dem Indianapolis-500-Rennen zu einem Picknick des Senders ging und dabei die ganze Zeit über zu mir selbst sagte: ›Bitte, bitte lass mich wieder rauskommen, ohne dass mich einer fragt: Hey, wieso wirst du nicht mehr rot?‹« Da war sie, stellte sie fest: genau dieselbe marternde Verlegenheit wie zuvor, nur dass sie dieses Mal nicht durch das Erröten zu Stande kam, sondern durch dessen Fehlen.

Wenn sie auf Sendung war, holte sie ihre Befangenheit wieder ein. Im Juni 1999 trat sie ihre neue Stelle an, hatte aber in den kommenden zwei Monaten keinen Fernsehauftritt. Innerhalb dieser Frist wurde sie unsicher und begann sich zu fragen, ob sie wirklich zum Fernsehen zurücksollte. Eines Tages in jenem Sommer rückte sie mit einer Mannschaft aus, die über die Sturmschäden in einer benachbarten Stadt zu berichten hatte, in der ein paar Bäume entwurzelt worden waren. Sie ließen sie vor der Kamera üben. Sie war sich sicher, dass sie gut aussah, aber sie fühlte sich nicht so. »Ich hatte das Gefühl, da nicht hinzugehören, es nicht zu verdienen, dort zu stehen,« berichtet sie. Ein paar Tage später kündigte sie.

Über ein Jahr ist seither vergangen, und Christine Drury hat die Zeit damit zugebracht, ihr Leben wieder in den Griff zu bekommen. Arbeitslos und beschämt zog sie sich zurück, traf mit niemandem mehr zusammen und verbrachte die Tage in wachsender Depression auf der Couch vor dem Fernseher. Nur ganz allmählich begannen sich die Dinge für sie zu ändern. Ganz gegen ihre Natur begann sie zunächst Freunden und später einstigen Mitarbeitern zu erzählen, was geschehen war. Zu ihrer großen Überraschung und Erleichterung zeigte sich fast jeder verständnisvoll. Im September 1999 gründete sie sogar eine Organisation, die Red Mask Foundation, die es sich zur Aufgabe macht, Informationen über chronisches Erröten zu verbreiten und denjenigen ein Forum zu bieten, die darunter leiden.[6] Dass sie ihr Geheimnis preisgab, bot ihr letztlich die Chance weiterzugehen.

Im darauf folgenden Winter fand sie eine neue Stellung, dieses Mal beim Radio – nur allzu verständlich nach allem, was sie erlebt hatte. Sie wurde stellvertretende Büroleiterin bei Metro Networks Radio in Indianapolis. Wochentags kann man sie jeden Morgen auf zwei Sendern die Nachrichten moderieren hören, nachmittags übernimmt sie den Verkehrsfunk für diese und ein paar andere Stationen. Im letzten Frühjahr begann sich ihr Selbstvertrauen zurückzumelden, und sie nahm erneut Kontakt zu Fernsehsendern auf. Der regionale Fox-Sender übertrug ihr einen Posten als stellvertretende Nachrichtensprecherin. Anfang Juli wurde sie in allerletzter Minute angewiesen, den Verkehrsfunk dieser dreistündigen Morgensendung zu übernehmen.

Ich durfte mir die Aufzeichnung der Sendung anschauen. Es war eines dieser Frühstücksprogramme mit zwei schwatzhaften Co-Moderatoren – einen Mann und einer Frau –, die sich in hohen Polstersesseln an ihren riesigen Kaffeebechern festklammern. Alle halbe Stunde etwa schalteten sie zu Christine Drury, die in knapp zwei Minuten die aktuelle Verkehrslage zusammenfasste. Sie stand dabei vor einer Reihe von Projektionen der Stadtpläne verschiedener Städte, durch die sie sich einen nach dem anderen hindurchklickte und dabei auf verschiedene Unfälle und Straßensperrungen hinwies, vor denen man sich in Acht nehmen solle. Hin und wieder ließen die Moderatoren den üblichen »Hey, du bist aber nicht die, die sonst immer da ist«-Spruch vom Stapel, den sie stets lässig und gut gelaunt mit Lachen und Scherzen zu kontern verstand. Es sei aufregend gewesen, berichtet sie, aber nicht leicht. Sie konnte sich einer leichten Befangenheit nicht erwehren, was würden die Leute denken, wenn sie nach so langer Abwesenheit wieder auf dem Bildschirm erschien? Aber das Gefühl wurde nicht übermächtig. Sie fange an, sich in ihrer Haut wohl zu fühlen, erzählt sie.

Man mag sich letztlich fragen, ob ihre Probleme physischer oder psychischer Natur gewesen sind. Aber diese Frage ist genauso unmöglich zu beantworten wie die Frage, ob Erröten – oder von mir aus auch die Beschaffenheit einer Persönlichkeit – physischen oder psychischen Ursprungs ist. Jeder gründet sich auf beides, nicht einmal das Skalpell eines Chirurgen könnte hier eine Trennung vollbringen. Ich habe Christine Drury gefragt, ob sie die Operation je bereut hat. »Nicht im Geringsten«, entgegnete sie. Sie bezeichnet die Operation sogar als »meine Heilung«. Im gleichen Atemzug fügt sie allerdings hinzu: »Die Leute müssen sich nur darüber im Klaren sein, dass die Sache mit dem Eingriff selbst nicht ausgestanden ist.« Sie hat inzwischen das erreicht, was sie als einen glücklichen Mittelweg bezeichnet. Sie ist frei von einen Großteil der intensiven Befangenheit und Unsicherheit, die das Erröten ihr bereitet hat, aber sie akzeptiert auch den Umstand, dass sie davon dennoch nie ganz frei sein wird. Im Oktober begann sie in Teilzeit eine freiberufliche Tätigkeit als Livereporterin für Channel 6, den ABC-Ableger in Indianapolis. Sie hofft, dass sich diese zu einer Vollzeitbeschäftigung entwickeln wird.

10

Der Mann, der nicht aufhören konnte zu essen

Die Gastrojejunostomie nach Roux ist eine radikale chirurgische Prozedur, das wohl drastischste aller Mittel zur Gewichtsreduktion. Sie gehört außerdem zu den seltsamsten operativen Eingriffen, an denen ich je teilgenommen habe. Hier wird keine Krankheit behandelt, kein Defekt und keine Verletzung behoben. Es ist eine Operation, die zum Ziel hat, den Willen eines Menschen unter Kontrolle zu bringen bzw. den Magen des Betreffenden so kurz zu schließen, dass derjenige aufhört, sich zu überessen. Die Popularität dieses Eingriffs nimmt drastisch zu. Im Jahre 1999 unterzogen sich in den Vereinigten Staaten über fünfundvierzigtausend übergewichtige Patienten dieser Magen-Bypass-Operation, und im Jahre 2003 wird sich diese Zahl verdoppelt haben.[1] Vincent Caselli war auf dem besten Weg dazuzugehören.

Am 13. September 1999 um 7.30 Uhr morgens brachten ein Anästhesist und zwei Pfleger Caselli (dessen Name für diesen Bericht geändert wurde) in den OP, wo der ihn behandelnde chirurgische Oberarzt und ich auf ihn warteten. Caselli war vierundfünfzig, ein Mann, der schwere Maschinen bedient und im Straßenbau – auch in meinem Wohnviertel – gearbeitet hatte, Sohn italienischer Einwanderer, Vater von drei inzwischen erwachsenen Töchtern, die ihrerseits bereits wieder Kinder hatten, und seit fünfunddreißig Jahren verheiratet. Außerdem wog er hundertzweiundneunzig Kilo bei einer Körpergröße von nur einem Meter siebzig, und es ging ihm schlecht. Seine Gesundheit hatte schwer nachgelassen, er war ans Haus gefesselt, sein Leben alles andere als normal.

Bei sehr schwergewichtigen Menschen ist schon die Vollnarkose ein höchst gefährliches Unterfangen; eine größere Bauchoperation kann leicht zu einer Katastrophe geraten. Fettleibigkeit bedeutet ein erhöhtes Risiko für Atemstillstand, Herzversagen, Wundinfektionen, Hernien – beinahe jede nur denkbare Komplikation, den Tod mit eingerechnet. Trotzdem wirkte Dr. Sheldon Randall, der behandelnde Oberarzt, entspannt, plauderte mit den Krankenschwestern über deren Wochenendaktivitäten und versicherte Caselli, dass alles in bester Ordnung vor sich gehen werde, wo er doch schon über tausend solcher Operationen hinter sich hatte. Ich, als assistierender Chirurg, blieb skeptisch. Als ich zusah, wie Caselli sich angestrengt mühte, sein Gewicht von der Trage auf den OP-Tisch zu hieven, wobei er zwischendrin immer wieder anhielt, um nach Luft zu ringen, war meine einzige Sorge, dass er dazwischenfallen könnte. Als er auf dem Tisch lag, hingen seine Hüften weit ausladend hinunter, und ich sah rasch noch einmal nach, ob die Polsterung ausreichte, die ihn vor den scharfen Tischkanten schützen sollte. Außer dem Operationshemd in Einheitsgröße, das wie eine Serviette an ihm hing, hatte er nichts an, eine Schwester hatte ein Einsehen und bedeckte seine untere Körperhälfte anstandshalber mit einer Wolldecke. Als wir versuchten, ihn auf den Rücken zu legen, stockte ihm der Atem, und er lief blau an. Der Anästhesist musste ihn im Sitzen narkotisieren. Erst als der Beatmungsschlauch saß und ein mechanisches Gerät seine Atmung übernahm, konnten wir ihn hinlegen.

Er lag wie ein Berg vor uns auf dem Tisch. Ich bin einsfünfundachtzig, doch selbst als wir den Tisch so niedrig wie irgend möglich gestellt hatten, musste ich zum Operieren noch auf einen Schemel klettern. Dr. Randall stand auf zwei aufeinander gestapelten Schemeln. Er nickte mir zu, und ich führte einen Schnitt quer über den Bauch unseres Patienten, arbeitete mich durch die Haut und etliche Zentimeter gelb glänzenden Fetts. Die Leber in der Bauchhöhle war ebenfalls von Fett umwuchert, auch der Darm trug einen dicken Fettmantel, nur der Magen sah ganz normal aus – ein glatter gräulich rosafarbener Sack von ungefähr doppeltem Faustumfang. Mit Metallklammern hielten wir die Wunde offen, schafften Leber und Darmschlingen aus dem Weg. Bis zu den Ellbogen in seinen Eingeweiden vergraben, verkleinerten wir das Fassungsvermögen seines Magens auf etwa dreißig Milliliter. Vor der Operation hatte fast ein Liter an Nahrung und Flüssigkeit hineingepasst, nun fasste er kaum mehr als ein Schnapsglas. Die Öffnung dieser winzigen Tasche verbanden wir dann mit einem Teil seines Dünndarms, der etwa einen halben Meter hinter dem Zwölffingerdarm liegt – auf jeden Fall jenseits des Dünndarmanfangs, wo Galle und Pankreassäfte die Nahrung verdauen. Dies war die Umleitungsfunktion der Operation und sie hatte zur Folge, dass die Nahrung, die in den Magen gelangte, nicht mehr so bereitwillig absorbiert werden würde.

Die Operation dauert etwas mehr als zwei Stunden. Caselli blieb die ganze Zeit hindurch stabil, seine Genesung gestaltete sich allerdings problematisch. In aller Regel sind die Patienten nach etwa drei Tagen in der Lage, das Krankenhaus zu verlassen. Caselli brauchte zwei Tage, um überhaupt mitzubekommen, wo er war. Seine Nieren hatten vierundzwanzig Stunden hindurch nicht gearbeitet, in seiner Lunge hatte sich Flüssigkeit angesammelt. Er fiel ins Delirium, sah Dinge an den Wänden, riss sich die Sauerstoffmaske vom Gesicht, entfernte die Elektroden auf seiner Brust und sogar die Infusionskanüle in seinem Arm. Wir waren höchst besorgt, seine Frau und seine Töchter außer sich, doch ganz allmählich kam er zu sich.

Am dritten Tag nach der Operation ging es ihm so gut, das er ein paar Schluck klare Flüssigkeit zu sich nehmen konnte – Wasser, Apfelsaft, Ginger Ale, bis zu dreißig Milliliter alle vier Stunden. Auf meiner Nachmittagsvisite fragte ich ihn, wie die Flüssigkeit hinuntergegangen sei. »Gut«, antwortete er. Wir fingen an, ihm hundert Milliliter Portionen Instant-Frühstück zu verabreichen, damit er ein paar Kalorien zu sich nahm. Er konnte nur die Hälfte davon trinken, und selbst das nahm eine Stunde in Anspruch. Es machte ihn umgehend satt, und dabei fühlte er einen stechenden, unangenehmen Schmerz. Das sei zu erwarten, erklärte ihm Dr. Randall. Es werde noch ein paar Tage dauern, bis er feste Nahrung zu sich nehmen könne. Aber sonst ging es ihm gut. Er benötigte keine Infusionen mehr. Die Wundschmerzen waren unter Kontrolle, und wir schickten ihn nach einem kurzen Aufenthalt in einer Rehabilitationseinrichtung nach Hause.

Ein paar Wochen später fragte ich Dr. Randall, wie es Caselli gehe. »Ganz gut«, antwortete der Chirurg. Ich hatte zwar schon ein paarmal in ähnlichen Fällen mit ihm zusammen operiert, aber ich hatte nie gesehen, wie es den Patienten hinterher ging. Ob er wirklich das ganz Übergewicht verlöre, fragte ich. Und wie viel er essen könne? Randall schlug vor, dass ich Caselli selbst fragte. Eines Tages im Oktober rief ich daher bei ihm an. Er schien froh, von mir zu hören. »Kommen Sie einfach vorbei«, meinte er. Und noch am selben Tag nahm ich seine Einladung an und schaute nach der Arbeit bei ihm vorbei.

Vincent Caselli und seine Frau leben in einem unauffälligen Reihenhaus direkt vor den Toren von Boston. Auf dem Weg dorthin nahm ich die Route 1, vorbei an vier Dunkin Donuts, vier Pizzerien, drei Steakhäusern, zwei McDonald's, zwei Ground Rounds, einem Taco Bell, einem Friendly und einen International House of Pancakes. (Eine vertraute Szenerie am Straßenrand, an jenem Tag aber schien es mir ein trauriger Parcours der Selbstzerstörung). Ich klingelte an der Tür und eine gute Minute verstrich. Ich hörte, langsame Schritte auf die Tür zu schlurfen und Caselli öffnete, merklich außer Atem, die Tür. Er lächelte sein breitestes Lächeln, als er mich sah, und drückte fest meine Hand. Mit der Hand an Wand, Tisch und Türrahmen Halt suchend führte er mich zum Esstisch in seiner mit Blumentapeten geschmückten Küche.

Ich fragte ihn, wie die Dinge stünden. »Echt gut«, antwortete er. Er habe keine Schmerzen mehr von der Operation, der Schnitt sei verheilt, und obwohl das Ganze erst drei Wochen her sei, habe er bereits vierzig Pfund abgenommen. Doch mit hundertsiebenundsiebzig Kilo, an denen die Hosen Größe 64 noch immer spannten und in XXXXXXL T-Shirts (den größten, die er im örtlichen Übergrößenladen finden konnte), fühlte er sich nicht grundlegend anders. Im Sitzen musste er die Füße weit auseinander stellen, damit sein Bauch zwischen den Beinen Platz fand, und auf einem Holzstuhl wie dem, auf dem er augenblicklich saß, zwang ihn das Gewicht seines Körpers, sich jede Minute etwas anders hinzusetzen, weil ihm sonst sein Gesäß einschlief. Der Schweiß stand in seinen Stirnfalten und ließ sein grau meliertes Haar bürstig abstehen. Seine braunen Augen wirkten müde und wiesen dunkle Augenringe auf. Sein Atem war von erschütterndem Pfeifen begleitet.

Wir redeten über seine Heimkehr aus dem Krankenhaus. Die erste feste Nahrung, die er probiert hatte, war ein Löffel Rührei gewesen. Allein diese Menge hatte ihn so satt gemacht, dass sein Magen, wie er berichtet, schmerzte, »als zerrisse etwas inwendig«, und er sich übergeben musste. Er fürchtete, dass er niemals wieder im Stande sein werde, feste Nahrung aufzunehmen. Allmählich fand er jedoch heraus, dass er im Stande war, kleine Mengen an weicher Nahrung zu tolerieren: Kartoffelbrei, Nudeln, sogar ein bisschen Hühnerfleisch, so es fein geschnitten und saftig war. Brot und trockenes Fleisch »blieben stecken« wie er sagte, und er musste sich den Finger in den Hals stecken, damit er sich erbrechen konnte.

Caselli war nicht glücklich damit, wie die Dinge nun standen, aber er fand seinen Frieden mit der Überzeugung, dass es eben nicht anders ging. »Die letzten ein, zwei Jahre waren die Hölle«, berichtet er. Angefangen hatte sein Kampf gegen die Pfunde, als er Ende zwanzig war. »Ich hatte immer ein bisschen Übergewicht«, erzählte er. Als er Teresa (auch sie heißt in Wirklichkeit anders) mit neunzehn heiratete, wog er neunzig Kilo, zehn Jahre später fast einhundertvierzig. Er machte eine Diät, nahm fünfunddreißig Kilo ab und gleich darauf fünfundvierzig wieder zu. Im Jahre 1985 hatte er einhundertachtzig Kilo gewogen, mit einer entschlossenen Diät brachte er es auf stolze fünfundachtzig. Dann ging es wieder aufwärts. »Ich habe bestimmt um die tausend Pfund ab- und wieder zugenommen«, erzählt er mir. Sein Blutdruck ging in die Höhe, sein Cholesterinspiegel ebenfalls, und er begann an Diabetes zu leiden. Knie und Rücken schmerzten unablässig. Er war in seiner Beweglichkeit stark eingeschränkt. Früher hatte er immer Saisonkarten für die Spiele der Boston Bruins gehabt, war jeden Sommer auf die Rennbahn von Seekonk gefahren, um sich das Autorennen dort anzuschauen. Vor vielen Jahren war er selbst Autorennen gefahren. Nun brachte er es kaum fertig, zu seinem Kleinlaster zu gehen. Seit 1983 war er nicht mehr geflogen, und vor zwei Jahren hatte er zum letzten Mal das Obergeschoss seines Hauses betreten, er schaffte die Treppen nicht mehr. »Vor einem Jahr hat Teresa sich einen Computer für ihr Büro im oberen Stock gekauft«, berichtet er. »Ich habe das Ding nie gesehen.« Er musste aus dem gemeinsamen Schlafzimmer ausziehen und schlief jetzt in einem kleinen Zimmer neben der Küche. Da er nicht mehr liegen konnte, verbrachte er die Nacht seither in einem Lehnstuhl. Selbst dann konnte er auf Grund seiner Schlafapnoe nur episodenweise dösen, ein häufiges Problem bei Übergewichtigen. Man nimmt an, dass es durch übermäßige Fettablagerungen im Zungenbereich und in den Bindegeweben der oberen Atemwege zu Stande kommt. Alle dreißig Minuten etwa setzte seine Atmung aus, und er wachte von dem Gefühl zu ersticken auf. Er fühlte sich durchgehend erschöpft und übermüdet.

Es gab noch andere Probleme, Dinge, über die die meisten Menschen nicht gerne sprechen. Vernünftige Hygiene, erzählte er, sei nahezu unmöglich. Er konnte nicht mehr im Stehen Wasser lassen und nach dem Stuhlgang musste er sich häufig duschen, um sauber zu werden. In den Hautfalten war die Haut rot und aufgescheuert, oft bildeten sich wunde Stellen und Infektionen. »War all das eine Belastung für Ihre Ehe?«, fragte ich ihn. »Natürlich«, entgegnete er. »Ein Sexualleben gibt es nicht mehr. Ich setzte wirklich alle Hoffnungen darein.« Das Allerschlimmste war für ihn allerdings die Tatsache, dass er seinen Lebensunterhalt nicht mehr verdienen konnte.

Vincent Casellis Vater war 1914 aus Italien nach Boston ausgewandert und hatte dort auf dem Bau zu arbeiten begonnen. Es dauerte nicht lange, da gehörten ihm sechs Dampfschaufelbagger, und er hatte seine eigene Baufirma. In den sechziger Jahren übernahmen Vincent und sein Bruder das Geschäft, 1979 machte Vincent sich selbstständig. Er war geübt im Umgang mit schweren Maschinen – seine Spezialität waren Arbeiten mit einem dreißig Tonnen schweren dreihunderttausend Dollar teuren Gradall-Hydraulikbagger – und er hatte seine Männer das ganze Jahr hindurch im Straßenbau beschäftigt. Irgendwann besaß er einen eigenen Gradall, einen fünfachsigen Mack-Kipplaster, einen Radlader und einen ganzen Fuhrpark von Kleinlastern. In den letzten drei Jahren aber war er zu dick geworden, um den Gradall bedienen und die täglichen Instandhaltungsarbeiten verrichten zu können. Er musste das Geschäft von zu Hause aus führen und andere dafür bezahlen, dass sie die schwere Arbeit machten. Er stellte einen seiner Neffen ein, der für ihn die Männer einteilte und Verträge abschloss. Die Unkosten stiegen, und da er nicht mehr selbst bei den öffentlichen Arbeitgebern vorsprechen konnte, wurde es für ihn immer schwieriger, Aufträge zu erhalten. Hätte Teresa nicht selbst verdient – sie ist Geschäftsführerin einer Einrichtung für betreutes Wohnen in Boston –, wären sie längst Bankrott gegangen.

Teresa, eine hübsche sommersprossige rothaarige Frau (selbst übrigens eher von normaler Statur) hatte ihn seit langem gedrängt, Diät zu halten und Sport zu treiben. Er selbst war verzweifelt darauf aus abzunehmen, aber die Bürde der Selbstkontrolle, Tag für Tag und Mahlzeit für Mahlzeit, schien ihm untragbar. »Ich bin ein Mann der Gewohnheit«, erklärte er. »Ich habe den Hang, meinen

Gewohnheiten zu erliegen.« Und essen, erzählt er, war seine schlimmste Angewohnheit. Nun ist Essen jedermanns Gewohnheit. Was war bei *ihm* anders?, wollte ich wissen. Nun ja, dass die Portionen zu groß waren und er es nie fertig brachte, einen Krümel auf dem Teller zurückzulassen. Wenn noch ein paar Nudeln im Topf waren, aß er sie auch noch auf. Aber warum? wollte ich wissen. Ob er einfach nur gern aß? Er grübelte ein paar Augenblicke über diese Frage, bevor er antwortete. Das sei es nicht gewesen, meinte er. »Wenn ich aß, fühlte ich mich auf der Stelle gut«, meinte er, »aber nur für einen Moment.« Ob übermäßiger Hunger ihn getrieben habe. »Ich hatte nie Hunger«, antwortete er.

Soweit ich es beurteilen konnte, aß Caselli aus denselben Gründen wie jeder andere auch: weil es ihm gut schmeckte, weil es sieben Uhr und Zeit fürs Abendessen war und weil auf dem Tisch etwas Leckeres stand. Und er hörte aus demselben Grund auf zu essen, aus dem jeder aufhört: weil er satt und Essen nun kein Vergnügen mehr war. Der Hauptunterschied bestand darin, dass er Unmengen an Nahrungsmitteln brauchte, um satt zu werden. (Er konnte eine Riesenpizza verdrücken, ohne mit der Wimper zu zucken.) Wenn er abnehmen wollte, stand er vor demselben Dilemma, vor dem jeder Diätwillige steht: Er musste lernen, mit dem Essen aufzuhören, bevor er satt war, also solange das Essen noch schmeckte, und er musste Sport treiben. Das waren Dinge, die er eine Zeit lang durchhielt, und mit viel gutem Zureden auch noch ein bisschen länger, aber es war nichts, so hatte er festgestellt, was er auf Dauer fertig brachte. »Ich bin nicht stark genug«, konstatierte er.

Anfang 1998 hatte Casellis Internistin sehr ernst zu ihm gesagt: »Wenn Sie es nicht schaffen, dieses Gewicht zu reduzieren, werden wir drastische Maßnahmen ergreifen müssen.« Und damit hatte sie die Operation gemeint. Sie beschrieb ihm den Eingriff zur Verkleinerung des Magens und gab ihm Dr. Randalls Nummer. Für Caselli stand dies zunächst nicht zur Diskussion. Der Gedanke an die Prozedur allein war schon schlimm genug, dass er sein Geschäft deswegen ruhen lassen könnte, war undenkbar. Ein Jahr später allerdings, im Frühjahr 1999, bekam er an beiden Beinen schwere Venenentzündungen. Mit zunehmendem Gewicht waren Krampfadern entstanden, die Haut darüber wurde dünn, brach auf und bildete offene, eitrige Geschwüre. Er bekam Fieber und litt unter brennenden Schmerzen, doch erst nach langem Zureden gab er dem Drängen seiner Frau nach und willigte ein, seine Ärztin aufzusuchen. Sie diagnostizierte einen schweren Fall von Zellulitis, und er musste für eine Woche ins Krankenhaus, wo man ihm Antibiotika-Infusionen verabreichte.

In der Klinik wurde bei ihm unter anderem eine Ultraschalluntersuchung durchgeführt, mit der nach möglicherweise vorhandenen Gerinnseln in den Beinvenen gesucht wurde. Im Anschluss daran kam der Radiologe zu ihm und erklärte ihm die Befunde. »Er sagte: ›Sie sind ein Glückspilz‹«, erinnert sich Caselli. »Und ich fragte ihn: ›Habe ich im Lotto gewonnen? Was ist los?‹ Darauf er: ›Sie haben keine Gerinnsel, und das überrascht mich wirklich.‹ Und dann noch: ›Ich will ihre Illusionen nicht zerstören, aber bei einem Typ wie Ihnen, in einer Verfassung wie der Ihren, stehen die Chancen hoch, dass Sie eine Thrombose bekommen werden. Sie müssen ein ziemlich gesunder Kerl sein‹« – aber, fuhr er fort, das werde nur so bleiben, wenn er etwas gegen sein Gewicht unternähme.

Wenig später kam der Spezialist für Infektionskrankheiten zu ihm. Er entfernte die Verbände, untersuchte die Wunden und verband ihn frisch. Die Beine seien dabei abzuheilen, meinte er. Aber er sagte noch etwas anderes: »›Ich will Ihnen etwas sagen‹«, erinnert sich Caselli an die Worte des Arztes. »›Ich habe mir Ihre Krankenakte durchgelesen, wo Sie waren, was Sie waren, wie es Ihnen ergangen ist. Nun sind Sie hier, und ich sagen Ihnen wie es weitergeht: Nehmen Sie ab – und ich sage Ihnen das nicht im Spaß, ich rate ihnen *dringend* –, nehmen Sie ab, und Sie werden ein kerngesunder Kerl sein. Ihr Herz ist prima, Ihre Lungen sind prima. Sie sind stark.‹«

»Das habe ich ernst genommen«, sagte Caselli. »Wissen Sie, da kamen zwei verschieden Ärzte und sagten mir dasselbe. Sie wussten von mir nur, was in meiner Akte steht. Sie hatten keinerlei Veranlassung, mir das zu sagen. Aber sie wussten, das Gewicht war ein Problem. Und wenn ich es herunterkriegen könnte ...«

Als er nach Hause kam, musste er noch zwei Wochen das Bett hüten. Sein Geschäft war inzwischen den Bach hinunter. Es kamen überhaupt keine Aufträge mehr, und er wusste, er würde seine Männer gehen lassen müssen, sobald sie die letzten noch ausstehenden Arbeiten beendet hatten. Teresa vereinbarte einen Termin für ihn bei Dr. Randall, und er ging zu ihm. Randall beschrieb ihm die Magenumgehung nach Roux und zählte ihm freimütig die bestehenden Risiken auf. Es bestand ein Risiko von eins zu zweihundert, dass er die Operation nicht überleben würde, und ein Risiko von eins zu zehn, dass es zu Komplikationen kommen würde – Blutungen, Infektionen, Magengeschwüre, Thrombosen oder dem Austreten von Mageninhalt in die Bauchhöhle. Der Arzt erklärte ihm auch, der Eingriff werde ein für alle Mal seine Essgewohnheiten verändern. Arbeitsunfähig, kleinlaut, krank und von Schmerzen geplagt, kam Vincent Caselli zu dem Schluss, dass die Operation seine einzige Hoffnung sei.

Über den menschlichen Appetit lässt sich kaum nachdenken, ohne dass man sich fragen muss, ob wir in unserem Leben überhaupt etwas zu sagen haben. Wir glauben fest an unseren freien Willen – daran, dass wir in den meisten Fällen eine Wahl haben und selbst entscheiden über so einfache Dinge wie Stillsitzen oder Aufstehen, Reden oder nicht Reden, ein Stück Kuchen essen oder nicht. Trotzdem vermögen nur sehr wenige Menschen, dicke und dünne übrigens auch, ihr Gewicht aus freien Stücken auf Dauer zu reduzieren. Die Geschichte der Behandlung von Übergewicht ist nahezu lückenlos eine Geschichte der Fehlschläge. Was immer die Spielregeln verlangen – ob Flüssigkeitsdiät, Proteindiät, Grapefruit-Diät, Zone-, Atkins- oder Dean-Ornish-Diät – die Leute verlieren ihre Pfunde relativ bereitwillig, aber diese bleiben nicht unten. Ein Expertengremium der National Institutes of Health hat im Jahre 1993 etliche Jahrzehnte der Diätstudien gesichtet und dabei festgestellt, dass zwischen neunzig und fünfundneunzig Prozent aller Betroffenen binnen eines Jahres ein bis zwei Drittel des zuvor verlorenen Gewichts wieder zunehmen – binnen fünf Jahren sogar alle.[2] Ärzte haben ihren Patienten die Kiefer verdrahtet, Plastikballons im Magen aufgeblasen, Massen an Körperfett operativ beseitigt, Amphetamine und große Mengen Schilddrüsenhormone verschrieben, sogar neurochirurgische Eingriffe durchgeführt, um das Appetitzentrum im Hypothalamus zu zerstören – und trotzdem gelingt es den Menschen nicht, ihr Gewicht unten zu halten.[3] Die Kieferverdrahtung beispielsweise kann zu einem beträchtlichen Gewichtsverlust führen, die Patienten, die um dieser Prozedur bitten, sind motiviert wie niemand sonst. Und dennoch bringen es manche von ihnen fertig, durch die geschlossenen Kiefer so viel Kalorien in flüssiger Form zu sich zu nehmen, dass sie sogar zunehmen; andere nehmen zu, sobald die Sperre entfernt wird. Wir sind eine Art, die in der Evolution die Fähigkeit entwickelt hat, Hungerzeiten durchzustehen, leider aber nicht die Fähigkeit, dem Überfluss zu widerstehen.

Die einzige Gruppe unter uns Menschen, die eine glorreiche Ausnahme in dieser betrüblichen Historie der Fehlschläge bildet, sind, man glaubt es kaum, Kinder. Niemand käme auf die Idee, dass Kinder über mehr Selbstkontrolle verfügten als Erwachsene. Dennoch hatten in vier Studien mit zufällig ausgewählten übergewichtigen Kindern zwischen sechs und zwölf Jahren diejenigen, denen man einfaches Verhaltenstraining zukommen ließ (zwei bis drei Monate hindurch wöchentlichen Unterricht, danach bis zu ein Jahr lang ein Treffen pro Monat) nach zehn Jahren noch ein deutlich reduziertes Übergewicht im Vergleich zu denjenigen, die keinen Unterricht erhalten hatten, dreißig Prozent hatten gar kein Übergewicht mehr.[4] Der Appetit von Kindern lässt sich offenbar formen, der von Erwachsenen nicht mehr.

Der Augenblick der Wahrheit ist die Mahlzeit. Es gibt mindestens zwei Arten, wie ein Mensch dazu kommt, bei einer Mahlzeit mehr zu essen, als er sollte. Die eine ist, allzu lange stetig langsam zu essen. Das ist das, was Menschen mit dem Prader-Willi-Syndrom tun.[5] Sie leiden unter einer seltenen angeborenen Fehlfunktion des Hypothalamus und sind daher unfähig, ein Sättigungsgefühl zu entwickeln. Sie essen zwar nur halb so rasch wie die meisten anderen Menschen, aber sie können nicht aufhören. Gelingt es nicht, ihre Nahrungsaufnahme streng zu kontrollieren (manche unter ihnen essen Abfälle oder Tierfutter, wenn sie sonst nichts finden), erreichen sie ein tödliches Übergewicht.

Das häufigere Muster aber ist die zu rasche Aufnahme. Menschen sind dem ausgeliefert, was Wissenschaftler als »Fettparadoxon« bezeichnen.[6] Wenn Nahrung in ihren Magen und ihren Zwölffingerdarm (den obersten Bereich des Dünndarms) gelangt, werden dort Dehnungsrezeptoren, Proteinrezeptoren und Fettrezeptoren mobilisiert, die dem Hypothalamus signalisieren, dass es Zeit ist, ein Sättigungsgefühl zu erzeugen. Nichts vermag diese Stimulation wirksamer und rascher zu leisten als Fett. Bereits geringste Mengen Fett, die den Zwölfingerdarm erreichen, veranlassen den Betreffenden, mit dem Essen aufzuhören. Trotzdem essen wir noch immer zu viel Fett. Wie kann das sein? Die Erklärung lautet: Geschwindigkeit. Es ist nämlich, wie man festgestellt hat, gleichzeitig auch so, dass Nahrungsmittel Rezeptoren im Mund stimulieren, die den Hypothalamus dazu bringen, unsere Nahrungsaufnahme zu *beschleunigen* – und auch hier ist das potenteste Stimulans Fett. Ein bisschen Fett auf der Zunge und schon veranlassen uns die Rezeptoren dazu, rasch weiter zu essen, bevor der Darm das Signal gibt aufzuhören. Je besser das Essen schmeckt, umso rascher essen wir – man bezeichnet dieses Phänomen als »Appetitanreger-Effekt«.[7] (Erreicht wird dies übrigens, falls Sie sich das gerade fragen sollten, nicht dadurch, dass wir schneller kauen, sondern dadurch, dass wir weniger kauen. Französische Wissenschaftler haben herausgefunden, dass Menschen, um mehr und schneller essen zu können, ihre »Kauzeit« verringern – sie »beißen pro Standardmenge an Nahrung weniger häufig zu«, bevor sie schlucken.[8] Mit anderen Worten: Wir schlingen.)

Offenbar wird die eigene Leibesfülle zum Teil davon bestimmt, wie gut es Hypothalamus und Hirnstamm vermögen, die widerstreitenden Signale aus Mund und Darm zu vereinbaren. Manche Menschen sind recht rasch satt, andere, wie Vincent Caselli, erfahren den Appetitanreger-Effekt sehr viel länger. In den vergangenen paar Jahren ist eine ganze Menge über die Mechanismen dieser Kontrolle bekannt geworden. Heute wissen wir beispielsweise, dass Botenstoffe wie Leptin und Neuropeptid Y mit dem Fettspiegel steigen und fallen und demzufolge den Appetit regulieren. Aber unser Wissen um diese Mechanismen ist bestenfalls fragmentarisch.

Betrachten wir einen Bericht aus dem Jahre 1998 über zwei Männer namens »BR« und »RH«, die beide unter schwerer Amnesie litten. Die beiden waren durchaus im Stande, ein zusammenhängendes Gespräch mit jemandem zu führen, doch sobald sie abgelenkt worden waren, konnten sie sich nicht mehr daran erinnern, und lag es auch nur eine Minute zurück, ja, nicht einmal die Tatsache, dass sie überhaupt ein Gespräch geführt hatten, war ihnen gewärtig. (BR hatte kurz zuvor eine Virusenzephalitis durchgemacht, RH litt seit über zwanzig Jahren unter einer schweren mit Krampfanfällen assoziierten Erkrankung). Der Psychologe Paul Rozin, Professor an der University of Pennsylvania, kam auf die Idee, die beiden in einem Experiment einzusetzen, bei dem er der Beziehung zwischen Essen und Gedächtnis auf die Spur kommen wollte.[9] An drei aufeinander folgenden Tagen brachten er und seine Mitarbeiter jeder Versuchsperson ein ihr genehmes Essen. (BR bekam Gerstensuppe, Hackbraten, Tomaten, Kartoffeln, Bohnen, Brot, Butter, Pfirsich und Tee; RH überbackenes Kalbfleisch mit Nudeln, Bohnen, Saft und Apfelstreuselkuchen.) BR aß Tag für Tag sein Mittagessen ganz auf, RH schaffte es nicht ganz. Man nahm ihnen die Teller weg und zehn bis dreißig Minuten später tauchten die Wissenschaftler mit derselben Mahlzeit auf. »Hier ist Ihr Mittagessen«, verkündeten sie. Die beiden Männer aßen wie zuvor. Weitere zehn bis dreißig Minuten später erschienen die Forscher mit der nächsten Mahlzeit. »Hier kommt Ihr Mittagessen«, sagten sie und wieder aßen die Männer. Bei einigen Gelegenheiten servierten die Wissenschaftler RH sogar eine vierte Mahlzeit. Erst dann aß er weniger und erklärte, sein Magen sei irgendwie »zu«. Die Dehnungsrezeptoren im Magen waren offenbar nicht völlig wirkungslos. Doch ohne die Erinnerung daran, bereits gegessen zu haben, reichte der soziale Kontext – jemand kam herein und servierte das Mittagessen – aus, um den Appetit anzuregen.

Man kann sich lebhaft vorstellen, wie die Rezeptoren im Gehirn miteinander wetteifern, damit sich bei Ihnen das Gefühl regt, hungrig oder satt zu sein. Da sind Rezeptoren im Mund, Geruchsrezeptoren, der Anblick eines saftigen Tiramisu, die in die eine Richtung drängen und Darmrezeptoren, die in die andere Richtung wirken. Leptin und ein paar Neuropeptide sagen Ihnen, dass Sie zu viel oder zu wenig Fett eingelagert haben. Und Sie verfügen über Ihr eigenes sozial und persönlich determiniertes Gefühl dafür, ob es eine gute Idee ist, weiterzuessen oder nicht. Gerät einer der Mechanismen aus der Spur, haben Sie ein Problem.

In Anbetracht der Komplexität des Appetits und unseres mangelhaften Wissens darüber, sollte es uns nicht überraschen, dass die meisten medikamentösen Appetitzügler nur sehr eingeschränkt wirksam sind, wenn es darum geht, Menschen vom Essen abzuhalten. (Die Wirkstoffkombination von Fenfluramin und Phentermin war hierbei am erfolgreichsten, aber im Zusammenhang mit ihr wurden Herzklappenanomalien festgestellt, und man nahm sie daher vom Markt.) Universitätswissenschaftler und Pharmaunternehmen suchen fieberhaft nach einem Medikament, mit dessen Hilfe sich schwerstes Übergewicht kurieren lässt. Dennoch kennt man in aussichtslosen Fällen bislang nur ein erfolgreiches Mittel, und das ist, so seltsam es scheinen mag, eine Operation.

In dem Krankenhaus, in dem ich arbeite, gibt es im Aufwachraum eine Krankenschwester von achtundvierzig Jahren, gut einen Meter fünfzig groß, dunkelblond, mit knabenhaftem Haarschnitt, eine beinahe athletische Erscheinung. Bei einer Tasse Kaffee in der Krankenhauskantine gestand sie mir eines Tages, kurz nach meinem Besuch bei Vincent Caselli, dass sie einst an die hundertfünfzehn Kilo gewogen habe. Carla (wie wir sie nennen wollen) erzählte mir, dass sie sich vor gut fünfzehn Jahren ebenfalls einen Magen-Bypass hatte legen lassen.

Seit sie fünf Jahre alt war, hatte sie an Übergewicht gelitten. In der Unterstufe fing sie an, Diäten zu machen, und Abführmittel, Entwässerungsmittel und Amphetamine zu nehmen. »Es war nie ein Problem, das Gewicht zu reduzieren«, berichtete sie. »Das Problem war, es unten zu halten.« Sie erinnert sich, wie entsetzt sie gewesen war, als sie bei einem Besuch in Disneyland feststellte, dass sie nicht durch das Drehkreuz am Eingang passte. Im Alter von dreiunddreißig brachte sie einhundertzwanzig Kilo auf die Waage. Als sie eines Tages ihren Freund, einen Arzt, auf einen medizinischen Kongress nach New Orleans begleitete, stellte sie fest, dass sie zu kurzatmig war, um die Bourbon Street hinunterzugehen. Zum ersten Mal, berichtete sie »fürchtete ich um mein Leben – und zwar nicht nur um die Lebensqualität, sondern um die Lebensdauer.«

Das war 1985. Die Ärzte experimentierten damals mit Operationen zur Reduktion von Übergewicht, aber der anfängliche Enthusiasmus war bereits im Schwinden begriffen. Zwei Operationen hatten einigermaßen viel versprechend ausgesehen. Die eine, ein so genannter ileojejunoaler Bypass, bei der der größte Teil des Dünndarms umgangen wurde, so dass nur noch eine minimale Menge an Nährstoffen absorbiert werden konnte, erwies sich als tödlich für die Patienten. Die andere, eine Verkleinerung des Magens, verlor mit der Zeit an Wirksamkeit: Die Leute gewöhnten sich an die kleinen Magen und verzehrten immer mehr immer kalorienreichere Mahlzeiten.[10]

Carla aber, die ja in einem Krankenhaus arbeitete, hörte ermutigende Berichte über die Kombination aus einer Verkleinerung des Magens mit zusätzlicher Umgehung des ersten Dünndarmmeters. Sie wusste, dass die Erfolgsberichte eher spärlich gesät und ein paar Operationen gescheitert waren, und nahm sich ein Jahr Zeit für die Entscheidung. Doch je mehr sie zunahm, umso mehr festigte sich in ihr die Überzeugung, dass sie das Risiko würde eingehen müssen. Im Mai 1986 ließ sie sich operieren.

»Zum ersten Mal in meinem Leben lernte ich das Gefühl kennen, satt zu sein«, erzählte sie. Sechs Monate nach der Operation wog sie unter fünfundachtzig Kilo, weitere sechs Monate später nur noch neunundfünfzig. Sie hatte so abgenommen, dass sie die überschüssigen Hautfalten an Bauch und Oberschenkeln operativ entfernen lassen musste. Wer sie vorher gekannt hatte, erkannte sie nicht wieder, ja, sie war sich selbst fremd. »Ich ging in Bars, um zu sehen, ob mich jemand anmachen würde – und es klappte«, berichtete sie. »Ich habe immer nein gesagt«, fügte sie rasch hinzu. »Aber versucht habe ich es trotzdem.«

Die Veränderungen waren jedoch nicht allein physischer Natur. Ganz plötzlich stellte sie bei sich im Hinblick auf Essen eine tiefgreifende, nie zuvor gekannte Willenskraft fest. Sie *musste* nicht mehr alles essen: »Wann immer ich in dieser Zeit etwas aß, fragte ich mich zuerst einmal: ›Ist das gut für dich?‹ ›Nimmst du wieder zu, wenn du zu viel davon isst?‹ Und dann konnte ich einfach aufhören.« Das Gefühl verblüffte sie. Sie wusste, dass die Operation der Grund dafür war, dass sie nicht mehr so viel aß wie früher. Trotzdem hatte sie das Gefühl, selbst zu entscheiden.

Studien zufolge ist das eine typische Erfahrung im Falle einer geglückten Magenumgehung.[11] »Ich bekomme Hunger, aber ich denke jetzt mehr darüber nach«, berichtete eine andere Frau, die diese Operation auch hatte vornehmen lassen, und sie beschreibt einen inneren Dialog, der sich ziemlich genauso ausnimmt wie der von Carla: »Ich frage mich: ›Muss das wirklich sein?‹ Ich beobachte mich.« Bei vielen geht diese neu gewonnene Fähigkeit zur Selbstkontrolle weit über das Essen hinaus. Sie gewinnen an Selbstvertrauen, werden selbstsicher – manchmal bis hin zum offenen Konflikt. Die Scheidungsraten nehmen Berichten zufolge nach dieser Operation deutlich zu. Auch Carla und ihr Freund trennten sich wenige Monate nach dem Eingriff.

Carlas dramatischer Gewichtsverlust ist keine Ausnahme. Aus veröffentlichten Fallstudien geht hervor, dass die meisten Patienten, die bei sich eine Gastrojejunostomie vornehmen lassen, binnen eines Jahres zwei Drittel ihres Übergewichts (in der Regel über hundert Pfund) verlieren. Und sie halten ihr Gewicht: Folgestudien nach zehn Jahren stellen eine durchschnittliche Zunahme von nur zehn bis zwanzig Pfund fest.[12] Und die gesundheitliche Bilanz insgesamt ist hervorragend: Die Patienten haben weniger Herzinfarkte und weniger Asthma und Arthritis. Am bemerkenswertesten aber ist, dass achtzig Prozent derjenigen, die unter Diabetes litten, im Anschluss daran geheilt sind.

Eines Morgens im Januar 2000 hielt ich wieder vor Vincent Casellis Haus, seit seiner Operation waren etwa fünf Monate vergangen. Er kam nicht gerade zur Tür gesprungen, aber er war dieses Mal nicht außer Atem. Die Tränensäcke unter seinen Augen war zurückgegangen. Sein Gesicht hatte wieder Form. Obwohl sein Körperumfang noch immer beträchtlich war, schien er geringer, weniger sackförmig.

Er erzählte mir, dass er noch immer einhundertachtundfünfzig Kilo wiege – viel zu viel für einen Mann von einem Meter siebzig, aber immerhin vierzig Kilo weniger als auf dem Operationstisch. Und er spürte bereits einen Unterschied in seinem täglichen Leben. Damals im Oktober hatte er mir erzählt, dass er nicht an der Hochzeit seiner jüngsten Tochter hatte teilnehmen können, weil er den Fußweg zur Kirche nicht zurücklegen konnte. Im Dezember aber hatte er bereits so viel abgenommen, dass er wieder allmorgendlich zu seiner Werkstatt gehen konnte. »Gestern habe ich drei Reifen abgeladen«, berichtet er. »Wenn ich das vor drei Monaten hätte tun sollen – kein Gedanke daran.« Zum ersten Mal seit 1997 war er die Treppe zum Obergeschoss seines Hauses hinaufgestiegen. »Eines Tages um Weihnachten herum habe ich mir gesagt, ›Auf, das probierst du jetzt. Du musst das schaffen!‹ Ich ging ganz langsam, immer nur eine Stufe auf einmal.« Der zweite Stock war ihm nahezu unbekannt. Das Bad war renoviert worden, seit er es zuletzt betreten hatte, und Teresa hatte das Schlafzimmer und sämtliche Kleiderschränke belegt. Irgendwann werde er wieder einziehen, verkündete er, aber es könne noch ein Weilchen dauern. Er musste noch immer im Lehnstuhl schlafen, aber immerhin schlief er nun vier Stunden am Stück. »Gott sei Dank!«, seufzte er. Sein Diabetes war abgeklungen, und auch wenn er noch immer nicht länger als zwanzig Minuten aufrecht stehen konnte, waren seine offenen Beine dennoch abgeheilt. Er hob die Hosenbeine an, um sie mir zu zeigen. Mir fiel auf, dass er ganz normale Arbeitsstiefel trug. In der Vergangenheit hatte er sie an der Seite einschneiden müssen, damit sie passten.

»Ich muss noch mindestens fünfzig Kilo abnehmen«, meinte er. Er wollte wieder arbeiten können, seine Enkelkinder hochheben, Kleider von der Stange kaufen, überall hingehen können, ohne sich fragen zu müssen: ›Gibt es dort Stufen? Passe ich in die Sitze? Wird mir die Luft ausgehen?‹« Noch immer aß er Spatzenportionen. Am Tag zuvor hatte er den ganzen Morgen nichts gegessen, mittags einen Happen Hühnerfleisch mit ein paar gekochten Karotten und einer kleinen Kartoffel, abends eine gebratene Garnele, einen Streifen Teriyaki-Hühnchen und zwei Gabeln Huhn und Gemüse aus dem China-Restaurant. Er hatte wieder angefangen zu arbeiten und war kürzlich sogar, so berichtete er stolz, bereits zu einem Geschäftsessen ausgegangen: in ein neues Restaurant im Hyde Park – »Wunderschön!«, schwärmte er. Er hatte nicht widerstehen können und einen Riesenburger und einen Teller Pommes frites bestellt. Zwei Bissen von dem

Burger, und er musste aufhören. »Einer der Typen sagte zu mir: ›Ist das alles, was Sie essen?‹ und ich antwortete, ›Ich schaffe nicht mehr.‹ ›Wirklich?‹ ›Ja‹, sage ich, ›Ich kann nicht mehr essen. Ehrlich.‹«

Mir fiel dennoch auf, dass die Art, wie er über Essen sprach, sich sehr von der unterschied, wie Carla darüber gesprochen hatte. Er redete nicht davon, dass er aufhörte, weil er aufhören wollte. »Man möchte schon mehr essen«, berichtete er, »aber Sie entwickeln dieses Gefühl in Ihrem Inneren, dass ein Bissen zu viel Sie um Kopf und Kragen bringt.« Trotzdem hatte er diesen einen Bissen zu viel mehr als einmal gegessen. Prompt überfielen ihn Übelkeit, Bauchschmerzen, Blähungen, und er musste sich übergeben. Wenn es die Möglichkeit gäbe, mehr zu essen, würde er es tun. Das mache ihm Angst, gesteht er. »Das ist nicht richtig.«

Drei Monate später, im April, lud Vincent meinen Sohn und mich in seine Werkstatt nach East Dedham ein. Walker war damals vier Jahre alt und völlig fasziniert von allem Technischen. An meinem freien Samstag gingen wir ihn also besuchen. Als wir in den Kiesweg zu seinem Grundstück einbogen, war Walker vor Aufregung kaum zu halten. Die Werkstatt war ein großes scheunennähnliches Gebäude mit einem zwei Stockwerke hohen Tor und gelb gestrichenen Metallwänden. Es war ein ungewöhnlich warmer Frühlingsmorgen, aber die Luft im Inneren war kühl. Unsere Schritte hallten auf dem Betonboden. Vincent und sein Kompagnon, den wir hier Danny nennen wollen, ein Bauarbeiter, der ebenso gewohnt war wie er, mit schwerem Gerät umzugehen, saßen auf metallenen Klappstühlen in der Sonne, pafften dicke Honduras und genossen in aller Gemütsruhe den Tag. Beide erhoben sich, um uns zu begrüßen. Vincent stellte mich vor als »einer der Ärzte, die meinen Magen operiert haben« , und ich stellte Walker vor, der brav alle Hände schüttelte, aber nur Augen für die großen Lastwagen hatte. Vincent hob ihn auf den Fahrersitz eines großen Vorderladers in einer Ecke der Werkstatt und ließ ihn mit den Knöpfen und Hebeln spielen. Dann schlenderten wir zu Vincents heiß geliebtem Gradall hinüber, einem netten kleinen Ungetüm von einer Maschine, etwa in der Breite einer Landstraße, satt gelb lackiert mit glänzenden schwarzen Reifen, die mir bis zur Brust reichten; auf beiden Seiten stand in geschwungener Schrift der Name seiner Firma. In etwa einem Meter achtzig Höhe befand sich auf dem Fahrgestell eine verglaste Fahrerkabine und ein zehn Meter langer ausfahrbarer Ausleger auf einem um dreihundertsechzig Grad drehbaren Aufsatz. Wir hievten Walker in die Kabine, wo er ein Weilchen hoch über uns stand und begeistert und ängstlich zugleich sämtliche Hebel und Pedale betätigte.

Ich fragte Vincent, wie sein Geschäft gehe. Nicht gut, antwortete er. Außer ein paar Aufträgen zum Schneeräumen gegen Ende des Winters hatte er seit August kein Einkommen mehr gehabt. Zwei seiner drei Laster, den Mack-Kipper und fast alles kleinere Gerät für den Straßenbau hatte er verkaufen müssen. Danny eilte ihm zu Hilfe. »Na ja, er war außer Gefecht«, meinte er. »Und, wissen Sie, die Sommersaison fängt gerade erst an. Das ist nun mal ein Saisongeschäft.« Aber wir alle wussten, dass das nicht der eigentliche Punkt war.

Vincent berichtete, dass er nunmehr hundertfünfundvierzig Kilo wiege, immerhin dreißig Pfund weniger als bei unserem letzten Treffen, und darauf war er stolz. »Er isst ja nichts«, meinte Danny, »er isst die Hälfte von dem, was ich verdrücke.« Aber Vincent war noch immer nicht in der Lage, auf seinen Gradall zu klettern und ihn zu bedienen. Und er begann sich zu fragen, ob sich das je ändern würde. Er nahm jetzt langsamer ab, und ihm war aufgefallen, dass er mehr essen konnte als vorher. Vorher hatte er nur ein paar Bissen Burger essen können, inzwischen aber schaffte er manchmal einen halben. Und noch immer aß er mehr, als er vertrug. »Letzte Wochen hatten Danny, ein Bekannter und ich etwas Geschäftliches zu besprechen«, erzählte er. »Wir haben chinesisch gegessen. An vielen Tagen esse ich einfach das Falsche – ich versuche mein Bestes, aber ich habe ein bisschen zu viel gegessen. Danny musste zum Boston College zurückgefahren werden, als ich den Parkplatz dort verließ, ging es nicht mehr. Ich musste mich übergeben.«

»Ich stelle fest, dass ich zu dem alten Muster zurückkehre, so esse, wie ich immer gegessen habe«, fuhr er fort. Sein Darm ließ ihn nicht, wie er wollte, aber er machte sich Gedanken. Was, wenn sein Darm ihn eines Tages nicht mehr stoppen würde? Er hatte von Leuten gehört, bei denen die Verengung nachgegeben und der Magen seine ursprüngliche Größe wiedererlangt hatte, oder die es auf andere Weise fertig gebracht hatten, ihr Gewicht wieder zu erhöhen.

Ich versuchte ihn zu beruhigen. Ich versicherte ihm noch einmal, was Dr. Randall ihm bei seinem letzten Besuch auch gesagt hatte: dass er mit einer geringfügigen Dehnung seines Restmagens würde rechnen müssen und dass das, was er erlebte, normal sei. Ob noch mehr passieren könne? Ich wollte dazu nichts sagen.

Unter den Gastroplastik-Patienten, mit denen ich gesprochen habe, war auch ein Mann, dessen Geschichte mir ebenso eine Warnung wie ein Rätsel ist. Er war zweiundvierzig Jahre alt, verheiratet und hatte zwei Töchter, beide allein erziehende Mütter, die mit ihren Babys noch bei ihm zu Hause lebten; von Beruf war er leitender System-Manager bei einer großen Firma gewesen. Im Alter von achtunddreißig Jahren hatte er in den Ruhestand gehen und Arbeitsunfähigkeitsrente beantragen müssen, weil sein Gewicht – zu High School-Zeiten über einhundertdreißig Kilo – inzwischen bei über zweihundert Kilo angelangt war und ihm unerträgliche Rückenschmerzen verursachte. Bald war er ans Haus gefesselt. Er konnte keine fünfzig Meter mehr gehen und nur noch kurze Zeit stehen. Im Durchschnitt verließ er einmal die Woche das Haus, meist um einen Arzttermin wahrzunehmen. Im Dezember 1998 hatte man bei ihm eine Gastrojejunostomie vorgenommen, im Juni des darauf folgenden Jahres hatte er bereits einhundert Pfund verloren.

»Dann«, so seine Worte, »fing ich wieder an zu essen.« Pizza, ganze Packungen Zuckerkekse, tütenweise Donuts. Wie, vermochte er nur schwer zu sagen. Sein Magen war noch immer winzig und erlaubte ihm immer nur eine kleine Menge Nahrung auf einmal, und er hatte mit derselben heftigen Übelkeit und den gleichen Schmerzen zu kämpfen, die jeden Gastroplastik-Patienten heimsuchen, wenn er süße oder fette Sachen isst. Doch sein Drang zu essen war ungebremst. »Ich habe einfach gegen die Schmerzen angegessen, manchmal bis zum Erbrechen«, berichtet er. »Hatte ich mich übergeben, war nur Platz für mehr. Ich aß den ganzen Tag.« Keine Stunde des Tages verstrich, ohne dass er irgendetwas aß. »Ich habe einfach die Schlafzimmertür zugemacht, die Kinder mochten brüllen, die Babys schreien, meine Frau war bei der Arbeit – und ich aß.« Sein Gewicht war bald wieder bei über zweihundert Kilo und stieg weiter. Die Operation hatte nichts genützt. Und sein Leben reduzierte sich auf die Befriedigung seines grenzenlosen Appetits.

Er gehört zu den fünf bis zwanzig Prozent unter den Patienten – in den Studien wird noch über die korrekte Zahl gestritten –, die trotz einer Gastrojejunostomie an Gewicht zulegen. (Als wir miteinander sprachen, hatte er in der verzweifelten Hoffnung auf Hilfe gerade einen zweiten, noch radikaleren Eingriff durchführen lassen.) In Anbetracht solcher Fehlschläge beginnt man zu begreifen, wie tief die Mächte verwurzelt sind, gegen die man anzugehen versucht. Gegen eine Operation, die es extrem schwer und extrem unangenehm werden lässt, sich zu überessen – was bei achtzig Prozent der Patienten letztlich ausreicht, den Appetit zu zügeln und sie umzuerziehen –, kann in manchen Fällen quasi »gegenangegessen« werden. Es fehlt bislang an Studien, die einen einzelnen durchgängigen Risikofaktor dafür nachzuweisen vermögen. Scheinbar kann es jeden treffen.

Mehrere Monate verstrichen, bis ich Vincent Caselli wiedersah. Es wurde wieder Winter und ich hatte bei ihm angerufen, um ihn zu fragen, wie es ihm gehe. Es gehe ihm gut, sagte er, und ich fragte nicht nach Einzelheiten. Als wir jedoch auf ein Treffen zu sprechen kamen, meinte er, es wäre doch nett, zusammen ein Spiel der Boston Bruins anzuschauen, und ich spitzte die Ohren: Vielleicht ging es ihm wirklich gut!

Ein paar Tage später holte er mich in seinem rumpelnden Dodge Ram vor dem Krankenhaus ab. Zum ersten Mal seit ich ihn kannte, wirkte er fast klein in diesem Riesengefährt. Er wog nur noch knapp hundertfünfzehn Kilo. »Ich bin immer noch kein Gregory Peck«, meinte er, aber er fiel nicht mehr auf – er war auf normale Weise beleibt. Die Speckrollen unter seinem Kinn waren verschwunden. Sein Gesicht hatte Formen angenommen. Sein Bauch hing ihm nicht mehr zwischen die Beine. Und fast anderthalb Jahre nach der Operation nahm er noch immer ab. Am Fleet Center, wo die Bruins spielen, marschierte er die Rolltreppe hinauf, ohne außer Atem zu geraten. Unsere Karten wurden am Eingang kontrolliert – die Bruins spielten gegen die Pittsburgh Penguins – und wir passierten das Drehkreuz. Plötzlich blieb er stehen. »Schau dir das an!«, rief er. »Ich habe einfach so durchgepasst, kein Problem. Früher wäre das nie gegangen.« Es war Jahre her, dass er bei einer Veranstaltung wie dieser gewesen war.

Wir suchten uns Plätze, etwa zwei Dutzend Reihen vom Eis weg, und er lachte ein bisschen, dass er so leicht hineinpasste. Die Sitze standen so eng wie im Überlandbus, aber er saß bequem (ich mit meinen langen Beinen war derjenige, der Probleme hatte, sich zusammenzufalten). Hier war Vince zu Hause. Sein ganzes Leben lang war er Eishockeyfan gewesen, und er konnte mir sämtliche Details berichten: Der Keeper der Penguins, Garth Snow, stammte aus Wrentham ganz in der Nähe und war mit einem Cousin von Vincent befreundet; Joe Thornton und Jason Allison waren die beiden besten Stürmer der Bruins, aber Mario Lemieux von den Penguins konnte keiner von beiden das Wasser reichen. Fast zwanzigtausend Leute waren in dem Stadion, doch schon nach zehn Minuten hatte Vince ein paar Reihen vor uns einen Freund aus dem Friseurladen ausgemacht.

Die Bruins gewannen, und wir verließen das Stadion fröhlich

und aufgekratzt. Anschließend gingen wir in ein Grillrestaurant nahe der Klinik. Vince erzählte mir, dass sein Geschäft sich endlich erhole und ganz gut gehe. Er könne den Gradall problemlos manövrieren und habe das letzte Vierteljahr hindurch ohne Unterbrechung Arbeit für den Bagger gehabt. Er dachte sogar daran, sich ein neues Modell zuzulegen. Zu Hause war er wieder nach oben gezogen. Teresa und er hatten miteinander einen Urlaub in den Adirondacks verbracht, sie gingen abends aus und besuchten ihre Enkelkinder.

Ich fragte ihn, was sich geändert hatte, seit wir uns im Frühling das letzte Mal gesehen hatten. Genau konnte er es mir nicht sagen, aber er gab mir ein Beispiel. »Ich habe immer für italienische Kekse geschwärmt und tue das immer noch«, erzählte er. Vor einem Jahr hätte er davon gegessen, bis ihm schlecht war. »Aber jetzt sind sie mir zu, ich weiß auch nicht, zu süß. Ich esse einen, und nach ein, zwei Bissen habe ich genug.« Genauso sei es bei Pasta, früher ein großes Problem für ihn. »Nun kann ich ein bisschen probieren und bin's zufrieden.«

Sein Geschmack in Bezug aufs Essen schien sich zum Teil tatsächlich geändert zu haben. Er deutete auf die Nachos, Burger und Rippchen auf der Speisekarte und erklärte, dass er zu seinem eigenen Erstaunen kein Verlangen mehr danach habe. »Heutzutage habe ich scheinbar mehr den Hang zu Eiweiß und Gemüse«, meinte er und bestellte einen Salat mit Hühnerfleisch. Aber er habe auch nicht mehr das Verlangen, sich vollzustopfen. »Früher konnte ich wirklich nichts stehen lassen«, erzählte er. »Jetzt ist es eher – es ist anders.« Seit wann es so sei? Und wie es dazu gekommen sei. Er schüttelte den Kopf. »Ich wünschte, das könnte ich dir genau sagen«, antwortete er nachdenklich. Er dachte einen Augenblick nach. »Als Mensch passt du dich den Gegebenheiten an. Du hältst es nicht für möglich. Aber du tust es doch.«

Dieser Tage bereitet weniger das mögliche Fehlschlagen von Adipositas-Operationen Sorgen als vielmehr deren Erfolge. Lange Zeit hindurch galt diese Disziplin in ehrbaren Chirurgenkreisen als eine Art Stiefkind. Die Adipositas-Spezialisten unter den Chirurgen, die sich Bariatriker nennen, sahen sich mit der verbreiteten Skepsis konfrontiert, ob es denn klug sei, eine solche radikale Operationsmethode weiter zu verfolgen, wo schon so viele Vorgängervarianten gescheitert waren, und manches Mal erhob sich erbitterter Widerstand, wenn sie ihre Ergebnisse auf den Spitzenkongressen der Chirurgie präsentieren wollten. Die gleiche Ablehnung, die die anderen Chirurgen ihren Patienten entgegenbrachten (die oftmals als Menschen mit emotionalen, manchmal sogar moralischen Problemen betrachtet wurden), spürten sie manchmal auch auf sich selbst gerichtet.

All das ist anders geworden. Das American College of Surgeons hat der Bariatrie (der Medizin des Übergewichts) unlängst offiziell den Status einer Unterdisziplin zuerkannt. Die National Institutes of Health haben eine allgemeine Erklärung abgegeben, mit der sie die Gastrojejunostomie als einzige bekanntermaßen wirkungsvolle Maßnahme bei krankhaft übergewichtigen Patienten würdigen, die in der Lage ist, eine langfristig stabile Gewichtsabnahme zu erreichen und den Gesundheitszustand der Betroffenen insgesamt zu verbessern. Die meisten amerikanischen Krankenversicherungen übernehmen inzwischen die Kosten dafür.

Die Ärzte haben aufgehört, diese Prozedur zu verachten, und ermuntern inzwischen ihre krankhaft übergewichtigen Patienten zu diesem Schritt, in manchen Fällen bitten sie sie sogar darum. Und die Zahl der Patienten ist nicht eben gering. Über fünf Millionen amerikanische Erwachsene fallen unter die strikte Definition krankhaft übergewichtig.[13] (Ihr Body-Mass-Index– das heißt ihr Gewicht in Kilogramm dividiert durch das Quadrat ihrer Körpergröße in Metern – liegt bei über vierzig, bei einem Mann bedeutet das im Durchschnitt ein Übergewicht von fünfzig oder mehr Kilo.) Weitere zehn Millionen liegen knapp unter dieser Marke, haben aber dennoch durch Adipositas bedingte Gesundheitsprobleme, die womöglich tiefgreifend genug sind, um eine Operation wünschenswert zu machen. Inzwischen gibt es jährlich zehnmal so viele Anwärter auf einen Magenbypass wie auf eine Bypass-Operation am Herzen. Die Zahl der Patienten, die um diesen Eingriff bitten, ist so hoch, dass die Chirurgen der Nachfrage kaum nachkommen können. Die Amerikanische Gesellschaft für Bariatrie besteht gegenwärtig aus nur fünfhundert Mitgliedern, die imstande sind, diese Operation auszuführen, und diese sind in der Regel auf Monate im Voraus ausgebucht. Daher die allzu vertrauten Probleme mit jeder neuen und lukrativen Methode (die Kosten können bis zu vierzigtausend Dollar betragen): Neulinge strömen in Scharen herbei, darunter eine ganze Menge, die zwar die richtige Ausbildung vorweisen können, die Methode aber noch nicht im Griff haben, und andere, die über gar keine Ausbildung verfügen. Zusätzlich kompliziert wird die Angelegenheit dadurch, dass einzelne Chirurgen einen Haufen Varianten dieser Standardprozedur anbieten, die zum Teil noch nicht hinreichend erforscht sind – den »duodenoilealen Bypass«, den »jejunoilealen Bypass«, das Einbringen eines Magenbandes per Laparoskopie. Und einige Chirurgen versuchen, eine neue Klientel zu interessieren, Heranwachsende zum Beispiel oder Leute, deren Übergewicht nicht dramatisch ist.

Das Beunruhigendste an der rasch wachsenden Anzahl an Magenbypass-Operationen ist jedoch vermutlich das Umfeld, das diese nötig macht. In unserer Kultur wird Dicksein als Versagen betrachtet, und die Verheißung, rasch abzunehmen – zu welchem Preis auch immer –, kann eine unwiderstehliche Verführung sein. Mancher Arzt wird aus der Sorge um die Gesundheit seines Patienten zu dieser Operation raten, aber viele Patienten treibt ohne Frage das Stigma der Fettsucht in den Operationsaal. »Wie kannst du zulassen, dass du so aussiehst?«, lautet die unausgesprochene, manchmal auch laut gestellte, spöttische Frage der Gesellschaft. (Caselli hat mir einmal erzählt, dass Fremde auf der Straße an ihn herangetreten seien und ihn genau das gefragt hatten.) Frauen leiden unter diesen gesellschaftlichen Sanktionen sogar noch mehr als Männer, und so ist es kein Zufall, das sich siebenmal so viele Frauen wie Männer dieser Operation unterziehen (obwohl das Risiko für krankhaftes Übergewicht bei Frauen lediglich ein Achtel so hoch ist wie bei Männern).

Ja, verweigert man sich der Operation, wenn man zu der Zielgruppe gehört, läuft man Gefahr, als unvernünftig angesehen zu werden. Eine Frau von hundertsechzig Kilo, die sich gegen diese Operation aussprach, wurden von den Ärzten wegen ihrer Entscheidung regelrecht eingeschüchtert. Und von einer herzkranken Patientin weiß ich, dass ein Arzt sie nur unter der Bedingung behandeln wollte, dass sie in eine Gastroplastik einwilligte. »Wenn Sie sich nicht operieren lassen, sterben Sie«, erklären manche Ärzte ihren Patienten. Aber im Grunde wissen wir nicht viel darüber. Trotz der eindrucksvollen Bilanz in Bezug auf Körpergewicht und Gesundheit der Betroffenen gibt es bislang keine Studien, die beweisen, das diese mit einer ebenso eindrucksvollen Verringerung der Sterberate einher geht.

Es besteht berechtigter Anlass, diese Prozedur mit gemischten Gefühlen zu betrachten. Wie Paul Ernsberger, ein Adipositas-Forscher an der Case Western Reserve University zu bedenken gibt, sind viele Patienten, die sich dieser Operation unterziehen, zwischen zwanzig und dreißig. »Aber ob das Ergebnis wirklich über eine Spanne von vierzig Jahren konstant bleibt und den Einsatz wert ist?«, fragt er. »Niemand hat eine Antwort darauf.« Er zum Beispiel hat Bedenken wegen der möglichen langfristigen Auswirkungen einer Mangelernährung (man weist die Patienten aus diesem Grunde bereits an, täglich ein Multivitaminpräparat zu nehmen). Und er hat Bedenken auf Grund seiner Experimente an Ratten, die auf eine möglicherweise erhöhte Darmkrebsrate hinzudeuten scheinen.

Wir hätten gern, dass jeder Fortschritt in der Medizin klar und von eindeutiger Aussage ist, aber das kommt nur in den seltensten Fällen vor. Jede neue Therapie bringt einen Abgrund an Unbekanntem mit sich – für die Patienten ebenso wie für die Gesellschaft – und oft ist es schwer zu entscheiden, wie man damit umzugehen hat. Vielleicht wird sich dereinst eine andere, weniger radikale Prozedur als effizientere Therapie für krankhaftes Übergewicht erweisen. Vielleicht wird man die heiß ersehnte »Sattmacherpille« endlich finden. Dennoch, die Gastrojejunostomie ist das, was im Augenblick zur Verfügung steht und von dem wir wissen, dass es funktioniert. Noch sind nicht alle Fragen beantwortet, aber immerhin steht mehr als ein Jahrzehnt an diesbezüglicher Forschung und Erfahrung dahinter. Und so tasten wir uns vorwärts. Überall richten die Krankenhäuser Zentren für die Adipositas-Chirurgie ein, bestellen extra verstärkte Operationstische, bilden Chirurgen und Pfleger aus. Gleichzeitig wartet jeder darauf, dass eines Tages etwas Neues und Besseres entdeckt werden wird, das unser jetziges Tun hoffnungslos veraltet scheinen lässt.

Mir gegenüber, in der kleinen Sitzecke des Grillrestaurants, schiebt Vincent Caselli seinen Salat mit Hühnerfleisch halb aufgegessen zur Seite. »Kein Hunger mehr«, sagt er, und auch, dass er dankbar dafür ist. Er bereut die Operation nicht. Sie habe ihm sein Leben zurückgegeben. Doch nach dem zweiten Drink wird zu später Stunde doch deutlich, dass er sich noch immer unbehaglich fühlt.

»Ich hatte ein ernsthaftes Problem und musste ernsthafte Maßnahmen ergreifen«, erklärte er. »Ich glaube, dass ich es mit der besten Technologie zu tun hatte, die derzeit verfügbar ist. Aber trotzdem mache ich mir Sorgen: Wird das mein ganzes Leben hindurch gut gehen? Vielleicht muss ich eines schönen Tages wieder von vorne anfangen – oder schlimmer?« Einen Augenblick schwieg er und starrte in sein Glas. Dann blickte er auf, sah mir mit klaren Augen ins Gesicht. »Nun ja, das sind die Karten, die Gott mir gegeben hat. Ich kann mir nicht den Kopf über etwas zerbrechen, das ich nicht in der Hand habe.«

TEIL III

Ungewissheit

11

Final Cut – Der letzte Schnitt

Ihr Patient ist gestorben, die Familie versammelt. Bleibt die Frage nach der Autopsie. Wie sollen Sie es anstellen? Sie könnten es spontan und ungezwungen angehsen, als sei es die selbstverständlichste Sache der Welt: »Also, dann machen wir jetzt die Autopsie?« Oder Sie kommen ganz entschlossen, mit Ihrer besten Feldwebel-Müller-Stimme: »Falls Sie keine allzu großen Einwände haben, werden wir eine Autopsie vornehmen müssen, gnädige Frau.« Oder Sie halten Ihre Person ganz heraus: »Es tut mir furchtbar Leid, aber man hat mich gebeten, Sie zu fragen, ob Sie einverstanden sind, dass wir eine Autopsie vornehmen.«

Nur eines dürfen Sie heutzutage nicht: zögerlich vorgehen. Ich hatte einmal eine alte Dame über achtzig zu versorgen, die ihren Führerschein abgegeben hatte, nur um im nächsten Augenblick auf dem Weg zur Bushaltestelle angefahren zu werden – von jemand noch älterem. Sie erlitt einen schweren Schädelbruch mit zerebralen Blutungen und starb trotz einer Operation wenige Tage später. An einem Nachmittag im Frühling tat die Patientin ihren letzten Atemzug, und ich stand gesenkten Hauptes mit der in Tränen aufgelösten Familie an ihrem Bett. Schließlich stellte ich die entscheidende Frage, so vorsichtig ich es vermochte – ich erwähnte das schreckliche Wort nicht einmal: »Wenn Sie nichts dagegen haben, würden wir gerne eine Untersuchung vornehmen, um die Todesursache zu klären.«

»Eine *Autopsie*?«, fragte der entsetzte Neffe. Er sah mich an, als sei ich ein Geier, der um die Leiche seine verstorbenen Tante flatterte. »Hat sie nicht schon genug durchgemacht?«

Die Autopsie ist dieser Tage eine prekäre Angelegenheit. Noch vor einer Generation war sie reine Routine, heute ist sie eine Seltenheit geworden. Die Menschen haben sich nie so recht mit der Vorstellung abfinden können, dass jemand sie nach ihrem Tod aufschneiden könnte. Selbst einem Chirurgen drängt sich gelegentlich der Eindruck auf, es handle sich um einen Akt der Gewalt.

Vor nicht allzu langer Zeit wohnte ich der Obduktion einer achtunddreißigjährigen Frau bei, die bei mir in Behandlung gewesen und nach langem Kampf gegen eine schwere Herzerkrankung gestorben war. Das Obduktionszimmer lag im Keller, man musste an der Wäscherei vorbei, einer Laderampe, und fand es schließlich hinter einer nicht näher beschrifteten Metalltür. Die Wände waren hoch, die Farbe blätterte von der Decke und das Gefälle des braun gekachelten Fußbodens neigte sich einem zentralen Abfluss zu. Auf einer Laborbank standen ein Bunsenbrenner und eine altmodische Balkenwaage wie aus dem Tante-Emma-Laden mit rotem Zeiger auf der großen Skala und einer Waagschale, in der Organe abgewogen wurden. Auf den Regalen ringsum an den Wänden waren graue Präparate von Darm, Gehirn und anderen Organen in Behältern mit Formalinlösung versammelt. Der ganze Raum wirkte heruntergekommen, vorsintflutlich und primitiv. Auf einer wackligen Trage in einer Ecke des Raumes lag meine Patientin splitternackt aufgebahrt. Das Autopsieteam begann gerade mit seiner Arbeit.

Chirurgische Prozeduren können grauslich sein, aber Obduktionen sind irgendwie noch schlimmer. Sogar bei den schlimmsten Operationen – Hautverpflanzungen, Amputationen – legen die Chirurgen bei ihrer Arbeit ein Mindestmaß an Feingefühl und Ästhetik an den Tag. Wir wissen, dass in dem Körper, in den wir unser Skalpell senken, noch immer Leben pulsiert und dass diese Leute irgendwann wieder aufwachen. Im Obduktionszimmer aber, wo der Mensch tot und nur noch seine sterbliche Hülle übrig geblieben ist, findet man wenig Zartgefühl und dieser Unterschied wird in den kleinsten Details spürbar. Allein beispielsweise bei der einfachen Frage, wie man den Körper von der Trage auf den Tisch bugsiert. Im Operationssaal befolgen wir für den bewusstlosen Patienten eine sorgfältige, genau festgelegte Prozedur, an der unter anderem eine mit Leinwand bezogene fahrbare Trage und viele sachte Handgriffe beteiligt sind. Der Patient wird schließlich wieder aufwachen, und er soll auch nicht den kleinsten blauen Fleck davontragen. Hier unten hingegen packte einer den Arm meiner Patientin, ein anderer ihr Bein und beide zerrten an ihr herum. Ihre Haut klebte an dem Obduktionstisch aus Edelstahl und so mussten sie den Tisch und sie mit Wasser aus einem Gartenschlauch befeuchten, bevor sie sie weiter zerren konnten.

Die junge Pathologin, die den Fall bearbeitete, stand an der Seite und überließ einer Assistentin das Skalpell. Wie die meisten ihrer Kollegen hatte auch sie an dieser Disziplin weniger das Autopsiegeschäft als vielmehr die technisch höchst anspruchsvolle Detektivarbeit gereizt, die sie an Geweben von lebenden Personen durchzuführen hatte. Sie überließ die Autopsie nur zu gerne ihrer Assistentin, die ohnehin über mehr Erfahrungen auf dem Gebiet verfügte.

Die Assistentin war ein große schlanke Frau um die dreißig mit glattem sandfarbenem Haar. Sie trug die normale Schutzkleidung: Mundschutz, Handschuhe und einen blauen Plastikkittel. Als die Patientin auf dem Tisch lag, schob sie ihr einen Metallblock unter den Rücken, so dass der Kopf nach hinten fiel und die Brust sich nach oben wölbte. Dann nahm sie ein großes Skalpell zur Hand und zog einen Y-förmigen Einschnitt, der in leichtem Bogen von der Schulter zur Brust führte, diese mit leichtem Schwung umfuhr, bevor er sich mit seinem Spiegelbild in der Mitte traf, dann führte sie den Schnitt den Bauch entlang bis zum Schambein weiter.

Chirurgen gewöhnen sich irgendwann daran, Körper aufzuschneiden. Es ist leicht, sich von der Person auf dem Tisch zu distanzieren und sich von den Details der Methode und der Anatomie gefangen nehmen zu lassen. Trotzdem zuckte ich unwillkürlich zusammen, als sie ihre Arbeit verrichtete: Sie hielt das Skalpell wie einen Federhalter, wodurch sie gezwungen war, sich langsam und ruckhaft mit der Klingenspitze durch die Haut hindurch zu arbeiten. Man lehrt Chirurgen, aufrecht und parallel zur Schnittrichtung zu stehen, das Skalpell wie einen Violinbogen zwischen Daumen und den vier Fingern der Hand zu halten, die Wölbung der Klinge mit einem einzigen glatten Schnitt in die gewünschte Tiefe zu führen. Die Assistentin sägte sich mehr oder weniger durch die Haut meiner Patientin.

Von da an ging das Ausweiden flink vonstatten. Sie klappte die Haut zurück. Mit einer elektrischen Säge durchtrennte sie die freigelegten Rippen auf beiden Seiten. Dann nahm sie den Rippenkorb hoch, als öffne sie die Motorhaube eines Autos, öffnete den Bauch und entfernte sämtliche wichtigen Organe – Herz, Lunge, Leber, Darm und Nieren. Danach wurde der Schädel aufgesägt, und auch das Gehirn wurde entnommen. Inzwischen war die Pathologin wieder dabei, wog und untersuchte alles, fertigte Präparate für die mikroskopische Untersuchung und weitere Tests an.

Trotz alledem aber musste ich zugeben, dass die Patientin dabei am Ende bemerkenswert ungeschoren davon kam. Die Assistentin hatte die übliche Prozedur befolgt und die Schädelöffnung entlang einer Linie hinter den Ohren durchgeführt, wo sie ganz und gar von Haar bedeckt war. Sie hatte auch großen Wert darauf gelegt, Bauch und Brust sauber zu schließen und den Einschnitt mit festem siebenfachem Zwirn vernäht. Meine Patientin sah ziemlich genauso aus wie zuvor, außer dass sie in Taillenhöhe ein bisschen eingefallen war. (Das Standardprotokoll erlaubt es den Krankenhäusern, die Organe für Untersuchungen und zu Forschungszwecken zu behalten. Diese seit langem weit verbreitete Praxis hat in Großbritannien zu großen Kontroversen geführt – die Medien bezeichneten sie als »Organplünderung« –, aber in

Amerika ist sie im Großen und Ganzen akzeptiert). Die meisten Familien lassen ihre Toten auch nach einer Obduktion noch aufbahren. Die Beerdigungsinstitute verwenden Füllsubstanzen, um dem Körper die gewohnte Form wiederzugeben und wenn sie mit ihrer Arbeit fertig sind, würden Sie nicht ahnen, dass an dem Verstorbenen eine Autopsie durchgeführt wurde.

Trotzdem, wenn der Zeitpunkt naht, an dem man die Familie um ihre Zustimmung für diesen Akt bitten muss, lasten die Bilder schwer auf der Seele – und nicht zuletzt auf der des Arztes. Man versucht mit viel Mühe, eine gelassene, leidenschaftslose Haltung zu diesen Dingen zu entwickeln. Trotzdem werden sich Zweifel einschleichen.

Einer der ersten Patienten, für die ich eine Autopsie-Erlaubnis einzuholen hatte, war ein fünfundsiebzigjähriger pensionierter Arzt aus Neuengland, der eines Winterabends in meinem Beisein gestorben war. Herodotus Sykes (das ist nicht sein richtiger Name, kommt diesem aber einigermaßen nahe) war mit einem infizierten geplatzten Bauchaortenaneurysma in höchster Eile ins Krankenhaus eingeliefert und notoperiert worden. Er hatte überlebt und sich allmählich erholt, bis nach achtzehn Tagen sein Blutdruck in alarmierender Weise absank und Blut aus dem Drainageschlauch in seiner Bauchhöhle sickerte. »Der Aortenstumpf muss aufgeplatzt sein«, erklärte sein Chirurg. Die bestehende Infektion muss die Naht an der Stelle, wo die infizierte Aorta entfernt worden war, geschwächt haben. Wir hätten ihn ein zweites Mal operieren können, aber seine Chancen standen schlecht, und der Chirurg war der Meinung, dass auch er es würde genug sein lassen wollen.

Er hatte Recht. Keine weitere Operation, sagte Sykes. Er habe genug durchgemacht. Wir riefen Mrs. Sykes an, die etwa zwei Stunden entfernt bei Freunden wohnte, und sie machte sich auf den Weg ins Krankenhaus.

Es war fast Mitternacht. Ich saß bei ihm, er lag still und blutete, die Arme hingen schlaff an seiner Seite, in seinen Augen war keine Spur von Angst zu lesen. Ich stellte mir seine Frau da draußen auf dem Highway vor, in höchster Aufregung hilflos, während sich vor ihr sechs, um diese Zeit nahezu leer gefegte Spuren weit bis zum Horizont erstreckten.

Sykes hielt durch und um Viertel nach zwei traf seine Frau ein. Sie wurde aschfahl, als sie ihn da liegen sah, aber sie hatte sich sofort unter Kontrolle. Sanft nahm sie seine Hand in ihre Hände. Sie drückte sie sacht, er erwiderte den Druck. Ich ließ die beiden allein.

Um Viertel vor drei rief mich die Schwester. Ich horchte mit dem Stethoskop, dann wandte ich mich an Mrs. Sykes und sagte ihr, er sei verstorben. Sie verfügte über dieselbe Yankee-Fassung wie ihr Ehemann, aber trotzdem brach sie still in Tränen aus, weinte lautlos, das Gesicht in den Händen verborgen, und wirkte plötzlich zerbrechlich und klein. Eine Freundin, die mit ihr gekommen war, erschien bald darauf, nahm sie am Arm und führte sie aus dem Zimmer.

Wir sind angewiesen, bei jedermann um eine Autopsie zu ersuchen, damit wir die Todesursache bestätigen und etwaige Fehler erkennen können. Dies war der Augenblick, in dem ich hätte fragen müssen – eine verzagte, trauernde Ehefrau, die noch mit ihrem Schock kämpfte. Aber, regte sich in mir der Gedanke, das hier war wirklich ein Fall, in dem eine Autopsie sinnlos wäre. Wir wussten, was passiert war. Eine hartnäckige Infektion, ein Aortenriss. Wir waren uns sicher. Was hätte es gebracht, den Mann aufzuschneiden?

Also ließ ich Mrs. Sykes gehen. Ich hätte sie noch zurückholen können, als sich die Flügeltüren der Intensivstation hinter ihr schlossen. Oder sie gar anrufen, aber das habe ich nie getan.

Solches Abwägen ist, so scheint es, in der Medizin alles andere als ungewöhnlich geworden. Die Ärzte ordnen gegenwärtig so wenige Autopsien an, dass das Journal of the American Medical Association sich in den letzten paar Jahren bereits zweimal bemüßigt gesehen hat, der »unterlassenen Autopsie den Krieg zu erklären«. Den neuesten verfügbaren Statistiken zufolge werden derzeit in weniger als zehn Prozent aller Todesfälle Obduktionen angeordnet, in manchen Krankenhäusern überhaupt keine.[1] Das ist eine dramatische Wende. Den größten Teil des 20. Jahrhunderts hindurch wurden bei der Mehrzahl der Todesfälle sorgfältige Autopsien von den Ärzten vorgenommen – und es hat Jahrhunderte gedauert, bis dieser Zustand erreicht war. Wie Kenneth Iserson in seinem faszinierenden Buch *Death to Dust* schrieb, führen die Ärzte seit über zweitausend Jahren Autopsien durch.[2] Den größten Teil der Geschichte hindurch aber war dieses Vorgehen eher selten. Wenn die Religionen es überhaupt zuließen – der Islam, der Shintoismus, das orthodoxe Judentum und die griechisch-orthodoxe Kirche schrecken noch heute davor zurück –, dann in aller Regel nur aus juristischen Gründen. Der römische Arzt Antistius nahm eine der allerersten forensischen Untersuchungen vor, die uns bekannt sind. Er obduzierte im Jahre 44 vor Christus Julius Caesar und beschrieb dreiundzwanzig Stichwunden, darunter einen letzten tödlichen Stoß in die Brust. Im Jahre 1410 ordnete die römisch-katholische Kirche selbst eine Autopsie an – bei Papst Alexander V, weil man wissen wollte, ob dessen Nachfolger diesen womöglich vergiftet hatte. Letzten Endes konnte dafür aber offenbar kein Beweis gefunden werden.

Die erste dokumentierte post mortem Untersuchung der Neuen Welt geschah jedoch aus religiösen Gründen. Sie fand auf der Insel Española (heute Dominikanische Republik) am 19. Juli 1533 an zwei miteinander verwachsenen Zwillingen statt, weil man herausfinden wollte, ob die beiden Mädchen über eine oder zwei Seelen verfügten. Die beiden waren lebend zur Welt gekommen, und der Priester hatte sie als zwei getrennte Seelen getauft. Später erhob sich Uneinigkeit darüber, ob sein Vorgehen rechtens gewesen sei, und als das »Doppelungeheuer« im Alter von acht Tagen starb, wurde eine Autopsie angeordnet, um diese Frage zu klären. Der Chirurg, ein gewisser Johan Camacho, fand bei beiden eine nahezu vollständige Ausstattung mit inneren Organen und so wurde beschlossen, dass die Mädchen auch zwei Seelen gehabt haben mussten.

Doch noch im 19. Jahrhundert, lange nachdem die Kirchenstrukturen sich gelockert hatten, ließen die Menschen im Westen es nur selten zu, dass ihre Familienangehörigen aus medizinischen Gründen obduziert wurden. Die Folge davon war, dass die Untersuchung mehr oder minder im Geheimen praktiziert wurde. Ein paar Ärzte obduzierten Krankenhauspatienten unmittelbar nach ihrem Tod, bevor die Verwandten Gelegenheit hatten, Einwände zu erheben. Andere warteten bis nach der Beerdigung und plünderten dann die Gräber, was sie entweder selbst bewerkstelligten oder aber von Komplizen ausführen ließen, eine Praxis, die bis ins 20. Jahrhundert hinein erhalten blieb. Um solchen heimlichen Autopsien vorzubeugen, richteten die Familien Nachtwachen an den Gräbern ein. Andere legten schwere Steine auf den Sarg. Eine Firma in Columbus, Ohio, verkaufte 1878 sogar »Torpedosärge«, die mit Heulern versehen waren, welche bei der geringsten Berührung explodieren sollten. Doch die Ärzte ließen sich durch nichts abschrecken. Ambrose Bierce definierte im Jahre 1906 in *Aus dem Wörterbuch des Teufels* »Grab« als »eine Stätte, in die Tote gelegt werden, um des Kommens des Medizinstudenten zu harren«.

Um die Jahrhundertwende zum 20. Jahrhundert jedoch begannen prominente Ärzte wie Rudolf Virchow in Berlin, Karl Rokitansky in Wien und William Osler in Baltimore, um breite Unterstützung für die Praxis der Obduktion zu werben. Sie verteidigten sie als Mittel der Forschung, das einem immerhin schon die Entdeckung der Ursachen von Tuberkulose beschert, sowie Aufschluss darüber verschafft habe, wie eine akute Blinddarmentzündung zu behandeln sei und überdies die Existenz der Alzheimer-Krankheit bestätigt habe. Sie wiesen auch nach, dass Autopsien vor Irrtümern bewahrten – ohne sie erfahre kein Arzt, wenn seine Diagnose falsch gewesen sein sollte. Hinzu kam, dass damals die meisten Todesfälle rätselhaft waren, und so verfing das Argument, dass eine Autopsie die Familie mit Antworten versorge: der Lebensgeschichte eines geliebten Menschen ein fassbares Ende bereite. Sobald die Ärzteschaft eine würdevolle und respektvolle Art der Sektion in einem Krankenhaus etabliert hatte, vollführte die öffentliche Meinung eine Wende. Mit der Zeit galten Ärzte als verdächtig, die *keine* Autopsien durchführten. Am Ende des Zweiten Weltkriegs war die Autopsie in Europa und Nordamerika als Teil der Routine beim Ableben eines Menschen fest etabliert.

Woher also der drastische Rückgang? Um der Wahrheit die Ehre zu geben, es sind nicht die Familien, die sich diesem Ansinnen verweigern (jüngsten Studien zufolge geben sie ihre Zustimmung noch immer in bis zu achtzig Prozent der Fälle). Es ist vielmehr so, dass die Ärzte, die einst so auf Obduktionen erpicht waren, dass sie die Leichen sogar stahlen, einfach aufgehört haben, Fragen zu stellen. Manche Leute sehen dahinter zwielichtige Motive. Man hat behauptet, die Krankenhäuser versuchten, Geld zu sparen, indem sie auf Autopsien verzichteten, die von den Krankenkassen nicht bezahlt werden, oder dass Ärzte sich davor drückten, um die Beweise für ihre Behandlungsfehler zu vertuschen. Dazu ist zu sagen, dass Autopsie auch als sie noch in Mode waren, Geld gekostet und Behandlungsfehler aufgedeckt haben.

Ich selbst habe vielmehr den Verdacht, dass Autopsien in diesem 21. Jahrhundert einem gewissen überzogenen Selbstvertrauen der Medizin zum Opfer fallen. Als ich Mrs. Sykes nicht fragte, ob wir ihren Mann obduzieren dürften, geschah das nicht, weil ich mich um die Kosten sorgte oder fürchtete, hier würde ein Fehler offenbart. Das Gegenteil war der Fall: Ich hielt es für nicht sehr wahrscheinlich, dass man einen Fehler finden würde. Heutzutage verfügen wir über Kernspintomographie, Ultraschall, die Mittel der Nuklearmedizin, eine umfassende molekulare Analytik und vieles mehr. Wenn jemand stirbt, dann wissen wir im Voraus woran. Wir brauchen keine Autopsie mehr, um dies herauszufinden.

So dachte ich wenigstens, aber dann hatte ich einen Patienten, der mich eines Besseren belehrte.

Er war zwischen sechzig und siebzig, schnurrbärtig und heiter, ein ehemaliger Ingenieur, der sich seit seiner Pensionierung erfolgreich als Künstler betätigte. Ich möchte ihn Mr. Jolly nennen, denn fröhlich war er wirklich. Außerdem war er das, was wir einen Gefäßkranken nennen, er hatte keine gesunde Arterie im Leib. Ob es an seiner Ernährung lag oder an seinen Genen oder daran, dass er früher geraucht hatte, ist nicht mehr auszumachen, aber in den letzten zehn Jahren hatte er einen Herzinfarkt, zwei Operationen an Bauchaortenaneurysmen, vier Bypass-Operationen, um die blockierten Arterien in seinen Beinen zu umgehen und die Blutzufuhr zu gewährleisten, sowie verschiedene kleinere Eingriffe mit Ballonkathetern, bei denen verhärtete Arterien aufgedehnt wurden. Trotzdem habe ich nie erlebt, dass er mit seinem Schicksal haderte. »Was nützt das Jammern«, pflegte er zu sagen. Er hatte prachtvolle Kinder. Wunderbare Enkelkinder. »Aber, oh weh, die Frau«, fügte er meist hinzu. Sie saß neben ihm und verdrehte die Augen, während er sie breit anlächelte.

Mr. Jolly war eingeliefert worden, um eine Wundinfektion an seinen Beinen behandeln zu lassen. Kurz darauf entwickelte er eine Herzinsuffizienz, die dazu führte, dass sich in seiner Lunge Flüssigkeit ansammelte. Das Atmen wurde ihm immer schwerer, schließlich mussten wir ihn auf die Intensivstation verlegen, intubieren und künstlich beatmen. Ein geplanter Aufenthalt von zwei Tagen dehnte sich auf zwei Wochen aus. Mit Hilfe von Entwässerungspräparaten und einer Umstellung seiner Herzmedikamente erholte sich sein Herz jedoch, ebenso die Lungen und eines sonnigen Sonntagmorgens saß er zurückgelehnt in seinem Bett, atmete selbstständig und schaute sich die Morgensendungen im Fernsehen an. »Sie sehen prachtvoll aus«, sagte ich. Ich erklärte ihm, dass wir ihn am Nachmittag von der Intensivstation in ein normales Zimmer verlegen würden und er damit rechnen könne, in ein paar Tagen entlassen zu werden.

Zwei Stunden später ertönte über die Lautsprecher ein Notfallalarm. Als ich auf der Intensivstation eintraf und die Schwester erblickte, wie sie über Herrn Jolly gebeugt versuchte, ihn mit Herzmassagen wieder zu beleben, entfuhr mir ein wütender Fluch. Ihm war es gut gegangen, berichtete die Schwester, er hatte Fernsehen geschaut, ganz plötzlich habe er sich mit schreckgeweiteten Augen kerzengerade aufgesetzt und sei dann bewusstlos in die Kissen zurückgefallen. Am Anfang sei er asystolisch gewesen – keinerlei Herzschläge auf dem Monitor –, dann habe der Herzschlag wieder eingesetzt, aber es sei kein Puls zu messen gewesen. Eine ganze Schar von Leuten machte sich an die Arbeit. Ich intubierte ihn, gab ihm Infusionen und Adrenalin, hieß jemanden, den Oberarzt zu Hause anzurufen, jemand anderen, die Laborergebnisse vom Vormittag zu überprüfen. Eine Röntgenassistentin machte mit einer mobilen Röntgeneinheit erste Aufnahmen von seinem Brustkorb.

Im Geist ging ich die möglichen Ursachen durch. Allzu viele gab es nicht. Die Lunge hätte kollabiert sein können, aber mit dem Stethoskop vernahm ich normale Atemgeräusche. Und als die Röntgenaufnahmen zurückkamen, sahen die Lungen darauf gut aus. Ein massiver Blutverlust kam in Frage, aber sein Bauch war nicht angeschwollen, und außerdem hatte sich sein Zustand derart rasch verschlechtert, dass eine Blutung als Erklärung höchst unwahrscheinlich schien. Eine extreme Übersäuerung des Blutes wäre noch eine Möglichkeit gewesen, aber die Laborergebnisse sprachen dagegen. Eine Herzbeuteltamponade womöglich – eine Blutansammlung im Herzbeutel. Ich griff nach einer fünfzehn Zentimeter langen Punktionsnadel und punktierte den Herzbeutel – keinerlei Blutung. Damit blieb nur eine Möglichkeit: eine Lungenembolie – ein Blutgerinnsel, dass in die Lungengefäße gerät und augenblicklich jede Blutzufuhr abschneidet. Und dagegen konnte man nichts tun.

Ich ging hinaus und sprach mit dem Oberarzt der Chirurgie am Telefon, danach mit dem Ersten Assistenten, der soeben eingetroffen war. Eine Embolie hielten auch sie für die einzig logische Erklärung. Ich ging ins Zimmer zurück und blies den Alarm ab. »Todeszeitpunkt: 10 Uhr 53«, verkündete ich. Ich rief seine Frau zu Hause an, berichtete ihr, dass sich die Dinge zum Schlechteren entwickelt hätten, und bat sie, ins Krankenhaus zu kommen.

Das hätte nicht passieren dürfen. Dessen war ich mir ganz sicher. Ich ging die Berichte durch und suchte fieberhaft nach Hinweisen. Schließlich fand ich einen: Bei einer Laboruntersuchung am Tag zuvor hatte sich die Blutgerinnung des Patienten als verlangsamt erwiesen, nichts Ernstes im Grunde, aber einer der Ärzte auf der Intensivstation hatte angeordnet, dies durch die Gabe von Vitamin K zu korrigieren. Blutgerinnsel sind eine häufige Nebenwirkung von Vitamin K . Ich schäumte vor Wut. Das Vitamin zu verabreichen war völlig unnötig gewesen – reine Kosmetik an einem Laborbefund. Der Chefarzt und ich fielen über den Arzt her und beschuldigten ihn mehr oder minder des Mordes an dem Patienten.

Als Mrs. Jolly eintraf, gingen wir mit ihr ins Familienzimmer, wo eine freundliche und ruhige Atmosphäre herrschte. Ich sah ihr an, dass sie bereits mit dem Schlimmsten rechnete. Auf Grund einer Lungenembolie habe sein Herz ganz plötzlich aufgehört zu schlagen, erklärten wir ihr. Wir erwähnten auch, dass die Medikamente, die wir ihm gegeben hatten, womöglich dazu beigetragen hatten. Ich nahm sie mit hinüber, damit sie ihn noch einmal sehen konnte, und ließ sie mit ihm allein. Nach einer Weile kam sie tränenüberströmt heraus, ihre Hände zitterten, und, es mag schwer zu glauben sein, aber sie dankte uns. Wir hätten ihn ihr all die Jahre erhalten, sagte sie. Mag sein, doch keiner von uns war stolz auf das, was gerade geschehen war.

Ich stellte ihr die geforderte Frage. Ich erklärte ihr, wir würden gerne eine Autopsie durchführen und benötigten ihre Einwilligung dafür. Wir seien uns ziemlich sicher, dass wir wüssten, was geschehen sei, aber eine Obduktion verschaffe uns letzte Sicherheit. Sie dachte einen Augenblick über meine Frage nach. Wenn eine Autopsie uns helfen würde, erklärte sie schließlich, dann sollten wir sie durchführen. Ich antwortete, wie es von mir erwartet wurde, aber ich war nicht sicher, dass ich mir selbst glaubte.

Ich hatte am anderen Morgen keinen Dienst im Operationssaal, also ging ich hinunter, um bei der Autopsie dabei zu sein. Als ich hereinkam, lag Mr. Jolly bereits auf dem Tisch, die Arme ausgebreitet, die Haut zurückgeschlagen, Brustkorb und Bauchraum geöffnet. Ich zog Kittel, Handschuhe und Mundschutz an und ging näher. Der Assistent zersägte mit einer Elektrosäge die Rippen auf der linken Seite und im selben Augenblick begann Blut auszutreten, dunkel und zähflüssig wie Schmieröl. Verdutzt half ich ihm, den Rippenkorb zu lüften. Die linke Seite des Brustkorbs war voller Blut. Ich befühlte die Lungenarterien nach einem verhärteten Blutgerinnsel als Ursache für die Embolie, aber es gab keines. Er hatte doch keine Embolie gehabt. Wir saugten drei Liter Blut ab, dann hoben wir die linke Lunge hoch und hatten die Antwort direkt vor der Nase. Die Brustaorta war dreimal so dick wie sie hätte sein sollen, und mittendrin klaffte ein zentimetergroßes Loch. Mr. Jolly war ein Aortenaneurysma geplatzt, und daran war er innerhalb von Sekundenbruchteilen verblutet.

In den Tagen darauf entschuldigte ich mich bei dem Kollegen, auf dem ich wegen des Vitamin K herumgehackt hatte, und grübelte darüber nach, wie wir diese Diagnose hatten übersehen können. Ich sah die alten Röntgenaufnahmen des Patienten durch, und jetzt nahm ich plötzlich dort, wo sein Aneurysma gewesen sein musste, einen schemenhaften Umriss wahr. Doch niemand, nicht einmal die Radiologen, hatten es bemerkt. Und selbst wenn, so hätten wir dennoch frühestens nach ein paar Wochen, wenn Herzinsuffizienz und Infektion abgeklungen waren, gewagt, etwas dagegen zu unternehmen, und das wäre zu spät gewesen. Es gab mir jedoch sehr zu denken, wie selbstsicher ich an jenem Tag geglaubt hatte zu wissen, was passiert war, und wie falsch ich damit gelegen hatte.

Das Verblüffendste an dem Ganzen war die letzte Röntgenaufnahme, diejenige, die wir während des Notfallalarms gemacht hatten. Bei all dem Blut im Brustraum hätte ich doch auf der linken Seite wenigstens einen Schleier sehen müssen. Aber als ich den Film nochmals hervorholte, sah ich auch dieses Mal nichts.

Wie oft bringen Autopsien eine Fehldiagnose ans Tageslicht? Ich hätte geschätzt, dass dies eher selten ist, vielleicht in höchstens einem bis zwei Prozent der Fälle. Doch drei Studien aus den Jahren 1998 und 1999 zufolge, liegt diese Zahl bei vierzig Prozent.[3] Eine umfassende Übersicht über Autopsiestudien kam zu dem Schluss, dass bei etwa einem Drittel all dieser Fehldiagnosen der Patient noch leben könnte, wenn er richtig behandelt worden wäre.[4] George Lundberg, Pathologe und ehemaliger Herausgeber des *Journal of the American Medical Association,* hat sich mehr als jeder andere darum bemüht, diese Zahlen ins Rampenlicht zu rücken. Er verweist auch auf das Erstaunlichste an alledem: Die Häufigkeit, mit der Fehldiagnosen aufgedeckt werden, hat sich seit 1938 nicht geändert.

Bei all den jüngsten Errungenschaften im Hinblick auf darstellende Verfahren und Diagnostik scheint es schwer hinzunehmen, dass wir nicht nur bei zwei von fünf Patienten mit unserer Diagnose falsch liegen, sondern dass wir uns zu allem Überfluss im Laufe der Jahre nicht verbessert haben sollen. Weil sie wissen wollten, ob das wirklich stimmte, haben Ärzte von der Harvard University eine einfache Studie zusammengestellt. Sie sahen ihre Krankenhausarchive daraufhin durch, wie oft Autopsien in den Jahren 1960 und 1970, vor dem Einzug von Computertomographie, Ultraschall, nuklearmedizinischen Darstellungsverfahren und anderen Technologien, Fehldiagnosen entlarvt hatten, und wie der Prozentsatz 1980 aussah, zu einem Zeitpunkt also, als sich diese Verfahren bereits allgemein durchgesetzt hatten.[5] Die Wissenschaftler stellten keinerlei Verbesserung fest. Unabhängig vom Zeitpunkt der Diagnose hatten die Ärzte bei ihren verstorbenen Patienten ein Viertel aller tödlichen Infektionen, ein Drittel aller Herzinfarkte und fast zwei Drittel aller Lungenembolien übersehen.

In den meisten Fällen lag dies nicht daran, dass die Technologie versagt hatte, sondern daran, dass die Ärzte die richtige Diagnose gar nicht erst in Betracht gezogen hatten. Der richtige Test oder die richtige Untersuchung wären womöglich verfügbar gewesen, aber die Ärzte haben sie nie angeordnet.

In einem Aufsatz aus dem Jahre 1976 untersuchten die Philosophen Samuel Gorovitz und Alasdair MacIntyre das Wesen der Fehlbarkeit. Warum sagt beispielsweise ein Meteorologe nicht korrekt voraus, wo ein Hurrikan zuschlagen wird? Ihrer Ansicht nach gibt es dafür drei mögliche Gründe. Einer davon ist Unwissen: Vielleicht gibt ihm die Wissenschaft unzureichende Mittel an die Hand, mit denen sich das Verhalten eines Hurrikans nicht vorhersagen lässt. Ein zweiter wäre Unfähigkeit: Das Wissen ist vorhanden, aber der Meteorologe wendet es nicht korrekt an. Beides sind Fehlerquellen, denen sich beikommen lässt. Wir glauben daran, dass Wissenschaft Unwissenheit beseitigen und Ausbildung und Technologie menschliche Unzulänglichkeiten überwinden werden. Die dritte mögliche Fehlerquelle aber ist, so behaupten die beiden, unüberwindlich, sie bezeichneten das, was daraus entsteht als »zwangsläufigen Fehler«.

Es gibt womöglich ein paar Arten von Wissen, die uns Wissenschaft und Technik nie werden vermitteln können, argumentierten Gorovitz und MacIntyre.[6] Wenn wir die Wissenschaft drängen, sich über das Erklären dessen, wie Dinge (beispielsweise Hurrikans) sich im Allgemeinen verhalten, hinauszubegeben und eine Aussage darüber zu treffen, wie sich ein bestimmtes Ding (nämlich der Sturm am kommenden Donnerstag vor der Küste von South Carolina) verhalten wird, dann verlangen wir von ihr womöglich mehr, als sie leisten kann. Zwar folgen alle Hurrikans denselben (vorhersagbaren) Verhaltensgesetzen, dennoch wird jeder einzelne von ihnen durch Myriaden unkontrollierbarer

Zufallsfaktoren in seiner Umgebung beeinflusst. Genau vorherzusagen, wie sich ein bestimmter Hurrikan verhalten wird, würde ein umfassendes Verständnis von der Welt in all ihren Einzelheiten voraussetzen – mit anderen Worten: Allwissenheit.

Nicht dass es unmöglich wäre, etwas vorherzusagen. Viele Dinge sind durch und durch vorhersagbar. Gorovitz und MacIntyre nennen in diesem Zusammenhang als Beispiel das Verhalten eines beliebigen Eiswürfels im Feuer. Eiswürfel sind so einfach gebaut und einander so ähnlich, dass Sie mit ruhiger Gewissheit vorhersagen können, dass dieser Eiswürfel schmelzen wird. Aber wenn es darum geht vorherzusagen, was genau sich im Inneren eines Menschen abspielt: Ähneln Menschen eher Eiswürfeln oder eher Hurrikans?

Jetzt gleich, es ist etwa Mitternacht, werde ich zu einer Patientin in die Notaufnahme gehen, von der ich versucht bin zu sagen, dass es sich bei ihr um »einen Eiswürfel« handelt. Will sagen, ich glaube zu verstehen, was in ihr vorgeht, und kann die relevanten Symptome bei ihr differenzieren. Und ich glaube, dass ich ihr helfen kann.

Charlotte Duveen, wie ich sie nennen will, ist neunundvierzig und hat seit zwei Tagen Bauchschmerzen. Ich beobachte sie von dem Augenblick an, in dem ich durch den Vorhang in ihr Zimmer trete. Sie sitzt mit übereinander geschlagenen Beinen auf dem Stuhl neben dem Krankenbett und begrüßt mich mit einer fröhlich rauchigen Stimme. Sie sieht nicht leidend aus. Sie hält sich nicht den Bauch, ringt nicht keuchend nach Worten. Ihre Gesichtsfarbe wirkt gesund – weder blass noch gerötet. Ihr schulterlanges Haar ist gebürstet, der Lippenstift sauber aufgetragen.

Sie berichtet, dass der Schmerz krampfartig begonnen hat, wie heftige Blähungen. Dann aber sei er im Laufe des Tages stechend geworden und hätte sich auf eine Stelle konzentriert, und als sie das sagt, zeigt sie auf eine Stelle rechts unten am Bauch, etwas oberhalb der Leiste gelegen. Sie hat Durchfall. Ständig hat sie das Gefühl, Wasser lassen zu müssen. Fieber hat sie keines, übel ist ihr auch nicht, genau genommen hat sie Hunger. Sie erzählt mir, dass sie vor zwei Tagen einen Hot Dog in Fenway Park gegessen und ein paar Tage davor die Exotenvoliere im Zoo besichtigt hat, und fragt, ob eines von beiden etwas mit ihrem jetzigen Zustand zu tun haben könnte. Sie hat zwei erwachsene Kinder. Ihre letzte Regel liegt drei Monate zurück. Sie raucht ein halbes Päckchen Zigaretten am Tag, früher hat sie Heroin genommen, aber jetzt ist sie clean, versichert sie mir. Sie hat einmal Hepatitis gehabt. Sie ist noch nie operiert worden.

Ich taste ihren Bauch ab. Es könnte alles Mögliche sein, denke ich: eine Lebensmittelvergiftung, ein Virus, eine Blinddarmentzündung, eine Harnwegsinfektion, eine Zyste am Eierstock, eine Schwangerschaft. Ihr Bauch fühlt sich weich an, nirgends eine Schwellung, nur im rechten unteren Quadranten gibt es einen besonders empfindlichen Bereich. Wenn ich darauf drücke, verhärten sich die Muskeln reflexhaft unter meinen Händen. Die Eierstöcke fühlen sich bei der Unterleibsuntersuchung normal an. Ich ordnete ein paar Laboruntersuchungen an. Die Zahl ihrer weißen Blutkörperchen ist erhöht. Ihr Urin normal. Ein Schwangerschaftstest ist negativ. Ich ordne ein Bauch-CT an.

Ich bin sicher, dass ich herausfinden werde, was mit ihr nicht in Ordnung ist, aber wenn Sie einmal darüber nachdenken, ist das eigentlich eine seltsam kühne Überzeugung. Ich habe die Frau nie zuvor in meinem Leben gesehen und glaube dennoch, dass sie sich nicht allzu sehr von all den anderen unterscheidet, die ich untersucht habe. Ist das wahr? Zugegebenermaßen war keine meiner anderen Patientinnen neunundvierzig und in ihrem Leben drogenabhängig gewesen, hatte Hepatitis gehabt, war vor kurzen im Zoo gewesen, hatte ein Würstchen in Fenway gegessen und war nach zweitägigen Bauchschmerzen im rechten unteren Quadranten ins Krankenhaus marschiert gekommen. Trotzdem bin ich überzeugt. Tag für Tag bringen wir Leute in den Operationssaal, öffnen ihnen den Bauch und wissen im weitesten Sinne des Wortes, was wir vorfinden werden: keine Aale, keine winzigen schnatternden Apparate, keinen Abgrund aus blauer Flüssigkeit, sondern einen Haufen Darmschlingen, auf der einen Seite die Leber, auf der anderen den Magen, weiter unten die Harnblase. Natürlich gibt es Unterschiede – eine Verwachsung bei dem einen Patienten, eine Infektion bei dem anderen –, aber wir haben sie zu Tausenden katalogisiert und sortiert, ein statistisches Profil der Menschheit erstellt.

Ich tendiere zu einer Blinddarmentzündung. Der Schmerz ist an der richtigen Stelle. Die Abfolge der Symptome, die Untersuchungsbefunde und die weißen Blutkörperchen, all das deckt sich mit dem, was ich früher schon gesehen habe. Allerdings hat sie Hunger, sie läuft umher und sieht kein bisschen krank aus, das scheint mir ungewöhnlich. Ich gehe in die Radiologie, in das Zimmer, wo die Aufnahmen ausgewertet werden, stehe im Dunkeln und schaue dem Radiologen über die Schulter auf die Bilder von Charlotte Duveens Abdomen, die auf dem Monitor aufleuchten. Er zeigt auf den Blinddarm, ein wurmähnliches dickes Gebilde, von grauem Fett umwuchert. Das ist eine Blinddarmentzündung, erklärt er voller Selbstvertrauen. Ich rufe den Oberarzt in der Chirurgie an und erzähle ihm, was wir festgestellt haben. »Belegen Sie den Operationssaal«, sagt er. Wir werden ihr den Blinddarm herausnehmen.«

Wir sind uns sicher – sicherer geht's nicht. Und doch habe ich ähnliche Fälle gesehen, in denen wir den Patienten dann operiert und den Blinddarm völlig normal vorgefunden haben. Die Chirurgie selbst ist eine Art Autopsie. »Autopsie« heißt wörtlich »mit eigenen Augen sehen«, und trotz all unseres Wissens und unserer Technologie sind wir oft, wenn wir das tun, nicht vorbereitet auf das, was wir sehen. Manchmal stellt sich heraus, dass wir irgendeinen Hinweis verschlafen, einen echten Fehler gemacht haben. Manchmal haben wir Unrecht, obwohl wir alles richtig gemacht haben.

Ob ein Patient lebt oder nicht: Wir können uns über seine Krankheit erst sicher sein, wenn wir nachgesehen haben. Auch in einem Fall wie dem von Mr. Sykes frage ich mich heute, ob wir die Stiche richtig gesetzt haben oder ob die Blutung von woanders her hätte stammen können. Die Ärzte haben verlernt, solche Fragen zu stellen. Nicht minder Besorgnis erregend ist, dass die Patienten uns einen Freibrief dafür geben. Im Jahre 1995 hörte das United States National Center for Health Studies ein für alle Mal auf, Autopsiestatistiken zusammenzustellen.[7] Wir können nicht einmal mehr sagen, wie selten Autopsien wirklich geworden sind.

Aus alledem, was ich gelernt habe, wenn ich den Menschen in ihr Inneres geschaut habe, bin ich zu dem Schluss gekommen, dass Menschen irgendwo zwischen Eiswürfeln und Hurrikans angesiedelt sind: in mancher Hinsicht ewig mysteriös, in anderer – mit genug Forschung und sorgfältigen Stichproben – durch und durch kalkulierbar. Es wäre nicht minder töricht annehmen zu wollen, wir hätten die Grenzen menschlichen Wissens erreicht, als zu behaupten, wir würden je alles wissen. Immer gibt es Raum, besser zu werden, auch noch den Toten Fragen zu stellen, zu erkennen, dass unsere einfachen Schlussfolgerungen nicht notwendigerweise die richtigen sind.

12

Das Phänomen der toten Babys

Zwischen 1948 und 1960 verlor Marie Noe, eine Frau in Philadelphia, jedes ihrer zehn Kinder, eines nach dem anderen.[1] Eines wurde tot geboren. Ein anderes starb gleich nach der Geburt im Krankenhaus. Die acht anderen aber starben, noch als Säuglinge, zu Hause in der Wiege. Noe berichtete, wie sie sie fand: blau angelaufen, bereits leblos oder keuchend nach Luft ringend. Die Ärzte, darunter einige der angesehensten Pathologen ihrer Zeit, konnten keine Erklärung für die acht Säuglingstode finden – man hatte sogar in jedem einzelnen Falle eine Autopsie durchgeführt –, und der Verdacht wurde laut, dass hier etwas nicht mit rechten Dingen zugehe. Ein paar Jahre später sollte die medizinische Welt erkennen müssen, dass Jahr für Jahr viele tausend allem Anschein nach kerngesunde Babys auf unerklärliche Weise noch in der Wiege sterben, und man verlieh dem Phänomen den Namen Sudden Infant Death (Plötzlicher Säuglingstod), kurz SIDS, und ordnete sämtliche Fälle dieser Art in diese Kategorie ein.

Aber acht unerklärte Kindstode lassen sich nicht so einfach beiseite schieben, Marie Noe hat mehr Kinder verloren als jede andere Mutter. Wir erwarten mehr von den Ärzten als das dürre: »Todesursache: Unbekannt«, das die Pathologen in ihre Autopsieberichte schreiben. Drei Jahrzehnte später schien sich die Sache endlich zu erklären. Am 4. August 1998 legte die Bezirksanwältin für den District Philadelphia, Lynne Abraham, neue medizinische Beweise dafür vor, dass die inzwischen siebzigjährige Marie Noe ihre Kinder mit einem Kopfkissen erstickt habe. »Die Wissenschaft«, erklärte Abraham der versammelten Presse, »hat es fertig gebracht, alte, ungeklärte Fälle zu lösen.« Sie verurteilte Noe wegen Mordes in acht Fällen.

Abrahams Stellungnahme machte mich stutzig. Wie konnte sie – oder vielmehr »die Wissenschaft« – behaupten, dass die Tode Mord und nicht SIDS gewesen waren? Eine der großen Faszinationen aller Wissenschaft besteht darin, dass sie Ungewissheit zu beenden vermag. Die Wahrheit aber ist, dass sie in aller Regel mehr Fragen aufwirft, als sie löst. Und es schien unwahrscheinlich, dass diese Situation eine Ausnahme bildete. SIDS ist keine Krankheit im eigentlichen Sinne, sondern ein Name, den die Ärzte einem der großen medizinischen Mysterien unserer Zeit gegeben haben. Jeder plötzliche Kindstod, der nach einer umfassenden und ergebnislosen post mortem Untersuchung ungeklärt bleibt, wird als SIDS definiert. Im typischen Falle wird dabei ein bis dahin gesundes Baby tot in seinem Bett aufgefunden. Bevor es starb, hat nichts auf ein Problem hingedeutet, niemand hat es schreien hören. Manchmal findet man die Kinder mit geballten Fäustchen, gelegentlich tritt aus Mund oder Nase schaumige, blutig verfärbte Flüssigkeit. Neunzig Prozent aller SIDS-Fälle geschehen zwar im Alter von unter sechs Monaten, aber auch ältere Säuglinge können spontan und unerwartet sterben.

Die allerérste SIDS-Therorie, der zufolge die Babys spontan zu atmen aufhören, ist inzwischen widerlegt. Wichtig waren in diesem Zusammenhang zwei Beobachtungen: weiches Bettzeug und Schlafen in Bauchlage erhöhen das Risiko für einen Spontantod bei Säuglingen. Eine erfolgreiche Kampagne, mit der man Eltern dazu bringen wollte, Babys zum Schlafen auf die Seite oder auf den Rücken zu legen, brachte einen Rückgang der SIDS-Fälle um achtunddreißig Prozent über einen Zeitraum von vier Jahren.[2] Vielleicht wird sich SIDS irgendwann als höchst bizarrer Unfall entpuppen, bei dem Babys, weil sie sich noch nicht herumdrehen können, von ihrem eigenen Bettzeug erstickt werden. Diese Befunde aber werfen die Frage auf, wie in aller Welt es möglich sein soll, SIDS vom Erstickungstod zu unterscheiden – vor allem in Fällen wie dem von Marie Noe, in denen die Autopsie ursprünglich keinerlei Anwendung von Gewalt hat erkennen lassen, und die Leichen nun nur noch Skelette sind. Ich habe Gerichtsmediziner und Experten für Kindesmissbrauch zu Rate gezogen und sie haben bestätigt, dass es keinen charakteristischen Autopsiebefund und keinen neuen Test gibt, mit dem sich SIDS von einem Mord durch Ersticken unterscheiden ließe. Auf was also gründet sich die Verurteilung von Marie Noe?

Kurz nach der Urteilsverkündung habe ich verschiedene Leute angerufen, die in den Fall verwickelt waren, und ihnen diese Frage gestellt. Niemand erklärte sich bereit, ein offizielle Stellungnahme abzugeben. Unter dem Siegel der Verschwiegenheit aber gab ein Beamter zu, dass es keinen direkten Beweis für die Mordanklage gebe. Als ein Reporter der Zeitschrift *Philadelphia* im Oktober 1997 anfing, Nachforschungen für einen Artikel über die Noe-Babys anzustellen, hatten die Beamten des Morddezernats von Philadelphia beschlossen, den Fall erneut aufzurollen. Sie baten die Rechtsmediziner des Staates Philadelphia, die durchgeführten Autopsien erneut unter die Lupe zu nehmen – was nichts anderes bedeutet, als die vorhandenen Autopsieberichte (einer fehlte), Totenscheine und Untersuchungsberichte noch einmal durchzusehen. Die Ärzte fanden keinerlei Anzeichen für einen Erstickungstod, keine Auffälligkeiten, keine übersehenen Laborbefunde und auch sonst nichts. Genau wie die Pathologen der ersten Untersuchung hatten auch sie nichts in der Hand als acht Kindstode in einer Familie ohne nachweisliche Gewaltanwendung und ihren Verdacht gegen eine Mutter, die in jedem Fall als Einzige zugegen gewesen war, als die Kinder starben. Der einzige Unterschied bestand darin, dass die Ärzte dieses Mal bereit waren zu erklären, dass dieses Muster dafür spreche, dass die Todesursache Mord gewesen sei.

Bei Fällen von Kindesmisshandlung kann die Wissenschaft wie in vielen anderen Fällen auch oft nur mit indirekten Beweisen aufwarten. Gelegentlich freilich finden wir Ärzte direkte und überzeugende Anhaltspunkt für eine Diagnose: Verbrennungen, die nur von Zigaretten stammen können, blaue Flecken, deren Umriss die Form eines Kleiderbügels nachzeichnet, eine gleichmäßige, wie eine Socke zum Bein hin begrenzte Verbrennung am ganzen Fuß, die darauf schließen lässt, dass der Fuß in heißes Wasser getaucht und willentlich darin festgehalten wurde. Ich hatte einmal einen schreienden zwei Monate alten kleinen Jungen zu versorgen, der im Gesicht schwere Verbrühungen aufwies. Der Vater behauptete, es sei passiert, weil er beim Baden des Kindes versehentlich das heiße Wasser aufgedreht habe. Doch da die Verletzungen kein Spritzmuster aufwies, argwöhnten wir im Team einen Fall von Missbrauch. Wir machten Röntgenaufnahmen vom ganzen Körper des Kindes, um nach weiteren Verletzungen zu suchen: Er hatte fünf bis acht Rippenbrüche und Knochenbrüche an beiden Beinen. Einige waren bereits ein paar Wochen alt, andere ganz frisch. Genetische Analysen und Bindegewebsuntersuchungen schlossen Knochen und Stoffwechselanomalien aus, die derart umfassende Verletzungen womöglich hätten erklären können. Hier lag ein konkreter Fall von Misshandlung vor, das Kind wurde von seinen Eltern getrennt. Aber selbst in diesem Fall konnten, wie ich bei meiner Aussage vor Gericht zugeben musste, unsere Beweise nichts darüber sagen, wer dem Kind die Verletzungen zugefügt hatte. (Die polizeiliche Untersuchung ergab schlussendlich, dass der Vater der Schuldige war, und dies veranlasste eine Jury, ihn wegen schwerer Kindesmisshandlung ins Gefängnis zu schicken.) In den meisten Fällen aber haben wir es nicht mit derart offensichtlichen körperlichen Anzeichen einer Misshandlung zu tun. Wenn wir entscheiden müssen, ob wir der Familie das Jugendamt oder die Polizei auf den Hals schicken sollen, können wir uns in der Regel nur auf vage Hinweise verlassen. Nach den Richtlinien des renommierten Children's Hospital in Boston beispielsweise ist jeder blaue Fleck, jede Gesichtsverletzung und jede Knochenfraktur zunächst einmal als Hinweis auf eine mögliche Misshandlung zu werten. Aber was heißt das schon? Letzten Endes sind die Ärzte darauf aus, von den Eltern all das zu erfahren, was die physischen Befunde nicht hergeben.

Vor ein paar Jahren spielte unsere damals einjährige Tochter Hattie zusammen mit unserem Sohn Walker im Spielzimmer. Plötzlich stieß sie einen markerschütternden Schrei aus. Meine Frau rannte hinein und fand sie auf dem Boden liegend, den rechten Arm zwischen Ellbogen und Handgelenk abgeknickt, als hätte sie dort ein Extragelenk. Soweit wir rekonstruieren konnten, was passiert war, scheint es so gewesen zu sein, dass sie versucht hatte, auf unser Futon zu klettern, mit dem Arm zwischen die Latten geraten und von dem damals zweijährigen Walker versehentlich herunter geschubst worden war. Beim Fallen brachen beide Unterarmknochen mitten durch. Als ich mit ihr im Krankenhaus ankam, wurde ich von drei verschiedenen Personen immer wieder hochnotpeinlich zu der Frage verhört: »Nun erzählen Sie doch einmal ganz genau, wie das passiert ist?« Die Geschichte klang, wie mir nur allzu klar war, höchst unglaubwürdig – ein Sturz ohne Zeugen, bei dem zwei Knochen mittendurch brechen. Die Ärzte suchten, wie ich selbst es bei jedem verletzten Kind auch tue, nach Ungereimtheiten oder Widersprüchen in der Geschichte, die die Eltern ihnen erzählen. Man ist als Eltern sehr leicht aufgebracht, wenn die Ärzte einem selbstgerecht Fragen stellen, als seien sie Polizeibeamte, aber so hoch entwickelt unsere Medizin inzwischen auch sein mag, Fragen sind noch immer unser wichtigster diagnostischer Test auf das Vorliegen von Missbrauch.

Ich muss wohl letztlich jeden Verdacht zerstreut haben. Meine Tochter erhielt einen pinkfarbenen Gips, und ich durfte ohne weitere Hindernisse mit ihr nach Hause fahren. Allerdings konnte ich mich des Eindrucks nicht erwehren, dass mein gesellschaftlicher Status bei alledem nicht ganz unwichtig gewesen ist. So sehr die Ärzte es auch vielleicht zu vermeiden suchen, wenn sie zu entscheiden haben, ob bei einem Fall die Behörden einzuschalten sind, spielen soziale Faktoren unweigerlich eine große Rolle. Wir wissen zum Beispiel, dass bei allein erziehenden Eltern eine fast doppelt so hohe Missbrauchswahrscheinlichkeit besteht wie bei »intakten« Familien, bei armen Familien ist sie fast sechzehnmal so hoch. Wir wissen, dass ein Drittel aller Crack-abhängigen Mütter ihre Kinder misshandeln oder vernachlässigen. (Die ethnische Herkunft spielt hierbei übrigens keine Rolle).[3] Dieses Profil hat man immer im Kopf.

Im Falle der Marie Noe sprachen die Faktoren ebenso für sie. Sie war eine verheiratete, achtbare Mittelstandsfrau. Aber acht Todesfälle in Reihe müssen etwas zu bedeuten haben, stimmt's? Einer der an der Wiederaufnahme beteiligten Mediziner drückte es folgendermaßen aus, und dieser Spruch hat unter den Pathologen traurige Berühmtheit erlangt: »Ein SIDS-Tod in einer Familie ist eine Tragödie, zwei sind ein Rätsel, bei dreien ist es Mord.«

Die angemessene Antwort aber lautete, dass das Muster zwar höchst verdächtig wirken mag, aber berechtigte Zweifel nicht auszuräumen sind. Im Widerspruch zu seinen Kollegen stellte der Gerichtsarzt Cyril Wecht aus Pittsburgh jedenfalls kurz und knapp fest, dass mehrere SIDS-Fälle in einer Familie nicht automatisch auf Mord hinweisen. Die Zahlen lassen die Todesfälle im Falle Noe mit Sicherheit verdächtig erscheinen, gestand er zu. Schließlich haben Experten inzwischen Hinweise darauf, dass ein SIDS-Baby in der Familie nicht automatisch das Risiko dafür erhöht, dass die Familie ein weiteres Kind auf diese Weise verlieren wird. Sicher sind zwei Todesfälle in einer Familie eine Untersuchung wert, fuhr er fort, doch es hat bereits Fälle von zwei oder drei ungeklärten Kindstoden innerhalb einer Familie gegeben, in denen man Mord für absolut unwahrscheinlich hält. In der Vergangenheit sind Eltern von SIDS-Babys wiederholt zu Unrecht beschuldigt worden. Und schließlich, schlimmer noch als alles andere, wissen wir noch immer nicht, was SIDS überhaupt ist. Vielleicht haben wir mehrere Krankheiten in einen Topf geworfen, als wir dieses Syndrom beschrieben haben. Vielleicht werden sich dereinst mehrere natürliche Todesfälle innerhalb einer Familie als zwar selten, aber durchaus möglich erweisen.

Dennoch: Mag die Wissenschaft selbst bei Kindesmisshandlung mit tödlichem Ausgang in vielen Fällen Schwierigkeiten haben, Beweise zu erbringen, machtlos ist sie dennoch nicht: Als man Marie Noe während der polizeilichen Befragung mit den medizinischen »Beweisen« für ihre Taten konfrontierte, gestand sie, vier ihrer Kinder erstickt zu haben, bei den anderen wüsste sie nicht mehr, was passiert sei. Ihr Anwalt zweifelte Verlässlichkeit und Statthaftigkeit dieses Geständnisses sofort an, war es doch nach einem Verhör abgelegt worden, das die ganze Nacht hindurch gedauert hatte. Doch am 28. Juni 1999 erhob sich Marie Noe in einem Verhandlungszimmer des Gerichtsgebäudes von Philadelphia, stützte sich auf ihren Stock und bekannte sich schuldig des Totschlags in acht Fällen. Ihr siebenundsiebzigjähriger Ehemann Arthur saß auf der Empore und schüttelte völlig entgeistert den Kopf.

Am Ende beziehen wir die überzeugendsten Beweise dann oftmals doch nicht aus der Wissenschaft, sondern aus dem, was die Leute uns erzählen.

13

Wem gehört der Körper eigentlich?

Zum ersten Mal sah ich den Patienten am Tag vor seiner Operation, ich hätte ihn beinahe für tot gehalten. Joseph Lazaroff, wie wir ihn nennen wollen, lag in seinem Bett, die Augen geschlossen, ein Bettlaken bedeckte seinen schmalen Brustkorb. Wenn Menschen schlafen – oder selbst dann, wenn sie unter Narkose sind und nicht selbstständig atmen –, käme es Ihnen nie in den Sinn zu fragen, ob sie überhaupt am Leben sind. Sie verströmen Leben wie eine Heizquelle Wärme. Sie sehen es an der Spannung ihrer Armmuskeln, dem Schwung ihrer Lippen, der Tönung ihrer Haut. Doch als ich mich über Mr. Lazaroff beugte, um ihn anzutippen, merkte ich, wie ich unversehens innehielt in dem instinktiven Empfinden, einen Toten zu berühren. Seine Hautfarbe stimmte nicht – er war bleich und aschfahl. Wangen, Augen und Schläfen waren eingesunken und die Haut spannte sich über seinem Gesicht wie eine Maske. Am seltsamsten aber war, dass sein Kopf fünf Zentimeter über dem Kissen schwebte, als habe die Totenstarre bereits eingesetzt.

»Mr. Lazaroff?«, rief ich, und er schlug die Augen auf. Er blickte mich mit leeren Augen an, ohne Interesse, reglos.

Ich war im ersten Jahr Assistenzarzt in der Chirurgie und arbeitete zu jener Zeit in einer neurochirurgischen Arbeitsgruppe. Lazaroff hatte einen Tumor, der sich bereits in seinem Körper ausgebreitet hatte, und sollte operiert werden; man wollte eine Metastase aus seinem Rückenmark entfernen. Der Erste Assistent hatte mich zu ihm geschickt, ich sollte seine Einverständniserklärung – seine Unterschrift – einholen, mit der er uns diese Operation gestattete. Kein Problem, hatte ich geantwortet. Doch nun, da ich diesen siechen, zerbrechlichen Mann vor mir sah, begann ich mich zu fragen, ob es rechtens wäre, wenn wir ihn operierten.

Seine Krankenakte erzählte folgende Geschichte: Vor acht Monaten war er zu seinem Hausarzt gegangen, weil er Rückenschmerzen hatte. Der Doktor konnte zunächst nichts Verdächtiges finden, doch drei Monate später waren die Schmerzen unerträglich geworden und er ordnete eine Kernspintomographie an. Es stellte sich heraus, dass Mr. Lazaroff Krebs hatte – mehrere Tumoren in Leber, Darm und überall im Rückenmark. Eine Biopsie hatte ergeben, dass eine Behandlung nicht möglich war.

Lazaroff war erst Anfang sechzig, hatte lange Jahre als städtischer Verwaltungsbeamter gearbeitet, litt unter einem Anflug von Diabetes, gelegentlichen Angina-pectoris-Anfällen und zeigte das verhärtete Gebaren eines Mannes, dem vor ein paar Jahren die Frau gestorben war und der gelernt hatte, allein zu leben. Sein Zustand hatte sich rasch verschlechtert. Binnen weniger Monate hatte er mehr als fünfzig Pfund verloren. Je größer die Tumore in seinem Bauch wurden, umso mehr füllte dieser sich mit Flüssigkeit, ebenso Skrotum und Beine. Schmerzen und Schwäche machten ihm das Weiterarbeiten schließlich unmöglich. Sein Sohn war zu ihm gezogen, um ihn zu pflegen. Lazaroff bekam rund um die Uhr Morphium gegen seine Schmerzen. Seine Ärzte hatten ihm gesagt, er habe womöglich nur noch wenige Wochen zu leben, doch er wollte das nicht hören. Noch immer sprach er von dem Tag, an dem er an seine Arbeitsstelle zurückkehren werde.

Dann stürzte er ein paarmal schwer, seine Beine waren unendlich schwach geworden. Er wurde inkontinent. Wieder suchte er seinen Onkologen auf. Eine neue Kernspintomographie ergab, dass eine Metastase das Rückenmark im Brustkorbbereich zusammendrückte. Der Onkologe wies ihn ins Krankenhaus ein und versuchte es mit Bestrahlungen, aber sie bewirkten nichts. Unterdessen konnte er das rechte Bein überhaupt nicht mehr bewegen, die untere Körperhälfte würde binnen kurzem gelähmt sein.

Ihm blieben zwei Möglichkeiten. Er konnte sich der Rückenmarksoperation unterziehen. Sie würde keine Heilung bringen – mit oder ohne Chirurgie blieben ihm höchstens ein paar Monate –, aber sie bot die allerletzte Chance, die fortschreitende Schädigung des Rückenmarks aufzuhalten und womöglich seinen Beinen und seinen Schließmuskeln einen Teil ihrer Kraft wiederzugeben. Die Risiken bei dieser Operation waren allerdings beträchtlich. Wir würden uns durch seinen Brustkorb hindurch an das Rückenmark herantasten und dabei eine Lunge zum Kollabieren bringen müssen. Er hätte eine lange, schwere und schmerzhafte Genesungszeit vor sich. Und in Anbetracht seiner zerbrechlichen Konstitution – von seiner zurückliegenden Herzkrankheit ganz zu schweigen – standen die Chancen, dass er das Ganze überleben und wieder nach Hause zurückkehren würde, nicht allzu gut.

Die Alternative war, nichts zu tun. Er konnte nach Hause zurückkehren und sich in eine Hospizpflege begeben, wo man dafür sorgen würde, dass er schmerzfrei war, und ihm helfen würde, ein gewisses Maß an Kontrolle über sein Leben zu behalten. Seine Unbeweglichkeit und die Inkontinenz würden zweifelsohne zunehmen. Aber so hätte er die beste Aussicht darauf, im eigenen Bett in Frieden zu sterben und denen, die er liebte, Lebewohl zu sagen.

Die Entscheidung lag bei Lazaroff.

Das allein ist eine bemerkenswerte Tatsache. Es liegt noch kein Jahrzehnt zurück, da trafen die Ärzte die Entscheidungen. Die Patienten taten, was man sie hieß. Die Ärzte fragten die Patienten nicht nach ihren Wünschen, Prioritäten und Überzeugungen, sie hielten routinemäßig Informationen zurück – entscheidend wichtige Informationen manchmal, zum Beispiel, was für Medikamente sie verordneten, welche Behandlung vorgesehen war und wie die Diagnose lautete. Die Patienten durften nicht einmal ihre eigenen Krankenakten einsehen: Die seien Eigentum des Krankenhauses, hieß es dann. Man behandelte sie wie Kinder: zu zart besaitet und zu schlichten Gemüts, um der Wahrheit ins Gesicht zu sehen, erst recht um Entscheidungen treffen zu können. Und die Menschen hatten darunter zu leiden. Man schloss sie an Maschinen, verabreichte ihnen Medikamente und unterzog sie Operationen, für die sie sich nie entschieden hätten. Und Behandlungsalternativen, die sie vielleicht bevorzugt hätten, wurden ihnen vorenthalten.

Mein Vater erinnert sich, dass es die siebziger und einen Großteil der achtziger Jahre hindurch gemeinhin akzeptiert wurde, dass bei einem Patienten, der ihn um eine Vasektomie (Durchtrennung des Samenleiters) bat, er die Entscheidung traf, ob diese für den Betreffenden nicht nur medizinisch, sondern auch persönlich angemessen sei. In der Regel lehnte er die Operation ab, wenn die Männer unverheiratet, verheiratet und kinderlos oder einfach »zu jung« waren. Rückblickend betrachtet ist er sich nicht sicher, ob er all diesen Patienten recht getan hat, und er sagt auch, dass er die Dinge heutzutage nie und nimmer so handhaben würde. Ja, er kann sich nicht erinnern, in den letzten paar Jahren jemanden abgelehnt zu haben, der ihn um eine Vasektomie bat.

Eine der Ursachen für diese dramatische Verlagerung bezüglich der Art und Weise, wie medizinische Entscheidungen getroffen werden, war ein Buch aus dem Jahre 1984: *The Silent World of Doctor and Patient* von dem Yale-Absolventen, Arzt und Ethiker Jay Katz.[1] Es handelte sich um eine vernichtende Kritik an den traditionellen Entscheidungsprozessen in der Medizin, und diese hatte weitreichenden Einfluss. Katz argumentiert in dem Buch, dass medizinische Entscheidungen von den betroffenen Patienten selbst gefällt werden können und sollten. Und er illustrierte diesen Standpunkt mit den Leidensgeschichten einiger seiner Patienten.

In einem Fall ging es um »Iphigenia Jones«, eine junge Frau von einundzwanzig Jahren, bei der man in einer Brust einen bösartigen Tumor entdeckt hatte. Damals wie heute hatte sie zwei Möglichkeiten: eine Mastektomie (die Entfernung der Brust samt der

Lymphknoten in der nächstgelegenen Achselhöhle) oder Bestrahlung und eine brusterhaltende Operation (die Entfernung des Knotens und der Lymphknoten.) Die Überlebensraten waren ähnlich, wenngleich der Tumor in der erhaltenen Brust unter Umständen erneut auftreten und letztlich doch eine Mastektomie notwendig machen könnte. Ihr behandelnder Chirurg bevorzugte Mastektomien und die, so sagte er, werde er bei ihr auch durchführen. In den Tagen vor der Operation aber beschlichen den Arzt Skrupel, einer so jungen Frau wirklich die Brust abzunehmen. Am Abend vor der Operation tat er daher etwas höchst Ungewöhnliches: Er diskutierte die Behandlungsoptionen mit ihr und überließ ihr die Wahl. Sie entschied sich für die brusterhaltende Operation.

Einige Zeit später nahmen beide, Arzt und Patientin, an einer Podiumsdiskussion zum Thema Therapiealternativen bei Brustkrebs teil. Ihr Bericht sorgte für eine erregte Reaktion. Die Chirurgen attackierten einmütig die Vorstellung, dass Patienten ein Mitspracherecht haben sollten. Wie einer von ihnen es ausdrückte: »Wenn schon der Arzt solche Probleme mit einer Entscheidung hat, wie soll dann erst der Patient entscheiden?« Aber, so Katz, die Entscheidung ist keine rein technische, sondern betrifft auch persönliche Motive: Was war für Iphigenia wichtiger – die Erhaltung ihrer Brust oder die Sicherheit, dass der Knoten nicht erneut wachsen würde? Kein Arzt war eine Autorität auf diesem Gebiet. Das war einzig und allein Iphigenia. Trotzdem haben in einer solchen Situation früher die Ärzte das Heft in die Hand genommen, sie haben den Patienten häufig nicht einmal nach seinen Sorgen und Ängsten gefragt und ihre eigene Entscheidung getroffen – eine Entscheidung, die womöglich durch Geld beeinflusst wurde, durch berufliche Vorlieben (Chirurgen haben beispielsweise den Hang, sich für eine Operation zu entscheiden) und persönliche Eigenarten.

Schließlich und endlich haben sich die Medizinischen Hochschulen auf die Seite von Katz geschlagen. Als ich Anfang der neunziger Jahre meine Assistentenzeit ableistete, lehrte man uns, den Patienten als autonomen Entscheidungsträger zu sehen. »Sie stehen in ihren Diensten«, wurde mir oft gesagt. Noch immer gibt es eine Menge Ärzte alter Schule, die vom hohen Ross aus ihre Ansichten zu diktieren suchen, aber sie müssen feststellen, dass die Patienten sich das nicht mehr gefallen lassen. Den meisten Ärzten ist es ernst mit der Idee, dass Patienten ihr Schicksal selbst in der Hand haben sollten, und sie legen dem Patienten die Optionen und die jeweils mit ihnen verbundenen Risiken dar. Einige wenige weigern sich sogar, Empfehlungen zu geben, weil sie fürchten, die Patienten auf unangemessene Weise zu beeinflussen. Patienten stellen Fragen, suchen im Internet nach Informationen, holen eine zweite Meinung ein. Und sie sind es, die entscheiden.

In der Praxis liegen die Dinge allerdings nicht immer so einfach. Manchmal treffen Patienten auch die falsche Entscheidung. Manchmal ist auch der Unterschied zwischen der einen oder anderen Option nicht übermäßig bedeutsam. Aber wenn Sie sehen, dass der Patient im Begriff ist, einen schweren Fehler zu begehen, sollten Sie dann ohne Zögern tun, was er verlangt? Die derzeitige Lehrmeinung sagt ja. Denn wessen Körper ist es letztlich?

Lazaroff wollte die Operation. Der Onkologin war es nicht wohl bei dieser Entscheidung, und sie rief den Neurochirurgen an. Der, ein gepflegter Mann Mitte vierzig mit einem hervorragenden Ruf und einer Vorliebe für Fliegen, sprach am Nachmittag mit Lazaroff und seinem Sohn. Er erklärte ihnen lang und breit, welch furchtbare Risiken die Operation mit sich bringe und wie begrenzt der potenzielle Nutzen des Eingriffs wäre. Manchmal, so erklärte er mir später, scheinen die Patienten die Gefahren nicht hören zu wollen, und in solchen Fällen lege er großen Wert darauf, sie wirklich deutlich beim Namen zu nennen – hinterher auf künstliche Beatmung angewiesen zu bleiben, weil die Lungen sich nicht wieder erholen zum Beispiel, oder während des Eingriffs an einem Schlaganfall zu sterben. Aber Lazaroff ließ sich nicht abbringen, und der Chirurg setzte ihn auf den Operationsplan.

»Mr. Lazaroff, ich bin Assistenzarzt in der Chirurgie, und ich bin gekommen, um mit Ihnen über Ihre morgige Operation zu sprechen«, sagte ich. »Wir werden bei Ihnen einen Wirbelkörper entfernen und eine Wirbelversteifung durchführen.« Er sah mich ausdruckslos an. »Wir wollen den Tumor entfernen, der Ihr Rückenmark zusammendrückt«, fuhr ich fort. Sein Gesichtsausdruck veränderte sich nicht. »Wir hoffen, damit Ihre Lähmungserscheinungen aufhalten zu können.«

»Ich bin nicht gelähmt«, sagte er schließlich. »Die Operation soll verhindern, dass ich gelähmt werde.«

Ich machte einen raschen Rückzieher. »Verzeihung, ich wollte sagen, Sie davor zu bewahren, dass Sie gelähmt werden.« Vielleicht war das reine Wortklauberei – sein linkes Bein konnte er noch immer ein bisschen bewegen. »Ich brauche von Ihnen nur eine Unterschrift unter die Einwilligungserklärung, dann können wir Sie morgen operieren.«

Die Aufklärung des Patienten und das Unterzeichnen der Einwilligungserklärung sind relativ neue Erfindungen. Sie listet so ziemlich alle Komplikationen auf, die uns Ärzten einfallen – angefangen von einer leichten allergischen Reaktion bis hin zum Todesfall – und wenn Sie es unterschreiben, dokumentieren Sie damit, dass Sie diese Risiken akzeptieren. Das Ganze riecht nach Bürokratie und Rechtsanwalt, und ich bezweifle, dass ein Patient sich nach dem Durchlesen auch nur im Geringsten besser informiert fühlt. Immerhin bietet es Gelegenheit, die bestehenden Risiken Revue passieren zu lassen.

Der Neurochirurg hatte sie ihm bereits im Detail erläutert, also wiederholte ich nur noch einmal die wichtigsten. »Wir bitten Sie um Ihre Unterschrift, damit wir sicher sein können, dass Ihnen die Risiken klar sind«, sagte ich. »Obwohl diese Operation dazu da ist, Ihnen Ihre bestehenden Fähigkeiten zu erhalten, könnte sie dennoch fehlschlagen oder dazu führen, dass Sie am Ende gelähmt sind.« Ich versuchte mit fester Stimme zu sprechen, ohne grob zu klingen. »Sie könnten einen Schlaganfall erleiden oder einen Herzinfarkt, oder Sie könnten dabei sterben.« Ich hielt ihm Formular und Stift hin.

»Niemand hat mir gesagt, dass ich dabei sterben könnte«, sagte er mit zitternder Stimme. »Das ist meine letzte Hoffnung. Wollen Sie mir sagen, dass ich sterben muss?«

Ich erstarrte zur Salzsäule und wusste nicht, was ich jetzt sagen sollte. In diesem Augenblick kam Lazaroffs Sohn – ich will ihn David nennen – zur Tür herein, Stoppelbart, leichter Bauchansatz, die Kleider wie immer zerknittert. Die Stimmung seines Vaters änderte sich schlagartig, und ich erinnerte mich an eine Notiz in der Krankenakte, der zufolge David mit seinem Vater die Frage erörtert hatte, ob es noch Sinn habe, sämtliche medizinischen Mittel auszureizen. »Du wirst mich nicht aufgeben«, fuhr er seinen Sohn an. »Du wirst mir jede nur mögliche Chance geben.« Er schnappte sich Formblatt und Stift, und wir standen schweigend, bis Lazaroff langsam einen unleserlichen Kringel neben die Unterschriftslinie gesetzt hatte.

Auf dem Flur erklärte mir David, er sei nicht sicher, ob das der richtige Schritt sei. Seine Mutter hatte lange Zeit an einem Beatmungsgerät in der Intensivpflege verbracht, bevor sie an ihrem Emphysem starb, und sein Vater hatte seither oft gesagt, er wolle auf keinen Fall, dass es ihm ähnlich gehe. Nun aber sei er finster entschlossen, »alles« zu versuchen. David wagte nicht, sich mit ihm zu streiten.

Am folgenden Tag wurde Lazaroff operiert. Sobald er narkotisiert war, wurde er auf die linke Seite gerollt. Ein Thoraxchirurg führte am achten Rippenbogen entlang einen langen Schnitt von der Brust zum Rücken und öffnete den Brustkorb. Er schob einen Rippensperrer zwischen die Rippen, öffnete ihn und hielt dann mit einem Wundhaken die kollabierte Lunge aus dem Weg. Man konnte nun direkt bis an die hintere Brustkorbwand auf die Wirbelsäule schauen. Eine fleischige tennisballgroße Masse umschloss den zehnten Wirbel. Der Neurochirurg übernahm und legte sorgsam den Tumor rundherum frei. Es dauerte ein paar Stunden, aber schließlich und endlich hing der Tumor nur noch an der Stelle, an der er den knöchernen Wirbelkörper durchdrungen hatte. Dann griff er zu einem Rongeur – einem starren Instrument, mit dem er wie ein Biber, der sich allmählich durch einen Baumstamm nagt, vorsichtig winzige Späne vom Wirbelkörper herunter raspelte, bis er den Wirbelkörper samt Tumor entnehmen konnte. Den entstandenen Leerraum füllte er mit einem Klumpen Methacrylat, einer Art Acrylzement, das er an Ort und Stelle langsam härten ließ. Er fuhr mit einer Sonde in den Wirbelkanal des neuen künstlichen Wirbels, es war jede Menge Platz. Das Ganze hatte über vier Stunden gedauert, aber der Druck auf das Rückenmark hatte aufgehört. Der Thoraxchirurg schloss Lazaroffs Brustkorb bis auf eine Öffnung für einen Gummischlauch, über den die Lunge wieder mit Luft gefüllt werden sollte, und man brachte ihn auf die Intensivstation.

Technisch gesehen war die Operation ein voller Erfolg. Doch Lazaroffs Lungen erholten sich nicht, und wir bemühten uns vergeblich, ihn vom Beatmungsgerät zu befreien. Im Laufe der folgenden Tage verhärteten sich die Lungenflügel, es entwickelte sich eine Fibrose, der Beatmungsdruck musste erhöht werden. Wir versuchten, ihn mit Medikamenten ruhig zu halten, aber immer wieder durchbrach er die Betäubung, erwachte mit wirrem Blick und fantasierte. David hielt an seinem Bett trostlose Wache. Neue Röntgenaufnahmen zeigte eine zunehmende Schädigung der Lunge. Winzige Blutgerinnsel sammelten sich in Lazaroffs Lunge, und wir gaben ihm gerinnungshemmende Medikamente, um dies aufzuhalten. Dann kam es zu einer langsamen Sickerblutung, wir wussten zunächst nicht woher – und wir mussten ihm täglich eine Bluttransfusion geben. Nach einer Woche bekam er Fieberschübe, aber wir konnten die zu Grunde liegende Infektion nicht finden. Am neunten Tag nach der Operation fing der hohe

Beatmungsdruck an, in seiner Lunge kleine Löcher zu verursachen. Wir mussten seinen Brustkorb noch einmal öffnen und einen zusätzlichen Schlauch einführen, damit die Lunge nicht ganz kollabierte. Es erforderte eine enormes Maß an Anstrengungen und Kosten, ihn am Leben zu halten, und die Ergebnisse waren entmutigend. Es wurde immer deutlicher, wie nutzlos unsere Bemühungen waren. Genauso hatte Lazaroff nicht sterben wollen – festgebunden und sediert, sämtliche natürlichen – und noch ein paar künstliche – Körperöffnungen mit Schläuchen versehen, künstlich beatmet. Am vierzehnten Tag teilte David dem Neurochirurgen mit, dass wir aufhören sollten. Der Neurochirurg überbrachte mir die Nachricht. Ich ging in Lazaroffs Zimmer auf der Intensivstation – eine von acht Buchten, die in einem Halbkreis um das Stationszimmer herum angeordnet waren, jede mit Kachelboden, Fenster und einer gläsernen Schiebetür, die den Patienten von dem umgebenden Lärm abschottete, nicht aber vor den Augen der Schwestern und Pfleger. Zusammen mit einer Schwester schlüpfte ich hinein. Ich prüfte, ob Lazaroffs Morphiumtropf hoch genug eingestellt war, stellte mich an seine Seite, lehnte mich zu ihm hinunter und erklärte ihm – für den Fall, dass er mich hören konnte –, dass ich im Begriff sei, den Beatmungsschlauch aus seinem Mund zu entfernen. Ich löste die Verbindungen, die den Schlauch an seinem Platz hielten und ließ die Luft aus der Ballonmanschette, die ihn in der Luftröhre verankerte. Dann zog ich den Schlauch heraus. Er hustete ein paarmal, öffnete einen Moment lang die Augen und schloss sie wieder. Die Schwester saugte den Schleim aus seinem Mund. Ich schaltete das Beatmungsgerät ab, und mit einem Schlag war der Raum ganz still. Man hörte nur noch sein mühsames, keuchendes Atmen. Wir sahen zu, wie das Leben aus ihm wich. Sein Atem verlangsamte sich, schließlich waren nur noch gelegentliche gequälte Atemzüge zu beobachten, dann hörte er ganz auf. Ich setzte ihm das Stethoskop auf die Brust und lauschte, wie sein Herzschlag allmählich verklang. Dreizehn Minuten nach dem Abschalten des Beatmungsgeräts bat ich die Schwester, zu den Akten zu nehmen, das Joseph Lazaroff gestorben war.

Meinem Gefühl nach hatte Lazaroff die falsche Entscheidung getroffen. Nicht, weil er so furchtbar schwer gestorben war. Auch gute Entscheidungen können schlechte Ergebnisse zeitigen (manche Menschen müssen fürchterliche Risiken eingehen), und schlechte Entscheidungen können in gute Ergebnisse münden (»Mehr Glück als Verstand«, sagen Chirurgen dann gerne). Ich fand, dass Lazaroffs Entscheidung falsch war, weil sie seinen ureigensten Interessen zuwiderlief – nicht dem, was ich oder sonstwer für sein Interesse hielt, sondern gegen das, was er als sein Interesse empfand. Vor allem anderen, so war klar, wollte er leben. Er wäre jedes Risiko eingegangen – hatte selbst den Tod nicht gefürchtet –, um weiter zu leben. Aber, wie wir ihm versucht hatten zu erklären, wir waren nicht in der Position, ihm Leben anbieten zu können. Wir konnten ihm einzig die Chance bieten, für die kurze Zeit, die ihm noch blieb, ein minimales Funktionieren seiner unteren Körperhälfte zu erhalten – zu einem extrem hohen Preis und mit einem extrem hohen Risiko behaftet, einen elenden Tod zu sterben. Aber er hörte uns nicht: Besiegte er die Lähmung, so schien er zu denken, dann besiegte er auch den Tod. Es gibt Menschen, die solche Risiken sehenden Auges zur Kenntnis nehmen und es trotzdem mit einem chirurgischen Eingriff versuchen würden. Aber in dem Wissen darum, wie sehr Lazaroff gefürchtet hatte, so zu sterben wie seine Frau, kann ich nicht glauben, dass er zu diesen Menschen gehörte.

War es vor diesem Hintergrund dann bereits ein Fehler gewesen, ihm von der chirurgischen Option überhaupt zu erzählen? Unser gegenwärtiges medizinisches Credo hat unsere Sinne in Bezug auf die Forderung nach der Freiheit des Patienten extrem geschärft. Doch immer wieder kommt es vor – und zwar häufiger, als wir so ohne weiters zugeben würden –, dass ein Arzt einen Patienten zu seinem Glück zwingen, ihn aktiv dazu bringen muss zu tun, was für ihn gut ist.

Dieses Ansinnen ist nicht unumstritten. Die Leute sind denen gegenüber, die behaupten zu wissen, was das Beste für sie ist, zu Recht argwöhnisch. Aber ein guter Arzt kann nicht untätig bleiben, wenn Patienten eine schlechte oder selbstzerstörerische Entscheidung treffen – eine Entscheidung, die ihren ureigensten Interessen zuwiderläuft.

Ich erinnere mich an einen Fall aus meinen ersten Wochen der Pflichtassistenz. Ich war der allgemeinen Chirurgie zugeordnet und unter den Patienten, die ich zu betreuen hatte, befand sich eine Frau in den Fünfzigern, ich will sie Frau McLaughlin nennen – die zwei Tage zuvor eine große Bauchoperation durchgestanden hatte. Der Schnitt ging quer über den ganzen Bauch, eine intravenöse Infusion versorgte sie mit Flüssigkeit und Schmerzmitteln. Sie erholte sich planmäßig, wollte aber nicht aufstehen. Ich erklärte ihr, weshalb es notwendig sei, dass sie aufstehe und herumliefe: Es verringert das Risiko für eine Lungenentzündung, für Thrombosen im Bein und andere unliebsame Nebenwirkungen. Sie war nicht dazu zu bringen. Sie sei müde, erklärte sie, und fühle sich nicht danach. Ob sie verstanden habe, dass sie ernsthafte Probleme riskierte? »Ja«, antwortete sie. »Lassen Sie mich einfach in Ruhe.«

Während der Nachmittagsvisite fragte mich die Erste Assistentin, ob die Patientin aufgestanden sei. Nein, entgegnete ich – sie hat sich geweigert. Das ist keine Entschuldigung, erklärte sie, und marschierte mit mir zu Frau McLaughlins Zimmer zurück. Sie setzte sich auf die Bettkante und sagte so leutselig wie ein Dorfpfarrer: »Na, wie geht's denn so?«, ließ ein bisschen Small Talk folgen, nahm Frau McLaughlin bei der Hand und erklärte dann: »Es ist Zeit, ein bisschen aufzustehen.« Und ich stand da und sah zu, wie Frau McLaughlin sich ohne Zögern erhob, zu einem Stuhl hinüberschlurfte und meinte: »Wissen Sie, es war gar nicht so schlimm!«

Ich hatte meine Assistenzarztzeit angetreten, weil ich lernen wollte, was man als Chirurg können muss. Ich hatte gedacht, das bedeute schlicht das Erlernen des notwendigen Repertoires an Strategien und Techniken, das man beherrschen muss, wenn man operieren oder eine Diagnose stellen will. Nun gehörte dazu auch das neue und höchst delikate Handwerk, Patienten bei ihren Entscheidungen zu begleiten – etwas, das manchmal ein ganz eigenes Repertoire an Strategien und Techniken erfordert.

Nehmen Sie einmal an, Sie wären der Arzt. Sie befinden sich in einem Untersuchungszimmer Ihrer Klinik – einer jener voll gestopften Kammern voller Fluoreszenzlampen, einem Matisse-Poster an der Wand, einer Schachtel Latexhandschuhe auf dem Labortisch und einem kalten gepolsterten Untersuchungstisch mitten im Raum ... die Patientin, die Sie soeben untersuchen, ist Mitte vierzig, Mutter von zwei Kindern und Partnerin in einer Anwaltsfirma in der Stadt. Trotz der Umstände und des fadenscheinigen Papierhemds, das sie trägt, bringt sie es fertig, Haltung zu bewahren. Sie können an ihrer Brust keine Knoten oder Anomalien ertasten. Bevor sie Sie aufgesucht hat, war sie bei einem Radiologen gewesen, dessen Untersuchungsbericht Sie nun lesen. Dort heißt es: »Schwach sichtbare Anhäufung kleiner, dichter Kalzifizierungen (Kalkablagerungen) im oberen äußeren Quadranten der linken Brust, die bei der vorangegangenen Untersuchung noch nicht sichtbar gewesen sind. Eine Biopsie wird angeraten, um etwaige maligne Veränderungen auszuschließen.« Übersetzung: Beunruhigende Anzeichen sind aufgetreten, sie könnten Brustkrebs bedeuten.

Sie überbringen ihr die Nachricht. In Anbetracht des Befundes, erklären sie ihr, sollte sie eine Gewebeprobe für eine Biopsie entnehmen lassen. Sie stöhnt und richtet sich dann steif auf. »Wann immer ich einen von Ihnen sehe, finden Sie etwas, von dem Sie eine Biopsie machen wollen«, schimpft sie. Dreimal hat ihr jährliches Mammogramm in den vergangenen fünf Jahren einen Bereich von »verdächtigen« Kalzifizierungen enthüllt. Dreimal hat sie bei einem Chirurgen auf dem Operationstisch gelegen und sich das fragliche Gewebe entnehmen lassen, und dreimal hat sich unter dem Mikroskop des Pathologen gezeigt, dass das Ganze gutartig war. »Sie wissen einfach nicht, wann es reicht«, sagt sie. »Was immer das für Flecken sind, die da immer wieder auftauchen, sie haben sich als normal erwiesen.« Sie hält inne und beschließt dann: »Ich werde nicht noch so eine verflixte Biopsie machen lassen«, steht auf und zieht sich an.

Lassen Sie sie gehen? Es wäre nicht unvernünftig. Schließlich ist sie eine Erwachsene. Und eine Biopsie ist keine kleine Sache. Über ihre ganze linke Brust verteilt sehen Sie die erhabenen Narben, eine ist fast sieben Zentimeter lang. Es ist bereits so viel Gewebe entfernt worden, dass die linke Brust deutlich kleiner ist als die rechte. Und, jawohl, es gibt Ärzte, die zu viele Biopsien vornehmen und schon bei den fragwürdigsten Befunden Gewebe entnehmen. In vielen Fällen haben Patienten recht, wenn sie auf einer zweiten oder dritten Meinung bestehen.

Trotzdem sind die Kalzifizierungen keine fragwürdigen Befunde. In aller Regel – wenn auch nicht immer – sind sie ein Zeichen für Krebs, und in aller Regel für ein frühes, behandelbares Stadium von Krebs. Wenn es uns daher damit ernst ist, dass jedem die Kontrolle über sein eigenes Leben zusteht, dann muss man den Leuten erlauben, ihre eigenen Fehler zu machen. Aber wenn viel auf dem Spiel steht und eine falsche Entscheidung womöglich nicht rückgängig zu machen ist, fällt es einem als Arzt schwer, sich zurückzuhalten. Das ist der Moment, in dem man versucht ist, den Patienten zu irgendetwas zu drängen.

Also drängen Sie: Ihre Patientin ist im Begriff, aus der Tür zu gehen. Sie können sich ihr in den Weg stellen, ihr erklären, dass sie dabei ist, einen Riesenfehler zu begehen. Sie können ihr eine Standpauke über Krebs halten. Ihr klar machen, dass es ein Trugschluss ist zu glauben, nur weil drei Biopsien negativ ausfielen, müsse auch die vierte negativ sein – und mit großer Wahrscheinlichkeit wird sie Ihnen davonlaufen. Das Ziel darf nicht darin bestehen, ihr zu zeigen, wie falsch sie liegt. Ihr Ziel muss darin bestehen, ihr Gelegenheit zu geben, ihre Einstellung zu ändern.

Gute Ärzte habe ich Folgendes tun sehen: Sie fallen nicht mit der Tür in Haus. Sie gehen einen Augenblick hinaus und lassen der Frau Zeit, sich anzukleiden. Sie nehmen sie mit in ihr Büro, in eine angenehmere, weniger aseptische Umgebung ohne Untersuchungstisch, mit bequemen Stühlen und einem Teppich statt des Linoleums, und setzen sich dort mit ihr hin, um zu reden. Oftmals bleiben sie auch nicht stehen und thronen auch nicht erhöht hinter ihrem großen Eichenschreibtisch, sondern holen sich einen Stuhl heran und setzen sich zu ihr. Ein Chirurgieprofessor hat mir einmal gesagt, sobald man auf einer Höhe mit dem Patienten sitze, höre man auf, der eilige Arzt auf hohem Ross zu sein, der keine Zeit zum Reden hat. Patienten fühlen sich so weniger bedrängt und sind eher geneigt zu glauben, dass Sie beide auf derselben Seite der anstehenden Sache stehen.

Selbst zu diesem Zeitpunkt werden viele Ärzte darauf verzichten, allzu viel Aufhebens zu machen oder heftig zu debattieren. Viele haben sich vielmehr angewöhnt, ein vielleicht seltsam anmutendes, fast formelhaftes Gespräch mit dem Patienten zu führen, in dem sie das, was er ihnen mitteilt, fast wortwörtlich wiederholen. In diesem Falle vielleicht: »Ich verstehe, was Sie sagen wollen. Wann immer sie zu uns kommen, finden wir einen Grund für eine Biopsie. Die Flecken stellen sich immer wieder als normal heraus, aber wir hören nicht auf, Ihnen Gewebeproben zu nehmen.« Darüber hinaus wird mancher Arzt sich seiner Meinung enthalten, so er nicht ausdrücklich darum gebeten wird. Ob man dies nun als List oder als echte Offenheit gegenüber dem Patienten betrachten will – so seltsam es scheinen mag, es funktioniert in neun von zehn Fällen. Die Betroffenen haben das Gefühl, angehört zu werden und die Chance zu haben, ihre Sorgen und Überzeugungen loswerden zu können. An diesem Punkt sind sie dann womöglich so weit, dass sie Fragen stellen, Zweifel äußern, sich vielleicht sogar selbst durch die Logik hindurcharbeiten.

Und wenn das geschehen ist, dann können auch Sie neu an die Sache herangehen.

Ein paar werden dennoch hart bleiben, und wenn ein Arzt der Ansicht ist, dass ein Patient sich tatsächlich selbst in Gefahr bringt, dann wird er womöglich noch auf andere Taktiken verfallen. Vielleicht ruft er Verstärkung herbei. »Sollen wir den Radiologen anrufen und fragen, was er meint?« oder: »Ihre Familie wartet draußen. Warum bitten wir sie nicht herein?« Sie geben dem Patienten vielleicht Zeit »noch einmal darüber nachzudenken«, weil Sie wissen, dass Menschen sich häufig nicht sicher sind und ihre Meinung ändern können. Manchmal nehmen Sie auch Zuflucht zu subtileren Methoden. Ich erinnere mich an einen Arzt, der bei der Auseinandersetzung mit einem herzkranken Patienten, der sich weigerte, das Rauchen aufzugeben, einfach in Schweigen verfiel und diesen das ganze Ausmaß seiner Enttäuschung spüren ließ. Die Sekunden verstrichen, schließlich war eine ganze Minute vorbei. Vor einem bedächtigen, besorgten, ja, manchmal auch gerissenen Arzt werden sich nicht allzu viele Patienten gegen das »entscheiden«, was der Doktor für richtig hält.

Aber es wäre auch irreführend, wollte man all das allein als Kunst ärztlicher Einflussnahme verstehen: Wenn Sie sehen, dass ein Patient dem Arzt die Entscheidung überlässt, gehen manchmal noch ganz andere Dinge vor sich. Die neue Lehre von der Autonomie des Patienten tut sich schwer mit einer bizarren Wahrheit: Häufig wollen Patienten die Freiheit gar nicht, die ihnen zugebilligt wird. Das heißt, sie sind froh, dass ihre Autonomie respektiert wird, aber das Ausleben eben dieser Autonomie beinhaltet für sie auch die Möglichkeit, diese aufzugeben. Es hat sich gezeigt, dass Patienten es im Allgemeinen eher vorziehen, andere ihre medizinischen Entscheidungen treffen zu lassen. Einer Studie zufolge glaubten zwar vierundsechzig Prozent der Allgemeinbevölkerung, im Falle einer Krebserkrankung selbst über ihre Behandlung entscheiden zu wollen, doch in nur zwölf Prozent aller frisch diagnostizierten Fälle haben die Patienten diese Möglichkeit tatsächlich wahrgenommen.[2]

Diese Dynamik ist mir erst vor kurzem am eigenen Leibe eindrücklich klar geworden. Meine jüngste Tochter Hunter wurde fünf Wochen zu früh geboren, wog nur knappe fünf Pfund und erlitt im Alter von elf Tagen einen Atemstillstand. Sie war seit einer Woche zu Hause gewesen und hatte sich gut entwickelt. An jenem Morgen aber wirkte sie unruhig und aufgewühlt, ihre Nase lief heftig. Eine halbe Stunde nach dem Stillen wurde ihre Atmung rascher, jeder Atemzug war von leichtem Röcheln begleitet. Plötzlich hörte sie auf zu atmen. Mein Frau sprang zu Tode erschrocken hinzu, schüttelte die Kleine wach, und Hunter begann wieder zu atmen. Wir brachten sie in Windeseile ins Krankenhaus.

Eine Viertelstunde später saßen wir in einem großen hellen Untersuchungsraum der Notaufnahme. Trotz der Sauerstoffmaske wollte sich Hunters Zustand nicht richtig stabilisieren – sie atmete immer noch mehr als sechzigmal in der Minute und brauchte alle verfügbare Energie dafür, doch die Sauerstoffkonzentration im Blut normalisierte sich. Die Ärzte waren sich nicht sicher, was die Ursache all dessen war. Es konnte ein Herzfehler sein, eine bakterielle Infektion, ein Virus. Sie machten Röntgenaufnahmen, nahmen Blut und Urin, ließen ein Elektrokardiogramm schreiben und entnahmen ihr Rückenmarkflüssigkeit. Sie mutmaßten – zu Recht, wie sich später herausstellte –, dass es sich womöglich um eine ganz normale Atemwegsinfektion handelte, die ihre Lungen nicht bewältigen konnten, weil sie noch zu klein und unreif waren. Die Zellkulturbefunde würden jedoch erst in ein paar Tagen verfügbar sein. Sie brachten sie auf die Intensivstation. In der Nacht setzt ihre Atmung wieder aus. Sie erlitt mehrere Apnoe-Episoden – Zeiträume von bis zu sechzig Sekunden, in denen sie nicht atmete, ihr Herzschlag verlangsamte sich, sie wurde blass und lag beängstigend still da – doch jedes Mal fing sie ganz von selbst wieder an zu atmen.

Es musste eine Entscheidung getroffen werden. Sollte man sie intubieren und künstlich beatmen? Oder sollten die Ärzte zuwarten, ob sie sich ohne das erholte? Beides hatte seine Risiken. Wenn das Team sie nicht jetzt, unter kontrollierten Umständen, intubierte, und sie »zusammenbrach« – von der nächsten Apnoe würde sie womöglich nicht von allein aufwachen –, dann müssten sie eine Notintubation vornehmen, eine diffizile Angelegenheit bei einem so kleinen Kind. Schwere Nebeneffekte und Schädigungen wie eine Lungenentzündung oder jene Art von Lungenkollaps, wie sie bei Lazaroff geschehen ist, sind häufig. Und, wie Ihnen Leute berichten werden, die an diese Monsterapparate angeschlossen waren, die Maschine pumpt die Luft mit beängstigender, höchst ungemütlicher Kraft in Sie hinein und wieder heraus. Ihr Mund wird wund, Ihre Lippen spröde. Man gibt Beruhigungsmittel, aber die Medikamente bringen ihrerseits Komplikationen mit sich.

Wer also sollte die Entscheidung treffen? In vieler Hinsicht war ich der ideale Kandidat zu entscheiden, was das Beste wäre. Ich war der Vater, also scherte ich mich mehr um die Risiken, die der Eingriff mit sich brachte, als jeder andere Krankenhausangestellte es hätte können. Und ich war Arzt, also wusste ich, um was es ging. Ich wusste auch, wie oft Probleme wie Überarbeitung, mangelnde Kommunikation, Missverständnisse und glatter Leichtsinn einen Arzt zu falschen Entscheidungen verleiten können.

Dennoch: Als das Team zu mir kam und mich fragte, ob sie Hunter intubieren sollten oder nicht, wollte ich, dass die Ärzte die Entscheidung trafen – Ärzte, denen ich nie zuvor begegnet war. Der Ethiker Jay Katz und andere haben dieses Verhalten als »kindliche Regression« abgetan. Aber dieses Urteil scheint mir herzlos. Die Ungewissheit war übermächtig, und ich hätte es nicht ertragen, die falsche Entscheidung zu treffen. Selbst wenn ich ganz sicher gewesen wäre, was das Richtige für sie war, und so entschieden hätte, es wäre mir unmöglich gewesen, mit der Schuld zu leben, falls etwas schief gegangen wäre. Manche Leute sind der Ansicht, dass Patienten dazu gedrängt werden sollten, Verantwortung für Entscheidungen zu übernehmen. Aber das wäre mir nicht minder als ein Akt der Nötigung erschienen. Ich hatte das Bedürfnis, Hunters Ärzten die Verantwortung zu übertragen: Sie konnten mit den Folgen weiterleben – seien sie nun gut oder schlecht –, ich nicht.

Ich ließ die Ärzte entscheiden, und das taten sie auf der Stelle. Sie würden Hunter nicht künstlich beatmen, sagten sie. Und mit diesen Worten schlurfte die stethoskopbehangene Meute trüben Blickes zum nächsten Patienten. Trotzdem blieb die bohrende Frage: Wenn ich die beste Entscheidung für Hunter wünschte, war es dann richtig gewesen, meine so schwer errungene Autonomie preiszugeben? Carl Schneider, Juraprofessor und Mediziner an der University of Michigan, hat vor kurzem ein Buch mit dem Titel *The Praxis of Autonomy* veröffentlicht, in dem er sich durch einen Wust von Studien und Daten zur medizinischen Entscheidungsfindung gearbeitet, ja, sogar eine Analyse von Patientenerinnerungen vorgenommen hat.[3] Wer wirklich krank ist, so hat er festgestellt, ist häufig kaum in der Lage, eine angemessenen Entscheidung zu treffen: Oftmals sind die Kranken erschöpft, erregt, verzagt oder am Boden zerstört. Sehr häufig ist es ihnen nur noch darum zu tun, ihre gegenwärtigen Schmerzen, Übelkeit oder Müdigkeit zu überwinden; an Entscheidungen von größerer Tragweite vermögen sie überhaupt nicht zu denken. Das klang mir nur zu wahr. Ich war noch nicht einmal der Patient, und alles, was ich tun konnte, war, dazusitzen und Hunter anzuschauen, mich zu sorgen oder mit Betriebsamkeit abzulenken. Ich verfügte weder über die Konzentration noch über die Energie, die Behandlungsoptionen angemessen gegeneinander abzuwägen.

Schneider kam zu dem Schluss, dass Ärzte, da sie emotional weniger involviert sind, ohne verzerrende Ängste und Zugehörigkeitsgefühle die bestehenden Ungewissheiten gegeneinander abzuwägen vermögen. Sie arbeiten in einer wissenschaftlichen Umgebung, die ihre Entscheidungsfindung diszipliniert. Sie verfügen bei ihrem Abwägen über den Vorteil einer Art von »Gruppenschwere« bezüglich ihrer Rationalität – über Normen, die auf wissenschaftlichen Untersuchungen und ausgeklügelter Praxis basieren. Und sie verfügen über relevante Schlüsselerfahrungen. Obwohl ich selbst Arzt bin, verfügte ich nicht über dieselbe Erfahrung wie Hunters Ärzte, was ihren speziellen Zustand betraf.

Am Ende schaffte Hunter es ohne künstliche Beatmung, obschon sich ihre Genesung hinzog und manchen ängstlichen Moment mit sich brachte. Irgendwann, die Ärzte hatten sie kaum vierundzwanzig Stunden zuvor auf eine normale Station verlegt, verschlechterte sich ihr Zustand so dramatisch, dass man sie eilends zurück in die Intensivpflege verlegte. Zehn Tage verbrachte sie dort und weitere zwei Wochen im Krankenhaus, aber sie kam gesund nach Hause.

So wie es eine Kunst ist, Arzt zu sein, so gibt es auch die Kunst, Patient zu sein. Man muss mit Bedacht entscheiden, wann man sich dreingibt und wann man seinen Standpunkt deutlich macht. Auch wenn man sich als Patient entschließt, nichts zu entscheiden, sollte man seinen Arzt trotzdem befragen und darauf bestehen, dass er einem die nötigen Erklärungen liefert. Ich habe Hunters Ärzten die Entscheidung überlassen, aber ich habe beispielsweise von ihnen auch einen genauen Ablauf verlangt, was passiert, wenn sie es nicht allein schafft. Später sorgte ich mich, dass sie ihr womöglich zu spät wieder etwas zu essen gaben – sie hatte über eine Woche nichts bekommen, und ich habe sie mit Fragen genervt, warum das so sein muss. Als sie sie am elften Tag vom Sauerstoffgerät nahmen, wurde ich nervös. Was es schaden könne, sie dranzulassen, wollte ich wissen. Ich bin sicher, ich war hartnäckig, zuweilen querköpfig und verbohrt. Man versucht, sich optimal zu verhalten, Ärzte, Schwestern und ihre eigene Situation bestmöglich einzuschätzen, weder zu passiv noch zu verbissen auf sein eigenes Wohl bedacht zu sein.

Aber die Frage bleibt: Wenn beide, Ärzte und Patienten, nicht unfehlbar sind – wer soll letztlich entscheiden? Wir hätten dafür gerne eine Regel. Und so haben wir beschlossen, dass dem Patienten das letzte Urteil obliegt. Doch eine solch starre Faustregel scheint sowohl einer gedeihlichen Beziehung zwischen Arzt und Patient als auch der Realität medizinischer Versorgung, bei der binnen kürzester Zeit hundert Entscheidungen zu treffen sind, überaus unangemessen. Eine werdende Mutter in den Wehen: Soll der Arzt ihr Hormone geben, um die Kontraktionen zu verstärken? Soll er die Fruchtblase öffnen? Sollte sie eine Epiduralanästhesie bekommen? Wenn ja, zu welchem Zeitpunkt? Werden Antibiotika gebraucht? Wie oft ist der Blutdruck der Mutter zu prüfen? Ist die Zange notwendig? Muss ein Dammschnitt gemacht werden? Wenn die Dinge sich nicht rasch genug entwickeln: Soll ein Kaiserschnitt gemacht werden? Weder der Arzt sollte all diese Entscheidungen allein treffen müssen noch die Patientin. Zwischen beiden muss es zu einer Übereinkunft kommen, gleichberechtigt – ein individueller Modus Operandi.

Viele Ethiker machen den Fehler, die Autonomie des Patienten als den einen unveräußerlichen Wert der Medizin zu sehen, anstatt ihn als einen Wert unter vielen zu betrachten. Schneider kam zu dem Schluss, dass das, was Patienten von ihrem Arzt wollen, keine Autonomie per se ist, sondern vielmehr Kompetenz und freundliche Zugewandtheit. Nun mag Zuwendung in vielen Fällen die Achtung der Patientenautonomie beinhalten, die Sorge darum, dass der Betroffene stets die Kontrolle über lebenswichtige Entscheidungen hat. Aber es kann auch bedeuten, gewichtige Entscheidungen zu übernehmen, wenn der Patient sie nicht selbst treffen will, oder Patienten, die selbst entscheiden möchten, in die richtige Richtung zu lenken. Auch bei Patienten, die sich sicher sind, ihre Entscheidung allein fällen zu wollen, kann es gelegentlich gerade dann der richtige Beistand sein, sie zu drängen: sie dahin zu bringen, eine gefürchtete Operation oder Behandlung durchzustehen oder eine Therapie abzulehnen, an die sie all ihre Hoffnungen hängen. Viele Ethiker empfinden diese Art des Argumentierens als problematisch, und die Medizin wird immer weiter mit der Frage kämpfen, wie Patienten und Ärzte ihre Entscheidungen zu fällen haben. Doch je komplexer, technisierter und unüberschaubarer das Gebiet wird, umso weniger wird die dringlichste Aufgabe lauten, jede fürsorgliche Vormundschaft zu verbannen. Die vornehmste Aufgabe wird vielmehr darin bestehen, die freundliche Zugewandtheit zu wahren.

Noch ein letzter Fall aus meiner Pflichtassistentenzeit. Der Patient – er soll hier Mr. Howe heißen – war Ende dreißig, stämmig, untersetzt, glatzköpfig, schweigsam und von seltsamem Gebaren. Ich hatte immer das Gefühl, die Lautstärke aufdrehen zu müssen, wenn er sprach, und stellte ihn mir als jemanden vor, der allein arbeitete, als Buchhalter vielleicht oder als Computerprogrammierer. Er erholte sich im Krankenhaus von einer Operation, der er sich einer schweren Gallenblaseninfektion wegen hatte unterziehen müssen. Wann immer ich ihn zu Gesicht bekam, hatte er dasselbe traurige Aussehen eines Eingesperrten. Er stellte keinerlei Fragen und konnte das Krankenhaus anscheinend nicht schnell genug verlassen.

Am Samstagnachmittag, die Operation lag etwa drei Tage zurück, rief mich die betreuende Krankenschwester zu ihm. Er habe Fieberschübe und sei kurzatmig, alles in allem sähe er nicht gut aus, sagte sie.

Ich fand ihn schweißnass mit hochrotem Gesicht und weit aufgerissenen Augen. Er saß vornüber gebeugt, auf seine stämmigen Arme gestützt und schnappte keuchend nach Luft. Er hatte eine Sauerstoffmaske um, doch selbst bei voll aufgedrehter Sauerstoffzufuhr zeigte das Pulsoxymeter eine kaum ausreichende Sauerstoffkonzentration im Blut. Sein Herz raste mit weit über hundert Schlägen die Minute, und sein Blutdruck war viel zu niedrig.

Seine Frau, eine kleine zierliche, blasse Frau mit glattem schwarzem Haar stand abseits, wiegte sich auf den Fußballen hin und her und hatte die Arme fest um ihren Oberkörper geschlungen. Ich untersuchte Mr. Howe, nahm ihm Blut für Laboruntersuchungen ab und bat die Schwester, ihm eine Infusion zur Flüssigkeitszufuhr zu geben, wobei ich versuchte, so zuversichtlich wie möglich zu wirken. Dann ging ich auf den Flur und rief K., eine der Ersten Assistentinnen, zu Hilfe.

Als sie zurückrief, schilderte ich ihr die Details. »Ich glaube, er hat eine Sepsis«, erklärte sie. Manchmal gelangt eine Infektion in die Blutbahn und löst eine massive Reaktion im ganzen Körper aus: hohes Fieber, eine extreme Erweiterung der peripheren Blutgefäße, die die Haut zum Erröten, den Blutdruck zum Absinken und das Herz zum Rasen bringt. Nach einer Bauchoperation ist eine Infektion der Operationswunde eine häufige Ursache für eine Sepsis. Sein Narbe aber war nicht rot, heiß oder berührungsempfindlich, und er hatte auch keine Schmerzen im Bauch. Nur seine Lungen klangen wie eine Waschmaschine, als ich sie mit dem Stethoskop abhörte. Vielleicht hatte eine Lungenentzündung die Katastrophe ausgelöst.

K. kam sofort herüber. Sie war knapp über dreißig, fast einen Meter achtzig groß, trug kurzes blondes Haar, war sportlich, unendlich energiegeladen und unerbittlich umtriebig. Sie warf einen Blick auf Howe und wies die Schwester leise an, einen Satz Intubationszubehör bereitzuhalten. Ich hatte begonnen, ihm Antibiotika zu geben, und die Flüssigkeit hatte seinen Blutdruck ein bisschen stabilisiert, aber obwohl die Sauerstoffzufuhr noch immer auf Maximum stand, hatte er beim Atmen schwer zu kämpfen. Sie ging zu ihm hinüber, legte ihm die Hand auf die Schulter und fragte ihn, wie es ihm gehe. Es dauerte einen Moment, bis er es fertig brachte zu antworten. »Gut«, erklärte er schließlich – eine blöde Antwort auf eine blöde Frage, aber immerhin der Anfang einer Unterhaltung. Sie erklärte ihm die Situation: die Sepsis, die ihr vermutlich zu Grunde liegende Lungenentzündung und die Tatsache, dass es ihm vermutlich zunächst schlechter gehen werde, bevor es ihm besser ging. Die Antibiotika würden die Sache in den Griff bekommen, aber nicht auf der Stelle, erklärte sie. Weil seine Kräfte rasch nachließen und um ihm zu helfen, werde sie ihn in Tiefschlaf versetzen, intubieren und an ein Beatmungsgerät anschließen müssen.

»Nein«, keuchte er und setzt sich kerzengrade auf. »Schließen ... Sie ... mich ... nicht ... an irgendwelche ... Maschinen an.«

Es sei nicht für lange, beruhigte sie ihn. Ein paar Tage vielleicht. Wir würden ihm Medikamente geben, die dafür sorgten, dass er die ganze Zeit hindurch keine Schmerzen spüren werde. Und – sie wollte sicher sein, dass er sie wirklich verstand – ohne die Beatmung habe er keine Chance.

Er schüttelte den Kopf. »Keine ... Maschine!«

Wir waren der Ansicht, dass er eine törichte Entscheidung fällte – aus Angst, vielleicht aus Unverständnis. Wir hatten allen Grund zu der Annahme, dass er sich mit Hilfe von Antibiotika und ein paar High-Tech-Hilfsmitteln wieder völlig erholen würde. Er hatte einiges, für das sich zu leben lohnte. Er war jung und im Großen und Ganzen gesund, er hatte eine Frau und ein Kind. Offenbar war er derselben Ansicht, denn er war immerhin hinreichend auf seine Gesundheit bedacht gewesen, um der ersten Operation zuzustimmen. Lähmte ihn nicht der momentane Schreck, würde er die Behandlung sicher zulassen, dachten wir. Konnten wir uns sicher sein, dass wir Recht hatten? Nein, aber wenn wir Recht hatten, konnten wir ihn dann wirklich einfach sterben lassen?

K. sah zu Howes Frau hinüber, die angsterfüllt daneben stand, und fragte sie, bemüht, sie in den Fall mit einzubeziehen, was ihr Mann ihrer Ansicht nach tun solle. Sie brach in Tränen aus. »Ich weiß nicht, ich weiß nicht«, schluchzte sie. »Können Sie ihn nicht retten?« Sie hielt es nicht mehr aus und ging aus dem Zimmer. Die nächsten paar Minuten versuchte K. Howe zu überzeugen. Als klar war, dass sie nicht weiterkam, ging sie aus dem Raum, um den Oberarzt zu Hause anzurufen, dann kehrte sie an sein Bett zurück. Es dauerte nicht lange, da verließen Howe die Kräfte. Er lehnte sich im Bett zurück, bleich, ein paar nass geschwitzte Haarsträhnen klebten an seinem Schädel, die Sauerstoffanzeige auf dem Monitor sank stetig. Er schloss die Augen und wurde bewusstlos.

In diesem Augenblick handelte K. Sie stellte das Kopfende des Betts zurück, sodass Howe flach auf dem Rücken lag. Sie ließ die Schwester ein Beruhigungsmittel aufziehen und ihm intravenös spritzen. Dann presste sie einen Atembeutel auf sein Gesicht und pumpte mehrere Schübe Sauerstoff in seine Lungen. Ich reichte ihr das Intubationszubehör, und gleich beim ersten Versuch gelang es ihr, den langen durchsichtigen Beatmungsschlauch die Luftröhre hinunterzuschieben. Wir rollten Howe in seinem Bett zum Fahrstuhl und brachten ihn ein paar Stockwerke tiefer in die Intensivpflege.

Später fand ich seine Frau und erklärte ihr, dass er auf der Intensivstation künstlich beatmet werde. Sie erwiderte nichts und ging zu ihm.

Im Verlauf der nächsten vierundzwanzig Stunden erholten sich seine Lungen bemerkenswert rasch. Wir drosselten die Betäubung und ließen ihn, zunächst versuchsweise, allein atmen. Er wachte auf, schlug die Augen auf und sah den Beatmungsschlauch in seinem Mund. Er wehrte sich nicht.

»Ich werde den Schlauch jetzt entfernen, in Ordnung?«, fragte ich. Er nickte. Ich löste die Verbindungen, ließ die Luft aus der Ballonmanschette, die den Tubus an seinem Platz hielt, und zog den Schlauch heraus. Er hustete ein paarmal heftig. »Sie hatten eine Lungenentzündung«, erklärte ich ihm, »aber Sie sind auf dem besten Weg der Besserung.«

Ich schwieg und wartete einen Augenblick lang angespannt, was er sagen würde. Er schluckte schwer, verzog das Gesicht, weil ihm der Hals schmerzte, dann schaute er mich an und sagte mit rauer, aber fester Stimme: »Danke.«

14

Die Sache mit dem roten Bein

Als ich eines Nachmittags mit einem Chirurgieprofessor in dessen Klinik auf Visite war, nahm ich mit einiger Verblüffung zur Kenntnis, wie häufig er auf die Fragen seiner Patienten antwortete: »Ich weiß es nicht.« Diese vier kleinen Worte äußern Ärzte in aller Regel nur sehr zögerlich. Wir sollten die Antworten kennen. Wir wollen die Antworten kennen. Aber es gab keinen Einzigen, zu dem er diese vier Worte an jenem Tag nicht hätte sagen müssen.

Da war der Patient, der vier Wochen nach einer Bruchoperation erneut eingewiesen worden war: »Was ist das für ein Schmerz, den ich da neben der Wunde spüre?«

Oder die Patientin, die einen Monat nach ihrer Gastrojejunostomie wissen wollte: »Warum habe ich immer noch nichts abgenommen?«

Die Patientin mit dem großen Bauchspeicheldrüsenkarzinom: »Werden Sie es entfernen können?«

Und jedem von ihnen gab der Oberarzt dieselbe Antwort: »Ich weiß es nicht.«

Trotzdem muss ein Arzt eine Vorstellung haben, von dem, was da vor sich gehen könnte. Zu dem Bruchpatienten sagte er daher: »Kommen Sie in einer Woche wieder, und lassen Sie uns sehen, wie sich der Schmerz bis dahin entwickelt.« Zu der Magenpatientin: »Das wird schon«, sie solle in einem Monat wieder kommen. Zu der Krebspatientin: »Wir können versuchen, es herauszubekommen.« Obwohl ein anderer Chirurg sich dagegen ausgesprochen hatte (in Anbetracht der Aufnahmen von dem Tumor sei eine Operation nutzlos und zu riskant, hatte der Kollege gesagt), und er selbst fand, dass die Aussichten bestenfalls gering seien, waren er und die Patientin (die unter fünfzig war und noch nicht erwachsene Kinder hatte) übereingekommen, es zu versuchen.

Das Misslichste an der Medizin – das, was das Patient-Sein so quälend, das Arzt-Sein so schwierig und Teil-der-Gesellschaft-Sein, die die anfallenden Rechnung zu begleichen hat, so ärgerlich macht – ist die Ungewissheit. Bei allem, was wir heutzutage über Menschen und Krankheiten, deren Diagnose und Behandlung wissen, kann es schwer fallen, damit umzugehen und zu begreifen, wie verbreitet diese Ungewissheit ist. Als Arzt gelangen Sie jedoch irgendwann zu der Einsicht, dass Sie bei der Behandlung und Pflege von Menschen weit öfter mit dem zu kämpfen haben, was Sie nicht wissen, als mit dem, was Sie wissen. Der Urzustand der Medizin ist die Ungewissheit. Und Weisheit – auf Seiten des Arztes ebenso wie auf der der Patienten – zeigt sich darin, wie gut man damit zurechtkommt.

Im Folgenden die Geschichte einer Entscheidung aus tiefster Ungewissheit heraus.

Es war an einem Dienstagnachmittag im Juni, kurz nach zwei, mitten in einer siebenwöchigen Schicht als Erster Assistent in der Notaufnahme. Gerade hatte ich jemanden mit einer Gallenblaseninfektion versorgt und versuchte, mich auf einen Happen zu essen davonzuschleichen, als mich einer der Ärzte aus der Notaufnahme anhielt: Ich solle mir eine weitere Patientin anschauen, die dreiundzwanzigjährige Eleanor Bratton habe ein rotes, geschwollenes Bein. (Die Namen der Patienten und Kollegen in diesem Kapitel habe ich geändert.) »Wahrscheinlich handelt es sich nur um eine Zellulitis« – eine Zellgewebsentzündung – »aber sie sieht schlimm aus«, meinte er. Er hatte bereits begonnen, ihr Antibiotikainfusionen zu verabreichen, und die stationäre Aufnahme eingeleitet. Aber er hätte gern, dass ich mich davon überzeugte, dass bei ihr nicht doch etwas »Chirurgisches« vorlag – ein

Abszess vielleicht, der ausgeschnitten werden musste oder so etwas. »Macht es Ihnen was aus, rasch einen Blick darauf zu werfen?« Stöhn. Nein. Natürlich nicht.

Sie lag auf der Beobachtungsstation, einer eigenen, ruhigeren Station innerhalb der Notaufnahme, wo sie Infusionen bekommen konnte, während man oben ein Bett für sie zu finden versuchte. Die neun Betten dieser Einheit sind im Halbkreis angeordnet und jeweils durch einen dünnen blauen Vorhang voneinander getrennt. Ich fand sie in Bett eins. Sie sah gesund aus, athletisch, fast noch ein Teenager, das blonde Haar zum Pferdeschwanz gebunden, die Nägel golden lackiert, die Augen fest auf den Fernseher gerichtet. Auf den ersten Blick hatte sie nichts Krankes an sich. Sie lag gemütlich da, das Laken bis zur Taille heraufgezogen, das Kopfende des Bettes hoch gestellt. Ich warf einen Blick in ihre Akte und sah, dass ihre Vitalfunktionen in Ordnung waren, sie hatte kein Fieber und in der Vergangenheit keine größeren medizinischen Probleme gehabt. Ich ging zu ihr und stellte mich vor: »Hallo, ich bin Dr. Gawande. Ich bin hier chirurgischer Assistent. Wie geht es Ihnen?«

»Sie sind Chirurg?«, fragte sie, ihr Blick war halb erstaunt, halb alarmiert. Ich versuchte sie zu beruhigen. Der Arzt in der Notaufnahme sei nur »vorsichtig«, sagte ich, und habe mich gebeten, sie kurz anzusehen, um sicherzugehen, dass es sich wirklich um nichts weiter handelte als um eine Zellulitis. Ich wolle ihr lediglich ein paar Fragen stellen und ihr Bein anschauen. Ob sie mir erzählen könne, was vorgefallen sei? Einen Augenblick sagte sie nichts und versuchte sich offenbar noch darüber klar zu werden, was sie von alledem halten solle. Dann seufzte sie hörbar und erzählte mir die Geschichte.

Sie war an jenem Wochenende zu Hause in Hartford, Connecticut, auf einer Hochzeit gewesen. (Seit ihrem Abschluss am Ithaca College vor einem Jahr lebte sie mit ein paar Freundinnen in Boston und organisierte Konferenzen für eine Anwaltsfirma in der Stadt.) Die Hochzeit sei toll gewesen, sie habe ihre Schuhe ausgezogen und die ganze Nacht getanzt. Am darauf folgenden Morgen aber sei sie aufgewacht, weil sich ihr linker Fuß wund anfühlte. Auf dem Spann hatte sie seit einer Woche eine Blase von billigen Sandalen gehabt, und nun war die Haut um die Blase herum rot und aufgedunsen. Zuerst hatte sie es weiter nicht ernst genommen. Als sie ihrem Vater den Fuß zeigte, meinte er, das Ganze sähe nach einem Bienenstich aus, vielleicht sei ihr in der Nacht zuvor auch jemand darauf getreten. Am Spätnachmittag aber, auf der Heimfahrt nach Boston zusammen mit ihrem Freund, »fing mein Fuß an, höllisch zu schmerzen«, berichtete sie. Die Rötung breitete sich aus, im Laufe der Nacht bekam sie Schüttelfrost, Schweißausbrüche und Fieber bis vierzig Grad. Alle paar Stunden habe sie Ibuprofen genommen, das zwar das Fieber gedrückt habe, aber gegen die zunehmenden Schmerzen nichts auszurichten vermochte. Am Morgen hatte die Röte die Wade erreicht, und ihr Fuß war derart angeschwollen, dass sie kaum in ihre Turnschuhe passte.

Am Nachmittag humpelte sie gestützt von ihrer Mitbewohnerin zu ihrer Internistin, die bei ihr eine Zellulitis diagnostizierte. Zellulitits ist eine Feld-Wald-und-Wiesen-Infektion, Ergebnis völlig normaler Bakterien in Ihrer Umgebung, die es irgendwie fertig bringen, die schützende Barriere Ihrer Haut zu durchdringen (durch einen Schnitt, eine Stichwunde, eine Blase oder Ähnliches) und sich darunter zu vermehren. Ihre Haut wird rot, heiß und geschwollen und schmerzt. Sie fühlen sich krank, häufig kommt es zu Fieber, und die Infektion breitet sich ungehemmt in Ihrer Haut aus – genau die Symptome, die wir bei Eleanor sahen. Die Ärztin hatte eine Röntgenaufnahme anfertigen lassen, um abzusichern, dass der Knochen darunter nicht infiziert war. Beruhigt, dass dem nicht so war, hatte sie Eleanor intravenös eine Dosis Antibiotika verabreicht, eine Tetanusinjektion gegeben und für eine Woche Antibiotika verschrieben. In aller Regel reiche das aus, eine Zellulitis in den Griff zu bekommen, aber nicht immer, warnte die Ärztin. Mit einem wasserunlöslichen schwarzen Filzstift zog sie die Begrenzung der Rötung um Eleanors Unterschenkel nach. Sollte sich die Rötung über diese Linie hinaus ausbreiten, solle sie anrufen, trug ihr die Ärztin auf. Und in jedem Fall solle sie am nächsten Tag wiederkommen, um die Infektion anschauen zu lassen.

Als Eleanor am anderen Morgen – an diesem Morgen – aufgewacht war, hatte sich die Infektion tatsächlich über die Linie hinaus ausgebreitet, ein Teil reichte bereits bis in den Oberschenkel hinauf, die Schmerzen waren schlimmer denn je. Sie rief ihre Ärztin an, die sie anwies, sich sofort in die Notaufnahme zu begeben, wo sie Antibiotikainfusionen bekommen werde, erklärte sie.

Ich fragte Eleanor, ob sie irgendwann Eiter oder Lymphflüssigkeit aus ihrem Bein hatte austreten sehen. Nein. Irgendwelche offenen Stellen ? Nein. Ein fauliger Geruch vielleicht oder eine Schwärzung der Haut? Nein. Fieber? Nein, seit zwei Tagen nicht mehr. Ich ließ die Daten in meinem Kopf Revue passieren. Alles deutete auf eine Zellulitis hin. Aber irgendetwas ließ mir keine Ruhe.

Ich bat Eleanor, mir den Ausschlag zu zeigen. Sie schlug das Laken zurück. Das rechte Bein sah gut aus. Das linke war rot – ein gleichmäßiges, Unheil verkündendes, tiefes Rot – von der Oberseite des Fußes über den Knöchel, den Unterschenkel hinauf, über die schwarze Linie vom Tag zuvor hinaus bis zum Knie mit einer dunkelroten Zunge auf der Innenseite des Oberschenkels. Die Rötung war scharf begrenzt, die Haut heiß und berührungsempfindlich. Die Blase auf dem Fuß war winzig, die Haut darum herum leicht blutunterlaufen. Die Zehen waren nicht betroffen und sie konnte ohne Schwierigkeiten damit wackeln. Den Fuß selbst vermochte sie nur schwer zu bewegen – er war dick angeschwollen, das Ödem reichte weit über den Knöchel. Empfindungen und Reflexe in dem Bein waren nicht gestört, es gab keine offenen Stellen, keinen Eiter.

Objektiv betrachtet hatte der Ausschlag genau das Aussehen einer Zellulitis, etwas, das sich mit Antibiotika aus der Welt schaffen ließ. Aber in meinem Kopf spukte noch eine andere Möglichkeit herum, und die ängstigte mich zu Tode. Ich konnte sie allerdings nicht logisch begründen und wusste das nur allzu gut.

Entscheidungen in der Medizin sollen sich auf konkrete Beobachtungen und harte Beweise stützen. Doch erst vor wenigen Wochen hatte ich einen Patienten behandelt, der mir nicht aus dem Sinn gehen wollte. Es handelte sich um einen gesunden Achtundfünfzigjährigen, der, ausgehend von einer Schürfwunde unter dem Arm, die er sich bei einem Sturz zugezogen hatte, drei oder vier Tage lang Schmerzen auf der linken Seite seines Oberkörpers gehabt hatte. (Aus Gründen der Vertraulichkeit habe ich ein paar Einzelheiten geändert, die allzu leicht zuzuordnen gewesen wären.) Er ging zu dem kleinen Krankenhaus in seiner Wohngegend, um sich untersuchen zu lassen. Man stellte einen geringfügigen, völlig harmlos wirkenden Ausschlag fest und schickte ihn mit ein paar Antibiotika gegen Zellulitis nach Hause. In der Nacht breitete sich der Ausschlag über einen Radius von zwanzig Zentimetern aus. Am folgenden Morgen hatte er Fieber bis vierzig Grad, das in Schüben kam und ging. Zu dem Zeitpunkt, als er in die Notaufnahme zurückkam, war die betroffene Haut taub geworden und hatte über weite Flächen Bläschen gebildet. Kurz darauf fiel er in einen Schock. Man lieferte ihn in unser Krankenhaus ein und wir brachten ihn sofort in den OP.

Er hatte keine Zellulitis, sondern eine extrem seltene und entsetzlich gefährliche Art von Infektion, die unter dem Namen nekrotisierende Fasziitis bekannt ist. Die Regenbogenpresse hat die Erreger dieser Krankheit als »Fleisch fressende Bakterien« bezeichnet und dieser Begriff ist wahrlich keine Übertreibung. Als wir die infizierte Stelle öffneten, fanden wir im Inneren eine massive Infektion, die weit schlimmer war, als man es von außen geahnt hätte. Sämtliche Muskeln auf der linken Brustseite bis hinauf zur Schulter, nach hinten zum Rücken und nach unten zum Bauch waren durch eingewanderte Bakterien grau, weich und faulig geworden und mussten entfernt werden. An diesem ersten Tag im Operationssaal mussten wir sogar die Zwischenrippenmuskeln entfernen. Am nächsten Tag mussten wir ihm den Arm abnehmen. Eine Zeit lang dachten wir wirklich, wir hätten ihn gerettet, sein Fieber ging zurück, und der Plastische Chirurg rekonstruierte Brust und Bauchwand mit Muskeltransplantaten und Schichten von künstlicher Haut. Doch eins nach dem anderen versagten Nieren, Lungen, Leber und Herz, er starb. Es war einer der schrecklichsten Fälle, an denen ich je beteiligt war.

Was wir über nekrotisierende Fasziitis wissen, ist Folgendes: Sie ist hoch aggressiv und hoch invasiv.[1] Bis zu siebzig Prozent derjenigen, die daran erkranken, sterben. Sie ist durch kein Antibiotikum zu stoppen. Die am häufigsten daran beteiligten Bakterien sind Streptokokken der Gruppe A (die Testkulturen aus den Geweben unseres Patienten wiesen übrigens tatsächlich ebendiese Bakterien auf). Dieser Organismus richtet in der Regel wenig mehr an als eine Angina, bestimmte Stämme aber haben die Fähigkeit entwickelt, weit Schlimmeres zu bewirken. Niemand weiß, woher diese Stämme kommen. Sie dringen genau wie die Zellulitiserreger durch die Haut in den Körper ein, wobei unerheblich ist, wie groß die Wunden sind, durch die sie hineingelangen. Es kann sich um eine Operationsnarbe handeln oder um eine leichte Abschürfung. (Man weiß von Leuten, die sich diese Infektion durch einen Insektenstich zugezogen haben, einen freundlichen Knuff, einen Schnitt von einem Blatt Papier, eine Verletzung mit einem Zahnstocher, Windpockennarben oder beim Blutabnehmen). Im Unterschied zur Zellulitis dringen diese Bakterien nicht nur in die Haut ein, sondern tief darunter und breiten sich rasch entlang der Faszien, der Bindegewebshüllen, aus, die den Muskel außen umgeben, und verdauen alles, was ihnen an Gewebe unterkommt (Fett, Muskeln, Nerven, Bindegewebe). Überlebt wird diese Infektion nur, wenn sie früh durch ein radikales Entfernen der befallenen Gewebepartien behandelt wird, oft wird eine Amputation notwendig. Doch damit dies Erfolg hat, muss es sehr früh geschehen. Wenn die Zeichen einer tief gehenden Invasion nicht mehr zu übersehen sind – Schock, Verlust der Empfindung in den betroffenen Gliedmaßen, Bläschenbildung –, ist der Patient in der Regel nicht mehr zu retten.

Wie ich so an Eleanors Bett stehe und vornüber gebeugt ihr Bein untersuche, komme ich mir schon ein wenig töricht vor, dass ich eine solche Diagnose in Betracht ziehe – es war ein bisschen so, als bildete ich mir ein, die Ebola-Viren hätten den Operationssaal eingenommen. Es stimmt, im frühen Stadium sieht eine nekrotisierende Fasziitis genauso aus wie eine Zellulitis, sie tritt mit denselben Symptomen in Erscheinung: derselben Rötung, Schwellung, Fieber und erhöhter Leukozytenzahl. Aber im Studium wird einem Mediziner in Amerika auch beigebracht: »Wenn du in Texas Hufschläge hörst, dann denke an Pferde, nicht an Zebras.« In ganz Amerika gibt es jährlich nur etwa tausend Fälle von nekrotisierender Fasziitis, meist sind ältere Menschen oder chronisch Kranke davon betroffen – und es gibt weit über *drei Millionen* Fälle von Zellulitis. Hinzu kam, dass Eleanors Fieber zurückgegangen war; sie wirkte nicht ungewöhnlich krank, und ich wusste, ich ließ mich von einem einzigen Fall in jüngster Vergangenheit beeinflussen. Wenn es einen einfachen Test gegeben hätte, mit dem sich diese beiden Diagnosen auseinander halten ließen, das wäre es etwas anderes gewesen. Aber die gibt es nicht. Die einzige Möglichkeit besteht darin, in den OP zu gehen, das Bein zu öffnen und nachzusehen – nicht gerade etwas, das man aus einer reinen Laune heraus vorschlagen mag.

Dennoch, hier stand ich, und ich konnte mir nicht helfen, ich hielt es für möglich.

Ich deckte das Laken wieder über Eleanors Beine. »Ich bin sofort zurück«, sagte ich. Dann ging ich zu einem Telefon außerhalb ihrer Hörweite und piepste Thaddeus Studdert an, den Dienst habenden Allgemeinchirurgen. Er rief aus dem Operationssaal zurück, und ich umriss ihm mit wenigen Worten die Fakten. Ich sagte, der Ausschlag sei vermutlich wirklich nur eine Zellulitis. Aber dann sagte ich ihm, dass ich auch noch die andere Möglichkeit sähe, die mir partout nicht aus dem Sinn gehen wollte: eine nekrotisierende Fasziitis.

Einen Augenblick lang war es still am anderen Ende der Leitung.

»Ist das Ihr Ernst?«, fragte er.

»Ja«, entgegnete ich und versuchte, nicht unsicher zu wirken. Ich hörte einen gemurmelten Fluch. Er komme sofort, erklärte er.

Als ich einhängte, kam gerade Eleanors Vater, ein angegrauter Mann Mitte fünfzig mit einem Sandwich und etwas zu trinken für seine Tochter um die Ecke. Er war extra aus Hartford hergefahren und den ganzen Tag bei ihr gewesen. Als ich sie untersucht hatte, war er, wie sich jetzt herausstellte, gerade etwas Essen holen gegangen. Ich sah nur das Essen und eilte auf ihn zu, um ihm zu sagen, er möge sie »doch nicht gerade jetzt« essen oder trinken lassen, und damit war die Katz aus dem Sack. Es war wirklich nicht die beste Art, sich jemandem vorzustellen. Er prallte bestürzt zurück, ihm war klar, dass ein leerer Magen bedeutete, das wir erwogen, sie zu operieren. Ich versuchte abzuwiegeln, erklärte ihm, dieses Abwarten sei »eine reine Vorsichtsmaßnahme«, bis wir mit unserer Beurteilung durch seien. Trotzdem sahen Eleanor und ihr Vater erschreckt drein, als Studdert in OP-Kleidung herbeikam, um sie zu untersuchen.

Ich ließ sie ihre Geschichte wiederholen und deckte dann ihr Bein ab, damit er es anschauen konnte. Er schien nicht allzu beeindruckt. Zu mir gewandt, meinte er leise, der Ausschlag wirke auf ihn lediglich »wie eine schwere Zellulitis«. Aber ob er sagen könne, dass es sich nicht um nekrotisierende Fasciitis handle? Konnte er nicht. In der Medizin ist es so, dass die Entscheidung, etwas nicht zu tun – einen Test nicht anzuordnen zum Beispiel, ein Antibiotikum nicht zu verordnen, den Patienten nicht zu operieren – viel schwerer zu treffen ist, als die Entscheidung, eben dies zu tun. Sobald sich eine Möglichkeit in Ihrem Kopf festgesetzt hat – vor allem eine von so verheerenden Konsequenzen wie nekrotisierende Fasziitis –, geht Sie Ihnen nicht so leicht aus dem Sinn.

Studdert setzte sich auf ihre Bettkante. Er erzählte Eleanor und ihrem Vater, dass ihre Geschichte, ihre Symptome und Untersuchung allesamt zu einer Zellulitis passten, und dies mit größter Wahrscheinlichkeit das sei, was sie habe. Aber es gebe noch eine andere, extrem seltene Möglichkeit. Und mit sehr ruhiger, sanfter Stimme fuhr er fort und erklärte die beunruhigenden und ganz und gar nicht sanften Auswirkungen einer nekrotisierenden Fasziitis. Er berichtete von den »Fleisch fressenden Bakterien«, der beunruhigend hohen Sterberate, der Resistenz gegen eine Behandlung mit Antibiotika allein. »Ich glaube, dass es sehr unwahrscheinlich ist, dass dies bei Ihnen der Fall ist«, sagte er zu Eleanor. »Ich würde das Risiko dafür« – hier riet er – »auf weit unter fünf Prozent ansetzen. Aber«, fuhr er fort, »ohne Biopsie können wir das nicht ausschließen.« Er machte eine kurze Pause, damit Vater und Tochter Zeit hatten, seine Worte zu erfassen. Dann begann er zu erklären, wie die Prozedur ablaufen werde – er werde etwa zwei bis drei Zentimeter Haut samt dem darunter gelegenen Gewebe von ihrem Fuß entfernen, vielleicht auch eine Probe noch etwas höher am Bein nehmen und dann sofort von einem Pathologen unter dem Mikroskop untersuchen lassen.

Eleanor lag stocksteif. »Das ist Wahnsinn«, sagte sie. »Das ist durch und durch irrsinnig.« Sie wirkte wie jemand, der am Ertrinken ist. »Warum warten wir nicht einfach ab und sehen, wie es mit den Antibiotika geht?« Studdert erklärte ihr, dass dies keine Krankheit sei, bei der man in aller Ruhe abwarten können, man müssen sie frühzeitig angehen, wenn man auch nur die geringste Chance haben wollte, sie behandeln zu können. Eleanor schüttelte nur den Kopf und schaute auf ihre Bettdecke.

Studdert und ich wandten uns an den Vater, um zu sehen, was er dazu zu sagen hätte. Er hatte bisher schweigend neben ihr gestanden, die Brauen gerunzelt, die Hände hinter dem Rücken verschränkt, angespannt wie ein Mann, der in einem schlingernden Boot versucht, aufrecht stehen zu bleiben. Er fragte nach Einzelheiten – wie lange es dauere, eine Biopsie zu nehmen (eine Viertelstunde), was für Risiken dabei bestünden (ironischerweise eine Wundinfektion tief im Gewebe), ob die Narben sich verlieren werden (nein), wann es gemacht würde, falls sie zustimmten (innerhalb der nächsten Stunde). Ängstlicher fragte er dann weiter, was geschehen würde, falls die Biopsie positiv ausfiele. Studdert wiederholte, er glaube, das Risiko dafür betrage unter fünf Prozent. Aber wenn sie die Krankheit hätte, müssten wir »alles infizierte Gewebe entfernen«. Er zögerte, bevor er weitersprach. »Das kann unter Umständen Amputation bedeuten«, sagte er. Eleanor fing an zu weinen. »Ich will nicht, Dad.« Herr Bratton schluckte schwer, den Blick starr auf einen Punkt in meilenweiter Entfernung von uns gerichtet.

In den letzten Jahren ist uns in der Medizin klar geworden, wie entmutigend oft wir Patienten falsch behandeln. Zum einen tun wir zu oft das Notwendige nicht, obwohl das Wissen, was das Richtige wäre, vorhanden ist. Schlichte einfache Ausführungsfehler sind keine Seltenheit, und wir haben erst angefangen, die Systemschwächen, technischen Mängel und menschlichen Unzulänglichkeiten, die dazu führen, zu erkennen – von ihrer Beseitigung ist noch gar nicht zu reden. Hinzu kommt, dass wichtige Erkenntnisse oft nicht genügend in die Praxis umgesetzt werden. Man weiß beispielsweise heute, dass bei Patienten, die einen Herzinfarkt hatten, allein die Einnahme von Aspirin lebensrettend sein kann und dass noch mehr Infarktpatienten durch die sofortige Gabe eines Thrombolytikums – eines Medikaments, das Blutgerinnsel auflöst – gerettet werden könnten. Ein Viertel derer, die Aspirin erhalten sollten, bekommen dieses jedoch nicht, und die Hälfte derer, die ein Thrombolytikum erhalten sollten, bekommen dieses auch nicht. Insgesamt reicht die Spannbreite der ärztlichen Bereitschaft, sich an neue, erwiesenermaßen wirksame Therapiekonzepte zu halten, von achtzig Prozent in manchen Landesteilen bis zu unter zwanzig Prozent in anderen.[2] Einem Großteil der Medizin fehlt noch immer die grundlegende Organisation und Bereitwilligkeit, unser Wissen wirklich auch in der Praxis anzuwenden.

Doch egal, wie viel Zeit Sie mit Ärzten und Patienten verbringen, Sie werden es sehr bald mit einer anderen, noch größeren und weit schmerzvolleren Schwierigkeit zu tun bekommen: der stets obwaltenden Unsicherheit bezüglich dessen, was in bestimmten Situationen zu tun ist. Die Grauzonen in der Medizin sind beträchtlich, und tagtäglich haben wir es mit Situationen wie der von Eleanor zu tun – Momente, in denen es keine eindeutigen wissenschaftlichen Hinweise auf das gibt, was zu tun ist und man dennoch eine Entscheidung zu treffen hat. Welche Patienten mit Lungenentzündung müssen beispielsweise im Krankenhaus behandelt werden, welche kann man nach Hause schicken? Welche Rückenbeschwerden müssen chirurgisch behandelt werden, bei welchen reichen konservative Maßnahmen allein? Welche Patienten mit einer schweren Hautrötung benötigen eine Biopsie, bei welchen reichen Antibiotika? In vielen Fällen mag die Antwort auf der Hand liegen, in vielen anderen aber wissen wir sie einfach nicht. Expertengremien, die gebeten wurden, medizinische Entscheidungen im Nachhinein zu bewerten, haben beispielsweise festgestellt, dass es in einem Viertel aller Fälle von operativer Entferung der Gebärmutter, einem Drittel aller Eingriffe am Ohr zum Einlegen eines Paukenröhrchens bei Kindern und einem Viertel aller Einpflanzungen von Herzschrittmachern (um nur drei Beispiele herauszugreifen) schlicht keinerlei wissenschaftliche Belege dafür gab, dass die jeweilige Operation dem entsprechenden Patienten helfen würde oder nicht.

In Ermangelung irgendwelcher logischer oder mathematischer Gesetzmäßigkeiten zu dem, was Sie tun, lernen Sie in der Medizin, Entscheidungen aus Ihrem Gefühl heraus zu treffen. Sie verlassen sich auf Ihre Erfahrung und Ihr Urteil. Und es ist oft schwer, dabei ruhig und gelassen zu sein.

Ein paar Wochen bevor Eleanor bei uns eingeliefert wurde, hatte ich eine ältere Frau (sie war noch vor dem Ersten Weltkrieg zur Welt gekommen) mit Arthritis zu behandeln; sie kam wegen stechender Bauchschmerzen zu uns, die bis in den Rücken ausstrahlten. Ich erfuhr, dass man bei ihr unlängst ein Bauchaortenaneurysma festgestellt hatte, und sofort schrillten die Alarmglocken in meinem Kopf. Ich untersuchte sie vorsichtig und konnte das Aneurysma fühlen, eine pochende, weiche Masse tief innen in der Bauchmuskulatur. Ihr Zustand war stabil, aber ich war davon überzeugt, dass das Aneurysma kurz vor dem Platzen war. Der Gefäßchirurg, den ich hinzuzog, stimmte mir zu. Wir erklärten der Frau, dass eine sofortige Operation die einzige Möglichkeit war, sie zu retten. Wir warnten sie auch, dass dies ein schwerer Eingriff sein werde mit einer langen Genesungsphase in der Intensivmedizin und vermutlich einem anschließenden Aufenthalt in einem Pflegeheim (sie lebte bis dahin allein), dass ein beträchtliches Risiko bestehe, dass ihre Nieren nicht mitmachen würden, sowie ein zehn- bis zwanzigprozentiges Risiko dafür, dass sie die Operation nicht überleben werde. Sie wusste nicht, was zu tun war, also ließen wir sie mit ihrer Familie allein, damit sie darüber nachdenken konnte. Als ich nach einer Viertelstunde zurückkam, erklärte sie, sie werde die Operation nicht vornehmen lassen. Sie wolle einfach nur nach Hause. Sie habe ein langes Leben gelebt, meinte sie, ihre Gesundheit sei seit langem angegriffen. Ihr Testament war gemacht, und sie bemesse ihre letzten Tage bereits nach Stunden. Ihre Familie war am Boden zerstört, aber sie ließ sich von ihrem Entschluss nicht abbringen und verteidigte ihn mit fester Stimme. Ich schrieb ihr ein Schmerzmittel auf, das ihr Sohn ihr besorgte, und nach einer halben Stunde verließ sie das Krankenhaus in dem vollen Bewusstsein, dass sie sterben werde. Ich schrieb mir die Nummer ihres Sohnes auf und rief ihn ein paar Wochen später an, um zu fragen, wie sie das Ganze überstanden habe. Doch seine Mutter war selbst am Telefon. Ich stotterte einen Gruß und fragte sie, wie es ihr gehe. Prima, sagte sie, danke der Nachfrage. Ein Jahr später hörte ich, dass sie immer noch am Leben war und ihren Haushalt selbst führte.

Drei Jahrzehnte neuropsychologischer Forschung haben uns gezeigt, dass menschliches Urteilsvermögen, genau wie Gedächtnis und Gehör, in vielen Fällen zu systematischen Fehlern neigt. Der Verstand überschätzt manche Gefahren maßlos, folgt in seinem Denken ausgetretenen Pfaden und vermag eine Vielfalt an Daten oft nicht richtig zu handhaben. Er wird in ungebührlicher Weise von Wünschen und Emotionen, ja sogar von der Tageszeit beeinflusst. Die Reihenfolge, in der ihm Informationen präsentiert werden, beeindruckt ihn ebenso wie die Rahmenbedingungen eines Problems. Und falls wir Ärzte geglaubt haben sollten, dass wir mit all unserem Training und unserer Erfahrung diesen Fallstricken zu entrinnen vermögen, so hatte sich diese Vorstellung in dem Augenblick erledigt, als die Forschung uns genauer unter die Lupe nahm.

Eine Vielfalt an Studien hat gezeigt, dass ärztliches Urteil denselben Verzerrungen unterliegt wie das anderer Menschen. In einer Untersuchung aus dem Medical College of Virginia stellte sich beispielsweise heraus, dass Ärzte, die bei Patienten mit hohem Fieber Blutkulturen anordneten, die Infektionswahrscheinlichkeit um das Vier- bis Zehnfache überschätzten.[3] Wichtiger noch ist vielleicht, dass die am weitesten zu hoch gegriffene Einschätzung von Ärzten abgegeben wurde, die kurz zuvor einen Patienten mit einer Blutinfektion behandelt hatten. Eine andere Untersuchung von der University of Wisconsin konnte das, was ihre Urheber als »Lake-Wobegon-Effekt« bezeichneten, nachweisen (Lake Wobegon ist eine fiktive Kleinstadt und literarisches Sinnbild für die perfekte Landidylle, entworfen von Garrison Keillor: »Lake Wobegon: Where the women are strong, the man are good looking and all the children are above average«). Die überwiegende Mehrheit der Chirurgen schätzte die Sterblichkeitsrate bei ihren eigenen Patienten als weit unter dem Durchschnitt ein.[4] Eine Untersuchung der Ohio University und der

Case Western Reserve Medical School fragte nicht nur nach der Korrektheit einer ärztlichen Diagnose, sondern auch danach, wie viel Zutrauen der betreffende Arzt in die Richtigkeit seiner Diagnose hatte – und konnte keinen Zusammenhang finden.[5] Ärzte, die eine hohe Meinung von der Richtigkeit ihrer eigenen Einschätzung hatten, lagen mit ihrem Urteil um nichts richtiger als andere, die sich weniger sicher waren.

David Eddy, Arzt und Experte für klinische Entscheidungsfindung, bewertete die Beweislage vor über einem Jahrzehnt in einer unerschrockenen Artikelserie im *Journal of the American Medical Association.*[6] Und seine Schlussfolgerung war vernichtend: »Die schlichte Wahrheit lautet«, schrieb er, »dass viele ärztliche Entscheidungen als willkürlich gelten können – höchst uneinheitlich, ohne logische Begründung. Die Besorgnis erregende Folge ist, dass diese Willkür – zumindest für manche Patienten – zu nicht optimaler Versorgung oder gar zu Schaden bringender Behandlung führt.«

Doch was anderes als das persönliche Urteil kann es für den Arzt – oder für den Patienten selbstverständlich – geben, wenn er sich mit Ungewissheit konfrontiert sieht? Monate nach der Begegnung mit Eleanor an jenem Frühlingstag sprach ich mit ihrem Vater über die Ereignisse, die von da an ihren Lauf nahmen.

»Für mich lagen fünf Minuten zwischen einem geschwollenen Fuß und der Nachricht, dass sie womöglich ihr Leben verlieren könnte«, berichtet Mr. Bratton.

Er war Koch, führte seit siebzehn Jahren sein eigenes Delikatessengeschäft, unterrichtete an einer Hotelfachschule in Hartfort und kannte niemanden in Boston. Er wusste, dass unser Krankenhaus zur Harvard University gehörte, aber er wusste auch genug, um sich klar darüber zu sein, dass das nicht notwendigerweise hieß, dass wir besonders gut sein müssten. Ich war nur der Dienst habende Assistenzarzt, Studdert ebenso nur der Dienst habende Chirurg. Eleanor hatte ihrem Vater inzwischen die Dinge überlassen, und er versuchte, eine Bilanz zu ziehen. Einiges wirkte ermutigend: Studdert, in OP-Kleidung soeben aus dem Operationssaal eingetroffen, verströmte den Eindruck von Erfahrung und Know-how. Er hatte sogar, wie sich herausstellte, bereits ein paar Patienten mit nekrotisierender Fasziitis behandelt. Auch trat er sicher auf, ohne unverschämt zu sein, und nahm sich Zeit, alles zu erklären. Aber Bratton erschrak über sein jugendliches Aussehen (Studdert war damals tatsächlich erst fünfunddreißig).

»›Wir reden hier über meine Tochter‹«, habe er gedacht, erinnert sich Bratton. »›Gibt es niemand Besseren als dich?‹« Dann wusste er plötzlich, was zu tun war. Er wandte sich mit leiser Stimme an Studdert und mich.

»Ich hätte gerne eine zweite Meinung«, sagte er.

Wir stimmten seiner Bitte zu und hatten wirklich nichts dagegen. Uns war klar, wie vertrackt die Situation war. Eleanors Fieber war gesunken: Sie sah nicht besonders krank aus, und aller Wahrscheinlichkeit nach war der einzige Grund dafür, dass ich an Fleisch fressende Bakterien dachte, der schreckliche Fall, den ich wenige Wochen zuvor gesehen hatte. Studdert hatte das Erkrankungsrisiko mit einer Zahl fassbar gemacht – »weit unter fünf Prozent« hatte er gesagt – aber wir wussten beide, dass dies ein Hieb ins Dunkle war (ein Maß für die Wahrscheinlichkeit und unsere eigene Sicherheit vielleicht, aber was hieß das schon?) und überdies höchst vage (*wie viel* unter fünf Prozent?). Wir fanden beide, dass es nur nützen könne zu hören, was jemand anderer zu sagen hatte.

Für die Brattons allerdings schien mir der Nutzen eher fraglich. Wenn die Meinungen auseinander gingen, was dann? Und wenn nicht, blieben dann nicht dieselben Unwägbarkeiten und Fragen bestehen? Außerdem kannten die Brattons niemanden, den sie hätte fragen können, und fragten daher uns, ob *wir* jemanden wüssten.

Wir schlugen vor, David Segal zu fragen, einen plastischen Chirurgen im Hause, der ebenso wie Studdert solche Fälle schon früher gesehen hatte. Sie stimmten zu. Ich rief Segal und informierte ihn. Er war innerhalb von Minuten unten. Am Ende bestand nach allem, was ich beurteilen konnte, sein Beitrag hauptsächlich darin, Eleanor und ihrem Vater Vertrauen einzuflößen.

Segal ist ein zerfurchter, behaarter Mann mit Filzschreiberflecken auf seinem weißen Kittel und einer Brille, die viel zu groß für sein Gesicht wirkt. Er ist der einzige plastische Chirurg, den ich kenne, der aussieht, als habe er seinen Doktor am Massachusetts Institute of Technology gemacht (was zufälligerweise zutrifft). Aber er wirkte, wie Bratton später sagte, eben »nicht jung«. Und er war nicht anderer Meinung als Studdert. Er hörte sich Eleanors Geschichte an, besah sich sorgfältig ihr Bein und erklärte dann, auch er wäre überrascht, wenn sie die Infektion hätte, aber er stimme auch zu, dass man es nicht ausschließen könne. Was also blieb außer einer Biopsie?

Eleanor und ihr Vater willigten nun in das Weitere ein. »Lassen Sie es uns hinter uns bringen«, sagten sie. Aber dann brachte ich ihr das Formblatt für die Einverständniserklärung zum Unterschreiben. Darauf hatte ich nicht nur notiert, dass es sich bei der Prozedur um eine »Biopsie der linken unteren Extremität« handle, sondern auch, dass zu den bestehenden Risiken »eine mögliche Amputation« gehörte. Als sie die Worte sah, brach sie in Tränen aus. Sie brauchte ein paar Minuten allein mit ihren Vater, bevor sie unterschreiben konnte. Unmittelbar darauf brachten wir sie in den Operationssaal. Eine Krankenschwester begleitete ihren Vater zum Familienwartezimmer. Er hinterließ ihrer Mutter per Handy eine Nachricht. Dann saß er mit vornübergebeugtem Haupt und betete für sein Kind.

Es gibt in der Tat einen anderen Ansatz zur Entscheidungsfindung, er wird von einer kleinen und umtriebigen Population von Medizinern vertreten. Diese im Geschäftsleben und beim Militär seit langem verbreitete Strategie bezeichnet man als Entscheidungsanalyse, ihre Prinzipien sind rasch erklärt. Auf einem Blatt Papier (oder auf dem Computer) notieren Sie sämtliche Optionen, die Sie haben, und sämtliche möglichen Ergebnisse dieser Optionen mit Hilfe eines so genannten Entscheidungsbaumes. Bei jedem Ergebnis geben Sie eine Wahrscheinlichkeit für dessen Eintreffen an, wobei Sie, so Sie sie haben, harte Daten verwenden, andernfalls eine grobe Schätzung abgeben. Dann gewichten Sie jedes Ergebnis entsprechend seines relativen Nutzens oder seiner Utilität für den Patienten. Sie multiplizieren die Werte für jede Option aus und wählen dann die, für die Sie die höchste »erwartete Utilität« errechnen. Das Ziel besteht darin, sich auf logisches statistisches Denken zu verlassen, statt auf den eigenen Instinkt. Die Entscheidung, alle Frauen über fünfzig alljährlich einer Mammographie zu unterziehen, wurde zum Beispiel auf diese Art und Weise getroffen. Warum also nicht, fragen ihre Befürworter, bei der Entscheidung über das Schicksal einzelner Patienten?

Ich habe unlängst einmal versucht, die Wahl, die Eleanor hatte, wie ein Entscheidungsprofi vorzunehmen. Die Optionen waren leicht zu formulieren: Biopsie oder nicht. Die Ergebnisse aber wurden rasch kompliziert. Es gab: keine Biopsie und gesund, keine Biopsie, zu späte Diagnose, Operation und überleben, keine Biopsie und Tod, Biopsie und spätere Narbe, Biopsie, spätere Narbe und Nachblutungen, Biopsie, positive Diagnose, Amputation und trotzdem Tod, und so weiter. Als ich alle Möglichkeiten und die Konsequenzen daraus aufgeschrieben hatte, sah mein Entscheidungsbaum aus wie ein Busch. Jeder möglichen Wendung des Schicksals eine Wahrscheinlichkeit zuzuordnen erwies sich als höchst vages Unterfangen. Ich suchte alles zusammen, was ich an Daten aus der medizinischen Literatur ausfindig machen konnte, und musste noch immer jede Menge extrapolieren. Den einzelnen Wendungen des Schicksals ein Maß für deren Attraktivität zuzuordnen schien, selbst nach einem Gespräch mit Eleanor, geradezu unmöglich. Ist Sterben hundertmal, tausendmal oder eine Million mal schlimmer als gesund bleiben? Wie steht es mit einer nachblutenden Narbe? Trotzdem sind dies die entscheidenden Überlegungen, so die Entscheidungsexperten, und wenn wir aus unserem Instinkt heraus eine Wahl treffen, dann übergehen wir diese Realität nur.

Daran, eine formale Analyse in einem einigermaßen akzeptablen Zeitraum durchzuführen, ist jedoch nicht zu denken. Das Ganze dauerte ein paar Tage – nicht die paar Minuten, die wir zur Verfügung hatten – und eine Menge Hin und Her mit zwei Entscheidungsexperten. Aber immerhin erhielten wir eine Antwort. Dem endgültigen Entscheidungsdiagramm zufolge, hätten wir nicht in den OP gehen dürfen, um eine Biopsie vorzunehmen. Die Wahrscheinlichkeit, dass meine ursprüngliche Ahnung zutreffen würde, war zu gering, und die Wahrscheinlichkeit dafür, dass ein frühes Erkennen der Krankheit ohnehin nichts bringen würde, war zu hoch. Eine Biopsie sei nicht gerechtfertigt, sagte die Logik.

Ich weiß nicht, was wir seinerzeit mit dieser Information angefangen hätten, aber wir haben ja keinen Entscheidungsbaum angefertigt. Und so gingen wir ans Operieren.

Der Anästhesist narkotisierte Eleanor. Eine Schwester rieb ihr Bein von der Hüfte bis zu den Zehen mit einem Antiseptikum ein. Mit einem kleinen Skalpell entnahm Studdert von der Fußoberseite, dort wo sich die Blase befand, ein zweieinhalb Zentimeter langes elliptisches Stück Haut und Gewebe bis hinunter zur Sehne. Die Probe wurde in eine sterile Salzlösung gelegt und eilends dem Pathologen überbracht, damit er sie sich ansehe. Dann nahmen wir aus dem Zentrum der Röte an ihrem Oberschenkel eine zweite Probe und ließen diese ebenfalls dem Pathologen bringen.

Auf den ersten Blick war unter ihrer Haut nichts Auffälliges zu erkennen, das uns alarmiert hätte. Die Fettschicht war gelb, wie sie sein soll, und der Muskel glänzte rot und blutete angemessen. Als wir mit der Spitze einer Klammer jedoch tiefer in den Einschnitt am Unterschenkel hineinfuhren, glitt diese unnatürlich leicht durch den Muskel, so als hätten Bakterien ihr den Weg geebnet. Das war zwar noch kein definitiver Befund, aber immerhin reichte es, um Studdert zu einem plötzlichen ungläubigen »Verdammt« hinzureißen. Er zog Handschuhe und Kittel aus, um zu sehen, was der Pathologe gefunden hatte, ich folgte ihm auf den Fersen und ließ Eleanor unter den Obhut eines zweiten Assistenzarztes und des Anästhesisten schlafend im OP zurück.

Eine pathologische Schnelluntersuchung im Notfall wird an einem Gefrierschnitt durchgeführt, und der Schneideraum war auf demselben Flur, ein paar Türen entfernt. Der Raum hatte etwa die Größe einer kleinen Küche. In der Mitte stand ein hüfthoher Labortisch mit schwarzer Schieferplatte und ein Behälter mit flüssigem Stickstoff, in dem der Pathologe die Proben schnellgefror. An der Wand stand das Mikrotom, mit dem er von den Geweben Schnitte von ein paar Tausendstel Millimetern Dicke angefertigt hatte, die er dann auf Objektträger aus Glas übertrug. Als wir kamen, war er mit der Präparation gerade fertig geworden. Er trug sie zum Mikroskop und fing an, sie einzeln methodisch zu untersuchen, zunächst mit geringer, dann mit höchstmöglicher Vergrößerung. Wir waren ohne Zweifel nicht allzu willkommen, wie wir da so herumhingen und begierig auf unsere Diagnose lauerten. Minuten verstrichen in Schweigen.

»Ich weiß nicht«, murmelte der Pathologe und starrte weiter durch seine Okulare. Die Merkmale, die er sah, würden »zu nekrotisierender Fasziitis passen«, meinte er, aber er war sich nicht hundertprozentig sicher, dass die Diagnose wirklich zutraf. Er erklärte, er werde einen Dermatopathologen zu Rate ziehen müssen, einen Pathologen, der auf Haut und Weichteile spezialisiert war. Bis der Spezialist eintraf, dauerte es zwanzig Minuten, weitere fünf, bis er in unsere wachsende Frustration hinein grimmig verkündete: »Sie hat sie«. Er hatte ein paar winzige Flecken gefunden, an denen das Gewebe abzusterben begann. Das bringt keine Zellulitis fertig, meinte er.

Studdert ging zu Eleanors Vater. Als er in das überfüllte Wartezimmer trat, erfasste Bratton sofort seinen Gesichtsausdruck und rief laut: »Sehen Sie mich nicht so an! *Sehen Sie mich nicht so an*!« Studdert brachte ihn in ein Nebenzimmer, schloss die Tür hinter ihm und offenbarte ihm, dass seine Tochter allem Anschein nach die Krankheit habe. Er müsse rasch handeln, erklärte er. Er sei nicht sicher, dass er ihr Bein werde retten können, und er sei auch nicht sicher, ob er ihr Leben werden retten können. Er würde ihr Bein aufschneiden müssen, sehen, wie die Dinge liegen, und könne erst dann entscheiden. Bratton konnte nicht mehr an sich halten, er weinte und brachte kaum ein Wort heraus. Studdert selbst stiegen die Tränen in die Augen. Bratton wies ihn an »zu tun, was er tun müsse«, Studdert nickte und ging. Bratton rief seine Frau an. Er berichtet ihr die Neuigkeiten und gab ihr einen Augenblick, um zu antworten. »Ich werde niemals vergessen, was ich am anderen Ende der Leitung hörte«, sagte er später. »Etwas, einen Laut, den ich in meinem ganzen Leben nie werde in Worte fassen können.«

Nicht anders als im übrigen Leben haben auch in der Medizin Entscheidungen eine Art Eigendynamik. Kaum hat man sich auf seinem Weg für eine Abzweigung entschieden, schon kommt die nächste und danach noch eine und noch eine. Im Augenblick lautete die entscheidende Frage: Wie weiter? Segal erschien im OP, um Studdert ein zweites Paar Hände anzubieten. Miteinander schnitten sie Eleanors Bein vom Zehenansatz über den Knöchel bis kurz unterhalb des Knies auf, um einen Überblick über das zu bekommen, was sich darin abspielte. Mit Wundhaken hielten sie den Schnitt weit auseinander.

Jetzt erst wurde die Krankheit in vollem Umfang erkennbar. Im Fuß und über weite Bereiche des Oberschenkels war die Faszienschicht der Muskeln, deren äußere Bindegewebshülle, grau und abgestorben. Eine braune, abwasserähnliche Flüssigkeit von leicht fauligem Geruch trat aus. (Gewebeproben und Bakterienkulturen sollten später bestätigen, dass es sich tatsächlich um einen der toxischen Stämme von Streptokokken der Gruppe A handelte, der sich rasch ihr Bein hinauf voranarbeitete.)

»Ich hatte an eine Amputation des Unterschenkels gedacht«, berichtet Studdert im Rückblick, »vielleicht sogar an eine Amputation oberhalb des Knies«. Niemand hätte ihm für eines von beiden einen Vorwurf gemacht. Aber er stellte auch fest, dass er unschlüssig war. »Sie war ein so junger Mensch«, erklärt er. »Es mag herzlos klingen, aber wenn ich einen sechzigjährigen Mann vor mir gehabt hätte, hätte ich ihm das Bein ohne Zögern amputiert.« Teilweise war das, glaube ich, eine rein emotional bedingte Abneigung dagegen, einer hübschen Dreiundzwanzigjährigen das Bein abzunehmen – jene Art von Sentimentalität, die einen in Teufels Küche bringen kann. Zum Teil mag es aber auch ein Instinkt gewesen sein, der ihm gesagt hat, dass ihre Jugend und ihre gute Grundkonstitution es vielleicht doch möglich machten, nur das am stärksten befallene Gewebe zu entfernen, ein »Debridement« vorzunehmen, die Wunde sorgsam auszuschneiden und Fuß und Bein auszuwaschen. Ob es weise war, dieses Risiko einzugehen, während eines der tödlichsten Bakterien, die wir kennen, in ihrem Bein herumtobte? Wer weiß? Aber glauben Sie mir, er tat es.

Zwei Stunden lang schnitten und schälten er und Segal mit Schere und Elektrokauter die nekrotischen Außenschichten von ihrem Muskel. Sie fingen zwischen den Zehen an und arbeiteten sich die Unterschenkelsehnen hinauf. Dann entfernten sie über drei Viertel des Wegs das Gewebe rundum. Ihre Haut hing wie ein offener Mantel von ihrem Bein. Weiter oben im Oberschenkel kamen sie an Faszien, die in frischem Rosaweiß glänzten und sehr lebendig aussahen. Sie pumpten zwei Liter sterile Salzlösung durch das Bein, um so viele Bakterien wie möglich fortzuspülen.

Eleanor überstand all das recht gut. Ihr Blutdruck blieb normal. Die Temperatur lag knapp über siebenunddreißig Grad, der Sauerstoffgehalt war in Ordnung, und das am schlimmsten befallene Gewebe war aus ihrem Bein entfernt worden.

Nur ihr Herz schlug ein bisschen zu rasch, mit einhundertzwanzig Schlägen in der Minute, ein Zeichen, dass die Bakterien bereits eine systemische Reaktion ausgelöst hatten. Sie brauchte große Mengen Flüssigkeit, Infusionen, ihr Bein wirkte wie abgestorben, und die Haut glühte noch immer von der Infektion.

Studdert hielt an seiner Entscheidung fest, nicht mehr Gewebe zu entfernen, aber man konnte ihm ansehen, dass er sich dabei nicht wohl fühlte. Er und Segal beratschlagten miteinander und verfielen auf eine weitere Methode, die sie ausprobieren konnten, ein bis dahin noch experimentelles Verfahren namens hyperbare Oxygenierung. Dabei musste man Eleanor in eine von jenen Überdruckkammern bringen, in denen man auch Taucher behandelt, wenn sie zu rasch aufgetaucht sind – eine vielleicht schrill anmutende Vorstellung, aber sicher kein Vergnügen. Die Zellen des Immunsystems benötigen Sauerstoff, um Bakterien effizient abtöten zu können, und wenn man jemanden für ein paar Stunden am Tag unter doppelten oder noch höheren Atmosphärendruck bringt, so erhöht dies die Sauerstoffkonzentration im Gewebe ungemein. Segal war beeindruckt von den Ergebnissen gewesen, die er mit dieser Methode bei Verbrennungspatienten mit tiefen Wundinfektionen erreicht hatte. Sicher, es gab keine Studien, die bewiesen, dass sie bei nekrotisierender Fasziitis wirken würde. Aber angenommen, sie würde? Jeder von uns sprang sofort auf diese Idee an. Zumindest gab sie uns das Gefühl, etwas gegen die ganzen Erreger zu tun, die wir da drinnen zurückließen.

An unserem Krankenhaus gab es eine solche Kammer nicht, wohl aber in einer anderen Klinik am anderen Ende der Stadt. Jemand ging ans Telefon, und binnen weniger Minuten hatten wir einen Termin, zu dem wir Eleanor zusammen mit einer unserer Krankenschwestern dorthin bringen und zwei Stunden unter zweieinhalbfachem Atmosphärendruck mit Sauerstoff behandeln konnten. Wir legte eine Drainage in ihre Wunde, füllten diese mit feuchter Gaze, um die Gewebe vor dem Austrocknen zu schützen und wickelten das Bein in weißes Verbandsmaterial. Bevor wir sie verfrachteten, brachten wir sie in die Intensivpflege und versicherten uns, dass sie stabil genug für die Fahrt war.

Inzwischen war es acht Uhr abends. Eleanor wachte auf, ihr war übel, und sie hatte Schmerzen. Aber sie war dennoch geistesgegenwärtig genug, um aus der Schar von Ärzten und Pfleger, die sie umgaben zu schließen, dass irgendetwas nicht stimmt.

»O Gott, mein Bein.«

Sie tastete an sich hinunter und ein paar entsetzliche Augenblicke dachte sie, es sei nicht mehr da. Allmählich überzeugte sie sich selbst davon, dass sie es sehen, fühlen, bewegen konnte. Studdert legte ihr die Hand auf den Arm. Er erklärte ihr, was er vorgefunden hatte, was er getan hatte und was noch zu tun sei. Sie nahm die Information mit mehr Schneid und Kampfgeist auf, als ich ihr zugetraut hatte. Ihre ganze Familie war inzwischen eingetroffen, um bei ihr zu sein, und alle sahen sie aus, als seien sie von einem Geländewagen überrollt worden. Aber Eleanor zog das Laken wieder über das Bein, blickte auf all die Monitore mit ihren blinkenden grünen und orangefarbenen Lichtern und die Infusionen, die in ihren Arm sickerten, und sagte lapidar: »In Ordnung.«

Die Nacht in der Überdruckkammer kam ihr vor, so beschreibt sie es, »wie in einem Glassarg«. Sie lag auf einer schmalen Matratze, für die Arme war nirgends Platz, außer stramm an beiden Körperseiten oder auf der Brust gefaltet. Dreißig Zentimeter über ihrem Gesicht befand sich eine Schalttafel aus dickem Plexiglas, die Luke über ihrem Kopf wurde mit einem schweren Deckel verschlossen. Als der Druck anstieg, gingen ihr die Ohren zu, als tauchte sie tief hinunter ins Meer. Sobald der Druck an einer bestimmten Marke angelangt war, saß sie fest, hatten sie die Ärzte gewarnt. Selbst, wenn sie sich würde übergeben müssen, konnte ihr niemand helfen, denn der Druck durfte nur allmählich verringert werden, sonst bekäme sie die Taucherkrankheit und könnte daran sterben. »Jemand hat darin einen Krampfanfall gehabt«, hatten sie ihr erzählt. »Sie haben zwanzig Minuten gebraucht, bis sie bei ihm waren.« Eingeschlossen, kränker als sie es je für möglich gehalten hatte, fühlte sie sich weit fort und von fast allen allein gelassen. »Hier drin gibt's nur mich und die Bakterien«, dachte sie bei sich.

Am anderen Morgen holten wir sie wieder in den OP, um zu sehen, ob die Bakterien sich weiter ausgebreitet hatten. Hatten sie. Die Haut an ihrem Fuß und über dem größten Teil des Unterschenkels war schwarz von Wundbrand und musste entfernt werden. Die Faszienenden, die wir hatten stehen lassen, waren abgestorben und mussten ebenfalls entfernt werden. Aber die Muskeln lebten noch, sogar die in ihrem Fuß. Und die Bakterien hatten im Oberschenkel noch nichts angefressen. Das Fieber war nicht wieder gestiegen. Ihr Herzschlag hatte sich normalisiert. Wir wickelten ihre Wunde wieder in feuchte Gaze und schickten sie zurück in die Überdruckkammer – zweimal zwei Stunden täglich.

Viermal in vier Tagen mussten wir ihr Bein operieren. Bei jeder Operation mussten wir noch ein bisschen Gewebe entfernen, aber jedes Mal war es ein bisschen weniger. Bei der dritten Operation stellten wir fest, dass die Rötung anfing zurückzugehen. Bei der vierten war sie verschwunden, und im Herzen der klaffenden Wunde erblickten wir das rosafarbene Geflecht von frisch gebildetem Gewebe. Erst jetzt war Studdert zuversichtlich, dass nicht nur Eleanor überleben würde, sondern Fuß und Bein mit ihr.

Nur darum, weil unsere Intuition manchmal zum Erfolg führt, wissen wir dennoch nicht, wie wir mit ihr umgehen sollen. Solche Erfolge sind alles andere als das Resultat logischen Denkens. Aber sie sind auch etwas anderes als reines Glück.

Gary Klein, ein kognitiver Psychologe, der sein ganzes Berufsleben lang Leute beobachtet hat, die routinemäßig mit Ungewissheit umzugehen haben, erzählt die Geschichte von einem Feuerwehrhauptmann, mit dem er einst zu tun hatte.[7] Der Hauptmann war einmal mit seinem Trupp ausgerückt, um ein ganz gewöhnlich wirkendes Feuer in einem eingeschossigen Haus zu löschen. Er ging mit der Schlauchmannschaft durch die Vordertür hinein und fand das Feuer im hinteren Teil der Küche. Sie versuchten, es mit Wasser zu löschen, aber die Flammen schossen sofort erneut empor. Sie versuchten es noch einmal, wieder blieb das Wasser ohne Wirkung. Die Mannschaft trat ein paar Schritte zurück, um über ihr weiteres Vorgehen zu beraten. Plötzlich befahl der Hauptmann zu ihrer aller Verblüffung den Männern, auf der Stelle das Gebäude zu verlassen. Irgendetwas, er konnte auch später nicht sagen was, fühlte sich nicht gut an. Sobald sie draußen waren, brach der Fußboden dort, wo sie gestanden hatten, zusammen. Der Flammenherd war im Keller gewesen, nicht hinten in der Küche. Wären sie nur einen Moment länger dort geblieben, wären sie in die Flammen gestürzt.

Menschen haben manchmal die Fähigkeit zu erfassen, was in einem gegebenen Moment zu tun ist. Urteil, so Klein, ist selten ein kalkuliertes Abwägen aller Optionen, etwas, das wir ohnehin nicht gut können, sondern vielmehr eine Form unbewusster Musterbildung. Im Rückblick auf die Ereignisse berichtete der Feuerwehrmann Klein, dass er nicht ein einziges Mal über die verschiedenen Möglichkeiten nachgedacht habe, mit denen er in diesem Haus zu rechnen haben könnte. Er hatte noch immer keine Vorstellung davon, was ihn veranlasst hatte, mit seinen Leuten das Weite zu suchen. Das Feuer war nicht unproblematisch gewesen, aber in der Vergangenheit hatten auch schlimmere Situationen ihn nicht in die Flucht zu schlagen vermocht. Die beiden einzig möglichen Erklärungen schienen Glück oder übersinnliche Fähigkeiten. Doch als Klein ihn genauer über die Einzelheiten des Szenarios ausfragte, stieß er auf zwei Dinge, die der Hauptmann zu dem Zeitpunkt offenbar zur Kenntnis genommen hatte, ohne dass sie ihm tatsächlich bewusst geworden waren: Im Wohnzimmer war es sehr warm gewesen, viel wärmer als bei einem begrenzten Feuer auf der Rückseite des Hauses. Und das Feuer war leise gewesen, obwohl er mit einem lärmenden Flammenmeer gerechnet hatte. Offenbar hatte das Gehirn des Hauptmanns in diesen und womöglich noch anderen Anhaltspunkten ein gefährliches Muster erfasst, das ihn dazu veranlasste, den Befehl zum Verlassen des Hauses zu geben. Und wenn er in dieser Situation allzu sehr nachgedacht hätte, hätte dies womöglich den rettenden Impuls seiner Intuition zunichte gemacht.

Mir ist noch heute nicht klar, welche Anhaltspunkt ich registriert haben könnte, als ich Eleanors Bein zum ersten Mal ansah. Ebenso wenig einzusehen ist, was uns hat glauben machen, dass wir ohne Amputation auskämen. Doch so willkürlich unsere Intuition auch wirken mag, irgendein Sinn muss ihr zu Grunde gelegen haben. Kaum ein Sinn aber lässt sich finden, dank dessen jemand wissen, jemand verlässlich unterscheiden kann, wann sich die Intuition eines Arztes entlang der richtigen Fährte bewegt und wann sie wild drauflosagiert.

Beinahe dreißig Jahre hat sich der Arzt Jack Wennberg nun mit dem Prozess der Entscheidungsfindung in der Medizin befasst. Nicht von Nahem, wie Gary Klein es getan hat, sondern von so weit oben wie nur irgend möglich; er hat amerikanische Ärzte insgesamt betrachtet.[8] Und was er fand, war ein unfassbarer Grad an Unbeständigkeit in dem, was wir tun. Seine Untersuchungen haben zum Beispiel gezeigt, dass die Wahrscheinlichkeit, dass ein Doktor Sie zur Entfernung Ihrer Gallenblase ins Krankenhaus schickt, über ein Spektrum von zweihundertsiebzig Prozent schwankt, je nachdem, in welcher Stadt Sie leben; für ein neues Hüftgelenk beträgt die Bandbreite vierhundertfünfzig Prozent, für einen Aufenthalt in der Intensivpflege im Verlauf Ihres letzten halben Lebensjahres achthundertachtzig Prozent. Ein Patient im kalifornischen Santa Barbara wird mit fünfmal so großer Häufigkeit wegen seiner Rückenbeschwerden operiert wie jemand aus der Bronx. Hauptsächlich haben wir es hier mit dem Wirken von Ungewissheit zu tun, die unterschiedliche Erfahrung, Gewohnheit und persönliche Intuition einzelner Ärzte mündet in eine massiv unterschiedliche Patientenversorgung.

Wie lässt sich dies rechtfertigen? Die Leute, die für diese Versorgung bezahlen müssen, sehen absolut nicht, wie (deshalb drängen die Versicherer uns Ärzte so unablässig dazu, unsere Entscheidungen zu erklären). Und sicher auch nicht die Leute, denen diese Versorgung zuteil wird. Eleanor Bratton wäre ohne Frage völlig anders behandelt worden, hätte sie woanders gelebt und wäre von jemand anderem untersucht worden (das gilt sogar für mich selbst, wenn sie mich vor jenem zurückliegendem Fall von nekrotisierender Fasziitis aufgesucht hätte, wenn sie statt um zwei Uhr mittags um zwei Uhr morgens oder in einer ruhigeren Schicht aufgetaucht wäre). Vielleicht hätte irgendwer ihr nur Antibiotika gegeben, jemand anderer hätte womöglich amputiert, ein dritter nur das befallene Gewebe ausgeschnitten. Das Ergebnis scheint unvorhersehbar.

Zwei Möglichkeiten sind hier zur Veränderung vorgeschlagen worden. Zum einen, das Ausmaß an Ungewissheit in der Medizin zu senken – mit wissenschaftlichen Methoden, nicht durch die Forschung an neuen Arzneimitteln oder Operationstechniken (die ohnehin schon ungeheure Fördermittel erhält), sondern durch die Forschung an den kleinen, aber ausschlaggebenden täglichen Entscheidungen, die Arzt und Patient zu treffen haben (und der erschreckend wenig finanzielle Hilfe zuteil wird). Dennoch ist jedem klar, dass auch dann noch eine ganze Menge Unsicherheit darüber bestehen bleiben wird, was im Einzelfall für einen Patienten zu tun ist. (Menschliches Leben und menschliche Krankheiten sind in der Realität zu kompliziert, als dass dies anders sein könnte). Also ist auch der – nicht unvernünftige – Standpunkt vertreten worden, dass die Ärzte sich im Vorhinein darauf einigen sollten, was in Zweifelsfällen zu tun ist – dass wir unser Handeln im Voraus organisieren, um blankes Raten aus den Entscheidungen zu nehmen und sich den Vorteil von Gruppenentscheidungen zu Nutze zu machen.

Dieser letzte Vorschlag aber führt nirgendwo hin. Denn er läuft allem zuwider, was wir Ärzte glauben: über uns selbst als Individuen und unsere persönlichen Fähigkeit, mit dem Patienten zusammen zu entscheiden, was das beste Vorgehen in seinem Fall ist. Trotz aller Verwirrung um die unterschiedlichen Ansätze, für die sich verschiedene Ärzte bei ein und demselben Problem entscheiden, muss einer dabei sein, der richtig liegt. Und jeder von uns – daran gewöhnt, tagtäglich Entscheidungen in Zweifelsfällen zu treffen – wird davon überzeugt sein, dass er derjenige ist. Denn so oft unsere Einschätzung auch daneben liegen mag, wir alle haben unsere Eleanor Bratton, unsere große unglaubliche Rettungstat.

Es dauerte ein ganzes Jahr, bis ich Eleanor wieder zu Gesicht bekam. Als ich eines Tages durch Hartford fuhr, schaute ich bei der Familie vorbei. Den Vorgarten des geräumigen hellen Hauses im Kolonialstil zierten Blumenbeete, die ein stolzer Hund bewachte. Nach ihrem zwölftägigen Krankenhausaufenthalt war Eleanor nach Hause zurückgezogen, eigentlich nur vorübergehend, am Ende hatte es sie dort gehalten. Ins normale Leben zurückzukehren bedürfe einiger Gewöhnung, berichtet sie.

Es hatte lange gedauert, bis ihr Bein verheilt war, was nicht verwundert. Bei der letzten Operation, die wenige Tage vor ihrer Entlassung stattfand, hatten wir von ihrem Oberschenkel ein zwanzig mal zwanzig Zentimeter großes Stück Haut entnehmen müssen, um die Wunde schließen zu können. »Meine kleine Verbrennung«, nannte sie das Ergebnis, das sie mir mit hochgerolltem Hosenbein präsentierte.

Man konnte es sicher nicht als hübsch bezeichnen, aber für meine Augen sah die Wunde bemerkenswert gut aus. Sie war etwa so breit wie meine Hand und reichte vom Knie bis zu den Zehen. Die Farbe des Transplantats wich von der übrigen Haut ab, und die Wundränder waren leicht erhaben. Auch ließ es Fuß und Knöchel breit und klobig erscheinen. Aber sie hatte keine offenen Stellen, wie dies manchmal vorkommt, und die übertragene Haut war weich und zart, kein bisschen verhärtet oder verzogen. Ihr

Oberschenkel, von dem das Transplantat entnommen worden war, glänzte noch in hellem Kirschrot, war aber bereits dabei zu verblassen.

Die volle Belastbarkeit des Beins wiederzuerlangen war ein harter Kampf gewesen. Als sie nach Hause kam, konnte sie zunächst nicht stehen. Die Muskeln waren zu schwach und wund. Das Bein knickte unter ihr einfach weg. Als sie es durch Krafttraining wieder gestärkt hatte, musste sie feststellen, dass sie noch immer nicht laufen konnte. Nervenschädigungen führten dazu, dass sie den Fuß nachzog. Sie suchte Dr. Studdert auf, und der eröffnete ihr, dass sie dies womöglich nie ganz verlieren werde. Doch in mehreren Monate intensiver Physiotherapie trainierte sie sich das Abrollen wieder an. Als ich sie aufsuchte, konnte sie sogar wieder Joggen. Sie hatte auch wieder angefangen zu arbeiten, bei einer der großen Versicherungsfirmen von Hartford hatte sie eine Anstellung gefunden.

Noch ein ganzes Jahr später lastete das Geschehene schwer auf Eleanor. Noch immer hatte sie keine Idee, wo die Bakterien hergekommen sein konnten. Vielleicht von Fußbad und Pediküre, die sie sich am Tag vor der Hochzeit in einem kleinen Kosmetikladen geleistet hatte. Oder aus dem Gras vor dem Haus der Hochzeitsgesellschaft, wo sie barfuß getanzt hatte. Vielleicht irgendwo aus ihrem eigenen Haus. Wann immer sie sich schnitt oder erhöhte Temperatur bekam, schwebte sie in Todesangst. Sie ging nicht mehr schwimmen. Sie legte sich nicht mehr in die Badewanne, ja, sie ließ nicht einmal das Duschwasser an ihre Beine. Ihre Familie plante in Kürze einen Urlaub in Florida, aber der Gedanke, sich so weit von ihren Ärzten zu entfernen, ängstigte sie.

Am meisten beunruhigte sie die Risikostatistik – die offensichtliche Zufälligkeit des Ganzen. »Erst sagen sie dir, das Risiko, so etwas zu bekommen, ist minimal – eins zu zweihundertfünfzigtausend«, sagt sie. »Dann habe ich es bekommen, und nun sagen sie dir, die Chancen, das zu überleben sind minimal. Auch das habe ich geschafft.« Als sie dann uns Ärzte fragte, ob die »Fleisch fressenden Bakterien« sie noch einmal befallen könnten, erklärten wir ihr einmal mehr, dass das Risiko dafür höchst gering sei, so etwa eins zu zweihundertfünfzigtausend, wie vorher.

»Ich habe Schwierigkeiten, wenn ich so etwas höre. Es sagt mir nichts.« Sie saß bei unserem Gespräch auf dem Sofa im Wohnzimmer, die Hände im Schoß gefaltet, durch das Fenster hinter ihr von der Sonne beschienen. »Ich verlasse mich nicht darauf, dass ich so etwas nicht wieder bekomme. Ich verlasse mich auch nicht darauf, dass ich nicht irgendetwas anderes Seltsames bekomme, oder etwas, von dem wir noch nie etwas gehört haben, und auch nicht darauf, dass nicht irgendwer, den ich kenne, so etwas bekommt.«

Trotzdem sind bei der täglichen Arbeit die Wahrscheinlichkeiten und Risikostatistiken für uns alles, was wir haben. Was uns an dieser unvollkommenen Wissenschaft anzieht, worauf wir im Grunde einzig und allein mit aller Leidenschaft aus sind, das ist der Augenblick, der eine Wendung des Schicksals bringt – die flüchtige, aber kristallklare Chance, dass das eigene Wissen, die eigenen Fähigkeiten oder auch der bloße Instinkt den Lebenslauf eines anderen zum Besseren zu verändern vermag. In der eigentlichen Situation, wie sie sich einem präsentiert aber – eine verzweifelte Frau, die Sie mit der Diagnose Krebs aufsucht, das Verletzungsopfer, das furchtbar blutend, bleich und schwer atmend vom Unfallort hergebracht wird, ein Kollege, der Ihre Meinung über eine Dreiundzwanzigjährige mit rotem Bein hören will – können wir nie sicher sein, dass es zu einem solchen Moment kommen wird. Noch weniger klar ist, ob die Maßnahmen, für die wir uns entscheiden, weise oder hilfreich sind. Dass unsere Bemühungen überhaupt Erfolg haben, trifft mich gelegentlich noch immer wie ein Schock. Aber sie haben. Nicht immer, aber oft genug.

Meine Unterhaltung mit Eleanor kam von Hölzchen auf Stöckchen. Wir redeten über die Freunde, die sie nun, da sie in Hartford zurück war, wieder hatte treffen können, über ihren Freund, dessen Beruf sich »Elektriker für Faseroptik« nannte (obwohl seine eigentliche Leidenschaft »Hochspannung« sei), über einen Film, in dem sie unlängst gewesen war, und darüber, wie viel weniger zimperlich sie nach alledem geworden sei.

»In vieler Hinsicht fühle ich mich viel stärker«, erklärte sie. »Ich habe das Gefühl, es hat einen Sinn, es gibt einen Grund dafür, dass ich noch hier bin. Ich glaube, ich bin als Mensch auch glücklicher geworden« – im Stande, die Dinge ein bisschen bewusster zu sehen. »Manchmal«, fuhr sie fort, »fühle ich mich sogar sicherer. Schließlich habe ich all das heil überstanden.«

Sie ist in jenem Mai mit nach Florida gefahren. Es war windstill und heiß. An der Ostküste oberhalb von Pompano hielt sie eines Tages einen Fuß ohne Schuh ins Wasser und kurz darauf den anderen. Schließlich sprang sie all ihren Ängsten zum Trotz ins Meer und schwamm.

Das Wasser sei herrlich gewesen, meinte sie.

Nachwort und Danksagung

Als Kind zweier Ärzte stand ich von klein auf mit der Medizin auf vertrautem Fuß. Das Gespräch am Essenstisch daheim drehte sich genauso oft wie um Schule und Politik um den lokalen Ärztetratsch und um Patienten (der schwer asthmatische Junge zum Beispiel, den meine Mutter behandelte und dessen Eltern ihm seine Medikamente nicht gaben; die erste erfolgreich rückgängig gemachte Vasektomie, die meinem Vater geglückt war; der Typ, der betrunken zu Bett gegangen war und sich den Penis abgeschossen hatte, weil er gedachte hatte, er habe eine Schlange unter den Bettdecke). Sobald meine Schwester und ich alt genug waren, wurde uns beigebracht, Patientenanrufe entgegenzunehmen. »Handelt es sich um einen Notfall?«, lehrte man uns fragen. Wenn der Anrufer Ja sagte, war die Sache einfach. Wir hatte ihn in die Notaufnahme zu schicken. Und wenn er Nein sagte, war es auch einfach. Wir mussten eine Nachricht aufschreiben. Nur einmal bekam ich: »Ich weiß nicht« zu hören. Es war ein Mann mit ziemlich angespannter Stimme, der nach meinem Vater verlangte, weil er sich beim Schaufeln »verletzt« hatte. Ich schickte ihn in die Notaufnahme.

Hin und wieder war ich mit meiner Mutter oder meinem Vater unterwegs, wenn ein Notruf ankam. Dann gingen wir zusammen ins Krankenhaus, und ich wurde im Ambulanzkorridor auf einen Stuhl gesetzt, wo ich warten musste. Da saß ich dann und beobachtete die weinenden kranken Kinder, den blutenden Mann, der seine Wunde mit Stofffetzen abgedeckt hatte, die alten Damen, die so seltsam atmeten, und die Schwestern, die von hier nach da huschten. Ich hatte mich mehr an den Ort gewöhnt, als mir damals klar war: Als ich Jahre später als Medizinstudent zum ersten Mal ein Krankenhaus in Boston betrat, wurde mir bewusst, wie gut ich den Geruch kannte.

Erst viel später bin ich ans Schreiben gekommen und dies dank der Hilfe einer Menge Leute, denen ich zutiefst dankbar bin. Mein Freund Jacob Weisberg war derjenige, der mich als Erster dazu ermutigte, ernsthaft damit anzufangen. Er ist politischer Chefkorrespondent für das Internetmagazin *Slate,* und während meines zweiten Assistentenjahrs in der Chirurgie drängte er mich zu dem Versuch, für sein Journal etwas Medizinisches zu verfassen. Ich willigte ein, und er half mir durch die zahllosen Fassungen jenes ersten Artikels. Im Laufe der nächsten zwei Jahre überließen er und Michael Kinsley, der Herausgeber des Magazins, zusammen mit den Lektoren Jack Shafer und Jodie Allen mir den Raum, das einzurichten, was sich inzwischen als regelmäßige Wissenschaftskolumne etabliert hat. Diese Gelegenheit hat mein Leben grundlegend verändert. Die Assistentenzeit ist eine aufreibende Sache, und inmitten all des Papierkrams, der Notrufe und des Schlafmangels vergisst man nicht selten, weshalb das, was man tut, wichtig ist. Das Schreiben ließ mich einen Schritt zurücktreten und ein paar Stunden die Woche wieder daran denken.

In meinem dritten Assistentenjahr machte mich ein anderer Freund, der *New Yorker*-Autor Malcolm Gladwell, mit seinem Herausgeber Henry Finder bekannt. Und dank dieses Umstands darf ich mich als einen der glücklichsten Autoren erachten, die es gibt. Henry, ein brummelndes, erstaunlich belesenes jungenhaftes Genie, das mit zweiunddreißig Jahren bereits Lektor mehrerer Autoren war, nahm mich unter seine Fittiche. Er verfügte über die Geduld, die Hartnäckigkeit und den Optimismus, mich durch sieben komplette Neufassungen des ersten Artikels zu begleiten, den ich für den *New Yorker* verfasste. Er brachte mich dazu, schärfer nachzudenken, als ich es mir je zugetraut hätte. Er zeigte mir, auf welche meiner Instinkte ich mich beim Schreiben verlassen könne und auf welche nicht. Mehr als das aber hat er immer daran geglaubt, dass ich Geschichten erzählen könne, die es wert sind, zu Papier gebracht zu werden. Seit 1998 beschäftigt mich der *New Yorker* als Autor. Etliche der Kapitel in diesem Buch sind zunächst als Artikel dort erschienen. Obendrein hat Henry alles hier Geschriebene gelesen und mir wertvolle Ratschläge dazu gegeben. Ohne ihn wäre dieses Buch nicht möglich gewesen.

Neben Henry und Malcolm gibt es noch eine dritte Person beim *New Yorker,* der ich besonderen Dank schulde: David Remnick. Trotz meiner unwägbaren Arbeitszeiten als Assistenzarzt und der Tatsache, dass meine Patientenverpflichtungen an erster Stelle zu stehen hatten, hielt er es mit mir aus. Er hat ein großartiges und besonderes Magazin geschaffen. Und das Schönste daran ist, dass er mir das Gefühl gab, ein Teil davon zu sein.

Beim Schreiben dieses Buches traten zwei Vertreterinnen mir bis dato neuer Personenkreise in mein Leben. Die eine ist meine Agentin, etwas, das jeder Mensch haben sollte – vor allem, wenn man so jemanden wie Tina Bennett bekommen kann, die mich und mein Buch (sogar durch Schwangerschaft und Geburt ihres Kindes hindurch) mit Hingabe, unerschütterlicher guter Laune und eminent solidem Urteil in jeder Hinsicht betreut hat. Die andere ist eine Buchlektorin, eine Spezies, die sich von der des Zeitschriftenlektors in etwa so unterscheidet wie ein Chirurg von einem Internisten. Mit einer ungewöhnlichen Mischung aus Zähigkeit und Sanftheit brachte Sara Bershtel von Metropolitan Books mich dahin, den großen Rahmen zu finden, in das sich das, was ich schreibe und denke, einordnen lässt, die mir zeigte, wie ein Buch mehr sein kann, als ich es je zu träumen gewagt hätte, und mich irgendwie bei der Stange hielt, auch wenn die Herausforderung zu Zeiten unbezwingbar schien. Ich betrachte es als großes Glück, mit ihr arbeiten zu dürfen. Mein Dank auch an ihre Kollegin Riva Hochermann, die das Manuskript sehr sorgfältig gelesen und unschätzbare Vorschläge gemacht hat.

Der Versuch, als chirurgischer Assistent über die eigene Arbeit zu schreiben, ist ein delikates Unterfangen, insbesondere, wenn man wie ich daran interessiert ist, genauso über das zu schreiben, was schief läuft, wie über das, was gut geht. Ärzte und Krankenhäuser stehen dem Bemühen, solche Dinge in der Öffentlichkeit zu diskutieren, in der Regel argwöhnisch gegenüber. Zu meiner Überraschung aber fand ich, wo immer ich erschien, nichts als Unterstützung. Zwei Leute waren dabei von besonderer Bedeutung. Dr. Troy Brennan, Professor für Medizin, Jura und so ziemlich alles andere, was Ihnen einfällt, war mir Mentor, Resonanzboden, wissenschaftlicher Mitarbeiter und überaus großzügiger Anwalt dessen, was ich zu tun versucht habe. Er überließ mir für diese Arbeit Büro, Computer und Telefon.

Dr. Michael Zinner, Chairman der Chirurgie in dem Krankenhaus, an dem ich arbeite, ließ mir ebenfalls Förderung und Rückendeckung angedeihen. Ich erinnere mich noch gut, wie ich mich an ihn wandte, als ich den Artikel fertig hatte, in dem ich erkläre, was passiert, wenn Ärzte Fehler machen. Ich wusste, dass dies etwas war, was ich nicht ohne seine Erlaubnis würde veröffentlichen können. Also gab ich ihm das Manuskript und marschierte dann ein paar Tage darauf, auf das Schlimmste gefasst, in sein Büro. Wie nicht anders zu erwarten, gefiel es ihm nicht. Wie hätte es auch? Auf der ganzen Welt hätte keine Presseabteilung eines Krankenhauses diesen Artikel herausgehen lassen. Aber er tat etwas Bemerkenswertes: Er unterstützte mich trotzdem. Die Sache könne leicht nach hinten losgehen, warnte er: durch die Öffentlichkeit und durch die Ärzte. Aber wenn ich unter Beschuss geriete, würde er mir helfen, versprach er und ließ mich gewähren.

Letzen Endes kam es niemals zu Beschuss. Selbst wenn meine Arbeitskollegen mit dem, was ich geschrieben hatte, nicht einverstanden waren, blieben sie konstruktiv und engagiert und griffen mich nie persönlich an. Offenbar, so habe ich festgestellt, befinden wir uns alle mitten in dem Versuch zu verstehen, wie viel von dem, was wir tun, gut ist und wie viel besser sein könnte.

Den Patienten und ihren Familien, die in diesem Buch namentlich oder anonym erwähnt wurden, möchte ich von Herzen einen ganz besonderen Dank aussprechen. Mit manchen von ihnen stehe ich noch in Kontakt, dafür schätze ich mich glücklich. Bei anderen hatte ich nie Gelegenheit, sie so gut kennen zu lernen, wie ich es gewünscht hätte. Sie alle haben mich mehr gelehrt, als man ermessen kann.

Eine Person aber gibt es, die an allem, was ich hier erwähnt habe großen Anteil hatte – am Schreiben ebenso sehr wie am Arztsein und dem Kampf, in beiden Disziplinen zu bestehen: meine Frau Kathleen. Sie hat die langen Nächte und sämtliche Aufregungen der chirurgischen Ausbildung mit mir durchgestanden, mich aufgebaut, wenn mir Energie und Selbstvertrauen abhanden gekommen waren. Wenn ich nach Hause kam, hat sie mit mir die Ideen durchgesprochen, die mir zum Schreiben gekommen waren, und hat mir bis spät in die Nacht geholfen, diese in Worte zu fassen. Als hervorragende Lektorin hat sie das gesamte Manuskript mit rotem Stift bearbeitet und, auch wenn ich es manchmal nicht zugeben wollte, deutlich verbessert. Und – wichtiger als alles andere – sie hat dafür gesorgt, dass unsere goldigen, verrückten Kinder an meinem Leben teilhatten, sie sogar ins Krankenhaus gebracht, wenn sie mir zu sehr fehlten und ich zu lange von zu Hause weg war. Dieses Buch existiert dank ihrer Liebe und Hingabe, daher ist es ihr gewidmet.

Anmerkungen

Einleitung

1. Ärzte finden einen Großteil ihrer Informationen zu praktischen Problemen in medizinischen Fachzeitschriften. Die Gefahren, die ein großer Tumor im Brustraum bei Kindern mit sich bringt, sind beispielsweise erörtert in: Azizkhan, R. G. et al., »Life-threatening airway obstruction as a complication to the management of mediastinal masses in children«, *Journal of Pediatric Surgery* 20 (1985), S. 816–822. In den meisten Fällen werden die in diesen Artikeln beschriebenen Lektionen auf die harte Tour gelernt: durch Erfahrung. Wenn Katastrophen passieren, nennen wir sie eine Tragödie. Aber wenn jemand sie aufschreibt, nennen wir dies Wissenschaft.
2. Mindestens zwei Artikel beschreiben eine Vorgehensweise, bei der die Herz-Lungen-Maschine zum Einsatz kommt: einer, von einer Arbeitsgruppe an der University of Pennsylvania, findet sich im *ASAIO Journal* 44 (1998), S. 219–221. Der andere, von einer Gruppe aus Neu-Delhi, findet sich im *Journal of Cardiothoracic and Vascular Anesthesia* 15 (2001), S. 233–36. Beide Teams berichten, dass sie an ihre Methode nicht durch sorgfältige Forschung gelangt seien, sondern auf dieselbe Weise, wie so viele Durchbrüche erreicht werden: durch Zufall und Notwendigkeit.

1
Ein Messer lernt schneiden

1. Der Titel von K. Anders Ericssons Buch über das menschliche Leistungsvermögen lautet *The Road to Excellence* (Mahwah, New Jersey: Lawrence Erlbaum Press, 1996).
2. Der bahnbrechende Bericht des Great Ormond Street Hospital über die Lernkurve für die Umlagerung der großen Arterien bei Säuglingen trägt den Titel: Bull, C. et al., »Scientific, ethical und logistical considerations in introducing a new operation: a retrospective cohort study from paediatric cardiac surgery«, *British Medical Journal* 320 (2000), S. 1168–1173. Zitiert wird er in: Hasan, A., Pozzi, M. und Hamilton, J. R. L., »New surgical procedures: Can we minimise the learning curve?« *British Medical Journal* 320 (2000), S. 170–173.
3. Die wissenschaftliche Arbeit der Harvard Business School wird in mehreren Publikationen und Artikeln diskutiert, unter anderem in: Pisano, G., Bohmer, R. und Edmondson, A., »Organizational Differences in Rates of Learning Evidence from the Adoption of Minimally Invasive Cardiac Surgery«, *Management Science* 47 (2001), und Bohmer, R., Edmondson, A. und Pisano, G., »Managing new technology in Medicine«, in Herzlinger, R. E. (Hrsg.), *Consumer-Driven Health Care* (San Francisco: Jossey-Bass, 2001).

2
Computer und Superspezialisierung

1. Edenbrandts Untersuchung ist veröffentlicht in: Heden, B., Ohlin, H., Rittner, R. und Edenbrandt, L., »Acute myocardial infarction detected in the 12-lead ECG by artificial neural networks«, *Circulation* 96 (1997), S. 1798–1802; Baxt, W. G., »Use of an artificial neural network for data analysis in clinical

decision-making: the diagnosis of acute coronary occlusion«, *Neural Computation* 2 (1990), S. 480–489.

2. Das Shouldice Hospital hat seine Ergebnisse vielerorts veröffentlicht. Eine gute Zusammenfassung liefert Bendavid, R., »The Shouldice technique: a canon in hernia repair«, *Canadian Journal of Surgery* 40 (1997), S. 199–205, 207.
3. Meehl, P. E., *Clinical Versus Statistical Prediction: A Theoretical Analysis and Review of the Evidence* (Minneapolis: University of Minnesota Press, 1954).
4. Dawes, R. M., Faust, D. und Meehl, P. E., »Clinical versus actuarial judgment«, *Science* 243 (1989), S. 1668–1674.
5. Eine gute zusammenfassende Darstellung über den Einsatz von neuronalen Netzen in der Medizin findet sich in: Baxt, W. G., »Application of artificial neural networks to clinical medicine«, *Lancet* 346 (1995), S. 1135–1138.
6. Herzlinger, R., *Market-Driven Health Care: Who Wins, Who Loses in the Transformation of America's Largest Service Industry* (Reading. Massachusetts: Addison-Wesley, 1997).

3
Wenn Ärzte Fehler machen

1. Leape, L. L., »Error in medicine«, *Journal of the American Medical Association* 272 (1994), S. 1851–1857, und Bates, D. W. et al., »Incidence of adverse drug events and potential adverse drug events«, *Journal of the American Medical Association* 274 (1995), S. 29–34.
2. Brennan, T. A. et al., »Incidence of adverse events and negligence in hospitalized patients: results of the Harvard Medical Practice Study I«, *New England Journal of Medicine* 324 (1991), S. 370–376.
3. Localio, A. R., et al., »Relation between malpractice claims and adverse events due to negligence: results of Harvard Medical

Practice Study III«, *New England Journal of Medicine* 325 (1991), S. 245–251.
4. Reason, J., *Human Error* (Cambridge: Cambridge University Press, 1990).
5. Die Geschichte der Anästhesie und ihres Siegeszugs gegen die eigenen Fehler findet sich in Pierce, E. C., »The 34th Rovenstine Lecture: 40 years behind the mask – safety revisited«, *Anesthesiology* 84 (1996), S. 965–975.
6. Cooper, J. B. et al., »Preventable anesthesia mishaps: a study of human factors«, *Anesthesiology* 49 (1978), S. 399–406.
7. Die Arbeit der Northern New England Cardiovascular Disease Study Group ist in zahlreichen Artikeln beschrieben worden, eine gute Zusammenfassung bietet: Malenka, D. J. und O'Connor, G. T., »The Northern New England Cardiovascular Disease Study Group: a regional collaborative effort for continuous quality improvement in cardiovascular disease«, *Joint Commission Journal on Quality Improvement* 24 (1998), S. 594–600.
8. Brooks, L . C. (Hrsg.), *Current Review of Laparoscopy* (Philadelphia: Current Medicine, 1995).

4
Neuntausend Chirurgen

1. Informationen über den Jahreskongress des American College of Surgeons findet man im Internet unter www.facs.org.

5
Wenn gute Ärzte aufhören, gut zu sein

1. Die Taten des Harold Shipman finden sich in Eichenwald, K., »True English murder mystery: town's trusted doctor did it«, *New York Times* vom 13. Mai 2001, S. A1.
2. Die Anklage im Prozess gegen John Ronald Brown beschuldigte diesen außerdem des Versuchs, die undichten Brustimplantate einer Frau aus Los Angeles mit Klebstoff geflickt zu haben; für den Tod von Philip Bondy, dessen Bein er amputiert hatte, wurde er wegen Totschlags zu fünfzehn Jahren Haft verurteilt. Genaueres findet sich in Ciotti, S., »Why did he cut off that man's leg?« *LA Weekly* vom 17. Dezember 1999.
3. Die Geschichte des James Burt beschreibt Griggs, F., »Breaking Tradition: Doctor Steps in to Stop Maiming ›Surgery of Love‹«, *Chicago Tribune* vom 25. August 1991, S. 8.
4. Zur Drogen- und Medikamentenabhängigkeit bei Ärzten siehe Brook, D. et al., »Substance abuse within the health care community«, in Friedman, L. S. et al. (Hrsg.), *Source Book of Substance Abuse and Addiction* (Philadelphia: Lippincott, 1996).
5. Zwei umfassende Informationsquellen zum Auftreten psychischer Erkrankungen in der Allgemeinbevölkerung sind: *Mental Health: A Report of the Surgeon General* (Rockville, Maryland: U.S. Department of Health and Human Services, 1999); sowie Kessler, R. C. et al., »Lifetime and 12-month prevalence of DSM-III-R psychiatric disorders in the United States: results from the National Comorbidity Survey«, *Archives of General Psychiatry* 51 (1994), S. 8–19.
6. Entnommen ist diese Schätzung aus Marilynn Rosenthal, »Promise and reality: professional selfregulation and ›problem‹ colleagues«, in Lens, P. und Van der Wal, G. (Hrsg.), *Problem Doctors: A Conspiracy of Silence* (Niederlande: IOS Press, 1997), S. 23.

7. Marilynn Rosenthal: *The Incompetent Doctor: Behind Closed Doors* (Philadelphia: Open University Press, 1995).
8. Kent Neff stellte die Ergebnisse seiner Arbeit mit Problemkollegen bei der Annenberg Conference on Enhancing Patient Safety and Reducing Errors in Health Care am 9. November 1998 im kalifornischen Rancho Mirage vor.

6
Vollmond am Freitag, dem dreizehnten

1. Scanlon, T. J. et al., »Is Friday the 13th bad for your health?« *British Medical Journal* 307 (1993), S. 1584–1589.
2. William Fellers Untersuchung zur Bombardierung Londons findet sich in seinem Buch *An Introduction to Probability Theory* (New York: Wiley, 1968).
3. Zum Phänomen des texanischen Scharfschützen siehe Rothman, K. J., *American Journal of Epidemiology* 132 (1990), S. S6 bis S13.
4. Buckley, N. A., Whyte, I. M. und Dawson, A. H., »There are days and moons: self-poisoning is not lunacy«, *Medical Journal of Australia* 159 (1993), S. 786–789.
5. Guillon, S., Guillon, D., Pierre, F. und Soutoul, J. H., »Les rythmes saisonniers, hebdomadaires et lunaires des naissances«, *Revue Française de Gynécologie et d'Obstétrique* 11 (1988), S. 703–708.
6. Die beiden besten Zusammenfassungen zum Thema Mond und menschliches Verhalten liefern Martin, S. J., Kelly, I. W. und Saklofske, D. H., »Suicide and lunar cycles: a critical review over twenty-eight years«, *Psychological Reports* 71 (1992), S. 787–795, und Byrnes, G. und Kelly, I. W., »Crisis calls and lunar cycles: a twenty-year review«, *Psychological Reports* 71 (1992), S. 779–785.

7
Mysterium Schmerz

1. Es gibt eine Fülle von Veröffentlichungen über das Rätsel chronischer Rückenschmerzen. Mir scheinen unter all den Aufsätzen und Büchern besonders nützlich: Hadler, N., *Occupational Musculoskeletal Disorders* (Philadelphia: Lippincott Williams and Wilkins, 1999), sowie Haldeman, S., »Failure of the pathology model to predict back pain«, *Spine* 15 (1990), S. 719.
2. Die seltsamen Befunde an Kernspinaufnahmen aus der Normalbevölkerung stammen aus der Cleveland Clinic: Jensen, M. C. et al., »Magnetic Resonance Imaging of the lumbar spine in people without back pain«, *New England Journal of Medicine* 331 (1994), S. 69–73.
3. Hilzenrath, D., »Disability claims rise for doctors«, *Washington Post* vom 16. Februar 1998.
4. Descartes' Beschreibung des Schmerzes finden sich in seinen *Meditationes de Prima Philosophia* (1641), (Stuttgart: Reclam, 1986, S. 209, 211).
5. Henry K. Beechers Berichte über Kriegsverletzte wurden an zwei Stellen veröffentlicht: »Pain in Men Wounded in Battle«, *Bulletin of the U.S. Army Medical Department* 5 (April 1946), S. 445, und »Relationship of Significance of Wound to Pain Experienced«, *Journal of the American Medical Association* 161 (1956), S. 1609–1613.
6. Der klassische Artikel von Ronald Melzack und Patrick Wall zur »Gate-Control«-Theorie trägt den Titel »Pain Mechanisms: A New Theory«, *Science* 150 (1965), S. 971–979.
7. Die verschiedenen hier erwähnten Studien zum Thema Schmerztoleranz bei verschiedenen Bevölkerungsgruppen sind: Tajet-Foxell, B. und Rose, F. D., »Pain and Pain Tolerance in Professional Ballet Dancers«, *British Journal of Sports Medicine* 29 (1995), S. 31–34, Cogan, R., Spinnato, J. A., »Pain and Discomfort Thresholds in Late Pregnancy«, *Pain* 27 (1986),

S. 63–68, Berkley, K. J., »Sex Differences in Pain«, *Behavioral and Brain Sciences* 20 (1997), S. 371–380, Bames, G. E., »Extraversion and pain«, *British Journal of Social and Clinical Psychology* 14 (1975), S. 303–308, Compton, M. D., »Cold-Pressor Pain Tolerance In Opiate And Cocaine Abusers: Correlates of Drug Type and Use Status«, *Journal of Pain and Symptom Management* 9 (1994), S. 462–473, sowie Bandura, A. et al., »Perceived Self-Efficacy and Pain Control: Opioid and Nonopioid Mechanisms«, *Journal of Personality and Social Psychology* 53 (1987), S. 563–567.

8. Frederick Lenz hat diesen und den folgenden Fall in zwei Artikeln beschrieben: Lenz, F. A. et al., »Stimulation in the human somatosensory thalamus can reproduce both the affective and sensory dimensions of previously experienced pain«, *Nature Medicine* 1 (1995), S. 910–913, und »The sensation of angina can be evoked by stimulation of the human thalamus«, *Pain* 59 (1994), S. 119–125.
9. Melzacks neue Schmerztheorie ist dargelegt in »Pain: Present, Past und Future«, *Canadian Journal of Experimental Psychology* 47 (1993), S. 615–629.
10. Die Informationen über neue Medikamente ändern sich ständig, daher empfehle ich, jeweils nach dem neuesten Stand Ausschau zu halten. Die hier beschriebenen Untersuchungen stammen von Milianich, G. S., »Venom peptides as human pharmaceuticals«, *Science and Medicine* (September/Oktober 1997), S. 6–15, und Bannon, A. W. et al. »Broad- Spectrum, Non-Opioid Analgesic Activity by Selective Modulation of Neuronal Nicotinic Acetylcholine Receptors«, *Science* 279 (1998), S. 77–81.
11. Zu Australiens Schmerzepidemie in den achtziger Jahren siehe Hall, W. und Morrow. L., »Repetition strain injury: an Australian epidemic of upper limb pain«, *Social Science and Medicine* 27 (1988), S. 645–649; Ferguson, D., »›RSI‹: Putting the epidemic to rest«, *Medical Journal of Australia* 147 (1987), S. 213, sowie Hocking, B., »Epidemiological aspects of ›repe-

tition strain injury‹ in Telecom Australia«, *Medical Journal of Australia,* 47 (1987), S. 218–222.

8
Ein ekelhaftes Gefühl

1. Eine gute Zusammenfassung über die Physiologie des Erbrechens findet sich in Sleisinger, M. (Hrsg.), *Handbook of Nausea and Vomiting* (New York: Parthenon Publishing Group, 1993).
2. Watcha, M. F. und White, S. F., »Postoperative nausea and vomiting: its etiology, treatment and prevention«, *Anesthesiology* 77 (1992), S. 162–184.
3. Griffin, A. M. et al., »On the receiving end: patient perceptions of the side effects of cancer chemotherapy«, *Annals of Oncology* 7 (1996), S. 189–195.
4. Jewll, D. und Young, G., »Treatment for nausea and vomiting in early pregnancy«, *Cochrane Database of Systematic Reviews* vom 4. März 2000.
5. Profet, M., »Pregnancy sickness as adaptation: a deterrent to maternal ingestion of teratogens«, in Barkow, J. H., Cosmides, L. und Tooby, J. *The Adapted Mind* (Oxford: Oxford University Press, 1992).
6. Die klassische Abhandlung über die Bewegungskrankheit stammt von James Reason: Reason, J. T. und Brand, J. J., *Motion Sickness* (New York: Academic Press, 1975).
7. Eine kurze und handliche Zusammenfassung der neueren Forschung zum Thema Bewegungskrankheit findet sich in Oman, C. M., »Motion sickness: a synthesis and evaluation of the sensory conflict theory«, *Canadian Journal of Physiology and Pharmacology* 68 (1990), S. 294–303.
8. Eine wertvolle Zusammenfassung der Behandlungsmöglichkeiten bei Hyperemesis gravidarum bietet: Nelson-Piercy, C., »Treatment of nausea and vomiting in pregnancy: When

should it be treated and what can be safely taken?« *Drug Safety* 19 (1998), S. 155–164.

9. Zu den erwähnten Studien gehören: Fischer-Rasmussen, W. et al., »Ginger treatment of hyperemesis gravidarum«, *European Journal of Obstetrics, Gynecology und Reproductive Biology* 42 (1991), S. 163–164, O'Brien, B., Relyea, J. und Taerum, T., »Efficacy of P6 acupressure in the treatment of nausea and vomiting during pregnancy«, *American Journal of Obstetrics and Gynecology* 174 (1996), S. 708–715.
10. Eine kurze und sachliche Darstellung zum Einsatz von Marihuana in der Medizin liefert Voth, E. A. und Schwartz, R., »Medicinal applications of Delta-9 Tetrahydrocannabinol and marijuana«, *Annals of Internal Medicine* 6 (1997), S. 791 bis 798.
11. Mehr zu diesem Thema findet sich in: Malcolm, A. et al., »Rumination syndrome«, *Mayo Clinic Proceedings* 72 (1997), S. 646–652.
12. Die Untersuchung über das Fortbestehen der Übelkeit beim Einsatz von Zofran stammt aus der Arbeitsgruppe von Gary Morrow: Roscoe, J. A. et al., »Nausea and vomiting remain a significant clinical problem: trends over time in controlling chemotherapy induced nausea and vomiting in 1413 patients treated in community clinical practices«, *Journal of Pain & Symptom Management* 20 (2000), S. 113–121.
13. Einen ausgezeichneten Überblick zur Psychologie des Erbrechens findet sich in Morrow, G. R., »Psychological aspects of nausea and vomiting: anticipation of chemotherapy«, in Sleisinger, M. (Hrsg.), 1993 (vgl. o. Anm. 1).
14. Der Pionierartikel zum Thema Substanz-P-Antagonisten und Übelkeit stammt von Navari, R. M. et al., »Reduction of cisplatin-induced emesis by a selective neurokinin-I-receptor antagonist«, *New England Journal of Medicine* 340 (1999), S. 190–195.
15. Einen Überblick über die Erfolge der Palliativmedizin gibt:

Hearn, J. und Higginson, I. J., »Do specialist palliative care teams improve outcomes for cancer patients? A systematic literature review«, *Palliative Medicine* 12 (1998), S. 317–332.

16. Informationen über Bendectin im Überblick: Koren, G., Pastuszak, A. und Ito, S., »Drug therapy: drugs in pregnancy«, *New England Journal of Medicine* 338 (1998), S. 1128–1137.
17. Cassell, E. G., *The Nature of Suffering and the Goals of Medicine* (New York: Oxford University Press, 1991).

9
Aufsteigende Röte

1. Die freudschen Argumente sind zitiert in Karch, F. E., »Blushing«, *Psychoanalytic Review* 58 (1971), S. 37–50.
2. Charles Darwins Kapitel über das Erröten findet sich in *Ausdruck der Gemüthsbewegungen bei dem Menschen und den Thieren,* (Stuttgart: E. Schweizerbart'sche Verlagshandlung, 1872), das Zitat findet sich auf S. 340.
3. Michael Lewis stellte seine Demonstration der Verlegenheit durch das Angestarrtwerden dar in: »The self in self-conscious emotions«, *Annals of the New York Academy of Sciences* 818 (1997), S. 119–142.
4. Die hier beschriebene Forschung zur Psychologie des Errötens, darunter auch die Untersuchung von Leary und Templeton ist drei Quellen entnommen: Leary, M. R. et al., »Social blushing«, *Psychological Bulletin* 112 (1992), S. 446–460, Miller, R. S., *Embarrassment: Poise and Peril in Everyday Life* (New York: Guilford Press, 1996), und Edelmann, R. J., »Blushing«, in Crozier, R. und Alden, L. E. (Hrsg.), *International Handbook of Social Anxiety* (Chichester: John Wiley & Sons, 2000).
5. Die Ergebnisse der Göteborger Arbeitsgruppe bei der Anwendung der ETS gegen pathologisches Erröten sind beschrie-

ben in Drott C. et al., »Successful treatment of facial blushing by endoscopic transthoracic sympathicotomy«, *British Journal of Dermatology* 138 (1998), S. 639–643. Eine etwas vorsichtigere Bewertung findet sich in Drummond, S. D., »A caution about surgical treatment for facial blushing«, *British Journal of Dermatology* 142 (2000), S. 195–96.

6. Die Internetseite von Christine Drurys Organisation ist www.redmask.org.

10
Der Mann, der nicht aufhören konnte zu essen

1. Die Statistik zur Zahl der Adipositasoperationen ist entnommen: Blackburn, G., »Surgery for obesity«. *Harvard Health Letter* (2001), Nr. 884.
2. Die deprimierenden Zahlen der National Institutes of Health zum langfristigen Versagen nahezu aller Diätmaßnahmen sind veröffentlicht in »Methods for voluntary weight loss and control«, *Annals of Internal Medicine* (1993), S. 764–770.
3. Eine ziemlich vollständige Auflistung der verschiedenen Möglichkeiten zur chirurgischen Behandlung von Adipositas findet sich in Kral, J. G., »Surgical treatment of obesity«, in Bray, G. A., Bouchard, C. und James, W. S. T. (Hrsg.), *Handbook of Obesity* (New York: M. Decker, 1998), dazu Munro, J. F. et al., »Mechanical treatment for obesity«, *Annals of the New York Academy of Sciences* 499 (1987), S. 305–311.
4. Zur Diätdisziplin übergewichtiger Kinder siehe Epstein, L. H. et al., »Ten-year outcomes of behavioral family-based treatment for childhood obesity«, *Health Psychology* 13 (1994), S. 373–383.
5. Die Informationen zum Prader-Willi–Syndrom sind entnommen: Lindgren, A. C. et al., »Eating behavior in Prader-Willi syndrome, normal weight und obese control groups«, *Journal*

of Pediatrics 137 (2000), S. 50–55, sowie Cassidy, S. B. und Schwartz, S., »Prader-Willi and Angelman syndromes«, *Medicine* 77 (1998), S. 140–151.

6. Das »Fettparadox« ist erklärt in Blundell, J. E., »The control of appetite«, *Schweizerische* 129 (199), S. 182.
7. Eine Studie zum »Appetizereffekt« liefert Yeomans, M. R., »Rating changes over the course of meals: What do they tell us about motivation to eat?« *Neuroscience and Biobehavioral Reviews* 24 (2000), S. 249–259.
8. Die französische Untersuchung zum Kauverhalten trägt den Titel: Bellisle, F. et al., »Chewing and swallowing as indices of the stimulation to eat during meals in humans«, *Neuroscience and Biobehavioral Reviews* 24 (2000), S. 223–228.
9. Zum Essverhalten von Menschen mit schwerer Amnesie siehe Rozin, P. et al., »What causes humans to begin and end a meal?« *Psychological Science* 9 (1998), S. 392–396.
10. Die Information über das langfristige Versagen der chirurgischen Magenverkleinerung ist dem oben zitierten Artikel von Blackburn, 2001, entnommen (vgl. Anm. 1), siehe dazu auch Nightengale, M. L. et al., »Prospective evaluation of vertical banded gastroplasty as the primary operation for morbid obesity«, *Mayo Clinic Proceedings* 67 (1992), S. 304–305.
11. Zu den psychologischen und sozialen Erfahrungen nach einer Adipositasoperation siehe Hsu, L. K. G. et al., »Nonsurgical factors that influence the outcome of bariatric surgery: a review«, *Psychosomatic Medicine* 60 (1998), S. 338–346.
12. Zwei hervorragende Zusammenfassungen zum Gewichtsverlust nach einer Adipositasoperation geben Kral, 1998 (vgl. Anm. 3), und Blackburn, 2001, (vgl. Anm. 1).
13. Zum hohen Aufkommen an krankhaftem Übergewicht siehe Kuczmarski, R. J. et al., »Varying body mass index cutoff points to describe overweight prevalence among U.S. adults: NHANES III (1988 to 1994)«, *Obesity Research* 5 (1997), S. 542–548.

11
Final Cut – der letzte Schnitt

1. Den schwelenden Konflikt um das Unterlassen von Autopsien beschreibt Lundberg, G. D., »Low-tech autopsies in the era of high-tech medicine«, *Journal of the American Medical Association* 280 (1998), S. 1273–1274.
2. Die Informationen über die Geschichte der Autopsie sind zwei Quellen entnommen: Iserson, K. V., *Death to Dust: What Happens to Dead Bodies* (Tucson, Arizona: Galen Press, 1994), sowie King, L. S. und Meehan, M. C., »The history of the autopsy«, *American Journal of Pathology* 73 (1973), 514–544.
3. Die drei neueren Studien sind: Burtoll, E. C., Troxclair, D. A. und Newman III, W. S., »Autopsy diagnoses and malignant neoplasms: How often are clinical diagnoses incorrect?« *Journal of the American Medical Association* 280 (1998), S. 1245–1248; Nichols, L., Aronica, S. und Babe, C., »Are autopsies obsolete?« *American Journal of Clinical Pathology* 110 (1996), S. 210–218, und Zarbo, R. J., Baker, S. B. und Howanitz, P. J., »The autopsy as a performance measurement tool«, *Archives of Pathology and Laboratory Medicine* 123 (1999), S. 191–198.
4. Die hier erwähnte Übersicht über Autopsiestudien stammt von Hill, R. B. und Anderson, R. E., *The Autopsy: Medical Practice and Public Policy* (Newton, Massachusetts: Butterworth-Heinemann, 1988), S. 34–35.
5. Der klassische Vergleich über drei Jahrzehnte wurde vorgenommen von Goldman, L. et al., »The value of the autopsy in three medical eras«, *New England Journal of Medicine* 308 (1983), S. 100–105.
6. Gorovitz, S. und MacIntyre A. definieren ihre Erklärung des »zwangsläufigen Fehlers« in ihrem Artikel »Toward a theory of medical fallibility«, *Journal of Medicine and Philosophy* 1 (1976), S. 51–71.
7. Die eingestellte Dokumentation von Autopsieergebnis-

sen kommentiert Burton, E., »Medical error and outcome measures: Where have all the autopsies gone?« *Medscape General Medicine,* vom 28. Mai 2000.

12
Das Phänomen der toten Babys

1. Die Einzelheiten zum Fall Marie Noe entstammen in der Hauptsache zwei Quellen: der Anklagebegründung für ihre Verhaftung und Stephen Frieds Artikel »Cradle to Grave«, *Philadelphia Magazine,* April 1998.
2. Zum Rückgang der Fälle von plötzlichem Kindstod im Zusammenhang mit der nationalen Kampagne »Back to Sleep« siehe Willingner, M. et al., »Factors associated with the transition to nonprone sleep positions of infants in the United States«, *Journal of the American Medical Association* 280 (1998), S. 329–335.
3. Eine umfassende Quelle zum Thema Kindesmissbrauch ist: Sedlak, A. J. und Broadhurst, D. D., *The Third National Incident Study of Child Abuse and Neglect* (Washington: U.S. Department of Health and Human Services, 1996).

13
Wem gehört der Körper eigentlich?

1. Katz, J., *The Silent World of Doctor and Patient* (New York: Free Press, 1984).
2. Die Studie über die Wünsche von Krebspatienten ist von Degner, L. F. und Sloan J. A., »Decision making during serious illness: What role do patients really want to play?« *Journal of Clinical Epidemiology* 45 (1992), S. 941–950.
3. Schneider, C. *E., The Practice of Autonomy* (New York: Oxford University Press, 1998).

14
Die Sache mit dem roten Bein

1. Die Details über nekrotisierende Fasziitis stammen aus Chapnick, E. K. und Abter, E. I., »Necrotizing soft-tissue infections«, *Infectious Disease Clinics* 10 (1996), S. 835–855, sowie Stone, D. R. und Gorbach, S. L. »Necrotizing fasciitis: the changing spectrum«, *Infectious Disease in Dermatology* 15 (1997), S. 213–220. Eine nützliche Quelle für Patienten bietet überdies die Internetseite www.nnff.org National Necrotizing Fasciitis Foundation.
2. Für eine umfassende Darstellung der Qualität der medizinischer Versorgung (darunter auch der erwähnten Daten über Herzinfarkte) siehe Institute of Medicine, *Crossing the Quality Chasm (Washington,* D.C.: National Academy of Sciences Press, 2001), außerdem Naylor, C. D., »Grey zones of clinical practices: some limits to evidence-based medicine« *Lancet* 345 (1995), S. 840–842.
3. Die Studie des Medical College of Virginia trägt den Titel: Poses, R. M. und Anthony, M., »Availability, wishful thinking und physicians' diagnostic judgments for patients with suspected bacteremia«, *Medical Decision Making* (1991), S. 159 bis 168.
4. Die Studie der University of Wisconsin ist veröffentlicht in: Detmer, D. E. Fryback, D. G. und Gassner, K., »Heuristics and biases in medical decision making«, *Journal of Medical Education* 53 (1978), S. 682–683.
5. Zur Studie aus Ohio siehe Dawson, N. V. et al., »Hemodynamic assessment in managing the critically ill: Is physician confidence warranted?« *Medical Decision Making* 13 (1993), S. 258–266.
6. Der erste Artikel dieser Reihe von David Eddy trägt den Titel »The challenge«, *Journal of the American Medical Association* 263 (1990), S. 287–290.

7. Gary Kleins hervorragendes Buch über seine Forschung zum Thema intuitive Entscheidungen heißt *Sources of Power* (Cambridge: M.I.T. Press, 1998).
8. Informationen darüber, wie sich Ärzte in einer Region im Vergleich zu Ärzten aus einer anderen Region verhalten, finden sich in dem Buch von Jack Wennberg und seiner Arbeitsgruppe: *Dartmouth Atlas of Health Care* (Chicago: American Hospital Publishing, Inc., 1999). Ihre Befunde kann man auch im Internet einsehen unter www.dartmouthatlas.org

GOLDMANN

Die Welt erkennen

Humberto Maturana,
Was ist erkennen? 15093

Daniel C. Dennett,
Spielarten des Geistes 15111

Stanley I. Greenspan, Beryl Lieff
Benderly, Die bedrohte Intelligenz15103

Michael Gershon,
Der kluge Bauch 15114

Goldmann • Der Taschenbuch-Verlag

GRENZERFAHRUNGEN

»Eine Besteigung des Mount Everest ist an sich ein irrationaler Akt: ein Triumph der Begierde über die Vernunft.«
Jon Krakauer

Göran Kropp/David Lagercrantz,
Allein auf den Everest 15019

Alfred Lansing,
635 Tage im Eis 15042

»Eine Höllen- und Heldenfahrt – ein dramatisches Abenteuer im Packeis.«
Die Zeit

GOLDMANN

LIEBE, LUST UND LEIDENSCHAFT

Maja Storch,
Die Sehnsucht der starken Frau nach dem starken Mann 15119

Oscar, So hätt' ich die Frauen verführt 15182

Natalie Angier,
Frau 15181

Julia Onken,
Herrin im eigenen Haus 15133

GOLDMANN

GOLDMANN

Das Gesamtverzeichnis aller lieferbaren Titel erhalten Sie im Buchhandel oder direkt beim Verlag.
Nähere Informationen über unser Programm erhalten Sie auch im Internet unter:
www.goldmann-verlag.de

★

Taschenbuch-Bestseller zu Taschenbuchpreisen
– Monat für Monat interessante und fesselnde Titel –

★

Literatur deutschsprachiger und internationaler Autoren

★

Unterhaltung, Kriminalromane, Thriller
und Historische Romane

★

Aktuelle Sachbücher, Ratgeber, Handbücher und
Nachschlagewerke

★

Bücher zu Politik, Gesellschaft, Naturwissenschaft und Umwelt

★

Das Neueste aus den Bereichen
Esoterik, Persönliches Wachstum und Ganzheitliches Heilen

★

Klassiker mit Anmerkungen, Anthologien und Lesebücher

★

Kalender und Popbiographien

★

Die ganze Welt des Taschenbuchs

★

Goldmann Verlag • Neumarkter Str. 28 • 81673 München

Bitte senden Sie mir das neue kostenlose Gesamtverzeichnis

Name: ____________________

Straße: ____________________

PLZ / Ort: ____________________